Guideline for
Civil Rehabilitation Proceedings

民事再生の運用指針

舘内比佐志
永谷典雄
堀田次郎
上拂大作
［編］

一般社団法人 金融財政事情研究会

はしがき

　民事再生法は平成12年４月に施行され，その後18年が経過した。民事再生事件のうち個人再生事件を除いた通常再生事件の申立件数は，平成29年12月までに全国で合計9738件に達したが，東京地裁破産再生部は，そのうち3392件の申立てを受けてきた。その割合は３分の１を超えるものであり，中小企業にとどまらず大企業も民事再生の申立てをする傾向が顕著になっている。これは，当部における民事再生手続に関与されてこられた諸先輩方のご尽力により，手続の運用について透明化が図られ，監督委員を通じた簡易迅速，公正かつ適正な運用が行われてきた結果であると考えている。

　一方で，近時は，私的整理手続として，事業再生ADR，地域経済活性化支援機構，中小企業再生支援協議会が積極的に活用されるようになり，事業再生の在り方は多様化している。このように多様化した私的整理手続と民事再生手続等の法的整理手続は，それぞれがその強みを発揮し相互に補完し合う関係にあるというべきであるが，金融機関からの借入金の返済時期についてリスケジュールを認めるいわゆる暫定リスケの運用が広がっており，本格的な再生計画の策定が待たれる債務者が増えているとも指摘されている。事業再生という目的の実現のため，適切な手続選択が期待されているというのが今日的な課題であると考えられ，改めて法的整理手続としての民事再生の意義を考えるべき時期に来ている。

　本書は，東京地裁破産再生部に所属する裁判官及び書記官が，通常再生事件に係る最新の運用について解説を加えたものである。本書では，統計資料だけでなく，各種書式や記載例などの資料を豊富に掲載し，具体的な事例を紹介しながら，当部の運用を詳細に解説しており，これにより，関係者に通常再生事件に係る当部の運用が正しく理解され，事業再生の方法として民事再生手続が広く利用されることを期待している。通常再生事件に係る当部の運用は，社会のニーズに応じたより適切な事件処理のため，不断に見直しが図られるべきであり，今後もその時々に当部に所属する裁判官及び書記官の

判断において本書の改訂が行われていくことを想定している。

　また，本書では，多比羅誠弁護士，須藤英章弁護士，宮川勝之弁護士，園尾隆司弁護士，瀬戸英雄弁護士，岡正晶弁護士，小林信明弁護士に事業再生に関わるコメントの執筆をお願いしこれを掲載している。いずれも事業再生に造詣の深い先生方の貴重な論説になっている。さらに，在京三弁護士会の各倒産法部所属の弁護士の方々にも原稿を詳細に検討していただき貴重なご意見を頂戴した。先生方の豊富な経験に裏打ちされバランス感覚に優れた意見により，本書の内容がより深みを増すことになった。最後に，株式会社きんざいの池田知弘氏には，本書の編集作業全般にわたり大変お世話になった。皆様方に改めてここに御礼を申し上げる次第である。

　　平成30年5月

　　　　　　　　　　　　　　　　　　　　　舘　内　比佐志
　　　　　　　　　　　　　　　　　　　　　永　谷　典　雄
　　　　　　　　　　　　　　　　　　　　　堀　田　次　郎
　　　　　　　　　　　　　　　　　　　　　上　拂　大　作

【編者・執筆者・編集協力者一覧】

(平成30年5月1日現在)

[編者]

舘内　比佐志	法務省訟務局長（前東京地方裁判所部総括判事）
永谷　典雄	東京地方裁判所部総括判事
堀田　次郎	広島法務局訟務部長（前東京地方裁判所判事）
上拂　大作	東京地方裁判所判事

[執筆者（50音順）]

浅香　大八郎	千葉地方裁判所主任書記官（前東京地方裁判所主任書記官）
上拂　大作	東京地方裁判所判事
海野　喜克郎	東京高等裁判所書記官（前東京地方裁判所書記官）
岡　智香子	東京地方裁判所書記官
岡部　美希	東京地方裁判所書記官
小西　慶一	釧路地方裁判所帯広支部長判事（前東京地方裁判所判事）
佐藤　律子	最高裁判所事務総局秘書課審査係主任（前東京地方裁判所書記官）
竹中　輝順	仙台家庭・地方裁判所石巻支部判事補兼登米支部判事補（前東京地方裁判所判事補）
舘内　比佐志	法務省訟務局長（前東京地方裁判所部総括判事）
土屋　毅	長崎地方裁判所判事（前東京地方裁判所判事）
富井　一人	東京地方裁判所書記官
永谷　典雄	東京地方裁判所部総括判事
中山　孝雄	東京地方裁判所所長代行判事
堀田　次郎	広島法務局訟務部長（前東京地方裁判所判事）
我妻　由紀	東京地方裁判所書記官

[コメント執筆者（50音順）]

岡　正晶	弁護士（梶谷綜合法律事務所）
小林　信明	弁護士（長島・大野・常松法律事務所）
須藤　英章	弁護士（東京富士法律事務所）
瀬戸　英雄	弁護士（LM法律事務所）

園尾 隆司　　弁護士（西村あさひ法律事務所）
多比羅 誠　　弁護士（ひいらぎ総合法律事務所）
宮川 勝之　　弁護士（東京丸の内法律事務所）

[編集協力者（50音順）]
加賀谷 亨　　東京地方裁判所書記官
齊藤 竜也　　東京地方裁判所主任書記官
佐野 尚也　　東京地方裁判所判事補
鈴木 亜紀子　東京地方裁判所書記官
橋本 政和　　東京地方裁判所判事補

【主な法令・判例・文献等の略記法】

1 本文中の法令の表記

本文中の法令は略称を用いず,次のように表記した。

例:民事再生法128条2項,破産法73条2項

2 ( )内の法令の表記

( )内で引用する主要法令名は,次のように略記した。

民再	民事再生法
民再規	民事再生規則
破	破産法
破規	破産規則
会更	会社更生法
非	非訟事件手続法
民	民法
商	商法
会	会社法
手	手形法
小	小切手法
民訴	民事訴訟法
民訴規	民事訴訟規則
民執	民事執行法
民執規	民事執行規則
民保	民事保全法
民保規	民事保全規則
民調	民事調停法
民調規	民事調停規則
不登	不動産登記法
登免	登録免許税法
家審	家事審判法
家審規	家事審判規則

※上記以外のものは正式名称

3 （ ）内の条文の表記

（ ）内で引用する条文は，次のように略記した。

例：（民再128条2項，破73条2項）

4 判決（決定）の表記

本文中は，次のように表記した。

例：最判平10.7.14（民集52巻5号1261頁）
　　東京地決平12.12.8（金法1600号98頁）

（ ）内は，次のように表記した。

例：（最判平10.4.14民集52巻3号813頁）

最高裁判決（決定）のうち大法廷によるものは「最大判」「最大決」，大審院判決（決定）のうち連合部によるものは「大連判」「大連決」と表記した。

5 判例集・法律雑誌の表記

判例集・法律雑誌は，次のように略記した。

〈判例集〉

民集	大審院民事判例集（大正11年〜昭和21年）
民集	最高裁判所民事判例集（昭和22年〜）
裁判集民	最高裁判所裁判集民事
高民集	高等裁判所民事判例集
下民集	下級裁判所民事判例集
東高時報	東京高等裁判所民事判決時報

〈法律雑誌〉

判時	判決時報
判タ	判例タイムズ
金法	金融法務事情
金商	金融・商事判例
ジュリ	ジュリスト
手研	手形研究
銀行法務	銀行法務21
曹時	法曹時報
法学	東北大学法学会誌
法時	法律時報

6 主な法令・判例・文献等の略記法

民商	民商法雑誌
判民	判例民事法
書研所報	裁判所書記官研修所報
書協会報	全国書記官協議会報

6 通達等の表記

通達等は，タイトルを付さず，次のように表記した。
　例：法務省平4．11．9民三第1540号民事局長通達
　　　法務省昭60．7．15民四第4023号民事局第四課長回答

7 文献の表記(1)

文献は，原則として次のように表記した。
　著者名『書名』○○頁
　編著者名『書名』○○頁〔執筆者名〕
　執筆者名「タイトル」雑誌名○○号○○頁

8 文献の表記(2)

主要文献は，次のように略記した（著者・編者50音順）。
　伊藤眞『破産法・民事再生法［第3版］』（有斐閣）→伊藤・破産民再3版
　伊藤眞・才口千晴監修『新注釈民事再生法（上）（下）［第2版］』（金融財政事情研究会）→新注釈民再2版
　伊藤眞ほか編『条解破産法［第2版］』（弘文堂）→条解破産2版
　小川秀樹編著『一問一答新しい破産法』（商事法務研究会）→一問一答破産
　鹿子木康編『民事再生の手引［第2版］』（商事法務）→民再の手引2版
　鹿子木康・島岡大雄編『個人再生の手引［第2版］』（判例タイムズ）→個再の手引2版
　最高裁判所事務総局民事局監修『条解民事再生規則［新版］』（法曹会）→条解民再規
　須藤英章編『民事再生の実務』（新日本法規）→再生実務
　園尾隆司・小林秀之編『条解民事再生法［第3版］』（弘文堂）→条解民再3版
　園尾隆司ほか編『最新実務解説一問一答民事再生法』（青林書院）→最新実務解説民再
　東京地裁破産再生実務研究会編著『破産・民事再生の実務［第3版］破産編』

→破産再生の実務・破産編

東京地裁破産再生実務研究会編著『破産・民事再生の実務［第3版］民事再生・個人再生編』→破産再生の実務・再生編

中山孝雄・金澤秀樹編『破産管財の手引［第2版］』（金融財政事情研究会）→破産管財の手引2版

深山卓也ほか『一問一答民事再生法』（商事法務研究会）→一問一答民再

森純子・川畑正文編著『民事再生の実務』（商事法務）→大阪実務

山本和彦ほか『Q&A民事再生法［第2版］』（有斐閣）→Q&A民再

目　次

第1章　再生手続総論

第1　民事再生法の趣旨・特色 …………………………………………… 2
　① 民事再生法の制定等 ………………………………………………… 2
　② 民事再生法の趣旨 …………………………………………………… 3
　③ 再生手続の特色 ……………………………………………………… 3
第2　再生手続の概要と標準スケジュールに基づく運用 ……………… 7
　① 東京地裁破産再生部における民事再生事件の動向 ……………… 7
　② 東京地裁破産再生部における再生手続の運用の特色 ………… 13
　　　コメント　弁護士　園尾　隆司 ………………………………… 25
第3　再生手続の機関等とその役割 …………………………………… 28
　① 再生債務者及び再生債務者代理人 ……………………………… 28
　② 監督委員 …………………………………………………………… 31
　③ 調査委員 …………………………………………………………… 33
　④ 管　財　人 ………………………………………………………… 34
　　　コメント　弁護士　多比羅　誠 ………………………………… 37
第4　利害関係人に対する情報開示と再生事件記録の閲覧・謄写 … 41
　① 再生債務者による情報提供 ……………………………………… 41
　② 再生事件記録の閲覧等 …………………………………………… 45

第2章　再生手続開始の申立てと保全

第1　再生手続開始の申立て …………………………………………… 54
　① 管　　轄 …………………………………………………………… 54
　② 申立権者 …………………………………………………………… 57
　③ 事前連絡 …………………………………………………………… 57

	④ 申 立 て ··· 67
第 2	保全処分と監督命令 ·· 80
	① 保全処分 ·· 80
	② 監督命令 ·· 91
第 3	強制執行等の中止命令及び担保権実行手続の中止命令 ·········· 103
	① 強制執行等の中止命令 ···································· 103
	② 包括的禁止命令 ·· 108
	③ 担保権の実行手続の中止命令 ······························ 112
第 4	他の手続から再生手続への移行・連携 ························ 121
	① 私的整理手続から再生手続への移行・連携 ·················· 121
	② 破産手続から再生手続への移行・連携 ······················ 131
	コメント　弁護士　須藤　英章 ······························· 136

第3章　再生手続開始決定

第 1	再生手続開始決定と再生債務者の地位 ························ 142
	① 再生手続開始の決定 ······································ 142
	② 再生債務者の地位 ·· 144
第 2	債権者の権利行使，他の手続等への影響 ······················ 158
	① 再生手続開始の決定の再生債権者の権利行使に対する影響 ······ 158
	② 再生手続開始の決定の他の手続に対する影響 ················ 160
	③ 再生手続開始の決定による訴訟手続の中断等 ················ 161
第 3	再生債権の弁済許可 ·· 166
	① 再生債権の弁済等禁止の原則とその例外 ···················· 166
	② 中小企業者の再生債権に対する弁済（民再85条2項〜4項）········ 167
	③ 少額債権の弁済の許可（民再85条5項）······················ 171

第4章　債権調査と再生債務者の財産関係の整理

第1　再生債権の届出と認否 ……………………………………………… 192
　① 再生債権の届出 ………………………………………………………… 192
　② 再生債権の認否 ………………………………………………………… 201
　③ 一般調査期間と特別調査期間 ………………………………………… 213
　④ 自認債権 ………………………………………………………………… 215
　⑤ 再生債権の査定の裁判及び異議の訴え ……………………………… 215
　⑥ 再生手続開始当時係属する訴訟がある場合 ………………………… 216
　⑦ 執行力ある債務名義又は終局判決のある債権等の場合 …………… 218

第2　財産評定 ……………………………………………………………… 220
　① 財産評定の意義と機能 ………………………………………………… 220
　② 財産評定の方法・対象・評価基準 …………………………………… 222
　③ 清算配当率の算定 ……………………………………………………… 226
　④ 財産評定書の提出 ……………………………………………………… 228
　⑤ 財産評定書提出後の修正 ……………………………………………… 229
　⑥ 125条報告書の提出 …………………………………………………… 230

第3　否認権の行使 ………………………………………………………… 233
　① 制度趣旨 ………………………………………………………………… 233
　② 否認の類型 ……………………………………………………………… 233
　③ 否認権の行使 …………………………………………………………… 234
　④ 否認の請求 ……………………………………………………………… 240
　⑤ 否認の訴え ……………………………………………………………… 241
　⑥ 否認権行使の効果 ……………………………………………………… 242
　⑦ 任務終了による計算報告 ……………………………………………… 243
　⑧ 否認権の消滅 …………………………………………………………… 243
　⑨ 否認権のための保全処分 ……………………………………………… 243

第4　法人の役員に対する損害賠償請求権の査定申立て …………… 245
　① 制度趣旨 ………………………………………………………………… 245

	②	役員責任査定 …………………………………………… 246
	③	役員の責任財産に対する保全処分 ………………………… 252
第5	担保権（別除権）の処理 ………………………………………… 255
	①	別除権の意義 …………………………………………… 255
	②	別除権の範囲 …………………………………………… 255
	③	別除権者による権利行使 ………………………………… 261
	④	別除権協定 ……………………………………………… 263
	⑤	担保権消滅許可の申立て ………………………………… 268
		コメント　弁護士　宮川　勝之 …………………………… 284
第6	再生計画外の事業譲渡，会社分割の許可の手続 ………………… 289
	①	再生計画外の事業承継と裁判所の許可 …………………… 289
	②	事業譲渡の許可手続 ……………………………………… 290
	③	会社分割の許可手続 ……………………………………… 300
	④	株主総会決議による承認に代わる裁判所の許可（代替許可）……… 308

第5章　再生計画案の作成

第1　再生計画案の意義とその審査 ……………………………………… 312
　① 再生計画案の意義 ……………………………………………… 312
　② 再生計画案の記載事項 ………………………………………… 313
　③ 再生計画案の提出と審査 ……………………………………… 315
　④ 再生計画案の類型 ……………………………………………… 326
第2　収益弁済型（基本型）の再生計画案 ……………………………… 331
　① 事業計画と収益弁済による再生 ……………………………… 331
　② 再生計画案作成に当たっての留意事項 ……………………… 331
　　　コメント　弁護士　小林　信明 ……………………………… 349
第3　スポンサー型（事業譲渡型・会社分割型・減増資型）の再生計画案 … 354
　① スポンサー型による事業の再生 ……………………………… 354
　② 減増資型の再生計画案 ………………………………………… 354

|3| 事業譲渡（清算）型の再生計画案 ……………………………………… 360
|4| 会社分割型の再生計画案 ………………………………………………… 366
　　　コメント　弁護士　瀬戸 英雄 ………………………………………… 371
第4　特殊な再生計画案 ……………………………………………………………… 376
|1| ゴルフ場の再生計画案 …………………………………………………… 376
|2| 再度の再生手続開始申立てにおける再生計画案 …………………… 387
|3| 純粋清算型の再生計画案 ………………………………………………… 402

第6章　再生計画案の決議

第1　付議決定 ………………………………………………………………………… 406
|1| 監督委員の意見書 ………………………………………………………… 406
|2| 付議決定 …………………………………………………………………… 406
|3| 付議決定と同時に定める事項 ………………………………………… 408
|4| 付議決定の官報公告 …………………………………………………… 410
|5| 債権者集会期日等の通知 ……………………………………………… 410
|6| 債権者集会までの諸手続 ……………………………………………… 419
|7| 投票された議決票の取扱い …………………………………………… 420
第2　再生計画案の修正・変更 …………………………………………………… 422
|1| 意　義 ……………………………………………………………………… 422
|2| 再生計画案修正の時期的限界 ………………………………………… 422
|3| 再生計画案の修正範囲 ………………………………………………… 423
|4| 再生計画案修正の手続 ………………………………………………… 424
|5| 再生計画案の変更 ………………………………………………………… 425
第3　議決権の取扱い ……………………………………………………………… 430
|1| 議決権額の定め方 ………………………………………………………… 430
|2| 議決権額 …………………………………………………………………… 431
|3| 裁判所が定める額について …………………………………………… 433
|4| 議決権行使の方法 ………………………………………………………… 436

| 5 | 議決票の作成 ·· 437
| 6 | 議決票発送後の議決権の変更 ································· 438
第4 複数の再生計画案が付議された場合の対応 ··············· 440
| 1 | 複数の再生計画案が提出される事例 ························ 440
| 2 | 再生計画案に関する付議要件の審査の在り方 ············ 440
| 3 | 両案を付議した場合の議決権の在り方等の手続的な課題 ········ 445
| 4 | 両案の一方又は双方が否決された場合の集会の運営について ····· 449
第5 再生計画案が否決された場合の対応 ··························· 452
| 1 | 再生計画案が否決される場合 ································· 452
| 2 | 集会期日の続行 ··· 453
| 3 | 続行期日までの手続 ··· 455
| 4 | 続行期日の実施 ··· 457

第7章 再生計画認可後の手続

第1 再生計画の遂行とその監督 ······································ 460
| 1 | 再生計画認可決定の効力 ······································· 460
| 2 | 再生計画の遂行 ··· 466
| 3 | 再生計画遂行の監督 ··· 469
　　　コメント　弁護士　岡　正晶 ································ 472
第2 再生計画の変更・取消し ·· 475
| 1 | 再生計画の変更 ··· 475
| 2 | 再生計画の取消し ··· 489
第3 再生手続の終結 ·· 493
| 1 | 意　　義 ·· 493
| 2 | 監督委員が選任されている場合 ······························ 493
| 3 | その他の場合 ·· 498
| 4 | 終結決定後の手続 ··· 500
| 5 | 終結決定の効果 ··· 501

第4	再生手続の廃止とその後の手続	503
	① 再生手続の廃止	503
	② 再生手続廃止後の手続	513

第8章 その他

第1	民事再生と国際倒産	520
	① 国際倒産の意義	520
	② 国際倒産管轄	521
	③ 再生手続と外国倒産処理手続との関係	521
第2	外国債権者の債権届出	528
	① 外国債権者の地位	528
	② 債権届出の方式	528
	③ 外国通貨建金銭債権	529
第3	個人の通常再生	533
	① はじめに	533
	② 申立て段階	534
	③ 再生手続開始段階（第1回打合せ）	539
	④ 財産評定，認否書等提出段階（第2回打合せ）	540
	⑤ 再生計画案提出，付議段階（第3回打合せ）	541
	⑥ 再生計画案の決議及び再生計画認可決定	543
	⑦ 再生計画認可決定後の履行監督等	545

事項索引 ……………………………………………………………… 547

第1章

再生手続総論

第1 民事再生法の趣旨・特色

1 民事再生法の制定等

　民事再生法は、それまでの和議法に代わり、再建型の倒産手続の一般法として、平成11年12月14日に制定され、平成12年4月1日に施行された法律である。その後、平成12年の小規模個人再生及び給与所得者等再生に関する特則及び住宅資金貸付債権に関する特則を追加する改正、平成14年の書面等投票制度を設ける改正、平成16年の否認権等に関する改正等を経て、現在に至っている。

　民事再生法制定以前においては、清算型の倒産手続として破産手続及び特別清算手続が、再建型手続として和議手続、会社更生手続及び会社整理手続が存在したところ、再建型手続のうち、会社更生手続は、比較的大規模な株式会社を想定した手続であり、また、会社整理手続は、簡易な再建型手続ではあったが、債権者の全員の同意を要するという使い勝手の悪さがあった。そのようなことから、中小企業が経済的窮境に陥り法的手段によって再建を図ろうとする場合、専ら和議法に基づく和議手続によるというのが実情であったが、和議手続は、その開始原因が破産手続開始の原因と同一とされており、再建が困難な状況に至るまで申立てができないこと、和議成立後に和議条件の履行を確保するための実効性ある制度が設けられていないこと等の問題点が指摘されていた。

　そこで、和議法に代わり、再生手続開始前の債務者財産の保全のための制度を充実させ、再生手続の開始原因を緩和し、簡素かつ合理的な債権調査及びその確定手続並びに再生計画の成立手続を整備するとともに、再生計画の

履行確保手段を設けること等を内容とする再建型倒産処理手続の基本法を整備することとなり，前記のとおり，民事再生法が制定された。

2　民事再生法の趣旨

　債務者が経済的に窮境にある場合に，これを放置すると，その経済状態がより悪化し，最終的には破産手続による清算を行う必要が生じてしまうが，その過程で債務者の事業又は財産の解体・清算に伴う資産の減価等が生じることになる。このような事態は，債務者自身やその債権者の損失を拡大し，さらには国民経済的観点からの損失にもつながるところである。

　そこで，民事再生法1条は，同法の目的を，経済的に窮境にある債務者について，その債権者の多数の同意を得，かつ，裁判所の認可を受けた再生計画を定めること等により，当該債務者とその債権者との間の民事上の権利関係を適切に調整し，もって当該債務者の事業又は経済生活の再生を図ることと定めている。

　当然のことながら，民事再生法の解釈・運用は，この民事再生法の趣旨・目的に沿って行われる必要がある。

3　再生手続の特色

　以下のような点が再生手続の特色として挙げられるところであり，再生手続は，全体として，手続を簡素化して，その進行を迅速なものとし，また，再生債務者の主体性，自主性を認めた手続であるといえる。

(1)　再建型倒産手続の一般法

　再生手続は，自然人及び公益法人を含む全ての法人に適用される手続である。国際倒産管轄が我が国に認められる限り，外国人や外国法人も再生手続を利用することができる（民再3条）。一方，会社更生手続は，株式会社のみに適用される手続である（会更1条，17条）。その意味で，民事再生法は再

建型倒産手続の一般法としての性格を有している。

(2) DIP (Debtor In Possession) 型の手続

　再生手続では，開始決定後も原則として再生債務者は業務遂行権及び財産の管理処分権を失わず，自ら経営に当たることになる（民再38条１項。DIP型の手続）。一方，会社更生手続では，開始決定と同時に常に更生管財人が選任され，更生管財人が経営に当たり，それに伴い，債務者は業務遂行権及び財産の管理処分権を失うこととなる（会更72条１項。ただし，一定の条件の下で行われるDIP型の会社更生手続として，会社の代表者等を更生管財人に充てる運用例もある。）。

　再生手続においては，再生債務者が開始決定後も業務遂行権等を有することから，再生債務者による自主的な事業の維持，再建が想定されているところであり，再生債務者自身が主体的，自主的に手続を進行させるという姿勢で手続に臨むことが極めて重要である。

　もちろん，再生債務者に業務遂行権及び財産の管理処分権が残るといっても，それは制約のないものではなく，再生債務者は公平誠実義務を負い（民再38条２項），民事再生法の趣旨に沿って，再生債務者と債権者との民事上の権利関係を適切に調整しながら，再生手続を進める必要がある。

(3) 簡易迅速性

ア　手続進行の迅速性

　再生手続では，事業の内容を熟知する再生債務者自身が再生計画案を作成するため，比較的短期間に再生計画案を作成することが可能となる。再生手続では，民事再生規則84条１項において，再生計画案の提出期限の末日は，特別の事情がある場合を除き，一般調査期間の末日から２か月以内と比較的短い期間が定められている。

　これに対し，会社更生手続では，原則として外部者である更生管財人が事業の収益力等を把握した後に更生計画案を作成するため，更生計画案の提出

まで相当の時間を要することになる。更生管財人は，債権届出期間の満了後，裁判所が定める期間内に更生計画案を提出しなければならないが，会社更生法184条3項によれば，その期間は開始決定から最長1年以内と定められている。

イ　担保権の取扱いの簡素化

再生手続においては，担保権は別除権として取り扱われており，再生手続外での担保権の実行が認められているため（民再53条2項），その分，担保権の処遇についての規定は簡素化されている。

他方，会社更生手続では，更生手続開始の決定があると担保権の実行ができなくなり（会更47条1項，50条1項），担保権付債権者は更生計画に従った弁済しか受け取ることができず，更生計画により担保権の内容が変更されることがあり得る。このような効果が生じるため，会社更生手続においては，担保権を有する債権者の取扱いについての規定が定められている。

ウ　計画案の可決要件の緩和

再生手続においては，議決権を行使した議決権者の頭数として過半数の同意及び議決権者の議決権の総額の2分の1以上の議決権を持つ者の同意で足りることとなっており（民再172条の3第1項），可決要件が緩やか，かつ，簡素なものとなっている。

他方，会社更生手続においては，更生計画案の可決要件は，株主につき議決権の総数の過半数，更生債権につき議決権の総額の2分の1超，更生担保権につき，期限の猶予を定める場合は議決権の総額の3分の2以上，減免等を定める場合は議決権の総額の4分の3以上，清算を内容とする場合は議決権の総額の10分の9以上の同意が必要であり，可決要件が相当厳格な上に，複雑なものとなっている（会更196条5項）。

エ　履行監督の簡素化

再生手続においては，監督委員が選任されている場合においても，民事再

生法188条2項により，再生計画認可の決定が確定した後3年を経過したときは再生手続終結の決定をしなければならないとされており，裁判所（監督委員）による履行監督の期間が限定されている。これも，手続を簡素化し，再生債務者の自主性を尊重することの表れといえるであろう。

　他方，会社更生手続では，原則として，更生計画が遂行されることが確実と認められるまで，裁判所が更生計画の履行を監督する（会更239条1項3号）。

第2 再生手続の概要と標準スケジュールに基づく運用

1 東京地裁破産再生部における民事再生事件の動向

(1) 新受事件数

　全国及び東京地裁破産再生部における民事再生事件(個人再生事件を除く。以下「通常再生事件」という。)の申立件数(新受件数)の推移は,それぞれ資料1-2-1のとおりである。

　東京地裁破産再生部においては,民事再生法の施行(平成12年4月)後である平成13年以降,毎年200件ないし400件程度の通常再生事件が申し立てられてきたが,平成20年に321件となった後は減少傾向となり,平成27年には60件となって前年(56件)を上回ったものの,平成28年は50件であり,平成29年は42件にとどまった。

　全国における通常再生事件の申立件数の推移も,平成13年の1110件をピークとし,平成20年以降は減少傾向にあるが,東京地裁破産再生部の申立件数の全国のそれに占める割合を見ると,平成12年以降,現在に至るまで,おおむね3割ないし4割を占めており,平成29年においても30パーセントを占めている状況にある。このように,通常再生事件の申立てが東京地裁に集中しているのは,対象となる企業等が東京に集中していることに加え,以下に述べるとおり,東京地裁破産再生部における標準スケジュールを中心とする迅速な運用や,原則として全件について信頼に足る監督委員を選任する運用等に対する理解が浸透していることにも,その要因の一端があるものと考えられる。

資料1-2-1　通常再生事件申立件数

	全国	東京地裁	占有率
平成12年	662	170	25.68%
平成13年	1110	359	32.34%
平成14年	1093	394	36.05%
平成15年	941	313	33.26%
平成16年	712	232	32.58%
平成17年	646	213	32.97%
平成18年	598	223	37.29%
平成19年	654	251	38.38%
平成20年	859	321	37.37%
平成21年	659	287	43.55%
平成22年	348	128	36.78%
平成23年	328	109	33.23%
平成24年	305	111	36.39%
平成25年	209	73	34.93%
平成26年	165	56	33.94%
平成27年	158	60	37.97%
平成28年	151	50	33.11%
平成29年	140	42	30.00%
計	9738	3392	34.83%

（注）　平成12年は4月以降の数字である。

(2) 再生債務者の状況

東京地裁破産再生部における申立件数等について，再生債務者の状況に着目して見ると次のとおりである。

ア　負債額・債権者数・資本金額

負債額別に見た申立件数は，資料1-2-2のとおりである。これによれば，負債額1億円未満の企業から1兆円を超える企業まで，通常再生の手続

資料1-2-2　負債額別申立件数（東京地裁）

	1億円未満	1億〜10億円未満	10億〜100億円未満	100億〜500億円未満	500億〜1000億円未満	1000億〜5000億円未満	5000億〜1兆円未満	1兆円以上
平成12年	5	53	68	26	8	8	2	
平成13年	33	137	127	47	11	3		1
平成14年	20	158	149	53	9	4	1	
平成15年	24	101	134	44	5	5		
平成16年	18	75	79	53	6	1		
平成17年	11	103	65	28	4	2		
平成18年	13	74	102	28	2	4		
平成19年	9	109	112	19	2			
平成20年	15	138	121	32	8	5	1	1
平成21年	16	105	136	26	2	2		
平成22年	9	52	60	4	1	1	1	
平成23年	4	53	48	2		2		
平成24年	11	51	43	4	1	1		
平成25年	8	31	30	4				
平成26年	2	25	26	3				
平成27年	5	22	26	3	2	2		
平成28年	4	22	23	1				
平成29年	3	18	18	1		1		1
計	210	1327	1367	378	61	41	5	3
	6.19%	39.12%	40.30%	11.14%	1.80%	1.21%	0.15%	0.09%

（注）　平成12年は4月以降の数字である。

が幅広く利用されていることが分かる。

　また，これを債権者数別に見たものが資料1-2-3であり，株式会社の資本金額別に見たものが資料1-2-5である。これらによれば，再生手続開始の申立てをした企業は，債権者数で見ても，100人未満から5万人を超えるものまであり，また，資本金の額で見ても，1000万円以下から資本金1000億円以上のものまであるなど，再生手続は，企業の規模を問わず幅広く利用さ

資料1-2-3　債権者数別申立件数（東京地裁）

	1人〜100人未満	100人〜500人未満	500人〜1000人未満	1000人〜5000人未満	5000人〜1万人未満	1万人〜5万人未満	5万人以上
平成12年	74	57	6	26	4	3	
平成13年	225	89	16	25	3	1	
平成14年	236	102	22	30	2	1	1
平成15年	174	91	18	24	3	3	
平成16年	136	56	16	22		2	
平成17年	140	44	13	11	2	3	
平成18年	133	59	8	22	1		
平成19年	139	86	7	10	9		
平成20年	169	106	19	23	4		
平成21年	159	99	22	7			
平成22年	74	36	3	13	1		1
平成23年	66	30	3	6	2		2
平成24年	82	21	3	2		2	1
平成25年	44	23	2	3	1		
平成26年	28	22	3	2			1
平成27年	34	18	3	3	1	1	
平成28年	22	23	1	4			
平成29年	26	10	2	4			
計	1961	972	167	237	33	16	6
	57.81%	28.66%	4.92%	6.99%	0.97%	0.47%	0.18%

（注）　平成12年は4月以降の数字である。

れているということができる。

イ　再生債務者の内訳

　再生債務者の法人・個人別の内訳は，資料1-2-4のとおりである。

　法人の再生債務者については，株式会社が多いが，このほかにも，有限会社，医療法人，協同組合，外国企業など多岐にわたっている。

資料1-2-4　再生債務者の法人・個人の種類別申立件数

	法　　人				個　　人			計
	株式会社	有限会社	医療法人	その他	会社役員	事業者	給与生活者	
平成12年	153	6	1	1	7	2		170
平成13年	259	15	1	3	75	3	3	359
平成14年	284	18	1	4	79	6	2	394
平成15年	230	12	2	1	48	9	11	313
平成16年	135	18	2	4	57	11	5	232
平成17年	127	21		4	47	10	4	213
平成18年	151	12	2	3	45	6	4	223
平成19年	183	13	3	1	43	4	4	251
平成20年	228	19	4	2	64	4		321
平成21年	209	5		4	57	4	8	287
平成22年	92	6			22		4	128
平成23年	86	1	1	1	15	3	2	109
平成24年	70	8		3	20	3	6	111
平成25年	56	3		1	11	1	1	73
平成26年	46		1	1	6	1	1	56
平成27年	46	2		1	5	2	4	60
平成28年	43	2			3	2		50
平成29年	32		1	1	4	3	1	42
計	2430	161	24	35	608	74	60	3392
	71.64%	4.75%	0.71%	1.03%	17.92%	2.18%	1.77%	

　個人の再生債務者は，平成12年から現在に至るまで，全申立事件の約2割を占めている。その内訳としては，会社役員が8割を超えているが，このほか，事業者，給与生活者もある。なお，会社役員の場合，その会社と同時に再生手続開始の申立てをする例も多い。

(3) 通常再生事件の進行の状況等

　東京地裁破産再生部における通常再生事件の終局状況は，資料1-2-6の

資料 1-2-5　株式会社の資本金額別申立件数（東京地裁）

	株式会社の資本金額								
	1000万円以下	1000万超～5000万円未満	5000万～1億円未満	1億～5億円未満	5億～10億円未満	10億～100億円未満	100億～500億円未満	500億～1000億円未満	1000億円以上
平成12年	27	46	31	38	2	5	4		
平成13年	63	96	33	41	5	18	2	1	
平成14年	67	96	52	37	10	17	5		
平成15年	40	66	53	53	9	6	2		1
平成16年	31	41	25	21	7	8	2		
平成17年	19	44	30	22	2	9	1		
平成18年	35	46	31	25	7	3	4		
平成19年	46	52	43	31	6	5			
平成20年	37	58	53	41	10	22	7		
平成21年	29	67	56	45	5	6	1		
平成22年	23	27	14	20	2	5			
平成23年	23	25	17	12		7	1		1
平成24年	12	21	14	15		6	2		
平成25年	12	22	13	6	1	1	1		
平成26年	12	18	5	10		1			
平成27年	12	17	10	2	1	2	2		
平成28年	9	15	13	6					
平成29年	9	9	6	6		1	1		
計	506	766	499	431	67	122	36	1	2
	20.82%	31.52%	20.54%	17.74%	2.76%	5.02%	1.48%	0.04%	0.08%

とおりである。これによれば，全申立件数のうち，再生手続開始の決定がされた事件の割合は95パーセントを超えており，認可決定がされた事件の割合は約80パーセントとなっている。また，認可決定のあった事件のうち終結した事件（履行監督中の事件を除く。）の占める割合は，約90パーセントであり，認可後の廃止は，10パーセント未満である。

2 東京地裁破産再生部における再生手続の運用の特色

(1) 運用の基本的な考え方

　東京地裁破産再生部における通常再生事件の運用の基本的な考え方としては，①標準スケジュールに従った迅速な手続進行，②監督委員に対する信頼を前提とした運用，③債権者等への情報発信の重視が挙げられ，このような運用の姿勢が，通常再生手続が広く利用されている要因の一端を成していると考えられる。

　再生手続は，再生債務者の自主再建の意欲を尊重することを基本とするDIP型の手続であり，事業を熟知した再生債務者自らが主体となって事業の再生に向けた取組みを行うため，迅速な手続の進行が可能となっている。東京地裁破産再生部においては，これを前提として，標準的なスケジュールを策定しており，民事再生法の施行以来，標準スケジュールに従って進行している。

　また，東京地裁破産再生部では，原則として，全ての再生債務者申立事件について，倒産事件の経験が豊富な弁護士を監督委員に選任している。この監督委員によって，公正・適正な手続進行の確保が図られていることも，通常再生手続が広く利用されていることの大きな要因であると考えられる。すなわち，再生手続は，再生債務者自らが主体となって手続を進行させるため，債権者の立場からすれば，再生債務者の業務遂行や手続の追行が公正に行われているか否かについて不安を抱くことも多いと考えられるが，監督委員は，申立て直後から再生計画の履行監督まで手続の全般に及んで関与することが予定されていることから，再生手続に対する債権者の信頼を得る上で中核的な役割を担っているということができる。裁判所においても，開始決定や事業譲渡の許可決定などの重要な判断事項について，監督委員による調査・検討に基づく意見を踏まえ，速やかな判断をすることとしている。

資料1-2-6　東京地方裁判所における通常再生事件の終局状況（受理年度別）

年	受理	開始の有無		認可の有無		終局事由								
						未済	取下	移送	棄却	不認可	廃止	終結	失効	当然終了
平成12	170						7		3		45	114	1	
		有	159	有	130						(16)	114		
				無	29						29			
		無	11				7		3				1	
平成13	359						5		6	2	114	217	15	
		有	348	有	254						(38)	216		
				無	94					2	76	(1)	15	
		無	11				5		6					
平成14	394							3	11	1	103	274	2	
		有	385	有	307						(33)	274		
				無	78			3	2	1	70		2	
		無	9						9					
平成15	313						5		9	1	51	246	1	
		有	298	有	266						(20)	246		
				無	32					1	31			
		無	15				5		9				1	
平成16	232						15		6		40	170		1
		有	211	有	180						(10)	169		1
				無	31						30	(1)		
		無	21				15		6					
平成17	213						7		3		38	165		
		有	203	有	172						(7)	165		
				無	31						31			
		無	10				7		3					
平成18	223						1		4	1	34	182	1	
		有	218	有	193						(12)	181		
				無	25					1	22	(1)	1	
		無	5				1		4					
平成19	251						2		2	1	67	178		1
		有	247	有	194						(15)	178		1
				無	53					1	52			
		無	4				2		2					
平成20	321						9		6		81	224	1	
		有	306	有	249						(24)	224	1	
				無	57						57			
		無	15				9		6					

（平成29年12月末現在）

年	受理	開始の有無		認可の有無		終局事由								
						未済	取下	移送	棄却	不認可	廃止	終結	失効	当然終了
平成21	287					10	6				52	217		2
		有	271	有	234						(15)	217		2
				無	37						37			
		無	16			10	6							
平成22	128					9	2				18	98	1	
		有	117	有	100						(5)	95		
				無	17						13	(3)	1	
		無	11			9	2							
平成23	109					6	2				27	74		
		有	101	有	85						(11)	74		
				無	16						16			
		無	8			6	2							
平成24	111					2	6				22	75	6	
		有	104	有	79						(4)	75		
				無	25				1		18		6	
		無	7			2	5							
平成25	73					1	3				17	52		
		有	69	有	56						(4)	52		
				無	13						13			
		無	4			1	3							
平成26	56					2					10	34		
		有	53	有	44	9(9)	1		2		(1)	34		
				無	9						9			
		無	3			1	2							
平成27	60					19	1				7	33		
		有	59	有	54	(19)					(2)	33		
				無	5						5			
		無	1			1								
平成28	50					21					12	17		
		有	50	有	38	(21)						17		
				無	12						12			
		無				1								
平成29	42					33						9		
		有	38	有	21	(12)						9		
				無	17	17								
		無	4			4								
総計	3350	有	3198	有	2615	93 (70)	81	3	71	6	734 (216)	2330 (6)	28	4
		無	152	無	583	括弧は履行監督中					括弧は認可後廃止	括弧は同意再生		

さらに，債権者に対する適時適切な情報の提供も，手続の信頼性を確保する重要な要素である。このような観点から，申立て直後に再生債務者主催の債権者説明会を開催することを始め，東京地裁破産再生部として，再生債務者に，債権者に対する十分な情報発信を求めている。

(2) 標準スケジュール

　東京地裁破産再生部では，手続の迅速性を確保するため，申立てから1週間後に開始決定をし，5か月後には債権者集会の開催・認可決定をするという標準スケジュールを策定している（資料1-2-7参照。なお，大阪地裁倒産部における標準スケジュールについては，大阪実務2頁参照）。また，手続の透明性を確保するとともに，再生債権者ら利害関係人に対し，手続の進行に関する予測可能性を与えるとの観点から，これを公表している（民再の手引2版7頁）。なお，標準スケジュールは，適正・迅速な手続の進行の確保の観点から，再生債務者，監督委員の活動や，債権者への情報提供等に必要かつ十分な期間を見込んで策定されており，運用の実績も積み重なってきているものであることから，原則として標準スケジュールに沿って手続の進行を図ることとしているが，特段の事情がある場合に，申立てから債権者集会・認可決定までの期間を3～4か月とする短縮型のスケジュールで手続を進めた例もある（短縮スケジュールについては，第2章第4参照）。一方，標準スケジュールでは収まらない長期の手続が想定される規模の事件（我が国の基幹産業に関わる事件で，海外にも多数かつ多様な利害関係人がいるような事件）では，再生債務者代理人，監督委員候補者（このような事件の場合は事前相談があるのが通例である。）及び裁判所を交えた打合せで，具体的なスケジュールを個別に検討することもある。

(3) 手続の流れ

　標準スケジュールに基づく手続の大まかな流れについて，東京地裁破産再生部において通常行われている手続を概観すると次のとおりである。

資料1-2-7　民事再生手続標準スケジュール

東京地方裁判所民事第20部

手　続	申立日からの日数
申立て・予納金納付	0日
進行協議期日	（0日～1日）
保全処分発令・監督委員選任	（0日～1日）
（債務者主催の債権者説明会）	（0日～6日）
第1回打合せ期日	1週間
開始決定	1週間
債権届出期限	1月＋1週間
財産評定書・125条報告書提出期限	2月＋1週間
計画案（草案）提出期限	2月＋1週間
認否書提出期限	2月＋1週間
第2回打合せ期日	2月＋1週間
一般調査期間	10週間～11週間
計画案提出期限	3月
第3回打合せ期日	3月
監督委員意見書提出期限	3月＋1週間
債権者集会招集決定	3月＋1週間
書面投票期間	集会の8日前まで
債権者集会・認可決定	5月

> 申立ての3日前までに再生事件連絡メモ及び登記事項証明書（法人）又は住民票（個人）をファクシミリ送信してください。

> 財産評定書，125条報告書，計画案（草案），認否書のドラフトを，提出期限の2営業日前までにファクシミリ送信してください。

> 計画案のドラフトを提出期限の2営業日前までにファクシミリ送信してください。

ア　申立て・予納金納付

(ア)　再生事件連絡メモ・事情聴取（申立て前）

　申立て前に，申立代理人から，資料2-1-1（第2章第1参照）のとおりの「再生事件連絡メモ（法人・個人兼用）」（以下「連絡メモ」という。）に必要事項を記載した上で，登記事項証明書（法人の場合）又は住民票（個人の場合）を合議係書記官宛てにファクシミリ送信してもらうようにしている（遅くとも申立ての3日前までにすることが望ましい。）。

　担当書記官は，連絡メモに基づき，申立代理人に電話で，事業内容，負債総額（特に一般優先債権の未払の有無及び金額），債権者数，再生申立てに至っ

た原因，当面の資金繰り，検討中の再生スキーム，申立予定日等について，更に具体的な事情を聴取する。

なお，特殊な事件で，申立代理人から要請があった場合等を除き，申立て前の裁判官による事前相談等は実施していない。これは，事前の情報収集は必要最小限度にとどめ，申立代理人を信頼し，できる限り早い段階で正式な手続に乗せた上で，迅速な進行を図ることの方が，事業価値の毀損を防ぎ，再生の可能性を高めることになるとともに，債権者の利益にも資すると考えられるからである。事前の打合せを行うことが想定される事件としては，我が国の基幹産業を担う法人のほか，学校法人，医療法人や第三セクターに関連する法人の再生事件など，同種事例が少なく，手続の進行上複雑な問題が生ずることが予想される事件や，社会的影響が大きいなどの事情があって，事前に監督委員候補者との連絡調整が必要となるような事件が挙げられる。

(ｲ) **予納金納付**

予納金基準額は，資料2－1－2（第2章第1参照）「通常の民事再生事件申立要領」のとおりであるが，資金繰りが厳しい場合には，申立て時に6割，開始決定後2か月以内に4割の分納（2回までの分納可）を認めている。

(ｳ) **監督委員候補者等の人選等**

裁判所は，連絡メモや事情聴取によって得られた情報に基づき，直ちに当該事案にふさわしい適切な監督委員候補者を人選し，候補者の受任意思を確認した上で，再生債務者に候補者の氏名等を伝える。

東京地裁破産再生部では，再生債務者申立事件では原則として全件について監督委員を選任する運用である。なお，申立棄却事由の有無が特に問題となる事案については，調査委員による調査を命ずることもある（本章第3参照）。

イ　**進行協議期日**

(ｱ) **監督命令・保全処分**

申立日当日ないしその直後に，監督委員との顔合せのための進行協議期日（顔合せ期日）を開催しており，その際に，監督命令の発付及び弁済禁止の保

全処分の発令をしている。申立てと同時に保全処分の発令を希望する場合には，申立て前に申立書及び添付資料（特に資金繰り表）をファクシミリ送信することを求めている。

　監督命令においては，監督委員の同意を得なければ再生債務者がすることができない行為を指定するとともに，再生計画認可決定までの間，毎月末日締切りにより，再生債務者の業務及び財産の管理状況についての報告書をその翌月10日までに裁判所及び監督委員に提出すること（月次報告）などを定めている。

　弁済禁止の保全処分において，再生債務者が，少額債権を弁済禁止の対象外債権とすること（いわゆる「穴あけ」）を希望する場合があるが，その場合には，申立て時にその少額債権を支払う資金があるか否かのみならず，債権者平等の見地から，再生計画においても，少額債権を有する債権者を除く他の債権者にも一律に少額債権として支払った金額と同額の金額を支払うことができるか否かについても検討しておく必要がある（第2章第2の1参照）。

(イ)　債権者説明会の開催

　再生債務者は，通常，申立て直後に，原則として監督委員同席の上で，債権者説明会（民再規61条）を開催している（なお，債権者数が少ない事件などでは，説明会の開催に代えて，債権者への個別説明をした上で，監督委員からも，面接や電話等の方法により，個別に主要債権者の意向を確認する例もある。）。

　この債権者説明会は，債権者に対する情報提供の場として極めて重要なものであり，再生債務者は，この説明会において，申立てに至る経緯，再生計画案の策定に向けた作業内容の概要などのほか，民事再生手続の概要や具体的な手続進行のスケジュール，今後の取引継続のお願い等について，資料を用いて説明するのが通例である。

　なお，債権者説明会は，再生債務者の本拠付近で行われるのが通例であるが，ゴルフ場の運営会社の場合など，主たる業務の所在地が地方に存在し，東京以外の場所に多数の債権者が存在する事件においては，現地での説明会も併せて開催した例もある。

ウ　第1回打合せ期日

　裁判所は，債権者説明会の直後（可能であれば当日）に，再生債務者，監督委員との間で，第1回打合せを行うこととしており，その際，再生債務者から債権者説明会の状況を聴取するなどした上で，監督委員から開始の可否に関する意見を聴き，開始相当の意見であれば，直ちに開始決定をしている。

　裁判所は，再生手続開始の可否について判断するに際し，民事再生法25条所定の申立棄却事由の有無を審査することになるところ，通常，主要な債権者が開始決定に反対していない場合には申立棄却事由が認められないことが多いと考えられる。債権者説明会は，このような債権者の意向を聴取，確認する絶好の機会であることから，前記のとおり，監督委員には，主要債権者の発言等を聴取するため債権者説明会に同席してもらっており，必要に応じて，更に主要債権者から詳細な意向聴取を行うなどした上で，開始の可否についての意見を述べてもらっている。なお，監督委員の意見書については，主要な債権者が開始に反対せず，開始決定をすることに特段の問題がない場合には，「調査の結果，申立棄却事由は認められないので，再生手続開始の決定をするのが相当である。」という程度の記載をしたＡ4判1枚の書面を提出してもらえば足りることとしている。

　裁判所は，開始決定と同時に，標準スケジュールに基づき，法定事項として，再生債権の届出をすべき期間，再生債権の調査をするための期間を定めることになるところ，東京地裁破産再生部では，これとともに，裁量事項として，財産評定書（民再124条），再生手続開始に至った事情や再生債務の業務及び財産に関する経過及び現状等を記載した報告書（民再125条）並びに再生計画案の提出期限を定めることとしており，開始決定の時点で，再生計画案の提出までの見通しを明らかにしている。再生手続開始決定においては，以上の事項に加え，民事再生法41条1項10号に基づき「会社分割」を裁判所の要許可事項に指定している（第4章第6参照）。

　なお，第1回打合せ期日において，再生債務者が会社等の法人である場合

には，可能な限り代表者にも同席してもらい，再生手続開始決定に伴い，再生債務者が債権者に対して公平誠実義務を負うことや，これに違反した場合の効果等について裁判所から説明することとしている。

エ　第2回打合せ期日

(ア)　打合せ期日

　第2回打合せ期日は，開始決定において定められた財産評定書，民事再生法125条所定の報告書，再生計画案の草案（当該時点における素案）及び認否書の提出期限に合わせて設定している（なお，近時は，認否書以外の書面の提出期限も，認否書の提出期限である申立てから2か月と1週間後に合わせている。）。この期日においては，提出された書面について協議を行うとともに，再生計画案の作成作業の進捗状況等について聴取しているが，これらの協議を十分に行うため，第2回打合せ期日の2営業日前までに裁判所に各書面のドラフトを提出するよう求めている。第2回打合せ期日は，再生債権の認否を記載した認否書の提出期限と同日になっていることから，再生債務者は，この期日に合わせて，認否書も提出することになる。

　なお，第1回打合せ期日から第2回打合せ期日までの間には，再生債務者と監督委員との間で，スポンサーの選定等の再生スキームについても適宜協議が進められる。

(イ)　事業譲渡の意見聴取期日等

　　a　再生計画によらない事業譲渡等又は会社分割

　事業譲渡は，再生計画案に定めて再生債権者の決議に付し，その賛同を得て実行するのが原則であるが，再生計画の認可前の時点で，再生計画によらない事業譲渡等又は会社分割の許可申立てがされることも少なくない。

　裁判所は，再生債務者の事業の再生のために必要であると認める場合に限り，事業譲渡等についての許可をすることができるとされているところ（民再42条1項），この要件を充足するといえる典型的な例としては，認可決定確定を待ってから事業譲渡を行うとすると，取引先との取引を継続することが困難であり，事業価値が著しく劣化して弁済率も下落するおそれがある場

合や，事業継続に多額の経費を要している場合であって，早期に事業譲渡することにより相当額の経費の負担を免れることができ，早期の事業譲渡により弁済率が高まるといえる場合などが挙げられる。

  b 手続の流れ

 再生債務者は，監督委員の同意を得た上で，スポンサー（譲受人）との間で裁判所による事業譲渡の許可を停止条件とする事業譲渡契約を締結するが，監督委員は，通常，再生計画によらない事業譲渡の必要性，スポンサーの選定過程の公正性，譲渡価格，譲渡条件等の契約内容の適正性，事業譲渡を行った場合に再生計画案で予定する弁済の内容，当該弁済が清算配当率を上回ること等について確認をした上で，上記の同意をすることになる。

 再生債務者は，上記契約の締結をした後，裁判所に許可申立てをした上で，通常，許可申立ての約2週間後に指定される意見聴取期日（民再42条2項）の前に，監督委員が同席する債権者説明会を開催するのが通例である。意見聴取期日において，債権者が適切な意見を述べる前提として，再生債務者は，上記の債権者説明会において，債権者に対し，監督委員が同意をする上で確認すべき事情等について，監督委員の確認を得た資料を作成し，これに基づき，できる限り詳細な情報を提供することが求められる。なお，清算配当率を上回ることを明らかにするためには，その前に財産評定（民再124条1項）についても終了し，監督委員の確認を得ていることが必要となる（このため，意見聴取期日は，第2回打合せの後となることが多いが，財産評定を前倒しで行い，事業譲渡を早期に実行する事例もある。）。

 裁判所は，意見聴取期日において債権者から意見を聴取した上で，同期日の終了後，監督委員の意見を求めて，許可の可否を判断することになるが，特段の問題がない場合には，当日，許可決定を行うのが通例である。もっとも，意見聴取期日において，債権者から問題点を適切に指摘する意見があった場合などにおいては，可否の判断を留保し，再度，再生債務者に説明を尽くさせたり，場合によっては，事業譲渡の内容の見直しをしたりした上で，監督委員にも当該債権者の意見を確認してもらうなどした例もある。

 会社分割については，原則として，再生債務者において監督委員が同席す

る債権者説明会を開催し，その場で提出された債権者の意見を後日裁判所に報告してもらっている。

オ　第3回打合せ期日

　第3回打合せ期日は，再生計画案の提出期限に合わせて設定される。第3回打合せ期日では，提出された再生計画案について協議を行うとともに，監督委員の意見書の提出期限，債権者集会の期日を打ち合わせる。再生計画案の策定に当たっては，監督委員とも十分な協議をしていることから，監督委員の意見書の提出期限は，第3回打合せ期日の1週間程度後とすることが多いが，この期限の設定に当たっては，事案の難易を考慮し，監督委員の意向等を十分踏まえた上で設定している。なお，実質的な協議を行うことができるよう，第3回打合せ期日の2営業日前までに裁判所に再生計画案のドラフトを提出するよう求めている。

　提出期限までに再生計画案を提出することができない事情がある場合には，再生債務者は，提出期限までに，伸長の理由を具体的に記載した上申書を提出して，提出期限の伸長（民再163条3項）の申立てをすることになる。東京地裁破産再生部では，1回目の伸長に限っては，監督委員の意見を聴き，伸長の必要性が認められると判断した場合，1か月程度の伸長を認めることとしているが，迅速性の要請や標準スケジュールを公表している趣旨に照らし，2回目の伸長については，相当厳格な審査をしている（民再規84条3項参照）。

　監督委員から，再生計画案に対する意見書が提出され，付議相当意見であれば直ちに再生計画案について付議決定を行う。東京地裁破産再生部では，再生計画案の決議に関し，債権者の便宜とともに，可決に至らなかった場合に集会を続行する余地を残す観点から，原則として，債権者に，債権者集会の期日における投票と書面等投票の選択を認める方法（民再169条2項3号）を採用している。付議決定においては，決定から1か月ないし2か月以内の日を債権者集会の期日として指定するとともに，債権者集会の8日前までを書面等投票の期間として指定している。

また，債権者が十分な情報に基づいて適切な議決権を行使することができるようにするため，付議決定の後，債権者集会までの間に，再生債務者から債権者に対して再生計画案の説明（再生債務者主催の債権者説明会の形で行われるのが通例である。）を行うことを求めている。

カ　債権者集会・認可決定

(ア)　債権者集会期日及び認可決定
　決議のための債権者集会の期日においては，裁判所から，出席した債権者に対し，議決権の行使等に関する手続の説明をした上で，書面等投票分と合わせて提出された議決票の集計を行い，原則として同日に認可・不認可の決定を行っている。なお，認可決定は，官報に掲載された後2週間の即時抗告期間の経過によって確定するため，即時抗告がなければ，認可決定の約4週間後に確定となる。

(イ)　集会直後の打合せ（計画の履行等）
　再生計画認可決定の確定後，再生債務者は，監督委員の監督の下で再生計画の遂行をする。東京地裁破産再生部では，債権者集会直後に打合せの機会を設けて，再生計画の遂行に関する協議をしており，再生債務者に，債務の弁済を行ったときに弁済報告書を提出するほか，監督委員の意見を踏まえ，事案に応じ，一定期間ごとに（例えば，収益弁済型の場合には，3か月に一度程度とする例が多い。）再生債務者の事業の状況に関する報告書を提出することを求めている。なお，この打合せにおいては，上記の協議に加え，同席した代表者（又は再生債務者本人）に対し，監督委員の監督の下で確実に再生計画の遂行をすることの重要性等について確認をするなどしている。

キ　その他の手続

(ア)　再生計画の変更・手続の廃止
　再生債務者は，履行に困難を来す事情が生じた場合には，直ちに監督委員に連絡し，事情を説明することが求められる。この場合，必要に応じて，裁判所を含めた打合せを行い，対応策を検討することになる。

一時的な弁済の遅れの場合には，個別に債権者の了解を得ることにより対処することができる。しかし，そうでない場合には，再生計画の変更を検討し，それができないときには，再生債務者が法人であれば，手続を廃止し，破産手続に移行することになる。このような場合についても，できる限り早期に監督委員に説明，相談をし，必要に応じて裁判所を含めた打合せを行い，対応策の検討をすることが求められる。

(イ)　終　　結

　裁判所は，再生計画が遂行されたとき，又は再生計画認可決定の確定後3年が経過したときは，終結決定をする（民再188条2項）。東京地裁破産再生部では，原則として全件について監督委員を選任しているため，再生計画認可の決定が確定しても終結決定をすることはない。なお，再生計画による弁済の終了前であっても，弁済が確実であると認められ，履行監督の必要がなくなったときは，監督命令を取り消して（民再54条5項）終結決定をする（民再188条1項）ことになる。

> **コメント**
>
> 　　　　　　　　　　　　　　　　　　　　　　弁護士　園尾　隆司
>
> 　民事再生法は再建型法的整理に関する一般法である。その趣旨は，再建をしようとする企業や個人が，他の特別の再建型法的整理を選択する場合を除き，民事再生法に基づき再生申立てをすることができる法律であるということである。したがって，再生手続は破綻の危機に瀕する中で再建を模索する企業の駆け込み寺であり，手続の中で最も重要なのは，広く申立てが受け付けられることと，迅速で予測可能性があることである。
> 　旧和議法当時，事前相談で和議を可決し得るだけの債権者の同意書を提出しなければ保全処分の発令が得られない運用があり，また，整理委員が問題点を網羅的に論じた分厚い意見書が裁判所に提出されるまで開始決定がされず，開始後も，問題点が生じる都度，整理委員と交代した管財人から報告書が提出され，債権者集会が開催されて決議が可決されても直ちには認可されず，2週間

後の期日に認可された。

　旧和議法当時の運用がこうなるについて，裁判所に特別の悪意があったわけではない。旧和議事件の審理を担当する裁判官は，職権主義による判断と抗告審を視野に入れた書類の整備に努め，法定の要件の有無の判断に専念する一方，企業再建自体には関心が薄く，その結果が先の運用の姿だったのである。職権主義に関して言うと，戦後，訴訟手続においては，職権証拠調べを制限し，交互尋問を採用するなどにより職権性を制限する改革が行われたが，非訟手続である倒産事件の処理にはそのような波は及ばなかった。

　民事再生法が施行された平成12年以降，旧和議法の運用が抜本的に改められ，東京地裁破産再生部においては，所定の連絡メモを提出すれば再生申立てが広く受理され，事前相談がなくとも申立ての当日に保全処分が発令されるようになり，加えて，標準スケジュールが公表され，申立てから1週間後に開始決定，その後3回の打合せを実施して，5か月後に債権者集会が開催され，計画案が可決すれば直ちに認可決定を受けることが可能となり，簡素で迅速な手続進行が図られ，手続の予測可能性も高まった。

　特筆すべきは，民事再生法施行から20年近く経った現在も，その受理の姿勢と手続の迅速さが変わらず，かつ，予測可能性が高い手続が維持されていることである。これはその間のメンテナンスが適切であった証左である。良好な制度も，時機に応じ，状況に応じた適切なメンテナンスが行われなければ徐々に変質し，かつてとは似て非なるものとなっていく。制度は，作ることより維持することが難しい。東京地裁破産再生部に申し立てられる再生事件は，この20年近く，毎年全国の3分の1から4割に達しているが，これもメンテナンスの適切さのゆえであろう。

　弁護士の目から再生手続を見ると，手続が安定的に運用されているのは，申立代理人と監督委員による手続の共同運行システムが考案され，適切に維持されていることによるものと考えられる。すなわち，開始決定の可否から認可決定の可否あるいは終結の可否に至るまで，申立代理人による自発的行動と，それを見分した監督委員の同意がある場合には，裁判所は監督委員の判断を尊重する。これが手続を簡易迅速なものとし，かつ，進行の予測可能性を高めている。監督委員は手続の勘所を心得ており，倒産事件申立てにも長けているから，申立代理人は緊張感とともにある種の安堵感をもって申立手続に臨んでいる。この仕組みは申立代理人の努力を最大限に引き出すものということができ，その結果として，裁判所の事件処理能力の飛躍的向上が図られている。

　民事再生法が施行されて以後，東京地裁破産再生部においては，再生事件数

には大きな増減があったが，裁判所の再生事件処理のスピードに変化はなく，しかも，再生事件担当裁判官・書記官の数は増加も減少もしていない。それは，申立代理人と監督委員による手続の共同運行システムが運営維持されることによって，事件の増減にかかわらず，関係者が最大限の努力をする態勢が整ってきたからにほかならない。今は全国的に再生事件が少ない時期であるが，この共同運行システムにより，仮に申立件数が急激に増加することとなっても，裁判所はそれに動じることなく，すなわち，標準スケジュールをいささかも後退させることなく事件を処理することが可能な態勢を有していると見てよい。

弁護士としては，裁判官・書記官とともに再生事件を運営していく職責を負っていることを認識して，債務者の再生がより適切に達成されるよう，腕を磨いていく必要がある。中でも，再生債務者代理人としての立場となる弁護士が，企業の再生を図るため，民事再生手続が持つ調整力と再生能力を最大限引き出すことができるよう，腕を磨いていくことが特に重要である。民事再生手続はその努力に値する柔軟さと再生能力を備えているといえる。

倒産事件を担当する弁護士としての視点から日本の債権者を見てみると，外国債権者とは明らかに異なり，精神の根本において債務者の再生に理解が深いと感じることが多い。東京地裁破産再生部の運用が，再生債務者の幅広いチャレンジの努力を見守る姿勢で臨んでいることは心強い。申立代理人としては，この点に深い認識を持った上，構想と見通しを持って粘り強く手続を進めることが必要である。監督委員は，一歩下がってこれを監督し，助言し，見守ることとなる。再生事件における申立代理人と監督委員の共同運行システムに誇りと自信を持って，弁護士においても，裁判所と同じ関心，同じ気構えで，不断の努力と研鑽を重ねていくことが望まれる。

第3 再生手続の機関等とその役割

1 再生債務者及び再生債務者代理人

(1) 再生債務者

　民事再生手続は、再生債務者の自主再建の意欲を尊重し、これを最大限に生かしながら債務者の事業又は経済生活の再生を図ることを基本とする再建型の手続であり、民事再生法は、原則として、再生債務者が再生手続開始後も財産の管理処分権及び業務遂行権を失わず（民再38条1項）、また、再生債務者自身が、その属する一切の財産について価額を評定する（民再124条）とともに債権調査を行い（民再100条、101条）、再生計画案を作成してその認可決定確定後にこれを遂行する（民再163条1項、186条）など、再生債務者自らが主体となって手続を進行させるいわゆるDIP（Debtor In Possession、占有債務者）型手続を採用している。

　このように、再生手続は、再生債務者が自ら主体的に手続を追行することを予定しているが、そのこととの均衡上、再生債務者が手続を追行する上で、自らの利益のみを図って行動することは厳にこれを防止する必要があり、再生債務者は、再生手続を通じて、債権者全体の利益を適切に代表し、その利益を損なうことのないように行動する責務を負うべきである。そこで、民事再生法は、再生債務者に対し、債権者に対する関係で公平かつ誠実に業務遂行権や財産管理処分権等の権利を行使し、再生手続を追行する義務（公平誠実義務）を課し（民再38条2項）、公正かつ適正な再生手続の目的（民再1条）の実現を図っている。再生債務者が、再生手続の円滑な進行に努

め，進行に関する重要な事項を再生債権者に周知させるよう努めなければならない責務を負うとされる（民再規1条1項，2項）のも，再生債務者が負う公平誠実義務を手続進行上に反映させたものである。

(2) 再生債務者代理人

再生債務者代理人は，再生債務者との委任ないし準委任に基づく受任者として善管注意義務（民644条）を負うが，再生手続においては，上記のような法令上種々の義務及び責務を負う再生債務者の代理人として，公平かつ誠実にその職務を追行すべき義務を負うと考えられる。再生債務者代理人としては，再生債務者に対し，再生手続開始後も財産管理処分権や業務遂行権を失わないものの，その権利行使は無制約なものではなく，公平誠実義務を伴うものであることを自覚させ，再生債務者に助言し，これを説得しながら手続を追行することが求められるというべきである。

また，前記のとおり，再生手続は，再生債務者自らが主体となって手続を進行させるいわゆるDIP型手続を採用し，再生債務者自身が，その属する一切の財産について価額を評定し，債権調査を行い，また，再生計画案を作成し，認可決定確定後は再生計画を履行するなどの手続を追行することが要求される。とりわけ，東京地裁破産再生部においては，標準スケジュールが策定・公表され，再生債務者に対しては，これを遵守した迅速な手続追行が求められている（本章第2参照）。これらの手続を追行するに当たっては，公平誠実義務を果たしながら，法律上・会計上の知見を駆使して調査を行って書面を作成したり，多数かつ複雑に絡み合う関係者の利益を調整したりする必要があるなど，専門的で高度な知見・技能と経験を要することから，再生債務者が，法律専門家である代理人弁護士の助力なく，自らこれらの各手続を追行することは著しく困難である。したがって，DIP型手続である再生手続を公正かつ適正に進行させるためには，再生債務者代理人が，再生債務者に積極的に働きかけ，あるいは自ら主導して再生手続を追行することが不可欠ということができる。

さらに，再生債務者代理人は，再生債権者等の利害関係人に対する情報提

供についても，積極的な役割を果たし，もって手続の進行に関する予測可能性を与え，手続の透明性を確保することが求められる。具体的には，再生債務者代理人は，再生手続開始の申立てや，事業譲渡，あるいは再生計画案の決議に際しては，自主的に債権者説明会を開催して，専門家としての立場から，申立てに至った経緯や事業譲渡，再生計画案の内容等について，再生債権者に対して十分な説明を行って，積極的にその疑問に答えることが求められる。また，再生債務者は，財産目録（民再124条），報告書（民再125条）等の書面を裁判所に提出したときは，これらの書面に記載された内容を表示したものを再生債権者が再生債務者の主たる営業所，再生債務者の代理人の事務所等において閲覧することができる状態に置く措置を執らなければならない（民再規124条1項，129条1項）とされているが，再生債務者代理人は，これら書面の作成や閲覧等を通じて，主体的に再生債権者に対する情報開示を行うよう努める責務を負っているというべきである。

　また，再生計画認可決定の確定後も，再生債務者は自ら再生計画を遂行する義務を負うが（民再186条1項），再生債務者代理人は，再生債務者の業務及び財産に関する状況を的確に把握し，これを定期的に履行監督に当たる監督委員及び裁判所に報告する（民再125条2項参照）などして，再生債務者をして再生計画を確実に遂行させ，もって再生計画によって調整された債権者の権利実現を図るよう努める責務を負うものというべきである。再生計画が確実に遂行されることは，再生手続そのものについて，再生債権者を中心とする利害関係人から信頼されるに足るものにするために不可欠であり，この意味でも，再生手続における再生債務者代理人の役割は重い。

　以上のとおり，DIP型手続である再生手続を公正かつ適正に進行させるためには，再生債務者代理人の役割が極めて重要である。そのため，東京地裁破産再生部においても，通常再生事件では，全件につき再生債務者代理人として弁護士が代理人として付いており，再生手続開始の申立て（ないしその準備）から再生手続の終結・再生計画の遂行に至るまで，再生手続の過程を通じて，積極的かつ重要な役割を果たしている。

2　監督委員

(1)　監督委員の役割

　裁判所は，再生手続開始の申立てがあった場合において，「必要があると認めるとき」は，利害関係人の申立てにより又は職権で，監督委員による監督を命ずる処分（監督命令）をすることができる（民再54条1項）。このように，再生手続において，監督委員を選任することは，法律上は必ずしも義務的とはされていないが，監督委員が再生債務者の業務遂行や手続の追行が公正に行われるように監督することは，再生手続の公正かつ適正な手続進行に資するとともに，再生手続に対する債権者の信頼を得るためにも極めて重要である。そこで，東京地裁破産再生部では，このような監督委員の役割の重要性に鑑みて，再生債務者申立事件の場合は，原則として全件について，弁済禁止の保全処分の申立てがある場合はその発令と同時に監督委員を選任する運用としている（民再の手引2版57頁以下）。監督委員は，その職務を行うに適した者のうちから選任されなければならないとされている（民再規20条1項）が，東京地裁破産再生部では，倒産事件に精通した弁護士の中から更に厳選して適格を有する者を選任している。

(2)　監督委員の職務

　監督委員の主たる職務は，裁判所によって指定された事項を再生債務者が行うことについて同意を与えることであるが（民再54条2項），監督委員は，再生手続開始前の共益債権化の許可に代わる承認（民再120条2項），再生手続の進行に係る再生債務者の監督，その業務及び財産状況の調査を行うほか，主要な再生債権者の意見を聴取して再生手続開始の要件を調査し，事業譲渡先等のスポンサー選定過程の適正性の監督を行い，また，再生債権者が再生計画案に対する意思決定をする上での参考に供するため意見書を作成し，再生債務者による再生計画の遂行の監督等を行うなど，その職務の内容

は多岐にわたる。これらの職務を通じて監督委員に求められるのは、その職務（監督）権限を適切に行使することを通じて再生手続の公正さや透明性を確保し、もって再生手続について、再生債権者を中心とする利害関係人から信頼されるに足るものにすることである。

　前記のとおり、再生手続は、再生債務者に業務の遂行や財産の管理処分を委ねたままその再生を図ることを原則とするDIP型の再建手続であるが（民再38条1項）、そのこととの均衡上、再生債務者には公平誠実義務が課されており（同条2項）、第一次的には、再生債務者自身が手続の公正さや透明性を確保しつつ、再生債権者の理解と協力を得るため努めるべきである。しかし、再生債務者のみに手続追行を委ねることは、手続の適正性確保の観点から問題があり、手続に対する信頼を損ないかねない。現実にも、再生債務者が、自ら再生手続を追行することは著しく困難であり、再生債務者代理人の助力を得たとしても、再生債務者代理人の力量不足やそれまでの再生債務者の再生債権者に対する対応の不十分さなどが背景となって、再生債務者の誠実性に対する再生債権者等の不信感が強い場合もある。そこで、監督委員は、再生手続の過程を通じて、主要な再生債権者の意向を把握しつつ、再生債務者の財務状況等について事案に応じた調査を行うとともに、再生債権者に対し、必要な情報を適切に開示し、説明することを再生債務者に助言し、あるいは、再生計画案の作成等の手続追行についても必要な監督を行うことによって、再生手続を公正かつ適正で利害関係人から信頼されるに足りる手続にすることが求められている（大阪地裁倒産部における監督委員の実務については、大阪実務92頁以下参照）。

(3)　補助者たる公認会計士

　このように監督委員が再生債務者の業務上及び財務上の情報を正確に把握するためには、公認会計士の補助が不可欠である。東京地裁破産再生部では、監督委員の調査を実効性あるものにするため、一定規模以上の負債を負った法人を再生債務者とする事件については全件につき、それ以外の法人や個人を再生債務者とする事件については必要に応じて、監督委員が公認会

計士を補助者として選任する扱いとしている。公認会計士は，決算書の粉飾の有無を含めた再生債務者の財務関係における過去の実績や再生債務者が提出した財産評定書（民再124条1項）の正確性の審査，別除権協定における受戻代金額や事業譲渡における対価の適正性，再生計画案における弁済率と清算配当率との比較や履行可能性など，再生手続の根幹部分に関する調査について，監督委員を補助するという重要な役割を果たしている。公認会計士は，必要に応じて裁判所における打合せ期日に出席し，また，債権者集会にも出席するのが通例である。

　なお，東京地裁破産再生部では，監督委員の補助者である公認会計士の費用として，予納金のうちの3割が予定されており，再生債務者に予納をさせ，監督委員に対する報酬とは別個に支給をする運用である。ただし，粉飾決算がされているとか，帳簿が存在しない等の理由により，公認会計士の通常業務と比較して財産状況等の調査に特に労力を要する事案については，その労力に見合う費用の追納を求めることもある。

3　調査委員

　裁判所は，再生手続開始の申立てがあった場合において，必要があると認めるときは，利害関係人の申立てにより又は職権で，調査委員による調査を命ずる処分（調査命令）をすることができる（民再62条1項）。この処分をする場合には，裁判所は，当該調査命令において，1人又は数人の調査委員を選任し，かつ調査委員が調査すべき事項及び裁判所に対して調査の結果を報告すべき期間を定めなければならない（同条2項）。

　これらの規定からも明らかなとおり，調査委員は，再生手続上の特定の事項に関する調査を担当する任意の機関であるが，その調査事項については格別の規定がなく，同じく調査の権限が認められている監督委員による調査との使い分けの点を含め，具体的にどのような場合に調査委員を選任するかは実務の運用に委ねられている。

　東京地裁破産再生部では，前記のとおり，再生債務者申立事件では原則と

して全件について監督委員を選任し，再生手続において問題となる事項全般について，監督委員の意見を聴きながら手続を進める運用がされており，調査のための事務についても，必要に応じて監督委員に遂行することを求めているため，調査委員を選任する事例は多くはない。

しかし，例えば，債務者について債権者申立ての破産事件が既に先行しており，これに対抗する形で再生債務者が再生手続開始の申立てをした場合のように，破産手続によることが債権者の一般の利益に適合するか否か，又は再生計画案の作成若しくは可決の見込み又は再生計画の認可の見込みがないことが明らかといえるか否か等の申立棄却事由（民再25条2号～4号）の存否について，当初から公認会計士を補助者として活用するなどして十分な調査を経た方がよい事案のときは，例外的に監督委員ではなく調査委員を選任して調査を行う事例もある。このような事例の場合の調査事項としては，①再生手続開始の原因となる事実の有無や②申立棄却事由の有無のほか，必要に応じて，③民事再生法26条1項1号による破産手続の中止命令を必要とする事情の有無及びその命令の要否，④民事再生法64条1項による管理命令を必要とする事情の有無及びその命令の要否について，調査を命じるのが一般的である。

以上のとおり，東京地裁破産再生部では，再生手続において，監督委員以外に調査委員が選任されるのは，再生手続開始の申立棄却事由の有無等，特定の事項について集中的に調査をする必要が生じたときに限られているのが実情である（民再の手引2版106頁～114頁）。

4　管財人

(1)　管理命令

裁判所は，法人である再生債務者の財産の管理又は処分が失当であるとき，その他再生債務者の事業の再生のために特に必要があると認めるときは，利害関係人の申立てにより又は職権で，再生手続開始の決定と同時に又

はその決定後，再生債務者の業務及び財産に関し，管財人による管理を命ずる処分（管理命令）をすることができる（民再64条１項）。管理命令において選任されるのが管財人であり，再生債務者の業務遂行権や管理処分権は，全て管財人に専属する（民再66条）。

　管理命令の対象となる事例としては，再生債務者の経営者による財産の管理処分に重大な不正がある場合，再生債務者の経営者が再建に必要な能力，意思，債権者等に対する信用等を欠き，かつ再生債務者自身で適切な代替者を選任することができない場合などが考えられるが，管理命令は，再生債務者が持つ財産管理処分権等を剥奪するという重大な法律効果を持ち，また，前記のとおり，再生手続は，再生債務者の自主再建の意欲を尊重し，これを最大限に生かしながら再生債務者の事業の再生を図ることを基本とするDIP型の自主再建手続であるから，管理命令の発令は慎重かつ制限的に運用されるべきである。再生裁判所が管理命令を発令しようとするときには，再生債務者を審尋しなければならない（民再64条３項本文）とされているのも，この表れと見ることができる。

　実際にも，再生債務者の経営陣に過去に不正行為があったり経営能力に問題があったりして，再生手続を進行する上で再生債権者等の利害関係人に理解を得るため経営者の交替が必要な事件では，実務的には再生債務者代理人のリードによって経営者の交替が行われる事件が相当数ある。粉飾決算又は不正経理のある事案や経営者の重大な任務違背が疑われる事案では，再生債務者の自主的な努力の下で従前の経営者を更迭し，その責任の所在を明らかにするとともに，場合によっては役員の損害賠償責任を問うていくといった対応が求められる。管理命令という形ではなく，まずは，このような再生債務者の自主的な判断・努力で経営の健全化が図られることが本来の自主再建の姿であると思われる。

　東京地裁破産再生部においても，管理命令を発令しようとするときには，管理型の手続が相当であるとの監督委員の意見を得た上で，再生債務者も，その審尋（民再64条３項本文）等において，管理型手続を執ることに事実上の同意を表明した場合に限り発令する扱いであり，これまでのところ，再生

債務者が反対しているにもかかわらず管理命令を発令した事例はない。

(2) 管財人の権限

　管財人には，破産管財人と異なって，再生債務者財産の管理処分権だけではなく，業務遂行権も専属する（民再66条）。管財人は，就職の後直ちに，再生債務者に代わって，その業務の遂行及び財産の管理に着手することとなるが（民再72条），その他にも，再生手続において，再生債権の調査（民再100条以下），財産価額の評定（民再124条１項），役員等の責任追及（民再142条以下），担保権消滅許可の申立て（民再148条以下），再生計画案の作成（民再163条１項）とその遂行（民再186条１項）などの手続上の権限を行使し，義務を履行する。

　これに対し，管財人は，民事再生法が再生手続により組織変更を行うことを原則として予定していないため，再生債務者財産に関係のない，再生債務者の組織上の権限を行使することはできない。具体的には，管財人は，株主総会決議に代わる裁判所の許可による事業譲渡（民再43条）や，再生計画に基づく資本金の額の減少（民再154条３項，161条３項）のように，民事再生法が特別に管財人の権限を認めている場合のほかは，例えば，役員の選任・解任（会329条１項，339条１項），定款変更（会466条），合併（会748条以下）など，組織変更行為をその権限の行使として行うことはできず，そのための取締役会や株主総会を招集する権限も有しない。また，管財人は，再生手続において，100％の減資をして資本を入れ替えようとしても，募集株式を引き受ける者の募集に関する条項（民再154条４項）を定めた再生計画案を提出することはできない（民再166条の２第１項）。したがって，管財人は，再生債務者自身による増資の意思決定や第三者割当増資の株主総会特別決議（譲渡制限付株主の場合）等がなければ，自ら増資を行うことはできない（なお，管財人が，従前の経営陣の協力を得て，再生債務者と連名で募集株式を引き受ける者の募集に関する条項を定めた再生計画案を提出した事案はある。）。

(3) 管財人の義務

　管財人は，再生手続の追行上，その職務を行うについて善管注意義務を負う（民再78条，60条1項）とともに，裁判所の一般的な監督に服する（民再78条，57条1項）。また，管財人は，個別・具体的な権限行使に当たっても，再生債務者の業務遂行等と同様に裁判所の監督を受けることがあり（民再41条，42条等），業務及び財産の管理状況を裁判所に報告することになる（民再125条2項）。さらに，管財人がその権限を行使するに当たっては，再生債務者の定款又は寄附行為所定の目的の範囲による制約を受け，再生債務者が通常の業務を行う場合に服する行政上の監督等にも服することとなる。

コメント

弁護士　**多比羅　誠**

1　公平誠実義務

　民事再生法では，財産管理処分権・業務遂行権は原則として，再生債務者に帰属すると定めた。しかし，再生債務者は，手続開始前と同様に，自分の利益のみを図って行動することは相当ではなく，手続開始後は，債権者全体の利益を適切に代表し，その利益を損なうことのないように行動する責務を負う必要がある（一問一答民再68頁）。再生債権者の犠牲と協力の下に，再生を図る手続であるから，当然である。

　そこで，民事再生法では，再生債務者は，管財人が選任されている場合を除いて，財産管理処分権・業務遂行権を有するが，その場合には，債権者に対して，公平かつ誠実に，それらの権利を行使し，再生手続を追行しなければならないと定めた（民再38条2項）。これを公平誠実義務という。

　「公平」義務とは，複数の再生債権者を平等に扱う義務であり，「誠実」義務とは，自己の利益を重視して債権者の利益を犠牲にしてはならない義務である。再生債務者は，自分の財産あるいは事業であっても，手続開始後は，自分の利益のみを追求して管理処分や業務遂行を行うべきではないのである（松下淳一『民事再生法入門（第2版）』37頁）。

2　再生手続におけるDIP型手続

再生債務者は，財産管理処分権・業務遂行権を有するが，同時に，公平誠実義務を負う。これが再生手続におけるDIP型手続である。

公平誠実義務を負うことによって，米国連邦倒産法11章のDIP型手続と類似しているといえる（伊藤眞編集代表『民事再生法逐条研究（ジュリスト増刊）』53頁〔深山卓也発言〕）。

再生債務者の財産や業務の価値（主として将来収益）は，再生計画を通じて再生債権者に分配されることが予定されているという意味において，潜在的に再生債権者のものとなっており，再生債務者は再生債権者のために財産の管理等を行うという見解（前掲『民事再生法入門』37頁）が有力である。別の言い方をすると，民事再生法38条2項により，開始決定があると再生債務者の責任財産は実質的には再生債権者の財産となり，その管理者は，民事再生法38条1項により原則として再生債務者がなるが，例外的に管財人となることがある，再生債務者は管財人に匹敵する機関である（前掲『民事再生法逐条研究』54頁〔高橋宏志発言〕，同頁〔山本克己発言〕も同旨）。

再生債務者が公平誠実義務に違反した場合には，損害賠償を請求する方法のほか，債権者または監督委員は，裁判所に申し立てて，民事再生法41条の要許可事項に定めてもらうか，管理命令を発令してもらうかにより解決するのが妥当である（前掲『民事再生法逐条研究』55頁〔伊藤眞発言，田原睦夫発言〕）。

3　再生債務者代理人弁護士の役割

再生債務者は，手続開始前には，自己の利益のみを追求して財産管理処分や業務遂行を行うことができるが，手続開始後は，自己の利益のために再生債権者の利益を犠牲にしてはならず，再生債権者の利益のために，財産の管理処分・業務遂行を行うことになる。

再生債務者代理人は，依頼者である再生債務者の地位・責務の変化に応じて，その責務も変化する。再生債務者代理人は再生手続開始の申立てを受任する際，開始決定により再生債務者の地位・責務が変化することを前提にしていることから，当然のことである。再生債務者代理人は，開始決定前には，依頼者である再生債務者の利益を実現する行為をする。手続開始決定があると，再生債務者代理人は，自ら直接に再生債権者に対し公平誠実義務を負うというものではないが，再生債務者の代理人として，再生債務者が公平誠実義務を履行するよう，再生債務者に助言し，その実現のために行動しなければならない。

再生債務者は，開始決定があったからといって，直ちに公平誠実義務に従った行動をとることを期待できるものではない。開始前と同様に，自己の利益の

みを重視して，増額する余裕があるにもかかわらず，予想破産配当率をわずかに上まわる弁済率の再生計画案を作成したり，資産処分や増資について，親密な関係者に殊更有利な扱いをする等の例がないではない。再生債務者代理人は再生債務者に対し，公平誠実義務について，十分説明し，理解させておくことが重要である（多比羅誠「倒産・事業再生の今後と倒産実務家の課題」NBL969号18頁）。実質清算型で，再生計画認可後も資産が残り，その資産を換価して弁済原資に充てる再生計画案の場合，資産を市場相場より廉価にて再生債務者の経営者の知合いに換価しようとしたケースもある。再生計画認可決定後，経営者の中には待遇その他の点で自己の利益のみを図りたがる者もいる。

申立代理人弁護士が，しっかり指導すべきである。

4　再生債務者代理人弁護士の不適切行為

再生債務者代理人の中には，経験不足，勉強不足のためか，①再生債務者会社に行かない，②資金繰り表を作れない，③申立て前の賃料を支払っている，④リース料をそのまま支払っている，⑤債権認否を再生債務者会社に任せきりにしている，⑥財産評定の基準日が開始決定日ではない等々の問題があるケースを実際に見ている（③及び④について，通常の実務処理と異なることを認識した上で，監督委員ないし裁判所の了解を得て行っている場合は別である。）。自信のない人，経験のない人は，相談を受けた民事再生の案件について，自分一人で受任せず，経験のある弁護士に依頼して一緒に再生債務者代理人の業務を行って経験を積むのがよいのではないかと思う。

民事再生法は，DIP型手続を原則としており，再生債務者の自主性を尊重すべきであるから，再生計画案の弁済率は，清算価値を保障している限り，再生債務者の判断に委ねるべきであると主張する弁護士がいる。

経験もあり能力のある弁護士の中に，まれであるが，殊更依頼者である再生債務者の利益のためにのみ行動する弁護士がいる。例えば，財産評定の金額を殊更低くし，清算価値を下げ，清算価値をほんのわずか上回る弁済計画案を作成するケースがある。また，スポンサー会社からの推薦で，再生債務者代理人となり，スポンサーの利益のみを図り，再生債務者を食い物にしているケースもある。

対策としては，監督委員及び裁判所は再生債務者及び代理人に対し，厳しく監督し，最後は管理命令を発令することかと思う。

5　監督委員の役割

現在の再生事件の実務において，監督委員の選任が原則とされている。監督

委員に求められるのは，監督委員の職務を通じて再生手続の公正さや透明性を確保し，再生手続を再生債権者から信頼される手続にすることである（破産再生の実務3版・再生編183頁）。

　再生債務者は，破綻に至る過程で債権者を害する行為をしたり，再生手続の過程で債権者を害する行為をするおそれがある。そこで，倒産処理の経験のある弁護士を監督委員に選任し，実質的には再生債権者の利害代表として再生債務者及びその代理人と対立させ，実体権その他の重要な事項は裁判所が判断し，それ以外は監督委員対再生債務者という関係で再生手続を進めることが，最も公正かつ実効的な再生を期することができるためである（前掲『民事再生法入門』49頁）。

　監督委員の監督の程度であるが，再生債務者及び再生債務者代理人の経験・力量が必ずしも十分でない場合には，積極的に監督することが求められる（破産再生の実務3版・再生編183頁参照）。

　監督委員は，再生計画案について再生債権者が賛否の判断をする資料として意見書を作成し提出するが，その職務遂行の前提として，再生債務者の再生計画案が，公平誠実義務の履行を含め適法となるように指導監督することは必要である（再生の手引2版70頁及び伊藤・破産民再3版817頁脚注43）参照）。

第 4

利害関係人に対する情報開示と再生事件記録の閲覧・謄写

1　再生債務者による情報提供

(1)　総　　論

　再生手続は，再生債務者がその財産の管理処分権を維持し，再生債務者が主体となって手続を遂行することを基本とするDIP型の倒産手続である。東京地裁破産再生部では，通常の再生事件の全件につき監督委員を選任することにより，手続の公正な遂行を確保することとしている（本章第2，第3参照）が，再生手続中に事業を維持し，手続を円滑に遂行するためには，それにとどまらず，債権者等の利害関係人に対して適時に十分な情報を開示して，手続に対する協力と理解を得ることが不可欠といえる。

　財産状況報告集会（民再126条）を含む債権者集会の開催が基本的に任意のものとされている通常の再生事件においては（民再114条），再生事件記録の閲覧・謄写等が再生債権者による情報入手の主たる手段となる。東京地裁破産再生部では，次のとおり，主として，再生債務者の債権者説明会（民再規61条）を通じた説明等により，再生債権者に十分な情報提供がされるよう図っている。

(2)　再生手続開始の申立て直後の段階（詳細は第2章第1参照）

　ほとんどの通常再生事件では，申立て直後の段階で，再生債務者において債権者説明会を開催し，再生手続開始の申立てに至った経緯，再生手続の概要及びスケジュール，申立て時点で予定する再生計画の方向性等について説

明をしている。なお，この債権者説明会は，監督委員の同席を得て実施することを原則としており，監督委員において，債権者説明会の場を利用して，主要債権者の意向等，再生手続開始についての意見を述べる際の資料となる情報を収集している。そのため，再生手続開始申立ての事前連絡に用いる「再生事件連絡メモ（法人・個人兼用）」（資料2－1－1）（第2章第1参照）では，再生債務者に可能な限度で債権者説明会の予定についても記載を求め，監督委員候補者に対する就任依頼時，又は再生手続開始申立て直後の監督委員候補者を交えた進行協議期日において，債権者説明会の日程調整を行っている。

再生債権者が数人程度の場合など，債権者説明会を開催することが，その規模等に照らして債権者に対する情報提供等の手段として必ずしも合理的でないと考えられる場合には，債権者説明会の開催を省略し，再生債権者に対する個別説明，監督委員による個別の意見聴取を行うこともある。逆に，再生債権者の属性ごとに複数回の債権者説明会を実施したり（金融機関とそれ以外の債権者，会員制施設の会員債権者とそれ以外の債権者に分けるなど），事業所が遠隔地にある場合にその所在地で別途債権者説明会を実施したりするなど，再生債務者において，事案に応じた工夫がされているところである。

(3) 再生計画によらない事業譲渡及び会社分割に係るもの
（詳細は第4章第6参照）

ア　事業譲渡

裁判所は，再生債務者の事業の再生のため必要であると認めるときは，再生計画によらない事業譲渡等の許可をすることができるが（民再42条1項），事業譲渡の許可をする場合には，知れている再生債権者の意見を聴くことが必要であり（同条2項），東京地裁破産再生部では，原則として意見聴取期日を開催して再生債権者の意見を聴取した上で，事業譲渡の許否を判断することとしている。

譲渡対価の金額，承継対象となる資産・債務の範囲といった事業譲渡の内

容は，再生債権者に対する弁済原資や弁済率を左右し，再生債権者の利害に大きく関わる事項であるが，再生債権者が的確に意見を述べるためには，再生債権者に対して十分に情報提供がされる必要がある。そこで，東京地裁破産再生部では，意見聴取期日の通知書に再生債務者が作成した事業譲渡の概要に関するメモ（第4章第6参照）を同封して再生債権者に送付することにより，一定の情報提供を図っているほか，再生債務者に対し，意見聴取期日に先立って債権者説明会の開催を求めている。

再生債務者としては，債権者説明会においては，監督委員の同席を得て，事業譲渡の必要性，スポンサー（事業譲受人）の選定過程の適正さ，事業譲渡の内容，譲渡対価の相当性，事業譲渡がされた結果見込まれる再生計画に基づく弁済内容等の情報につき，できる限り十分な説明を行い，再生債権者の疑問等にも答えておくことが求められる。意見聴取期日で再生債権者から基本的な事項について多数の質問がされるなど，再生債務者による説明が十分でなく，再生債権者が必要な情報提供を受けて意見を述べる機会が確保されていないことが疑われる場合には，改めて再生債務者による情報提供及び監督委員による意見聴取がされるまで，許否の判断を留保せざるを得ない場合もある（なお，意見聴取期日の席上において，事業譲渡の内容について質疑応答を行うことは予定していない。）。

イ　会社分割

東京地裁破産再生部では，事業譲渡と並び，事業の全部又は一部をスポンサーに承継させるための一手法である会社分割についても，その実質が事業譲渡と同様であることから，再生手続開始決定において民事再生法41条1項10号に基づき裁判所の許可を要する事項に指定しており，事業を再生するための必要性，分割契約の内容の相当性につき，監督委員の意見等に基づき，許否の判断をしている。そこで，東京地裁破産再生部では，会社分割の許否の判断に先立ち，前記アと同様に，監督委員の同席を得て債権者説明会を開催し，再生債権者に対する十分な情報提供をすることを求めている（なお，会社分割そのものについて意見聴取の手続は法定されていないが，子会社株式譲

渡を伴う場合など，事業承継の枠組みいかんによっては，子会社株式譲渡と併せて意見聴取期日を開催することがある。第4章第6参照）。

(4) 再生計画案の付議後の段階（詳細は第5章第2参照）

ア　再生計画案の記載事項等

　再生債務者は，再生計画案において，必要に応じ，法的効力を生ずる記載でなくとも，再生債権者にとって再生計画案の理解に資する事項（説明的記載事項）を記載することが相当である。実際の例としては，再生手続開始に至る経緯，再生計画の基本方針，事業計画の内容，スポンサー契約（事業譲渡等）の内容，弁済資金の調達方法，清算配当率との比較，別除権の処理の方針・状況，再生計画案の遂行可能性，役員責任・株主責任に関する事項，役員変更等の会社組織の変更に関する事項，関連会社の処理に関する事項等がある。

　また，東京地裁破産再生部では，再生計画案が提出された後，監督委員に対し，再生計画案を決議に付することの相当性に関する意見書の提出を求めている。これは，監督委員の関与により再生計画案の内容の適法・適正性を確保するためのものであるが，さらに，手続の透明性，再生債権者に対する情報提供という観点から，このような監督委員の意見書を，裁判所の付議決定後，債権者集会招集通知書，議決票，再生計画案等とともに議決権者宛てに送付して，議決権者の再生計画案に対する賛否の判断の参考に供することとしている。

イ　債権者説明会等

　再生計画案の内容の説明等についても，東京地裁破産再生部では，再生債務者に対し，再生債権者が少数であるため個別説明で足りる場合を除き，債権者説明会を開催するよう求めている。債権者集会において同様の説明及び質疑応答を予定していないことは，再生計画によらない事業譲渡に係る意見聴取期日と同様であり（前記(3)），したがって，再生債務者においては，債

権者説明会の場等でできる限り十分な情報を提供し，債権者からの疑問点にも答えておくことが重要である。

　なお，東京地裁破産再生部では，以上を通じて，債権者説明会における再生債務者の説明の内容，再生債権者からの意見等の状況について，再生債務者に対し，報告書（民再規61条2項）の提出を求めている。

2　再生事件記録の閲覧等

(1)　総　　論

　前記1(1)のとおり，再生事件記録の閲覧及び謄写等（謄写，正本・謄本・抄本の交付及び証明書の交付。ただし，録音テープ又はビデオテープ等の電磁的記録媒体の場合は，複製である。以下，閲覧と合わせて「閲覧等」と総称する。）は，利害関係人が再生手続に関して情報を取得するための重要な手段であるが，事業再生の目的を達成する上での密行性の要請との兼ね合いから，閲覧等の請求権者の範囲や請求可能な時期等について，制限が課されている。

ア　閲覧等の請求権者

　再生事件記録の閲覧等をすることができるのは，当該再生事件の利害関係人に限られる（民再16条1項～3項）。利害関係人とは，法律上の利害関係を有する者をいい，再生債務者の債権者（共益債権者，一般優先債権者，再生債権者），株主，従業員等がこれに当たる。これに対し，事実上，経済上の利害関係を有するにすぎない者は，利害関係人には当たらない。

イ　閲覧等の対象となる文書等

　閲覧等の対象となる文書等は，民事再生法及び民事再生規則に基づき，裁判所に提出され，又は裁判所が作成した文書その他の物件である（民再16条1項，民再規9条1項）。

　民事再生法又は民事再生規則に基づいて裁判所に提出される文書等として

は，①再生手続開始の申立書（民再規2条1項），②添付書類（民再規14条1項），③財産評定書（民再124条2項），④報告書（民再125条1項，2項），⑤債権届出書（民再94条1項），⑥認否書（民再101条1項），⑦再生計画案（民再163条1項）のほか，⑧各種許可申請書，⑨監督委員の同意に関する報告書（民再規21条2項），⑩債権者説明会の結果要旨の報告書（民再規61条2項）等がある。また，監督委員の意見書及びその補助者である公認会計士の調査報告書は，民事再生法又は民事再生規則に基づいて提出された文書等ではないが，前記1(4)アと同様の理由で，これに準ずるものと取り扱っている。裁判所の職権発動による裁判（管理命令，再生手続廃止決定等）を求める上申書も，手続の透明性の観点から，前記文書等に準じて取り扱っている。

なお，再生計画案の決議のために裁判所に提出された議決票は，議決権行使の手段にすぎず，民事再生法又は民事再生規則に基づいて裁判所に提出された文書とはいえないので，閲覧等の対象文書には当たらないと解されるが，東京地裁破産再生部では，利害関係人が議決の集計の正確性を点検することが必要と考えられる場合に限り，閲覧のみを認める運用を行っている（閲覧は再生債権者の特定事項にマスキングを施した写しのみについて認め，謄写は認めていない。）。

裁判所が作成する文書等としては，各種の決定書，再生債権者表（民再99条1項。実際には，債権届出書，認否書，再生計画案が一体のものとして編成される。）等がある。

ウ　閲覧等の時期

再生手続の初期段階においては，手続の密行性の要請から，再生事件記録の閲覧等が制限されるが，再生手続開始の申立人と，それ以外の利害関係人とで異なる規律がされている。具体的には，次のとおりである。

(ア)　**再生手続開始の申立人**（民再16条4項ただし書）

閲覧等の時期に制限はない。自ら申し立てた手続に関し，手続の密行性を考慮する必要はないからである。

(ｲ)　**再生債務者以外の利害関係人（民再16条4項1号）**

　民事再生法16条4項1号所定の裁判所の命令，保全処分，処分又は裁判がされ，再生手続の密行性の要請が失われるまでの間は，閲覧等が制限される。前記命令等の具体例は同号に列挙されたとおりであるが，再生手続開始に至る事例においては，通常，再生手続開始の申立てに近接した時期に発令される監督命令（民再54条1項），保全処分（民再30条1項），他の手続等の中止命令（民再26条1項），包括的禁止命令（民再27条1項）等が，再生手続開始に至らない事例においては，再生手続開始申立て棄却決定（民再25条）等が考えられる。

　(ｳ)　**再生債務者（民再16条4項2号）**

　債権者申立ての事案（再生債務者が再生手続開始の申立人でない事案）においては，前記(ｲ)記載の命令等がされるか，又は，再生手続開始の申立てに関する口頭弁論期日若しくは再生債務者を呼び出す審尋期日の指定がされるまでの間，閲覧等が制限される。これらの期日（通常は審尋期日である。）の指定がされた場合は，再生債務者との関係で密行性を確保する要請は失われるからである。

(2)　支障部分の閲覧等の制限（民再17条1項）

　利害関係人に対する文書等の閲覧等を認める民事再生法16条の原則に対する例外として，利害関係人の閲覧等がされると再生債務者の事業の維持再生に著しい支障を生ずるおそれ又は再生債務者の財産に著しい損害を与えるおそれがある部分（支障部分）であることの疎明があるときは，裁判所は，支障部分の閲覧等の請求をすることができる者を，当該申立てをした者及び再生債務者等に限ることができる（以下「閲覧等制限決定」という。）。

　閲覧等制限決定については，申立権者及び対象文書の範囲が，次のとおり限定されている。

ア　**申立権者**

　通常再生手続において，支障部分を含む文書等を提出した再生債務者等，

保全管理人，監督委員又は調査委員のみが申し立てることができる。

イ　対象文書

　閲覧等の制限が利害関係人の権利に重大な制約を課すものであることから，閲覧等制限決定の対象文書は，次のものに限定されている。

(ア)　裁判所の許可を得るために裁判所に提出された文書等
　　（民再17条1項1号）

　具体的には，①再生債務者等又は保全管理人が提出した指定行為の許可申請書（民再41条1項，81条3項），②営業等の譲渡の許可申請書（民再42条1項），③否認権限の付与を受けた監督委員による指定行為等の許可申立書（民再56条5項），④保全管理人の常務外の行為の許可申請書（民再81条1項ただし書），及び，⑤これらの許可申請の際に提出された文書（添付資料等）である。

(イ)　裁判所に対する報告書（民再17条1項2号）

　具体的には，①調査委員の調査報告書（民再62条2項），②再生債務者等又は監督委員の業務及び財産状況等に関する報告書（民再125条2項，3項）である。

ウ　申立ての方法

　閲覧等制限の申立ては，対象文書を提出する際にしなければならない（民再規10条2項）。もっとも，対象文書の提出後に申立てがされた場合であっても，当該文書が閲覧等される前であれば，実務上，裁判所において閲覧等制限に関する裁判をしている。

　閲覧等の制限の申立書の書式は，資料1－4－1のとおりである。

　閲覧等制限の申立人は，支障部分を特定した上で閲覧等制限の申立てをするとともに（民再規10条1項），支障部分を除いた対象文書の抄本を提出し（同条3項），閲覧等制限の必要性を疎明することを要する。なお，閲覧等制限の申立ては独立の事件として立件されることはなく，また，申立てに際して収入印紙，郵便切手の添付は不要である。

資料1-4-1　閲覧等の制限の申立書

平成○○年(再)第○○号　再生手続開始申立事件

閲覧等の制限申立書

平成○○年○月○日

東京地方裁判所民事第20部　御中

申立人（再生債務者）　　○○株式会社
代表者代表取締役　　　　○○　○○
申立代理人弁護士　　　　○○　○○　㊞

申立ての趣旨

　頭書事件につき，申立人が提出した平成○○年○月○日付け事業譲渡許可申立書添付の事業譲渡契約書（写し）の別紙3-2, 3-3及び3-5について，その閲覧若しくは謄写又はその正本，謄本若しくは抄本の交付の請求をすることができる者を申立人に限ることの決定を求める。

申立ての理由

1　申立人は，平成○○年○月○日付け事業譲渡許可申立書（以下「本件許可申立書」という。）を提出した再生債務者である。
2　本件許可申立書添付の事業譲渡契約書（写し）の別紙3-2（承継対象取引契約一覧）には申立人の取引先の具体的な名称，住所及び電話番号等が，別紙3-5（承継対象従業員一覧）には申立人の従業員の具体的な氏名，住所，電話番号等が記載されているところ，これらの情報は取引先及び従業員の同意なくして公にすることができるものではない。
　　仮に，これらの情報が閲覧等により外部に流出すれば，取引先及び従業員から損害賠償請求を受けることで申立人の財産に著しい損害を与えるおそれがある上，競業他社による取引先及び従業員の奪取又は引き抜きによって事業価値が毀損され，円滑な事業譲渡が阻害され，申立人の事業の維持再生に著しい支障を生ずるおそれもある。
3　本件許可申立書添付の事業譲渡契約書（写し）の別紙3-3（承継対象店舗一覧）には，承継対象となる各店舗の事業価値に対する事業譲受人の評価額の内訳が記載されているところ，この情報は，事業譲受人の事業の秘密に属するとともに申立人においても秘密保持の義務を負うものである。
　　仮に，これらの情報が閲覧等により外部に流出した場合には，事業譲渡契約の解除事由を構成し得ることとなるため，申立人の事業の維持再生に著しい支障を生じるおそれがあることは明らかである。
4　よって，民事再生法17条1項に基づき，申立ての趣旨記載の裁判を求める。

添付資料（略）

裁判所は，閲覧等制限の必要性について疎明があるときは，支障部分を特定して閲覧等を制限する旨の決定をする（民再規10条4項）。裁判所が申立てに係る支障部分の一部のみについて閲覧等制限を認め，申立てにおける支障部分と閲覧等制限決定における支障部分が異なる場合には，申立人において，遅滞なく，対象文書から決定における支障部分を除いたものを作成して提出しなければならない（同条5項本文）。

　裁判所の閲覧等制限決定により，支障部分の閲覧等をすることができる者が，当該文書の提出者（申立人）及び再生債務者等に制限される。また，閲覧等制限の申立てから決定までの間に支障部分が閲覧等されると目的を達することができないため，申立てがあったときは，利害関係人は，申立てについての裁判が確定するまでの間，申立てにおける支障部分の閲覧等を請求することができない（民再17条2項）。

　閲覧等制限決定に対しては，不服を申し立てることができない。

エ　申立てにおける留意点

　前記のとおり，閲覧等の制限は，再生手続における利害関係人の重要な情報収集手段に制約を課すものであるから，申立てにおいては，閲覧等の制限をする必要性のある範囲に支障部分を限定し，その必要性を十分に疎明する必要がある。支障部分の適切な特定をしないで漫然と文書全体の閲覧等の制限を申し立てることがないよう，申立て前に十分な検討をしておくべきである。

　他方で，閲覧等制限決定は，申立てによってのみすることができ，裁判所は，職権で閲覧等を制限することはもとより，申立てに係る支障部分を超える範囲について閲覧等の制限をすることもできないから，申立人においては，支障部分を必要かつ十分な範囲に特定するよう，事前に十分検討する必要がある。

　また，閲覧等が制限されるべき支障部分に相当する情報が，閲覧等制限の申立ての対象文書でない他の文書に記載されて閲覧等に供された結果，所期の目的を達することができないことにならないよう，注意をしておく必要が

ある。例えば，閲覧等制限の申立書において，支障部分を引用して閲覧等の制限の必要性を説明する場合，当該記載自体は当該申立書における閲覧等制限の対象になっていない。また，事業譲渡の許可申請に先立つ事業譲渡契約の締結に対する監督委員の同意に関する報告書（民再規21条2項。監督委員の同意を要する事項であることにつき，後記第4章第6参照）中に支障部分が含まれていても，当該部分は閲覧等制限の対象となっていない。したがって，再生債務者においては，このような文書にどこまでの事情を記載し，どのような資料を添付するかは，債権者に対する情報開示の要請を不当に損なわない限度で，工夫する必要がある。

(3) 閲覧等制限決定の取消しの申立て

閲覧等制限決定に対する不服申立てが認められていない一方で，利害関係人は，支障部分の閲覧等制限の必要性を欠くこと，又はこれを欠くに至ったことを理由として，閲覧等制限決定の取消しの申立てをすることができる（民再17条3項）。

裁判所は，前記申立てがされたときは，通常，閲覧等制限の申立人に対して反論を求めた上で，閲覧等制限決定を取り消すか否かを判断することとなる。民事再生法17条2項と同様の趣旨から，閲覧等制限決定を取り消す裁判の効力は，確定しなければその効力を生じない（民再17条5項）。

閲覧制限等決定の取消しの申立てに対する裁判については，即時抗告をすることができる（民再17条4項）。

(4) 民事訴訟法の準用による閲覧等の制限

民事再生法17条は，民事再生の手続に訴訟記録の閲覧等に関する民事訴訟法91条の規定が準用される（民再18条）ことを前提として，訴訟事件と再生事件との性質の相違に照らして，必要な特則を設けることにより，閲覧等をすることができる場合を明確にしたものとされている（一問一答民再44頁参照）。

したがって，民事訴訟法92条の準用による閲覧等制限の余地も否定される

わけではないが，実際には，プライバシーに配慮し，個人の債権者の電話番号等はそもそも記載しないなどの工夫をし，あらかじめ秘密保護に配慮して文書等を作成し提出することにより対応している例が多い。

第2章

再生手続開始の申立てと保全

第 1

再生手続開始の申立て

1 管轄

(1) 国際倒産管轄

　債務者が個人である場合には，日本国内に営業所，住所，居所又は財産を有するときに限り，法人その他の社団又は財団である場合には，日本国内に営業所，事務所又は財産を有するときに限り，再生手続開始の申立てをすることができる（民再4条1項）。なお，ここにいう「営業所」は主たる営業所に限らない（国際倒産の詳細については，第8章第1，第2参照）。

(2) 事物管轄

　全ての再生事件は，地方裁判所が事物管轄を有する（民再5条）。再生事件における審理は，一人制が原則であるが，合議制で取り扱うこともできる（裁判所法26条）。東京地裁破産再生部では，原則として，法人の通常再生事件は合議制，個人の通常再生事件は一人制とする運用である。

(3) 土地管轄

ア　原則的土地管轄

　再生債務者が営業者であるときはその主たる営業所の所在地を管轄する地方裁判所，外国に主たる営業所を有する場合は日本における主たる営業所の所在地を管轄する地方裁判所が土地管轄を有する（民再5条1項前段）。主た

る営業所の概念は実質的に判断されるべきであり，必ずしも本店には限らない。

　法人の場合，登記簿上の本店所在地と実質上の本店所在地が異なるときには，実質上の本店が主たる営業所となる。

　再生債務者が営業者でないとき又は再生債務者が営業者であっても営業所を有しないときは，その普通裁判籍の所在地を管轄する地方裁判所が土地管轄を有する（民再5条1項後段）。すなわち，個人の場合は，第一義的には住所，住所がないとき又は知れないときは居所，これらがないとき又は知れないときは最後の住所が基準となる（民訴4条2項）。ここにいう「住所」とは各人の生活の本拠をいう（民22条）。住民登録上の住所は，重要ではあるが一つの判断要素にすぎない。

イ　補充的土地管轄

　原則的土地管轄がないときは，再生債務者の財産の所在地を管轄する地方裁判所が土地管轄を有する。なお，債権については，裁判上の請求をすることができる地が所在地とされる（民再5条2項）。

ウ　管轄の特例

　複数の債務者が経済的に密接な関係に立つ場合，同一の裁判所で倒産処理事件を取り扱うことで円滑で効率的な処理が可能になることから，民事再生法は，5条3項以下において，親子会社等の特則（3項〜5項），法人と法人の代表者間の特則（6項），個人の連帯債務者間，個人の主債務者と保証人間，夫婦相互間の特則（7項）のほか，大規模事件の特則（8項，9項），管轄の競合（10項）について，土地管轄の特則規定を設けている。

エ　管轄の基準時

　土地管轄は，再生手続開始の申立て時を基準として定められる（民再18条，民訴15条）。申立て時に管轄原因が存在した以上，その後の住所，営業所等の変更があっても管轄は左右されない。他方，申立て時に管轄原因が認めら

れなくとも，開始決定手続審理中又は開始決定に対する抗告審係属中に管轄原因が生じれば，管轄が認められる。

オ　専属管轄

　再生事件の管轄は専属管轄（民再6条）であり，合意管轄や応訴管轄は認められない。

(4)　移　　　送

　民事再生法は，当該事件を扱うのに最も適切な裁判所で審理をすべきであるという観点から，申立てがされた裁判所に管轄がある場合でも，著しい損害又は遅滞を避けるために必要があるときは，職権により再生事件を他の裁判所に移送することを認めている（民再7条）。民事訴訟法と異なり当事者や利害関係人による移送の申立ては認められていない（民訴17条参照）。

　再生手続開始申立てが管轄のない裁判所にされた場合，裁判所は，申立てにより又は職権で，再生事件を管轄裁判所に移送する（民再18条，民訴16条1項）。

　ただし，管轄のない裁判所がした再生手続開始決定が確定すれば，その瑕疵は治癒される。したがって，同決定確定後に管轄違いが判明しても，決定の効力には影響はない。

　移送決定が確定すると，受移送裁判所はこれに拘束され，再移送することはできない（民再18条，民訴22条2項）。

　移送決定が確定すると，当該再生事件は当初から受移送裁判所に係属していたものとみなされるから（民再18条，民訴22条3項），移送決定前にした保全処分の効力などは存続することになる。

　なお，再生事件は，手続の当初から適正かつ迅速な対応が求められるものであり，管轄の判断に時間を費やし，迅速な手続の進行が妨げられたり，事件がたらい回しされたりするような運用は厳に慎まれなければならない。東京地裁破産再生部では，再生債務者が東京地裁に管轄があるものとして申立てをした場合，原則として申立書を受け付けた上で，管轄の有無については

債権者説明会等での意見を聴いて判断する運用としている。

2 申立権者

　申立権者は債務者と債権者である（民再21条）。破産手続が進行している場合は破産管財人も申立てをすることができる（民再246条1項）。

　債務者には全ての個人及び公益法人を含む全ての法人が含まれる。更生手続が株式会社のみに適用されるのとは異なる（会更1条，17条）。外国人及び外国法人も含まれる（民再3条）。破産手続中の破産者，特別清算手続中の法人も含まれる（民再26条1項1号参照）。

　なお，会社について破産手続開始の決定がされた場合，従前の取締役による取締役会の決議により，従前の代表取締役が会社を代表して再生手続開始の申立てをすることができる（最判平21.4.17金法1878号39頁参照）。

　債権者も申立権を有する。更生手続が一定金額以上の債権を有する債権者にのみ申立権を認めている（会更17条2項1号）のとは異なり債権額に制限はない。

　破産法は一般社団法人・財団法人の理事や清算人，株式会社の取締役や清算人などが法人の代表者としての資格ではなく，取締役等個人の資格で，法人についての破産申立てをすることを認めている（これを，実務上，準自己申立てと呼んでいる。）のに対し（破19条1項，2項，4項），民事再生法は，会社更生法（会更17条）と同様に，準自己申立ての制度を採用していない（福永有利監修『詳解　民事再生法〔第2版〕』166頁〔山本克己〕）。

3 事前連絡

(1) 再生事件連絡メモ

　東京地裁破産再生部では，申立てに当たり，裁判体との事前相談を経ることは求めていない（事前相談を行う運用につき，大阪実務23頁）。申立代理人側

で申立てに向けた準備を行わなければならない時期に事前相談を必要とすることは，かえって手続を遅延させてしまうことになるからである。もっとも，再生手続の申立てに際し，資金ショートやこれによる手形不渡りの回避等のために，特定の日時までに弁済禁止の保全処分を求めた場合，裁判所は，速やかにこの要否を判断する必要があり，また，速やかに事案に適した監督委員を選任しなければならない。そこで，早期に事案を把握し，このような判断を円滑に行うため，事前相談の代わりに「再生事件連絡メモ（法人・個人兼用）」（資料2－1－1。以下「連絡メモ」という。）に必要事項を記入してもらい，申立予定日の3日前までに法人の場合は登記事項証明書（申立予定日から1か月以内に発行されたもの），個人の場合は住民票の写し（申立予定日から3か月以内に発行されたもの）を添付して，ファクシミリで連絡するよう求めている。

また，申立日と同日に保全処分の発令を希望する場合には，連絡メモの特記事項欄にその旨を記載するとともに，再生手続開始申立書及び保全処分申立書のドラフト並びに過去1年分の実績及び今後6か月分の見込みを記載した月次の資金繰り表を，また，①資金繰りが厳しい場合，②弁済禁止の保全処分の対象外となる債務として一定金額以下の少額債務を定める場合には，日繰り表（申立て後2か月分）を，申立ての前日までに送信するように求めている。

この連絡メモは，「通常の民事再生事件申立要領」（資料2－1－2）と共に東京地裁破産再生部のカウンターに備え置いており，電話で連絡があった場合はファクシミリでの送信も行っている。

(2) 書記官による事情聴取

東京地裁破産再生部では，再生手続開始申立て後に手続を円滑に進めるために必要十分な事情を把握しておく必要があることから，上記の連絡メモを受信したときは，担当書記官が，申立代理人から，電話で監督委員の選任や事件進行の参考となる事項を聴取している。担当書記官による主な聴取事項は，次の①～⑧の事項であり，裁判所は，これらをもとに，保全処分の要否

資料2-1-1　再生事件連絡メモ（法人・個人兼用）

再生事件連絡メモ（法人・個人兼用）　　H24.11.1改訂

以下の事項に記入のうえ，ファクシミリで送信してください。
　　　　　　　　　　　　　　　　　　　　　　　FAX 03－3581－2024
（送付書不要・法人は登記事項証明書を，個人は住民票を添付してください）

申 立 人 名 （法人・個人）	※ 現住所が住民票と異なる個人は現住所を併記してください。 （業種）
担当弁護士名 （連絡先）	TEL FAX
事 務 所 名	
負 債 総 額	約　　　　億　　　　万円　予定債権者数　　　　　　　　名
申 立 予 定 日	月　　日　午前・午後　　　時　　　分頃
不渡り予定日	月　　日　保全処分謄本必要数　　　　　　通

（保全謄本1通につき収入印紙150円分が必要です）

保全処分の主文（定型）は次のとおりです（個人を除く）。

> 再生債務者は，下記の行為をしてはならない。
> 　　　　　　　　　　　　　記
> 　平成○○年○○月○○日（保全処分発令日の前日）までの原因に基づいて
> 生じた債務（次のものを除く）の弁済及び担保の提供
> 　　租税その他国税徴収法の例により徴収される債務
> 　　再生債務者とその従業員との雇用関係により生じた債務
> 　　再生債務者の事業所の賃料，水道光熱費，通信に係る債務
> 　　再生債務者の事業所の備品のリース料
> 　　10万円以下の債務

特記事項（予納金分納の希望，定型と異なる保全処分の主文を要する場合，進
　　　　行協議期日時ではなく申立時に保全処分の発令を要する場合等）

・債務者主催の債権者説明会の予定　　　月　日（　）午前・午後　時　分
　　　　　　　　　　　　　　　　　（場所）
・係属中の関連事件　　□なし　□あり（平成　　年（再）第　　　号）
・社債を発行している場合に社債管理者等の有無　　□なし　□あり

──────────── 裁判所使用欄 ────────────

平成　年（再）第　　号	担当書記官　A　B　C　D　E　F 主任裁判官　a　b　単独体　c　d　e　f
予納金　　　　　　万円	監督委員
期　日	月　　日（　）午前・午後　　時　　分

資料2-1-2　通常の民事再生事件申立要領

通常の民事再生事件申立要領　(H26.4.1)

東京地方裁判所民事第20部合議係
ダイヤルイン番号　03-3581-3485
ＦＡＸ　　　　　　 03-3581-2024

1　事前連絡
　申立て3日前までに，別添「再生事件連絡メモ（法人・個人兼用）」及び法人の場合は登記事項証明書，個人の場合は住民票をファクシミリで当係まで送信してください。
2　申立手数料（貼付印紙額）　10,000円
3　予納郵便切手　1,820円（自己申立て）※個人の場合，予納郵便切手は原則不要
　（内訳　310円×1枚，280円×2枚，120円×1枚，82円×10枚，10円×1枚）
4　予納金基準額
　いずれの場合も，申立時に6割，開始決定後2か月以内に4割の分納を認める。残る4割の納付については，2回までの分納を認める。

法人基準表

負債総額	基準額
5000万円未満	200万円
5000万円〜　1億円未満	300万円
1億円〜　　5億円未満	400万円
5億円〜　10億円未満	500万円
10億円〜　50億円未満	600万円
50億円〜100億円未満	700万円
100億円〜250億円未満	900万円
250億円〜500億円未満	1000万円
500億円〜1000億円未満	1200万円
1000億円以上	1300万円

(1)　法　人
　法人基準表のとおり。
　関連会社は1社50万円とする。
　ただし，規模によって増額する場合がある。
(2)　個　人
　①　再生会社の役員又は役員とともに会社の債務の保証をしている者の申立て
　　　25万円
　　　ただし，会社の債権者集会の決議がされた後の申立ての場合は35〜50万円
　②　会社について民事再生の申立てをしていない会社役員の申立て
　　ア　会社について法的整理・清算の申立てがされた後の申立て　50万円
　　イ　会社について法的整理・清算を行っていない場合
　　　　負債額5000万円未満　80万円
　　　　負債額5000万円以上　100万円
　　　　負債額　50億円以上　200万円
　　　ただし，債権者申立ての破産手続が先行している場合，公認会計士の補助を得て会計帳簿の調査を要する場合などにおいては，金額が増額される。
　③　非事業者（①又は②に該当する場合を除く）
　　　負債額5000万円未満　50万円
　　　負債額5000万円以上　80万円
　④　従業員を使用していないか，又は従業員として親族1人を使用している事業者
　　　100万円
　⑤　親族以外の者又は2人以上の親族を従業員として使用している事業者（従業員が4人以下である場合に限る）
　　　負債額1億円未満　200万円
　　　負債額1億円以上　法人基準表の基準額から100万円を控除した額。なお，この場合（予納金300万円以上）には，法人と同様に監督委員が公認会計士の補助を受けて調査を行う。
　⑥　5人以上の従業員を使用している事業者
　　　法人基準表のとおり

5　申立書類提出要領

いずれの場合にも提出書類全ての写しを監督委員に直送してください。

保全処分の申立てをする場合は，下記のほかに保全処分申立書，決定謄本提出先一覧表〔金融機関名（住所付き）〕をご提出ください。（申立当日に保全処分の発令を希望する場合には，前日までに開始申立書，保全処分申立書及び資金繰り表をファクシミリで送付してください。）

(1) 法　人

申立書類は次のとおりご提出ください。

提出された書類は，監督命令等の発令後は，当該事件の記録として利害関係人の閲覧謄写の対象になります。（提出方法については，必要があれば，事前に裁判所におたずねください。）

- ☐ 開始申立書
- ☐ 委任状
- ☐ 定款の写し
- ☐ 取締役会の議事録の写し
- ☐ 登記事項証明書
  （申立日から1か月以内のもの）
- ☐ 債権者一覧表　※1
- ☐ 貸借対照表・損益計算書（過去3年分）
- ☐ 資金繰り実績表（月別，過去1年分）
- ☐ 資金繰り表（今後6か月間のもの）※3
- ☐ 今後の事業計画の概要
- ☐ 会社の概要説明（パンフレット等）
- ☐ 労働協約または就業規則
- ☐ 営業所及び工場の所在一覧表

(2) 個　人

住宅資金特別条項を定めることを予定した申立ての場合には，下記の書類以外にも，資料の提出を求めることがあります。

① 非事業者及び法人の代表者
- ☐ 開始申立書
- ☐ 委任状
- ☐ 住民票
- ☐ 債権者一覧表　※2
- ☐ 財産目録

※民事再生の申立てをしていない法人の代表者の場合には，再生計画案の内容によっては，法人に関する資料を監督委員の求めに応じて提出してください。

② 事業者
- ☐ 開始申立書
- ☐ 委任状
- ☐ 住民票
- ☐ 債権者一覧表　※1
- ☐ 貸借対照表・損益計算書（過去3年分）
- ☐ 資金繰り実績表（月別，過去1年分）
- ☐ 資金繰り表（今後6か月間のもの）※3
- ☐ 今後の事業計画の概要

（債権者一覧表について）

※1　別除権付債権者，リース債権者，租税等債権者，従業員関係，一般債権者等に分けて，かつ，債権者の氏名（名称），住所及び郵便番号並びにその有する債権及び別除権の内容を記載してください。

※2　別除権付債権者，租税等債権者，一般債権者等に分けて，かつ，債権者の氏名（名称），住所及び郵便番号並びにその有する債権及び別除権の内容を記載してください。

なお，開始申立書にはそれぞれの債権者数と債務額の合計及び総合計を記載してください。

（資金繰り表について）

※3　資金繰りが厳しい場合等には，申立て後2か月程度の「日繰り表」の提出を求める場合があります。「資金繰り実績表」，「資金繰り表」，「日繰り表」については別添見本を参照してください。

や，その事案に適した監督委員の選任についての判断をすることになる。

　なお，この電話では，再生手続開始申立日ないしその直後に行われる監督委員との顔合わせのための進行協議期日の日程も調整している。監督命令と弁済禁止の保全処分は，予納金の納付を受けた上で，この進行協議日時に発令するのが通例である。

① 事業内容

　再生手続の進行見込みや事業再生の可能性を判断する前提事情として必須のものである。再生債務者の規模を把握するため，支店・営業所の数及び場所，従業員の人数も聴取している。

② 負債総額

　予納金の額を定める基準となるものである。

　また，特に，一般優先債権である公租公課や労働債権の未払の有無及び金額を聴取しているところ，これは，多額の一般優先債権の未払があると，再生債権への弁済原資の確保ができず，再生計画案の作成や履行の可能性について困難な問題が生ずるおそれがあるなど，再生手続の進行に大きな影響を及ぼすこととなるためである。殊に，公租公課の未払があると，事業継続に必要な資産に対して滞納処分がされる可能性があることから，労働債権と区別して金額を把握しておく必要がある。

③ 債権者の状況

　大口の債権者（特に金融機関）の債権額が総債権額の過半数を占める場合，その債権者の議決権の行使によって再生手続の帰趨が決まることになるので，金融機関の数及び債権額，メインバンクを聴取する。債権者の意向聴取方法を検討するため，主要な債権者の種類（金融機関，取引先，一般消費者等）やその数を聴取している。別除権者がいる場合，当該別除権者との交渉状況も再生手続の進行の重要な判断材料となる。

　公租公課や未払退職金等の優先債権の額・内容等についても，再生手続の進行や再生計画認可の見込みに影響を与えるので，聴取の対象

となる。

　差押えがある場合は，強制執行手続の取消しや担保権実行手続の中止命令の要否を検討する必要があるため，差押えの有無についても聴取している。また，差押えや滞納処分の有無は再生債務者の資金繰りの状況や債権者（別除権者を含む。）が再生手続に対して協力的か否かの判断材料にもなる。

④　再生申立てに至った主な原因

　今後の事業再生の可能性や再生債務者の予定する再生スキームが適切であるかを判断するために，破綻原因を聴取している。

⑤　当面の資金繰り

　当面の資金繰りとして，向こう6か月程度の資金繰りについて聴取している。この期間の資金繰りが厳しい場合には，運転資金が枯渇してしまい，事業継続が困難となって，再生手続が廃止となり，破産手続に移行する可能性が高まることになる。また，資金繰りが厳しい場合は，弁済禁止の保全処分において，弁済禁止の対象外債務として一定金額以下の少額債務を定めることの当否も問題となる。

⑥　再生のスキーム（方針）

　今後の再生手続の進行や再生可能性を検討するために，その時点において予定している再生スキームとして，収益弁済による自主再生か，スポンサーによる支援を受けるのか，計画内・計画外の事業譲渡又は会社分割を検討中であるか等を聴取している。申立て前にスポンサーを選定している場合（いわゆるプレパッケージ型の再生手続の場合）は，譲渡先の選定方法が公正であるか，対価が適正であるかの調査が必要となる。計画外の事業譲渡を予定している場合には，その実行時期に応じて，事業譲渡に係る意見聴取集会等のスケジュールの見通しを検討する必要がある。

⑦　保全処分

　弁済禁止の対象外債務を追加する場合は，その相当性を検討する必要がある。一定金額以下の少額債務を弁済禁止の対象外債務とする場

合は，現時点での資金繰りに加え，再生計画でも全債権者に対して同額の弁済が可能な資金を確保することができるかの見通しを確認する必要がある。また，申立てと同時に保全処分の発令を希望する場合には，事前に申立書等のドラフトの提出を受け，発令の相当性を検討する必要があるので，希望する発令時期も聴取している。

⑧　その他の事項

　　申立て予定日，債権者説明会の開催日・場所，係属中の関連事件の有無，社債管理者等の有無，予納金の支払方法（一括・分割），保全処分謄本の希望数，従前の再生手続申立ての有無（前件から今回の申立てに至るまでの経緯を含む。なお，再度の再生事件の留意点については，第5章第4参照）などがある。

　これらの聴取事項をまとめた申立て時の聴取事項一覧表は，資料2-1-3のとおりである。

(3)　特記事項の記載

　事前相談までは必要ないが，事案によっては事前に裁判所に対して情報を提供することが望ましい事項もある。例えば，海外にゴルフ場があるなど営業の拠点が海外にある場合や，弁済禁止の保全処分の発令に当たり特別な配慮が必要となる場合，本店は東京の管轄内にあるが実際の営業は地方でも行っており，債権者説明会を現地で開催する予定の場合，早期に事業譲渡を予定している場合，一部の事業や重要な資産を直近に譲渡しており，その内容と適切な手続の履践の有無を検討する必要がある場合などである。このような情報は，裁判所が的確に事案を把握し，監督委員候補者を選定する上で重要なものであり，また，申立てに対する審理や進行に関する判断材料としても有用なものとなるからである。

　このような情報を裁判所に提供する場合には，連絡メモをファクシミリで連絡する際に，「特記事項」欄に記載するか，担当書記官が事情聴取する際に事情を説明する方法による。

資料2-1-3　申立て時の聴取事項一覧表

	主な聴取事項	聴取のポイント
1	**事業内容** 支店・営業所の数及び場所，従業員の人数	業種や債務者の規模によって，手続の進行や再生の可能性の判断に影響がある。
2	**負債総額** 一般優先債権（公租公課・労働債権）の未払の有無及び金額	予納金の額の基準となる。 一般優先債権の未払が多額の場合は，再生債権の弁済原資の確保が困難になり，再生手続廃止の可能性がある。 公租公課の未払があると滞納処分がされる可能性があるので，労働債権の未払と区別して金額を聴取する。
3	**債権者** 金融機関の数及び債権総額，メインバンク	少数の債権者（特に金融機関）の債権額が総債権者の過半数である場合，その議決権の行使によって手続の帰趨が決まるため，その意向も聴取する。また，メインバンクがある場合には，その意向を聴取する。
	主要な債権者	主要な債権者の種類（金融機関，取引先，会員等）や，その数を考慮して債権者の意向聴取方法を検討する。別除権者との交渉状況も，再生手続の進行の判断材料となる。
	差押え・滞納処分の有無	差押えがある場合には，強制執行等の手続の取消しや担保権実行手続の中止命令等の検討が必要となる。また，差押えや滞納処分の有無は，資金繰りの状況や債権者（別除権者を含む。）が再生手続に対して協力的か否かの判断材料となる。
4	**再生申立てに至った主な原因**	再生の可能性や債務者の予定する再生スキームが適切かの判断材料とするため，破綻原因を聴取する。
5	**当面の資金繰り**	運転資金が枯渇すると，事業継続が困難となり，再生手続廃止となるおそれがある。また，弁済禁止の保全処分において対象外債務として一定金額以下の少額債務を定めることの可否も問題となる。

6	再生のスキーム（方針）	自主再生，減増資，事業譲渡（計画内・計画外），会社分割，スポンサー選定等に関する情報を聴取する。例えば，プレパッケージ型の場合には，直ちに譲渡先の選定方法や対価の適正についての調査が必要となる。また，事業譲渡の時期によって，事業譲渡に係る意見聴取集会等のスケジュールを検討する必要がある。
7	保全処分	申立てと同時に保全処分の発令を希望する場合には，事前に申立書のドラフトの提出が必要となる。
	定型か非定型か，非定型の場合には，その内容と理由	弁済禁止の保全処分における対象外債務として一定金額以下の少額債務を設定する場合には，再生計画において，他の債権者に対しても同額の弁済ができるのか，資金繰りを確認する。
	発令の時期についての希望	原則として，申立て後の進行協議期日に発令するが，申立てと同時に発令を希望する場合には，その理由を聴取する。
8	その他の確認事項 申立予定日	
	債権者説明会の開催日，場所	監督委員候補者の出席が原則となっているため確認する。また，開催場所が遠方の場合の監督委員の交通費は，再生債務者において負担することになる。
	債権者説明会の開催日が，申立日から0〜6日以内であるか	申立てから債権者説明会までの期間をなるべく短くすることで，債権者への情報提供を速やかに行うことができる。
	係属中の関連事件の有無	
	社債管理者等の有無	社債管理者等がある場合は，再生手続開始決定の官報公告に民事再生法35条1項3号所定の記載をする必要があるため，その有無を聴取する。
	予納金の支払方法	一括予納，分割予納の確認を行う。現金持参，銀行振込，電子納付の確認も行う。
	進行協議期日（顔合わせ期日）の候補日	監督委員候補者と期日を調整するために聴取する。
	保全処分謄本の必要数	保全処分申立て時に謄本1通につき印紙150円が必要である。
	従前の再生手続申立て	再度の再生事件の場合には，手続進行につき，十分な検討が必要となる。

(4) 事前説明が行われる事例

　東京地裁破産再生部では、①事案の概要や検討している再生方針について、裁判所に対して書面を示しながら説明する必要がある場合や、②多数の関連会社について一括して申立てをすることを予定しており、説明すべき事項が多岐にわたるなど、連絡メモや担当書記官による事情聴取では十分にその趣旨が伝わらない場合などは、主として主任書記官が事前説明に応じている。

　また、学校法人、医療法人、第三セクターに関係する法人の再生事件のように、同種事例に乏しく、生徒や患者、議会への対応など、手続の進行上複雑な問題が生ずることが予想される事案、我が国の基幹産業を担う法人で、負債の規模が大きく、かつ債権者が極めて多数であって、申立てがあった場合の社会的な影響が大きい事案、申立て直後から直ちに監督委員に検討、判断を求める必要があるような事情があり、事前に監督委員候補者との連絡調整を行うことが相当と考えられる事案などでは、裁判体が申立代理人から事前説明を受けることもある。

4　申立て

(1)　申立書の記載事項

ア　必要的記載事項

　再生手続開始の申立書には次に掲げる事項を記載しなければならない（民再規12条1項）。これらの記載を欠く申立ては不適法であり、補正が命じられても補正されないときは、命令で申立てが却下される。（民再18条、民訴137条）。
　　① 　申立人の氏名又は名称及び住所並びに法定代理人の氏名及び住所
　　② 　再生債務者の氏名又は名称及び住所並びに法定代理人の氏名及び住

所
　　③　申立ての趣旨
　　④　再生手続開始の原因となる事実
　　⑤　再生計画案の作成の方針についての申立人の意見
「申立ての趣旨」は，再生手続開始決定の主文に対応する申立ての結論部分であり，「○○について再生手続を開始するとの決定を求める。」といった記載をするのが通例である。
「再生手続開始の原因となる事実」として，「債務者に破産手続開始の原因となる事実の生ずるおそれ」又は「債務者が事業の継続に著しい支障を来すことなく弁済期にある債務を弁済することができない」こと（民再21条1項）を裏付ける具体的事実を記載する。この事実は申立人において疎明しなければならない（民再23条1項）。
「再生計画案の作成の方針についての申立人の意見」の記載は，できる限り，予想される再生債権者の権利の変更の内容及び利害関係人の協力の見込みを明らかにしなければならない（民再規12条2項）。事業の継続，再生の見通し及び関係人から協力を得られる見込みなどを踏まえた申立人の意見が記載されることにより，再生手続開始の相当性や申立棄却事由（民再25条3号）の有無の判断資料とされる。なお，東京地裁破産再生部では，「予想される再生債権者の権利の変更の内容」として，再生計画案における弁済率及び弁済期間まで記載することは求めていない。

イ　実質的記載事項

　再生手続開始の申立書には，上記アのほか，次に掲げる事項を記載する（①～⑪につき民再規13条1項，⑫につき同条2項）。これらは，主として申立てに対する審理や進行に関する判断資料となるものであり，また，手続開始後の各種通知等に際しても必要となることから記載が求められている。
　　①　再生債務者が法人であるときは，その目的，役員の氏名，株式又は出資の状況，その他の当該法人の概要
　　②　再生債務者が事業を行っているときは，その事業の内容及び状況，

営業所又は事務所の名称及び所在地並びに使用人その他の従業者の状況
③ 再生債務者の資産，負債（再生債権者の数を含む。），その他の財産の状況
④ 再生手続開始の原因となる事実が生ずるに至った事情
⑤ 再生債務者の財産に関してされている他の手続又は処分で申立人に知れているもの
⑥ 再生債務者の使用人その他の従業者で組織する労働組合があるときは，その名称，主たる事務所の所在地，組合員の数及び代表者の氏名
⑦ 再生債務者の使用人その他の従業者の過半数を代表する者があるときは，その者の氏名及び住所
⑧ 民事再生法169条の2（社債権者等の議決権の行使に関する制限）1項に規定する社債管理者等があるときは，その商号
⑨ 再生債務者について民事再生法207条（外国管財人との協力）1項に規定する外国倒産処理手続があるときは，その旨
⑩ 再生債務者が法人である場合で，その法人の設立又は目的である事業について官庁その他の機関の許可があったときは，その官庁その他の機関の名称及び所在地
⑪ 申立人又は代理人の郵便番号及び電話番号（ファクシミリの番号を含む。）
⑫ 民事再生法5条3項～7項に規定する管轄の特例の対象となる再生事件又は更生事件があるときは，係属する裁判所，事件の表示及び債務者の氏名又は名称等

(2) 添付書面

ア 概　　要

再生手続開始の申立書には次に掲げる書面を添付する（民再規14条）。申立てに対する審理や保全処分の要否，可否の判断のための資料として必要とさ

れる。これらの添付がなくても申立てそのものの適法性に影響を及ぼすものではないが、審理や進行に関する判断資料として添付が求められている。

① 再生債務者が個人であるときは、その住民票の写し（申立日から3か月以内に発行されたもの）（なお、個人の通常再生の詳細については、第8章第3を参照されたい。）

② 再生債務者が法人であるときは、その定款の写し又は寄附行為及び登記事項証明書（申立日から1か月以内に発行されたもの）

　申立て直前に登記事項が変更されており、申立日に最新の登記事項証明書の提出ができない場合、登記が完了するまで保全処分の発令や監督命令の発付ができなくなるなど手続に支障を来すこととなるので、申立日までに登記が完了するよう注意する必要がある。

③ 債権者の氏名又は名称、住所、郵便番号及び電話番号（ファクシミリの番号を含む。）並びにその有する債権及び担保権の内容を記載した債権者の一覧表

　別除権付債権者、リース料債権者、租税等債権者、従業員関係、一般債権者等に分けて記載する。再生債務者の負債の状況、再生手続開始決定の通知を要する再生債権者を把握するため、債権者一覧表に債権者の氏名又は名称、住所、郵便番号及び電話番号（ファクシミリの番号を含む。）並びにその有する債権及び担保権の内容の記載が必要とされている。東京地裁破産再生部では、監督委員が債権者の意向を聴取する運用としており、また、個人情報保護の社会的要請も考慮し、裁判所に提出する債権者一覧表については、個人の債権者の電話番号及びファクシミリ番号を省略する運用としている。なお、監督委員には電話番号、ファクシミリ番号の記載された債権者一覧表を提出する。

④ 再生債務者の財産目録

⑤ 再生手続開始の申立ての日前3年以内に法令の規定に基づき作成された再生債務者の貸借対照表及び損益計算書

　上記④及び⑤は、いずれも再生債務者の財産や損益の状況を確認するための資料であるが、再生債務者が非事業者の個人（法人代表者を

含む。）の場合は④を，事業者の個人の場合は④及び⑤を，法人の場合は⑤を添付する。
⑥ 再生債務者が事業を行っているときは，再生手続開始の申立ての日前1年間の資金繰りの実績を明らかにする書面及び申立ての日以後6か月間の資金繰りの見込みを明らかにする書面

　資金繰りが厳しい場合には，上記書面に加え，申立て後2か月分の日繰り表についても提出を求めている（資金繰り表については後記イ参照）。
⑦ 労働協約又は就業規則

　労働協約を締結し，又は就業規則を作成しているときに提出が求められる。
⑧ 再生債務者財産に属する権利についての登記事項証明書又は登録事項証明書

　保全処分の判断及び登記等の嘱託手続の際の資料として有益ではあるものの申立て時に一律に添付を求めるのは相当ではないことから，裁判所が必要があると認めるときに提出すれば足りる（民再規14条2項）。

　ただし，個人が住宅資金特別条項を定めることを予定して，通常の再生手続開始の申立てをした場合には，ローン契約書や償還表とともに，申立て時に住宅及び敷地の登記事項証明書（共同担保目録付き）を提出することを求めている。（なお，個人の通常再生の詳細については，第8章第3を参照されたい。）
⑨ 取締役会の議事録の写し

　再生手続開始の申立ては会社にとって重大な意思決定であるから，取締役会決議が必要であり，これを明らかにするために提出を求めている。

　なお，東京地裁破産再生部で提出を求めている添付書面は，通常の民事再生事件申立要領（資料2-1-2）の「5　申立書類提出要領」のとおりである。

イ　資金繰り表

(ｱ)　意　　義

　民事再生法は，再生手続開始申立ての棄却事由として「再生計画案の作成若しくは可決の見込み又は再生計画の認可の見込みがないことが明らかであるとき」を掲げている（民再25条3号）。このため，再生手続開始の申立てに当たり，申立て前1年分の資金繰りの実績と申立て後6か月分の資金繰りの見込みを示す資金繰り表の提出が求められている（民再規14条1項6号）。これらの資金繰り表により，再生手続中に資金繰りに窮して事業が破綻するおそれのないことや，再生計画案の立案についてのおよその見込み等を把握することになる。また，弁済禁止の保全処分において，一定金額以下の少額債務を対象外債務とすることを求める場合，再生債務者がこれらの少額債務に対する弁済資金を有していることを確認するためにも資金繰り表が必要となり，東京地裁破産再生部では，この場合には，申立て後2か月分の日繰り表の提出も求めている。

　このように，申立てに当たり，その後の資金繰りの検討が適切にされていなければ，再生手続を円滑に進行させることは困難となる。

　さらに，手続開始後も，申立て前の予測数値と実績数値を比較対照することで，将来の資金繰りの予測の精度を高めることができる。こうして作成される資金繰り表は，再生計画案の前提となる事業計画案の裏付資料としても活用される。

　東京地裁破産再生部の標準スケジュールによれば，申立てから再生計画の認可決定の確定までは6か月程度の期間を要するのであるから，少なくともこの期間の資金繰りについては，申立て時に計画が立てられているべきであり，この期間に資金繰りで破綻することがないようにしなくてはならない。

　このため，再生債務者代理人は，申立てに当たり，受任後速やかに再生債務者の現状を把握した上で，資金繰り表を作成して，再生債務者の資金繰りの状況を把握する必要がある。資金繰り表の雛型は，資料2-1-4～資料2-1-6のとおりである。

資料2-1-4 資金繰り表(実績)

資金繰り表(実績)

単位:円

		年月	年月	年月	年月	年月	年月	年月	年月	年月	年月	年月	年月
収入	現金売上												
	売掛金回収												
	受手取立												
	商手割引												
	その他												
	資産処分等												
	収入計												
支出	現金仕入												
	買掛金支払												
	人件費												
	販管費												
	リース料												
	その他												
	手形決済												
	借入金返済												
	支出計												
差引過不足													
前月繰越													
翌月繰越													

資料2-1-5 資金繰り表(予定)

資金繰り表(予定)

単位：円

		年 月(当月)	年 月	年 月	年 月	年 月	年 月	年 月
収入	現金売上							
	売掛金回収							
	受手取立							
	商手割引							
	その他							
	資産処分等							
	収入計							
支出	現金仕入							
	買掛金支払							
	人件費							
	販管費							
	リース料							
	その他							
	手形決済							
	借入金返済							
	支出計							
差引過不足								
前月繰越								
翌月繰越								

資料2-1-6 日繰り表

日 繰 り 表 (平成　年　月)

単位：円

曜日	収入						収入合計	支出							支出合計	収支合計	資金残高	摘要
	現金売上	売掛金回収	受手取立	商手割引	その他	資産処分等		現金仕入	買掛金支払	人件費	販管費	リース料	その他	手形決済	借入金返済				
1日																			
2日																			
3日																			
4日																			
5日																			
6日																			
7日																			
8日																			
9日																			
10日																			
11日																			
12日																			
13日																			
14日																			
15日																			
16日																			
17日																			
18日																			
19日																			
20日																			
21日																			
22日																			
23日																			
24日																			
25日																			
26日																			
27日																			
28日																			
29日																			
30日																			
31日																			
合計																			

(イ) **作成上考慮すべき事項**

　資金繰り表（実績）（資料2-1-4）の作成に当たり，過去の実績に粉飾がある場合は，これを修正して記載する必要がある。

　また，資金繰り表（予定）（資料2-1-5）の作成に当たっては，再生手続開始の申立てに伴って生じ得る事情を的確に反映させることが求められる。すなわち，収入については，再生手続開始の申立てに伴って，売上げが減少することや売掛金・貸付金の回収に困難を来すおそれがあることなど，収入減少の可能性を考慮するとともに，担保未設定の不動産や過剰在庫の売却，さらにはスポンサーからの与信（DIPファイナンス）による入金なども検討しておく必要があろう。また，支出については，申立てに要する費用（予納金や申立代理人報酬）の支出や，現金決済や支払サイトの短縮等を求められる可能性を考慮するともに，一般優先債権である公租公課や労働債権の弁済のための資金や，申立て後再生手続開始前の保全期間や再生手続開始後の少額債務の弁済のための資金等をも考慮する必要があろう（東京弁護士会倒産法部編『民事再生申立ての実務』136頁〔鶴巻暁〕）。

(3) 予 納 金

ア 概　　要

　再生手続開始の申立てをするときは，申立人は再生手続の費用として裁判所の定める金額を予納しなければならない（民再24条1項）。費用の予納がないときは，申立ては棄却される（民再25条1号）。

　予納金の額は，再生債務者の事業の内容，資産及び負債その他の財産の状況，再生債権者の数，監督委員その他の再生手続の機関の選任の要否その他の事情を考慮して定める。また，再生債権者が申立てを行う場合は，再生手続開始後の費用について，再生債務者財産から支払うことができる金額も考慮して定めなければならない（民再規16条1項）。

　再生債務者は，再生手続開始申立て時には既に資金繰りに窮していることが多いため，再生手続の予納金の額がどの程度になるかについて，重大な関

心を抱いているのが通常である。予納金の額が予想外に大きく，分割納付も認められないとなれば，申立てが事実上大きく制約されることになりかねない。しかし，再生手続では，破産手続と異なり，手続の進行中に手続費用として使用することができるのは予納金だけであるから，迅速性が要請される手続が予納金不足のために途中で停止するような事態に陥らないよう，必要な予納金はあらかじめ確保しておかなければならない。そこで，東京地裁破産再生部では，弁護士会との協議等を通じて，予納金の額及び納付方法について継続して検討を重ね，負債額を基準とした予納金額を定めている。東京地裁破産再生部における通常再生事件の予納金基準額は，通常の民事再生事件申立要領（資料2-1-2）の「4　予納金基準額」記載のとおりであり，これを申立窓口に備え置き，申立てを予定している者が，必要な費用の概算額を予測することができるように配慮している。

なお，東京地裁破産再生部では，予納金は本来，再生債務者自らが予納しなければならないものであり，予納できるだけの資金がない再生債務者が再生手続を進めていくことは難しいため，原則として，第三者による予納は認めていないが，既に破産手続が開始されている状況において，破産者（再生債務者）から対抗的再生手続開始の申立てがされた事案で，破産者（再生債務者）自身は財産の管理処分権を失っているために再生手続の予納金を納付することはできないことから，第三者（破産者（再生債務者）の代表者）による予納を認めた事例がある。

イ　予納金の基準額及び予納郵便切手

(ア)　基　準　額

東京地裁破産再生部における予納金の基準額は，通常の民事再生事件申立要領（資料2-1-2）の「4　予納金基準額」記載のとおりである。法人の場合，民事再生手続の予納金の基準額は負債額によって異なる。

(イ)　予納郵便切手

1820円分の提出を求めており，内訳は310円切手1枚，280円切手2枚，120円切手1枚，82円切手10枚，10円切手1枚である。

再生債務者が個人の場合，原則として，予納郵便切手は不要である。

　(ｳ)　**予納金についての運用**

　申立て時の予納金額は，原則として基準額のとおりである。再生手続開始の申立てに際し，弁済禁止の保全処分及び監督命令を発するには，原則として，再生債務者が予納金の納付を完了する必要がある。

　事件の進行によっては，開始後の調査による再生債務者の負債の増加，粉飾決算や簿外債務の判明等による公認会計士の調査業務の増加，監督委員の否認請求への対応等の事情により，基準額どおりの予納金では監督委員等の報酬が不足するため，裁判所が予納金の追納を命ずることもある（条解民再規49頁参照）。

　また，債権者申立事件では，調査委員を選任して調査を行い，その後事案に応じて保全管理人や管財人を選任して手続を進める事案や，申立債権者と再生債務者との対立が激しく再生計画案の立案が極めて困難な事案が少なくなく，予納金もこれらの事情を踏まえて個別に決定されることから，基準額を上回る例もある（民再規16条1項前段）。

　一方，再生債務者の資金繰りの厳しさ等を理由とした予納金の減額には応じていない。これは，①事案の詳細は，手続を開始した後でなければ正確に把握することができないこと，②予納金の減額の余地を認めると，申立てに際し，予納金に関する申立代理人と裁判所との協議が行われる可能性があることになるが，事業の再生を図る上では，かかる協議で時間をかけるよりも，早期に手続を開始することが適当であること，③基準額は弁護士会との協議に基づいて作成されたものであることによるものである。

　もっとも，東京地裁破産再生部では，予納金の一括納付が原則であるが，再生債務者申立事件においては，裁判所の裁量により，資金繰りを考慮して，申立て時に6割分を予納し，残りの4割分は，開始決定後2か月以内に納付する分割納付の方式も認めている。4割分の納付については，更に，2回までの分割納付を認めている。

　(ｴ)　**納付方法**

　東京地裁破産再生部では，予納金を納付する場合，①銀行振込みにより納

付する方法，②出納第二課保管金係に現金を持参して納付する方法，③電子納付の方法により納付する方法が用いられている。銀行振込みの場合の手続は，担当書記官から保管金提出書及び専用の振込依頼書（保管金受入手続添付書を含む三連複写式）の交付を受け，適宜の銀行から裁判所の口座に振込送金し，保管金受入手続添付書に銀行の領収印を受けた後に，保管金提出書と保管金受入手続添付書を出納第二課保管金係に提出し，同係発行の保管金受領証書を担当書記官に提示することになる。

第2

保全処分と監督命令

1　保全処分

(1)　保全処分の意義と必要性

　再生債務者が再生手続開始の申立てをしても再生手続開始決定までの間は，債務の弁済は禁止されていない。このため，申立てが債権者の知るところになると，再生債務者は，債権者から債権の回収のために債務の弁済や担保の提供を強要されるおそれがある一方，再生債務者自身が，自己の財産の譲渡，隠匿を図る等の行動をするおそれもある。しかし，そのようなことになれば，偏頗弁済が生じて債権者平等が害されたり，また，再生債務者の財産が散逸したりすることにより，事業の継続が困難となって，再生計画の立案が困難となるなど，再生手続の円滑な進行が阻害されかねない。

　そこで，裁判所は，再生手続開始の申立てがあった場合は，利害関係人の申立てにより又は職権で，再生手続開始の申立てにつき決定があるまでの間，再生債務者の業務及び財産に関し，仮差押え，仮処分その他の必要な保全処分を命ずることができるものとされている（民再30条1項）。

(2)　保全処分の内容

ア　発令時期

　東京地裁破産再生部では，ほとんどの法人の再生手続開始申立事件で，再生債務者による再生手続開始の申立てと同時に保全処分の申立てがされてお

り，申立てが濫用である疑いが明らかな場合を除いて，原則として，予納金の納付を受けた上で，再生手続開始の申立て直後の裁判所，再生債務者，監督委員を交えた進行協議期日の時に保全処分を発令する運用としている。

また，申立日に保全処分の発令を希望する場合には，連絡メモ（資料2－1－1）の特記事項欄にその旨を記載するとともに，再生手続開始申立書及び保全処分申立書のドラフト並びに過去1年分の実績及び今後6か月分の予定を記載した月次の資金繰り表を，これに加えて，①資金繰りが厳しい場合又は②保全処分の対象外となる債務として一定金額以下の少額債権を定めた場合には，日繰り表（申立て後2か月分）を，申立ての前日までにファクシミリ送信するよう求めており（資料2－1－4～資料2－1－6），裁判所は，申立書のドラフト及び資金繰り表，日繰り表を事前に精査し，保全処分の発令の可否を判断することとしている。

東京地裁破産再生部では，原則として進行協議期日に監督命令を発付しており，その際，同時処分として監督委員による同意を必要とする事項を指定している。その同意を必要とする事項には，再生債務者による借入れ，財産の処分が含まれているため，監督命令を発付すると，再生債務者所有の不動産その他の財産の処分は，監督委員の同意なしにはできなくなる上，この同意を必要とする事項は，裁判所書記官の嘱託により商業登記簿に表示される。このため，同意事項の対象と重なる行為に関して保全処分を発令する必要性は乏しいことから，保全処分の内容は，通常，弁済禁止及び担保提供禁止のみとしている。

イ　債権者等の利害関係人からの保全処分の申立て

再生債務者が再生手続開始の申立てを行ったが，保全処分の申立てをせず，債権者等の利害関係人が保全処分の申立てをした場合は，再生債務者が保全処分の必要性がないと判断しているのであるから，これを超えて保全処分が必要であることを十分に明らかにすることが必要となる。また，債権者が再生手続開始の申立てとともに保全処分の申立てをしている場合，東京地裁破産再生部では，原則として，調査命令を発付し，再生手続開始の申立て

の棄却事由の有無等について，調査委員による調査を行う運用としていることから，この調査委員の調査結果を待って保全処分の要否を判断することとなる。

ウ　定型的な保全処分

(ア)　決定例とその内容

東京地裁破産再生部の定型的な保全処分の決定例は，資料2－2－1のとおりである。

定型的な保全処分の内容は，次の①〜⑤を除き，保全処分発令の日の前日までの原因に基づいて生じた債務の弁済及び担保の提供をすることを禁止するというものである。保全処分により弁済が禁止される対象は，弁護士会との協議により保全処分発令の日の前日までの原因に基づいて生じた債務としている。このため，申立ての趣旨に記載する原因行為の日付は，保全処分の発令を希望する日の前日を記載することになる。

①　租税その他国税徴収法の例により徴収される債務
②　再生債務者とその従業員との雇用関係により生じた債務
③　再生債務者の事業所の賃料，水道光熱費，通信に係る債務
④　再生債務者の事業所の備品のリース料
⑤　10万円以下の債務

なお，弁済禁止の対象外とされる債務は，共益債権，一般優先債権又は少額債権等で再生計画に基づかずに弁済することが予定されている債権である（リース料債権が共益債権か別除権付再生債権かについては見解が分かれているが，フルペイアウト方式のファイナンス・リースの場合，実務的には，別除権付再生債権として，監督委員の同意を得て目的物の受戻しがされることが多い。）。

(イ)　一定金額以下の少額債権を弁済禁止の対象外とした場合

上記⑤のように，弁済禁止の対象外となる債務として一定金額以下の少額債権を定めた場合は，その債権の性質を問わず，一定金額以下のものであれば，弁済禁止の例外として支払うことができることになる。

そのため，まずは，申立て時において，このような少額債権を全て支払う

資料2-2-1　保全処分決定例

```
平成○○年(再)第○○号
                    決　　定
                東京都○○区○○△丁目△番△△号
                再生債務者　　　○○○○株式会社
                代表者代表取締役　　　○○　○○
                    主　　文
  再生債務者は，下記の行為をしてはならない。
                    記
  平成○○年○○月○○日までの原因に基づいて生じた債務（次のものを除
く。）の弁済及び担保の提供
    租税その他国税徴収法の例により徴収される債務
    再生債務者とその従業員との雇用関係により生じた債務
    再生債務者の事業所の賃料，水道光熱費，通信に係る債務
    再生債務者の事業所の備品のリース料
    10万円以下の債務

        平成○○年○○月○○日
          東京地方裁判所民事第20部
                裁判長裁判官　　　○○　○○
                    裁判官　　　○○　○○
                    裁判官　　　○○　○○
```

ことができる資金があるかが問題になる。少額債権者に債務を支払った時点で資金が尽きてしまうと，再生手続を進行することが困難になってしまうからである。

　また，債権者平等の見地から，再生計画においても，他のすべての再生債権者に対して，少額債権として支払った金額と同額の部分までは免除を受けずに支払う必要があるため，再生債務者は，再生計画の履行時において，他のすべての再生債権者に少額債権として支払ったのと同額の金額を支払う資金を確保することができるかを予測しておかなければならない。

そのため，東京地裁破産再生部では，前述のとおり，過去1年分の実績及び今後6か月分の予定を記載した月次の資金繰り表に加え，日繰り表（申立て後2か月分）のファクシミリによる提出を事前に求め，少額債権の支払に関し，上記のような資金の確保の状況やその見込みを精査することとしている。

エ　定型と異なる保全処分の申立て

(ア)　定型と異なる保全処分の可否

　保全処分の発令に際し，弁済禁止の対象外とする少額債権の額（定型は10万円以下の債務）の増額又は減額や，事業に使われる燃料代，再生債務者の従業員が派遣業者からの派遣社員である場合の派遣料等を弁済禁止の対象外の債務とすることが求められる場合がある。

　このような債務を弁済禁止の対象外債務とできるか否かは，再生債務者の業態，事業規模，日常取引の範囲及び資金繰りといった諸事情に左右されるものであり，一律に判断することはできない側面がある。そこで，このような場合，東京地裁破産再生部では，再生手続開始申立て前に裁判所に提出する連絡メモの特記事項欄に，定型と異なる保全処分の主文を求める旨及びその事情を記載した上で，資料があればそれも連絡メモに添付して再生債務者に提出させる運用としている。これらの連絡メモや資料等を事前に精査し，再生債務者が弁済禁止の対象外とすることを求める債務への弁済が，民事再生法85条5項後段の趣旨等に照らし，再生債務者の事業継続に必要不可欠であり，資金繰り上も問題がないなどと判断ができれば，定型と異なる保全処分の発令を認めることとしている。もっとも，保全処分の効力は，再生手続開始の決定がされたときに消失する（民再30条1項）ところ，東京地裁破産再生部の標準スケジュールでは，再生手続開始の申立て後1週間以内に開始決定をする運用であることから（再生手続申立て後，2，3日で開始決定に至る事案も少なくない。），このような債務への弁済については，再生手続開始決定後，民事再生法85条5項後段の許可の要件を十分に吟味した上で処理することが相当な場合も多いと思われる。

東京地裁破産再生部で発令された定型と異なる保全処分の主な事例は、資料２－２－２のとおりである。

(イ)　非金銭債務の取扱いについて

学生・生徒に授業を提供する債務、スポーツクラブ・エステ等の前売りチケット、小売業等におけるポイントなどのような非金銭債務（役務提供債務の場合が多い。）に関して、これを弁済禁止の対象外債務として保全処分を発令した事例として、資料２－２－２の番号１及び５の事例のほか、着物の着付け教室を運営する再生債務者について、「再生債務者が授業料を受領している会員に対する授業の提供」を記載した例がある。

他方、非金銭債務については、弁済禁止の対象外債務として保全処分に明示せず顕在化させない事例もある。例えば、高等学校等の運営を行う学校法人や学習塾、スポーツクラブ等の運営を行う会社、あるいは航空運送業を営む会社などの再生事件においては、学費、会費あるいは航空代金等は前払がされており、再生債務者に役務の提供義務のみが残っていることがあるところ、この役務提供義務は再生債権になるが、学校等の運営自体が事業の主たる要素を構成するものであって、これを継続することが法人の価値を維持するために必要であること、運営を継続しても資金繰りに支障が生ずることがないこと、一人一人の債権額はそれほど多額ではないことなどの事情に照らし、民事再生法85条５項後段の要件を満たすことが明らかであるとも考えられる。さらに、債権者もこれを当然熟知していることが多い。このような場合において、特に明示的に保全処分や、民事再生法85条５項後段による少額債権の弁済許可の申立て及び許可の手続がされず、黙示的にこれらの手続が行われたものと扱われた事例がある（金澤秀樹「会員契約（役務提供型契約・ポイント契約）をめぐる現状と課題」「現代型契約と倒産法」実務研究会編『現代型契約と倒産法』50頁、高野哲也「商取引債権の保護―法85条５項後段に基づく弁済許可」事業再生と債権管理156号31頁参照）。

オ　債権譲渡担保権に係る対抗要件具備禁止の仮処分

再生債務者が、その売掛金等の債務について、一部の債権者のために集合

資料2-2-2　定型と異なる弁済禁止除外債権の例

番号	業　種	弁済禁止除外債権	事業継続のための不可欠性
1	路線バス，高速バス，貸切観光バス運営業	消費者に販売した定期券，回数券及び特別乗車証利用者に対する役務提供債務，定期券利用者に対する払戻しに係る金銭等の返還債務，車両のレンタル料，予約システムに係るレンタル料，共通乗車に関する精算に係る債務	再生債務者は，路線バス等を運営しているところ，左記各債務の履行を認めないと，バス利用者の混乱，バス運行の混乱を惹起し，今後の事業継続が困難になる。
2	出版取次業	再生債務者と運送事業者，倉庫保管役務提供事業者及び物流役務提供事業者との間の運送委託取引，倉庫保管役務取引又は物流役務委託取引に係る債務	再生債務者は，出版社から仕入れて書店に販売する出版物の発送作業等の役務提供を運送事業者，倉庫保管役務提供事業者及び物流役務提供事業者に委託しているところ，各事業者から，再生債務者に対する運送料債権等について商事留置権の主張を受け，出版物の配送等を留保されると，今後の事業継続が困難になる。
3	旅館業	温泉配湯に係る債務	配湯料を支払わないと，旅館運営のための配湯が停止され利用者に旅館としてのサービスを提供することができなくなり，旅館業の継続が困難になる。
4	前払式ギフト事業	前払式のギフト事業及びポイント事業に基づいて発生する買掛金債務	再生債務者は，顧客がギフトカタログから商品を選択し，あるいは一定のポイントを使用して商品を選択し，メーカーから当該商品を顧客に直接発送するという仕組みにより，前払式のギフト事業やポイント事業を行っているところ，商品を発送したメーカーに買掛金を支払わないと，その後，顧客への商品の送付がされなくなり，今後の事業の継続が

			困難となる。
5	雑誌・書籍等の制作・販売促進事業	<u>雑誌の定期購読契約に基づく，再生債務者の定期購読者に対する同雑誌の引渡債務</u>	定期購読者に対し，代金の前払を受けた雑誌の発行及び引渡しをしないと，定期購読を継続する購読者がいなくなり，今後の事業の継続が困難になる。

（注）　下線を引いた債務は非金銭債務である。

　債権譲渡担保を設定し，当該債権者（担保権者）に対して，あらかじめ債権譲渡登記に必要な書類を渡しているという場合，当該債権者（担保権者）が当該債権譲渡登記等の対抗要件を具備した上で担保権を実行してしまうと，再生債務者の事業の再生を図ることが困難となることが想定される。

　そこで，この担保権の実行を中止するため，当該債権者（担保権者）を名宛人として債権譲渡登記の申請（具備）を禁止する保全処分を申し立てる方法が考えられる。

　しかし，このような保全処分については，民事再生法上，債権者を名宛人にした保全処分は本来予定されておらず，また，仮に債権者を名宛人とした発令ができるとしても，債権者に対する審尋をすることなく発令することができるのかについては疑義がある。

　そこで，東京地裁破産再生部においては，債務者のみを名宛人にした債権譲渡通知及び債権譲渡登記の申請を禁止する保全処分を発令することとしている。これは，債権譲渡通知は債務者である申立人が行うべきものであり，また，債権譲渡登記の申請は，動産及び債権の譲渡の対抗要件に関する民法の特例等に関する法律8条2項により，債務者と債権者とが共同で申請することとされていることから，債務者にこれらの行為を禁止すれば，仮に債権者が単独で債権譲渡通知又は債権譲渡登記の申請をしたとしても，保全処分に反する行為として無効であり，当該集合債権譲渡担保の実行を中止することができると考えられるからである。

　なお，この対抗要件具備禁止の保全処分の効力は，再生手続開始決定があるまでに限られるから，再生債務者としては，引き続き，速やかに当該集合

資料2-2-3　債権譲渡通知及び債権譲渡登記の申請の禁止の保全処分の申立て例

申立ての趣旨

　申立人（再生債務者）は，別紙譲渡債権目録記載の債権についてされた債権譲渡担保契約に基づき，第三債務者に対して債権譲渡通知をし，又は動産及び債権の譲渡の対抗要件に関する民法の特例等に関する法律第8条所定の債権譲渡登記申請をしてはならない
　との決定を求める。

申立ての理由

1　申立人は，本日，御庁に対し，再生手続開始の申立てをしたが，債権者の一部がその売掛金等の債権について，集合債権譲渡担保を設定し，当該債権者は，あらかじめ債権譲渡登記に必要な書類を受領している。仮に債権者が当該債権譲渡登記等の対抗要件を具備した上で担保権を実行してしまうと，再生債務者の事業の再生を図ることが困難となる危険性がある。
2　よって，申立人は，上記の保全処分の申立てをする。

資料2-2-4　債権譲渡通知及び債権譲渡登記の申請の禁止の保全処分決定の主文例

主　　文

　再生債務者は，別紙譲渡債権目録記載の債権についてされた債権譲渡担保契約に基づき，第三債務者に対して債権譲渡通知をし，又は動産及び債権の譲渡の対抗要件に関する民法の特例等に関する法律第8条所定の債権譲渡登記申請をしてはならない。

債権譲渡担保の実行手続の中止命令の申立て（民再31条）を検討する必要があろう。

　債務者を名宛人とした債権譲渡通知及び債権譲渡登記の申請を禁止する保全処分の申立てをする場合における申立て例は，資料2-2-3のとおりである。

　債権譲渡通知及び債権譲渡登記の申請の禁止の保全処分決定の主文例は，資料2-2-4のとおりである。

カ　商取引債権の弁済

　再生手続開始の申立てから開始決定までの期間が短い上，開始決定後に民事再生法85条5項後段の問題として弁済の可否を検討すれば足りることから，これまで，商取引債権全般を弁済禁止の対象外債務として認めた事例はほとんどない。

　なお，東京地裁破産再生部においては，近時，再生債務者は，顧客がギフトカタログの商品を選択し，あるいは一定のポイントを使用して商品を選択し，メーカーから当該商品を顧客に発送するという仕組みにより，前払式のギフト事業やポイント事業を行っており，再生債務者の業務がこのようなギフト事業やポイント事業に限定されていたケースで，その仕組みを維持することが事業の継続のために必要であり，資金繰り上も問題はないとの観点から，「再生債務者の前払式のギフト事業及びポイント事業に基づいて発生する買掛金債務」について弁済禁止の対象外債務としたため，結果として，再生債務者に対する商取引債権全部が弁済禁止の対象外債務とされたものがある（資料2-2-2番号4の事例）。

(3)　弁済禁止の保全処分の一部取消しの申立て

　保全処分の発令後，事業継続のために弁済が不可欠な債務の存在が判明したとして，その債務を弁済するために，再生債務者から保全処分の一部取消しの申立てがされる場合がある。

　東京地裁破産再生部においては，ほとんどの事件で申立てから1週間以内に開始決定をしているため，この申立ての件数はそれほど多くはないが，申立てがあれば，監督委員の意見を聴いた上で，保全処分の一部取消しの必要性を判断している。

　保全処分の一部取消しがあった事例としては，航空運送業を営む会社の民事再生手続において，保全処分の発令後に事業継続に不可欠な航空機燃料の受給に係る債務の存在が判明し，その弁済をする必要が生じたために，再生債務者から保全処分の一部取消しの申立てがされたものがある。そのような

資料2-2-5　弁済禁止の保全処分の一部取消しの決定例

```
平成○○年(再)第○○号

                    決　　　定

            東京都○○区○○△丁目△番△△号
            再生債務者　　　　○○○○株式会社
            代表者代表取締役　　　　○○　○○

                    主　　　文

  頭書事件につき，当裁判所が平成○年○月○日にした保全処分のうち，下記
の行為について弁済を禁止した部分を取り消す。

                    記

  再生債務者の航空機燃料の受給に係る債務


      平成○○年○○月○○日
        東京地方裁判所民事第20部
            裁判長裁判官　　○○　○○
                裁判官　　○○　○○
                裁判官　　○○　○○
```

場合の決定例は，資料2-2-5のとおりである。

(4) 保全処分の効力

　保全処分は，再生手続開始決定がされるまで効力が存続し（民再30条1項），開始決定がされたときには，当然にその効力を失う。

　弁済禁止の保全処分が発令されると，手形を振り出している再生債務者は，この保全処分により手形の決済ができなくなるため，手形が呈示されてもいわゆる0号不渡りとなって，銀行取引停止処分を免れることができる。

　弁済禁止の保全処分に反してされた弁済その他の債務を消滅させる行為は，再生手続との関係では，当該再生債権者が保全処分のあったことを知っていた場合は，無効となる（民再30条6項）。しかし，再生手続が取下げ，却

下又は棄却されたときは，その効力に影響はない。

　再生債務者が保全処分に違反した場合は，再生手続廃止事由（民再193条1項1号）や不認可事由（民再174条2項1号）に該当し，再生手続廃止や再生計画不認可につながる場合もあり得る。

（5）即時抗告

　保全処分及びその変更又は取消しの決定に対しては即時抗告をすることができる（民再30条3項）が，執行停止の効力を有しない（同条4項）。

（6）送　　達

　保全処分，その変更又は取消しの決定及びこれらに対する即時抗告について裁判があった場合は，その裁判書を当事者（申立人及び再生債務者）に送達することを要する（民再30条5項前段）。この場合においては，公告をもって送達に代えることはできない（同項後段，10条3項）。

　保全処分の決定は，裁判所から再生債権者には送達されないので，再生債務者は必要に応じて取引銀行やその他の債権者に対して適宜の方法で通知することになる。

2　監督命令

（1）監督委員の選任

　裁判所は，再生手続開始の申立てがあった場合において必要があると認めるときは，利害関係人の申立てにより又は職権で監督委員による監督を命ずる処分をすることができる（民再54条1項）。また，裁判所は，監督命令において1人又は数人の監督委員を選任しなければならない（同条2項）。法人も監督委員になることができる（同条3項）。

　東京地裁破産再生部では，再生債務者申立事件の場合は，原則として全件について，申立て直後の進行協議期日において，保全処分の申立てがあると

きはその発令と同時に，倒産事件の経験が豊富な弁護士1名を監督委員に選任している。また，申立日に進行協議期日を設けることができない場合でも，申立日に保全処分を発令するときは，保全処分と同時に監督命令を発付する運用としている（このような場合，事実上，事前連絡の後，申立て前に申立代理人，監督委員候補者及び裁判所の三者の顔合わせを行うことがある。）。

他方，再生債権者申立事件の場合は，再生手続の開始要件（開始原因又は棄却事由の存否）が明らかではないにもかかわらず監督委員を選任するとなると，監督命令の発付の事実が商業登記簿や官報に登載されて再生債務者の信用を害するおそれが生ずることから，これを避けるため，原則として監督委員に代えて調査委員（民再62条）を選任している。

(2) 監督命令の内容

東京地裁破産再生部の監督命令の定型的な決定例（再生債務者が法人の場合）は，資料2-2-6のとおりである。この監督命令では，①監督委員の選任のほか，②共益債権化に係る裁判所の許可に代わる承認，③監督委員の同意を得なければすることができない行為の指定，④再生債務者による業務等に係る報告書の提出が定められる。このうち，④の報告書の提出については，監督の一環として，再生債務者に対し，裁判所及び監督委員に月次報告書を提出することを求めるというものであり，監督委員は，報告書の内容も踏まえて，監督を行うことになる。

(3) 監督委員の職務

監督命令の発付と同時に，監督委員の同意を得なければ再生債務者がすることのできない行為が指定されることから，監督委員は，選任によって，以下のような職務を担うことになる。再生債務者は，常に監督委員と相談，協議をし，その助言のもとに再生手続を進めていくことが求められる。

東京地裁破産再生部における監督委員の主な職務の概要は，次のとおりである（なお，大阪地裁倒産部における監督委員の職務内容については，大阪実務95頁以下）。

資料2-2-6　監督命令

平成○○年(再)第○○号

　　　　　　　　　　　決　　　定
　　　　　　　　東京都○○区○○△丁目△番△△号
　　　　　　　　再生債務者　　　　○○○○株式会社
　　　　　　　　代表者代表取締役　　○○　○○

　　　　　　　　　　　主　　　文
1　○○○○株式会社について監督委員による監督を命ずる。
2　監督委員として，次の者を選任する。
　　　東京都○○区○○△丁目△番△△号
　　　○○○○法律事務所
　　　弁護士　　○　○　○　○
3　監督委員は，再生債務者が，民事再生法120条1項に規定する行為によって生ずべき相手方の請求権を共益債権とする旨の裁判所の許可に代わる承認をすることができる。
4　再生債務者が次に掲げる行為をするには，監督委員の同意を得なければならない。ただし，再生計画認可決定があった後は，この限りではない。
　(1)　再生債務者が所有又は占有する財産に係る権利の譲渡，担保権の設定，賃貸その他一切の処分（常務に属する取引に関する場合を除く。）
　(2)　再生債務者の有する債権について譲渡，担保権の設定その他一切の処分（再生債務者による取立てを除く。）
　(3)　財産の譲受け（商品の仕入れその他常務に属する財産の譲受けを除く。）
　(4)　貸付け
　(5)　金銭の借入れ（手形割引を含む。）及び保証
　(6)　債務免除，無償の債務負担行為及び権利の放棄
　(7)　別除権の目的である財産の受戻し
　(8)　事業の維持再生の支援に関する契約及び当該支援をする者の選定業務に関する契約の締結
5　再生債務者は，平成○○年○○月○○日以降毎月末日締切りにより，再生債務者の業務及び財産の管理状況についての報告書をその翌月10日までに当裁判所及び監督委員に提出しなければならない。
　　ただし，再生計画認可決定があった後は，この限りではない。

　　　平成○○年○○月○○日
　　　東京地方裁判所民事第20部
　　　　　裁判長裁判官　　○○　○○
　　　　　　　裁判官　　○○　○○
　　　　　　　裁判官　　○○　○○

ア　再生手続開始の当否に関する意見書の提出

　再生手続開始決定に際し，監督委員には，主要債権者からの意見聴取の結果に基づいた意見書の提出を求めている。再生債務者は，再生手続開始申立て後速やかに債権者説明会を開くことが求められており，監督委員は，原則として，それに臨席して意見を聴取するが，再生債権者数が少ないなどの理由から申立て後に債権者説明会を開催せず，再生債務者において個別に債権者に対して説明を行う場合には，監督委員においても，主要債権者に対して個別に電話や書面等でその意見を聴取している。

　なお，再生手続開始決定に対して即時抗告がされる場合もあるが，その場合は，監督委員に即時抗告についての意見書の作成を求めることが通例である。

イ　共益債権化の裁判所の許可に代わる承認

(ア)　意　義

　裁判所は，監督委員に対し，再生債務者（保全管理人が選任されている場合を除く。）が，再生手続開始の申立て後再生手続開始前に，資金の借入れ，原材料の購入その他再生債務者の事業の継続に欠くことができない行為をする場合には，その行為によって生ずべき相手方の請求権を共益債権とする旨の裁判所の許可に代わる承認をする権限を付与することができる（民再120条2項）。

　これは，事業の継続に欠くことのできない資金の借入れ，原材料の購入等は，再生債務者が事業を行う上で，日常的かつ頻繁に行われるため，これについて常に裁判所の許可を要することとすることは煩瑣に過ぎる場合があり，また，裁判所から特に権限を付与された監督委員による承認を要するものとすれば，濫用を防止することができるとの考慮に基づいているためである（一問一答民再152頁）。

　東京地裁破産再生部では，全件で監督委員にこの承認権限を付与している。

なお，裁判所は，再生手続開始後，必要があると認めるときは，共益債権（民再120条1項に基づく共益債権は除く。）の承認を要許可事項にすることができる（民再41条1項8号）が，東京地裁破産再生部では，再生手続開始後の再生債務者の事業の継続により生じた請求権等は，当然に共益債権となると規定されており（民再119条2号），また，再生手続は，DIP型を基本とし，原則として，再生債務者が自らの経営判断により事業の再生を図るべきであることなどに照らし，再生手続開始後の共益債権の承認を裁判所の許可事項や監督委員の同意事項とはしていない。

　(イ)　**共益債権化の承認の申請に当たっての注意点**
　　a　**方式（書面による申請）**
　共益債権化の承認申請は，原則として対象債権を特定し，承認を求める理由を記載した書面により申請する必要がある。ただし，承認の申請に当たって，事前に書面を準備する余裕がない場合には，例外的にあらかじめ監督委員から口頭で承認を得て，後に書面を追完する方法でも差し支えない（条解民再3版623頁〔清水建夫＝増田智美〕）。
　　b　**要　　件**
　　①　債権の発生時期
　　　共益債権化の対象となる債権は，再生手続開始申立て後から再生手続開始前にされた行為によって生じた請求権である。債権が生じた原因となった行為が再生手続開始申立て前にされたにもかかわらず，共益債権化の承認申請をすることのないよう注意する必要がある。
　　②　承認の時期
　　　監督委員による共益債権化の承認は，債権の発生原因となる行為の前に受けておかなければならない。行為を行った後に承認申請をすることのないよう注意する必要がある。
　　③　事業継続のための必要性
　　　共益債権化の対象となる債権は，再生債務者の事業の継続に欠くことができない行為によって生じた請求権であることを要する。取引上の債権であることから直ちに共益債権化の承認の対象となるとは限ら

資料 2-2-7　包括的な共益債権化承認申請書

```
平成○○年(再)第○号
┌─────────────────────────────────────┐
│ (監督委員意見)                                          │
│ 下記申請につき，承認する。                              │
│ 平成○○年○月○日                                       │
│             　　　監督委員　弁護士　○　○　○　○　㊞  │
└─────────────────────────────────────┘
```

平成○年○月○日

共益債権化の許可に代わる承認申請書

監督委員　弁護士　○　○　○　○　殿
　　　　　　　　　　　　　再生債務者　　○○○○株式会社
　　　　　　　　　　　　　同代理人弁護士　○　○　○　○　㊞

第1　申請の趣旨
　　　別紙債権一覧表記載の各債権について，共益債権とする旨の裁判所の許可に代わる承認を求める。

第2　申請の理由
　　（以下省略）

（別紙）

債権一覧表

債権者名	金額（概算）	取引期間	発生原因
㈱○○○	600,000	5月11日～5月17日	食材の仕入れに係る代金
○○商事㈲	20,000	5月11日～5月17日	おしぼりレンタル料
㈱○○○	105,000	5月11日～5月17日	花の仕入れに係る代金
（以下省略）			

ない。また，資金の借入れであっても，申立て後の運転資金など，その使途が再生手続として共益性を有するものであることが必要と考えられる。

④　債権の特定
　　共益債権化の承認申請に当たっては，事業の継続に欠くことができ

資料 2-2-8　共益債権が確定した旨の報告書

```
平成○○年(再)第○号
　　　　　　　　　　　　　　　　　　　平成○○年○○月○○日
　　　　　　　　　報　告　書
東京地方裁判所民事第20部　御中
　監督委員　弁護士　　○○　○○　殿
　　　　　　　　　　　　再生債務者　　○○○○株式会社
　　　　　　　　　　　　同代理人弁護士　　○○　○○　㊞
　頭書事件に関し，平成○○年○○月○○日付けで監督委員の共益債権化の承認を受けた対象債権が確定したので，報告します。

（別紙省略）
```

　ない行為であることを明らかにするため，その対象となる債権を十分に特定する必要がある。共益債権化の承認を求める債権として「その他事業の継続に必要な債権」とか，「○○○等」などとするのは，基本的に特定を欠くものと考えられることから注意を要する。

　他方，行為前に承認を得る必要があることから，債権の全てを確定的に特定することが困難である場合も考えられるところ，この場合には，監督委員に取引状況を説明した上で，包括的な承認を得ることも例外的に許容されることとしているが，それでも可能な限り債権を特定しておく必要がある。例えば，取引上の債権については，少なくとも，相手方（支払先），債権の発生原因（共通の発生原因など），債権発生時期（期間），最大限予想される債権総額といった程度の特定をする必要がある（なお，前記①「債権の発生時期」との関係で，「取引期間」は，申立てから開始決定までの間に限られることに注意が必要である。）。このように，共益債権化について包括的な承認を得た場合は，債権が確定したときに，速やかに相手方（支払先）ごとに債権の発生原因，発生時期及び債権額を記載した報告書を裁判所及び監督委員に提出する必要がある。

　　　　包括的な共益債権化承認の申請書等の記載例は，資料2-2-7，資料2-2-8のとおりである。

ウ　監督委員の同意を得なければならない行為に対する同意

(ア)　意　　義

　裁判所は，監督命令の発付と同時に，監督委員の同意を得なければ再生債務者がすることができない行為を指定しなければならない（民再54条2項）。この同意権の適切な行使を通じて再生債務者の行為の適正さを監督するのも監督委員の重要な職務の一つである。同意事項に該当するか否か，該当するとして同意すべきか否かについて慎重な検討を要する場面もあり，その場合，監督委員と裁判所が適宜の方法で協議して対応することになる。監督委員の同意を得なければならない期間は，再生計画認可決定までとしている。したがって，監督命令の変更がない限り，認可決定があった後は，監督委員の同意は不要である。

　なお，再生債務者は，監督委員の同意を得た場合は遅滞なく裁判所にその旨を報告しなければならない（民再規21条2項）。

　また，東京地裁破産再生部においては，同意を得た都度報告書の提出を求めるのではなく，一定期間分（例えば1か月分）をまとめて報告することも認めている。

　同意申請書の記載例は，資料2-2-9のとおりである。

(イ)　同意を得なかった場合の効力

　監督委員の同意を要すると裁判所が指定したにもかかわらず，監督委員の同意を得ないでした行為は無効である（民再54条4項本文）。ただし，これをもって善意の第三者に対抗することができない（同項ただし書）。

　また，監督委員の同意を得ずに裁判所の指定した行為をすると，再生手続廃止事由に該当し（民再193条1項2号），再生手続廃止につながる場合もあり得る。

(ウ)　同意事項の変更・取消し

　裁判所は，再生手続中の再生債務者の業務遂行及び財産の管理処分の状況

資料2-2-9　同意申請書

```
平成○○年(再)第○号

　(監督委員意見)
　　下記申請につき，同意する。
　　平成○○年○月○日
　　　　　　　　　　　　監督委員　弁護士　　○○　○○　㊞
```

　　　　　　　　　　　　　　　　　　　　　　平成○年○月○日

　　　　　　　　　　　　同意申請書

監督委員　弁護士　　○○　○○　殿
　　　　　　　　　　再生債務者　　○○○○株式会社
　　　　　　　　　　同代理人弁護士　○○　○○　㊞
第1　同意を求める事項
　　（省略）
第2　同意を求める理由
　1　（以下省略）

等の変化を考慮して，監督命令を変更し，又は取り消すことができる（民再54条5項）。

　東京地裁破産再生部においても，再生債務者の置かれている状況の変化に応じて，監督委員の意見に基づき，柔軟に監督委員の同意事項を変更している。同意事項の変更があった事案としては，①申立て前から再生債務者を支援していたスポンサーとのスポンサー契約について，スポンサーを変更するため，同契約を解除して新契約を締結する必要が生じた事例において，「民事再生法49条1項の規定による契約解除」を同意事項に加える変更をしたもの，②認可決定後の相当期間経過後，監督委員による監督を相当とする事情が生じたため，「再生債務者が所有又は占有する財産に係る権利の譲渡，担保権の設定，賃貸その他一切の処分（常務に属する取引に関する場合を除く。）」を同意事項に加える変更をしたものがある。

エ　再生債務者の財務状況の調査

　監督委員は，再生債務者の会計・経理関係の調査に当たる。この調査の力点は，経営が困難となった原因，帳簿の正確性，財務関係の違法行為の有無にある。再生債務者が提出する財産評定は，再生計画案が清算価値保障原則を満たしているかどうかを判定するための有力な資料であるため，その内容の検証が求められる。

オ　事業譲渡先等のスポンサー選定過程の適正さの監督

　事業譲渡型の再生計画案が検討されている場合，監督委員には，再生債務者に対して必要な資料の開示を求めながら，事業譲渡先の選定過程や事業譲渡の対価が適正であることなど，事業譲渡の適正さの確保に向けて助言・指導を行うことが求められている。

　なお，東京地裁破産再生部では，再生債務者が法人の場合においては，「事業の維持再生の支援に関する契約及び当該支援をする者の選定業務に関する契約の締結」についても監督委員の同意事項に加えている。また，再生債務者が個人の場合であっても，当該個人が事業者であり，「事業の維持再生の支援に関する契約及び当該支援をする者の選定業務に関する契約」が締結され得る場合には，これらの締結を監督委員の同意事項としている。

カ　否認権の行使

　否認権（民再127条以下）は，訴え又は否認の請求によって，否認権限を有する監督委員又は管財人が行う（民再135条1項）。監督委員が否認権を行使する場合は，事前に裁判所から特定の行為について否認権を行使する権限の付与を受ける必要がある（民再56条1項）。

キ　再生計画案についての意見書の提出

　監督委員は，再生債権者が再生計画案に対する賛否を決定するための参考とするため，再生計画案に対する意見書を提出する。この意見書は再生計画

案とともに再生債権者に送付される。

　ク　認可後の監督

　東京地裁破産再生部では，再生手続開始の申立て後に発付する監督命令において，裁判所の定める行為について監督委員の同意を取得する義務及び業務等に係る報告義務を認可決定がされるまでの期限付きとし，認可決定後については，再生債務者に対し，履行期に履行を終えた都度，監督委員及び裁判所に弁済報告書を提出することのほか，必要に応じて，一定期間ごとに業務の報告や財産処分状況の報告をすることを求めるにとどめている。また，監督委員は，自らの判断で，事案に応じて，再生債務者に対し，状況の報告や問題点等の検討を求めることもあり，これらを踏まえて，必要があれば，裁判所を含めた三者打合せをすることもある（第7章第1参照）。監督委員による再生計画の遂行監督の期間は，監督命令が取り消されたとき（民再54条5項），又は，再生計画が遂行されるか再生計画認可の決定が確定した後3年を経過して再生手続が終結したときまでである（民再188条2項）。

(4) 監督命令の変更と取消し

　裁判所は，再生債務者の業務状況，監督の必要性に応じて，再生手続が円滑に進むように監督命令を変更することができる（民再54条5項）。

　東京地裁破産再生部では，再生債務者が，再生計画認可決定の確定後に，監督委員との協議を経て，監督命令の取消しの申立てをし，監督委員からも，監督委員による監督の必要がない状況になったとの意見を受けたことから，監督命令を取り消した上で，再生手続終結の決定をした事例がある（事例については，第7章第3参照）。

(5) 即時抗告

　監督命令，監督命令の変更及び監督命令の取消決定に対しては即時抗告をすることができる（民再54条6項）。ただし，執行停止の効力を有しない（同条7項）。

(6) 監督命令等の発付後の手続

ア 公告

　裁判所は，監督命令を発したときは，その旨を公告しなければならない。監督命令を変更し，又は取り消す旨の決定があった場合もその旨を公告しなければならない（民再55条1項）。

イ 送達

　監督命令，監督命令の変更及び取消しの決定並びにこれらの決定に対する即時抗告についての裁判があった場合は，その裁判書を当事者に送達しなければならない（民再55条2項）。

ウ 登記嘱託

　法人である再生債務者について監督命令が発付されたときは，裁判所書記官は，職権で，遅滞なく，監督命令の登記を再生債務者の本店又は主たる事務所の所在地を管轄する登記所に嘱託をしなければならない（民再11条2項）。

(7) 監督委員の報酬等

　監督委員は費用の前払及び裁判所が定める報酬を受けることができる（民再61条）。東京地裁破産再生部では，再生債務者の負債の規模，監督委員の負担等の事情を考慮して報酬を決定している。

第 3

強制執行等の中止命令及び担保権実行手続の中止命令

1 強制執行等の中止命令

(1) 意　義

　再生手続開始の決定があったときは，再生債務者の財産に対する再生債権に基づく強制執行，仮差押え若しくは仮処分又は再生債権を被担保債権とする留置権による競売の手続（以下「強制執行等」という。）の申立てはすることができず，再生債務者の財産に対して既にされている再生債権に基づく強制執行等の手続は中止する（民再39条1項）。

　これに対し，再生手続開始の申立てがあっただけでは，再生債務者の財産に対して既にされている再生債権に基づく強制執行等の手続は，中止することなく進行する。

　再生手続開始の申立てから再生手続開始の決定までの間に再生債務者の財産に対する再生債権に基づく強制執行等が行われると，再生債務者の財産が散逸して円滑な事業遂行が困難となる場合や，再生債権者間の公平が保たれない事態が生じる場合もある。

　そこで，民事再生法は，再生債務者の財産を保全するため，再生手続開始の申立てがあった場合において，その申立てにつき決定があるまでの間，強制執行等の中止命令（民再26条1項2号）をすることができる旨の規定を設けている。

　ただし，東京地裁破産再生部では，再生手続開始の申立てから通常1週間程度で再生手続開始の決定をしており（標準スケジュールについては，第1章

第2），再生手続開始の申立てから再生手続開始の決定までの間は，弁済禁止の保全処分（民再30条1項）によって再生債権者による取立てを防止すれば足りることが多いことから，実際に強制執行等の中止命令の申立てがされることは少ない。

　なお，強制執行等の中止命令のほかに，民事再生法上，再生手続開始の申立てから再生手続開始の決定までの間に，再生債権者による権利行使を中止させる手続として，①再生債務者についての破産手続又は特別清算手続（民再26条1項1号），②再生債務者の財産関係の訴訟手続（同項3号），③再生債務者の財産関係の事件で行政庁に係属しているものの手続（同項4号），④担保権の実行手続（民再31条）の各手続中止命令がある。

(2)　要　　　件

　裁判所は，「必要があると認めるとき」は，再生債務者の財産に対する再生債権に基づく強制執行等の中止を命ずることができるが，中止の対象となる手続の申立人である再生債権者に「不当な損害を及ぼすおそれがない」場合に限られる（民再26条1項柱書）。

ア　必要があると認めるとき

　「必要があると認めるとき」とは，中止の対象たる手続をそのまま放置しておくと，再生手続開始の決定までに再生債務者の財産が散逸して，著しく事業価値が毀損され，事業の再建に支障を来し，あるいは個々の債権者の債権回収行為によって債権者間の衡平・公正が保てないおそれが生じる場合をいう（条解民再3版126頁〔瀬戸英雄＝上野尚文〕）。

イ　中止の対象となる手続の申立人である再生債権者に不当な損害を及ぼすおそれがないこと

　「不当な損害」とは，中止によって受ける再生債務者及び他の債権者などの関係人の利益に比して，中止対象となる手続の申立人である再生債権者側が中止によって被る損害が著しく大きい場合をいい，速やかに執行，換価し

なければ，強制執行等の手続の対象となる財産の価値が大きく減少する場合が想定される。また，再生債務者の申立てが不誠実な場合には，中止の必要性が欠けるものであるが，再生債権者に不当な損害を及ぼすものともいえる（条解民再3版127頁〔瀬戸英雄＝上野尚文〕）。

(3) 中止対象手続

強制執行等の中止命令の対象となる手続は，再生債務者の財産に対する再生債権に基づく強制執行等の手続である。

再生債務者の財産に対する共益債権や一般優先債権に基づく強制執行又は仮差押えの手続は対象とならない。再生債務者の財産に対する滞納処分に基づく差押えの手続も対象とはならない。

(4) 中止対象手続の状況調査

強制執行等の中止命令の正本は，民事執行法39条1項7号に定める執行停止文書に該当する。

不動産に対する強制執行（強制競売）手続では，売却決定期日の終了後に強制執行等の中止命令の正本の提出があった場合には，売却決定期日にされた売却許可決定が取り消され，若しくは効力を失ったとき，又は売却決定期日にされた売却不許可決定が確定したときに限り，強制執行が停止されるものとされていることから（民執72条2項），売却決定期日までに強制執行等の中止命令の正本を執行裁判所に提出する必要がある。

債権に対する強制執行手続では，金銭債権を差し押さえた債権者は，債務者に対して差押命令が送達された日から1週間を経過したときは，その債権を取り立てることができる（民執155条1項）ため，それまでに強制執行等の中止命令の正本を執行裁判所に提出する必要がある。

このように，強制執行等の中止命令の申立てに当たっては，対象となる再生債務者の財産に対する再生債権に基づく強制執行等の手続の状況調査をし，これらの期限までに執行裁判所に対し同命令の正本を提出することができるよう申立ての準備をすることが必要である。

なお，強制執行等の中止命令は，再生手続開始の申立てから再生手続開始の決定があるまでの間，再生債務者の財産を保全する手続にすぎないから，再生手続開始決定後，再生債務者の財産に対する再生債権に基づく強制執行等の手続の取消決定（民再39条2項後段。なお，この取消決定の正本は，民事執行法39条1項1号の文書に該当し，民執40条1項により，執行処分の取消しがされる。）を得られれば足りるような場合にまで，強制執行等の中止命令を発付する必要はない。

(5) 手　続

　利害関係人の申立てにより又は職権で発付することができる（民再26条1項）。

　東京地裁破産再生部では，発付前に，電話等の簡易な方法で監督委員の意見を聴取している。

　強制執行等の中止命令を発付した場合，裁判所は，その裁判書を当事者（再生債務者（保全管理人が選任されている場合にあっては，保全管理人），申立人（再生債務者以外の者が申立人である場合）及び差押債権者）に送達しなければならない（民再26条6項）。

　また，裁判所は，強制執行等の中止命令を変更し，又は取り消すことができる（民再26条2項）。この場合も，送達が必要である（同条6項）。

　強制執行等の中止命令，同命令の変更又は取消決定に不服がある場合には，利害関係人は即時抗告をすることができるが（民再26条4項），執行停止の効力は有しない（同条5項）。

　なお，強制執行等の中止命令の決定例は，資料2-3-1のとおりである。

(6) 効　力

　強制執行等の中止命令の対象となった再生債務者の財産に対する再生債権に基づく強制執行等の手続は，直ちに停止し，それ以上進行しない状態となる。既にされた手続の効力に影響はない。

　なお，再生債権者が，新たに再生債務者の財産に対する再生債権に基づく

資料2-3-1　強制執行等の中止命令

```
平成○○年(再)第○○号
                    決　　　定
　　当事者の表示　別紙当事者目録記載のとおり
                    主　　　文
　別紙物件目録記載の不動産に対する○○地方裁判所○○支部平成○○年(ヌ)
第○○号強制競売手続を，当庁平成○○年(再)第○○号再生手続開始申立事件
の申立てにつき決定があるまでの間，中止する。
                    理　　　由
　本件申立てについては，民事再生法26条1項に規定する要件が認められるか
ら，主文のとおり決定する。

　　平成○○年○○月○○日
　　　　東京地方裁判所民事第20部
　　　　　　裁判長裁判官　　○○　○○
　　　　　　　　裁判官　　　○○　○○
　　　　　　　　裁判官　　　○○　○○
```

強制執行等の手続の申立てをすること自体は妨げられない。

　強制執行等の中止命令の効力は，再生手続開始決定があるまで存続する。再生手続開始決定があると，強制執行等の中止命令の対象となった再生債務者の財産に対する再生債権に基づく強制執行等の手続は，当然に中止する（民再39条1項）。

　ただし，執行裁判所は，強制執行等の中止命令がされたことを当然には知り得ないので，再生債務者において，執行裁判所に対し，同命令の正本を添付して，同命令の対象となった再生債務者の財産に対する再生債権に基づく強制執行等の手続の停止を上申する必要がある（民執39条1項7号）。

　再生手続開始の申立てが棄却又は却下されると，強制執行等の中止命令は当然に失効し，同命令の対象となった再生債務者の財産に対する再生債権に基づく強制執行等の手続は進行を始める。

強制執行等の中止命令が発付されたときは，再生手続開始の申立てを取り下げるには，裁判所の許可を得なければならない（民再32条）。

(7) 中止対象手続の取消命令

裁判所は，再生債務者の事業の継続のために特に必要があると認めるときは，再生債務者（保全管理人が選任されている場合にあっては，保全管理人）の申立てにより，担保を立てさせて，中止した再生債務者の財産に対する再生債権に基づく強制執行等の手続の取消しを命ずることができる（民再26条3項）。

東京地裁破産再生部では，再生手続開始の申立てから通常1週間程度で再生手続開始の決定をしており，再生手続開始の決定があると，原則として，再生債務者の財産に対する再生債権に基づく強制執行等の手続の取消しを無担保で行っている。そのため，実務上は，再生手続開始の決定があると，再生債務者から，再生債務者の財産に対する再生債権に基づく強制執行等の手続の取消しの申立て（民再39条2項後段）がされることが多い。

取消命令を発付した場合，裁判所は，その裁判書を当事者（再生債務者（保全管理人が選任されている場合にあっては，保全管理人），申立人（再生債務者以外の者が申立人である場合）及び差押債権者）に送達しなければならない（民再26条6項）。

取消命令に不服がある場合には，利害関係人は即時抗告をすることができる（民再26条4項）が，執行停止の効力は有しない（同条5項）。

2 包括的禁止命令

(1) 意 義

強制執行等の中止命令は，既にされている再生債務者の財産に対する再生債権に基づく強制執行等の手続について，個別的に中止を求めるものである。そのため，再生債務者の多数の財産に対し，再生債権に基づく強制執行

等の手続の申立てがあるおそれがある場合や，強制執行等の中止命令の対象となる再生債務者の財産に対する再生債権に基づく強制執行等の手続が多数あって個別に対応することができない場合など，同命令のみでは再生手続の目的を達成することができないことがある。

　そこで，民事再生法は，再生債務者の財産を保全するため，再生手続開始の申立てがあった場合において，その申立てにつき決定があるまでの間，全ての再生債権者に対し，再生債務者の財産に対する再生債権に基づく強制執行等の禁止を命ずる包括的禁止命令（民再27条）をすることができる旨の規定を設けている。

　ただし，東京地裁破産再生部では，再生手続開始の申立てから通常1週間程度で再生手続開始の決定をしており（標準スケジュールについては，第1章第2），再生手続開始の申立てから再生手続開始決定までの間は，弁済禁止の保全処分（民再30条1項）によって再生債権者による取立てを防止すれば足りることが多いことから，包括的禁止命令の申立てがされることは少ない。

(2) 要　　件

　裁判所は，強制執行等の「中止の命令によっては再生手続の目的を十分に達成することができないおそれがあると認めるべき特別の事情があるとき」は，全ての再生債権者に対し，再生債務者の財産に対する再生債権に基づく強制執行等の禁止を命ずること（包括的禁止命令）ができるが，事前又は同時に，再生債務者の主要な財産に関し「保全処分」（民再30条1項）をした場合又は「監督命令」（民再54条1項）若しくは「保全管理命令」（民再79条1項）を命ずる処分がされている場合に限られる（民再27条1項）。

　包括的禁止命令の要件としての「特別の事情」とは，債務名義を有する再生債権者が多数存在することから，再生債務者の現預金，売掛金，在庫商品等に対する差押え等の申立てが多数予想され，差押えを受けた場合には事業継続に支障を来すような場合が考えられる。

(3) 中止対象手続

包括的禁止命令の対象となる手続は，再生債務者の財産に対する再生債権に基づく強制執行等の手続である。

再生債務者の財産に対する共益債権や一般優先債権に基づく強制執行又は仮差押えの手続は対象とならない。再生債務者の財産に対する滞納処分に基づく差押えの手続も対象とならない。

(4) 手　　続

利害関係人の申立てにより又は職権で発付することができる（民再27条1項）。

東京地裁破産再生部では，発付前に，電話等の簡易な方法で監督委員の意見を聴取している。

包括的禁止命令を発付した場合，裁判所は，その旨を公告し，その裁判書を再生債務者（保全管理人が選任されている場合にあっては，保全管理人），申立人（再生債務者以外の者が申立人である場合）に送達し，かつ，その決定の主文を知れている再生債権者及び再生債務者（保全管理人が選任されている場合に限る。）に通知しなければならない（民再28条1項）。

また，裁判所は，包括的禁止命令を変更し，又は取り消すことができる（民再27条3項）。この場合も，公告，送達及び通知が必要である（民再28条1項）。

包括的禁止命令，同命令の変更又は取消決定に不服がある場合には，利害関係人は即時抗告をすることができる（民再27条5項）が，執行停止の効力は有しない（同条6項）。

なお，包括的禁止命令の決定例は，資料2－3－2のとおりである。

(5) 効　　力

全ての再生債権者との関係で，再生債務者の財産に対し，新たな再生債権に基づく強制執行等の手続をすることが禁止される（民再27条1項本文）。

資料2-3-2　包括的禁止命令

```
平成○○年(再)第○○号
                決　　　　定
  東京都○○区○○△丁目△番△△号
  再生債務者　　　　○○○○株式会社
  代表者代表取締役　　○○　○○
　当裁判所は，民事再生法27条1項に規定する特別の事情があるものと認め，
主文のとおり決定する。
                主　　　文
　本件再生手続開始の申立てにつき決定があるまでの間，全ての再生債権者
は，再生債務者の財産に対し，再生債権に基づく強制執行又は仮差押え若しく
は仮処分の執行をしてはならない。

　　　平成○○年○○月○○日
　　　　東京地方裁判所民事第20部
　　　　　裁判長裁判官　　○○　○○
　　　　　　裁判官　　　　○○　○○
　　　　　　裁判官　　　　○○　○○
```

　既にされている再生債務者の財産に対する再生債権に基づく強制執行等の手続は，中止される（民再27条2項）。

　包括的禁止命令が発付されたときは，再生債権については，同命令が効力を失った日の翌日から2月を経過する日までの間は，時効は完成しない（民再27条7項）。

　また，包括的禁止命令が発付されたときは，再生手続開始の申立ての取下げには，裁判所の許可を得なければならない（民再32条）。

(6)　中止対象手続の取消命令

　裁判所は，再生債務者の事業の継続のために特に必要があると認めるときは，再生債務者（保全管理人が選任されている場合にあっては，保全管理人）の申立てにより，担保を立てさせて，中止した再生債務者の財産に対する再生

債権に基づく強制執行等の手続の取消しを命ずることができる（民再27条4項）。

　取消命令を発付した場合，裁判所は，その裁判書を当事者（再生債務者（保全管理人が選任されている場合にあっては，保全管理人），申立人（再生債務者以外の者が申立人である場合）及び差押債権者）に送達しなければならない（民再28条3項）。

　取消命令に不服がある場合には，利害関係人は即時抗告をすることができる（民再27条5項）が，執行停止の効力は有しない（同条6項）。

(7) 解　　除

　裁判所は，包括的禁止命令を発付した場合で，再生債務者の財産に対する再生債権に基づく強制執行等の手続の申立人である再生債権者に不当な損害を及ぼすおそれがあると認めるときは，当該再生債権者の申立てにより，当該再生債権者に対しては同命令を解除する旨の決定をすることができる（民再29条）。

3　担保権の実行手続の中止命令

(1) 意　　義

　再生手続開始の時において，再生債務者の財産につき存する担保権（特別の先取特権，質権，抵当権又は商法若しくは会社法の規定による留置権をいう。）を有する者は，その目的である財産について，別除権を有し，この別除権を，再生手続によらないで行使することができる（民再53条1項，2項）。

　しかし，再生債務者の事業継続に必要な資産について，担保権の実行により換価がされてしまうと，事業の再生が困難となる場合もある。

　このため，民事再生法は，再生手続開始の申立てがあった場合において，再生債務者の財産につき存する担保権の実行手続の中止を命ずることができる旨の規定を設けている（民再31条）。

担保権の実行手続の中止命令は，①再生債務者に対して，担保権者との間で被担保債権の弁済方法について協議する機会や，担保目的物の処分方法について担保権者の同意の下に第三者に任意売却する交渉を行う機会（いわゆる別除権協定を締結する機会）を与える場面や，②担保権者との交渉が奏功せず，再生債務者から担保権消滅の許可の申立て（詳細は第4章第5参照）がされ，その審理期間中に担保権の実行手続を中止する場面などに活用されることが想定されている。

(2) 要　　件

　裁判所は，再生手続開始の決定があった場合において，「再生債権者の一般の利益に適合し」，かつ，「競売申立人に不当な損害を及ぼすおそれがないものと認めるとき」は，再生債務者の財産につき存する担保権の実行手続の中止を命ずることができる（民再31条）。

　「再生債権者の一般の利益に適合」する場合とは，事業の再生のために競売の目的物が不可欠又は必要であり，その目的物が換価されると再生債務者の事業又は経済生活の再生が不可能ないし著しく困難になる場合や，その目的物の換価はやむを得ないとしても換価の時期又は方法によっては高額に処分できる見込みがある場合などをいう。

　また，「競売申立人に不当な損害を及ぼすおそれがない」とは，再生債務者の事業又は経済生活の再生のために受忍すべき通常の損害を超えた大きな損害が競売申立人に生じないことをいうものと解される。

　競売申立人の資金繰りが悪化して倒産の危険が生ずるおそれのある場合や，担保余力の乏しい物件について価格の著しい低下が見込まれ，担保割れの金額が増加するなど，再生債務者側の利益に比して競売申立人の損害が著しく大きい場合をいう。

(3) 中止対象手続

　担保権の実行手続の中止命令の対象となる手続は，再生債務者の財産につき存する担保権（特別の先取特権，質権，抵当権又は商法若しくは会社法の規定

による留置権)の実行手続である。

　再生債務者の財産につき存する担保権によって担保される債権が共益債権又は一般優先債権であるときは，対象とならない（民再31条ただし書）。

　「再生債務者の財産につき存する」とは，担保権の目的物を再生債務者が所有しているということである。

　例えば，再生債務者である法人が，代表者所有の不動産を事業のために利用しているような場合で，利用している不動産に担保権が設定されている場合には，その担保権を実行されても担保権の実行手続の中止命令の申立てをすることはできない（代表者についても，再生手続開始の申立てをした場合には，当該代表者の民事再生事件において，担保権の実行手続の中止命令の申立てをすることはできる。）。

　なお，再生債務者は，目的不動産について，実体的に所有権を有していれば足り，その登記を具備していることは必ずしも要件ではないものと解されるが（担保権消滅の許可の申立てに関するものであるが，福岡高決平18.3.28判タ1222号310頁参照），担保権者との間で所有関係に争いがあるときは，非訟手続として迅速な判断が求められている再生裁判所が所有権の実体的判断を行うことは事実上困難であり，登記上の名義という明確な指標によって形式的に所有関係の所在を認定せざるを得ないのが現実的であると思われる（所有関係は登記上の名義によって形式的に判断すべきであることを指摘する裁判例として，福岡高決平18.2.13判タ1220号262頁参照）。そのため，再生債務者が登記を具備していない不動産について，担保権の実行手続の中止命令を発付することは困難と言わざるを得ない。

　担保権の実行手続としては，中止命令の要件に，「競売申立人に不当な損害を及ぼすおそれがない」ことというものがあることから，所有権を喪失させるおそれがある民事執行法第3章（民執180条～194条）に定める担保権の実行としての競売手続が主として想定されているものと解される。

　問題は，抵当権等による物上代位に基づく債権差押手続，不動産担保権の実行方法としての担保不動産収益執行手続（民執180条2号）及び非典型担保（譲渡担保，所有権留保及びファイナンス・リース契約等）についても担保権の

実行手続の中止命令を発付することができるか否かである。

　抵当権の物上代位に基づく債権差押手続や担保不動産収益執行は，不動産の収益から被担保債権の回収を図るものであり，それらの手続が開始されても直ちに所有権を失うおそれが生ずる関係にはないが，担保権の実行手続として法定されており，その収益を奪われることが再生債務者の再生に支障を来す場合もあるので（再生債務者が，不動産を所有し，その賃貸を業とする会社である場合など），一般論としては担保権の実行手続の中止命令の対象としてよいものと解する。

　ただし，担保不動産の競売手続を中止する場合は，そのまま対象不動産の使用収益関係が維持できるといったメリットがあるが，物上代位に基づく債権差押手続や担保不動産収益執行手続は，これを中止しても，直ちに再生債務者が対象債権や収益を回復できるといった関係にはないので，その適用には慎重さが要求される。

　そこで，①物上代位に基づく債権差押えの対象となった債権又は担保不動産収益執行の対象である収益が再生債務者の事業の再生にとって大きな影響を及ぼす関係にあり，担保の差替え等により手続の解放を得て資金繰りに充てるなどの別除権交渉を行う前提として中止を行う必要性が大きいこと，②主要な担保権者が再生手続に理解を示しているなど，担保権の実行手続を一時停止することにより再生債務者が合理的な再生計画案を立案できる見込みがあることといった事情が求められるものと思われる。

　非典型担保にも担保権の実行手続の中止命令が類推適用できるか否かについては，議論が分かれるところである。その性質が担保権であることが明確である場合で，非典型担保としての実行手続がいまだ終了していないときは，これらの別除権者との間で交渉の余地を付与するために，担保権の実行手続の中止命令を発付する必要性があることは否定できない。

　他方で，非典型担保の担保としての性質及び内容（対象物件の範囲を含む。）に争いがあれば，再生裁判所はその実体判断をすることは事実上困難であるので，担保権の実行手続の中止命令を発することはできないとの指摘もある。

また，担保権の実行手続の中止命令を発付しても，担保権の実行としての競売手続のように同命令を執行停止文書として競売手続を停止させるといった法的手段が保障されていないため，同命令の実効性を確保できるのかといった問題もある。

　例えば，譲渡担保について，いわゆる帰属清算型の場合は，清算金があるときはその提供により実行手続が終了し，また，被担保債権額が対象物件の価値を上回っているときは清算通知の到達によって実行手続が終了してしまうので，その前に実行手続を止める必要があるが，そのための時間的余裕が乏しい。

　したがって，担保権者との交渉により事業又は経済生活の再生のために必要な財産を確保しあるいは有効利用するための時間的猶予を与えるとの制度趣旨に照らし，非典型担保についても類推適用する余地があると解されるものの，実際に手続を進めるためには，上記のような指摘にも留意する必要がある（類推適用を認めた事例として，大阪高決平21．6．3金法1886号59頁及び福岡高裁那覇支決平21．9．7判タ1321号278頁がある。）。再生債務者としては，裁判所及び監督委員と慎重に協議をする必要がある。

　東京地裁破産再生部では，集合債権譲渡担保の実行手続の中止命令を発付した事例がある。第三債務者に債権譲渡通知が行われることによる事業の混乱発生の防止等を目的としており，回収金を直ちに再生債務者の運転資金として利用することを予定しているものではなかった（集合債権譲渡担保の実行手続の中止命令の発付に先立ち，回収金の管理方法について再生債務者に確認を行っている。）。同事例では，集合債権譲渡担保の実行手続の中止命令の発付後，担保権者との間で，暫定的な合意も含め，別除権協定が締結されている。

(4) 中止対象手続の状況調査

　担保権の実行手続の中止命令の正本は，民事執行法183条1項6号に定める執行停止文書に該当する。

　不動産担保権の実行手続では，売却決定期日の終了後に担保権の実行手続

の中止命令の正本の提出があった場合には，売却決定期日にされた売却許可決定が取り消され，若しくは効力を失ったとき，又は売却決定期日にされた売却不許可決定が確定したときに限り，不動産担保権の実行手続が停止される（民執188条，72条2項参照）。

また，買受けの申出があった後は，担保権の実行手続の中止命令により不動産担保権の実行手続を停止することはできるが，その後，同手続の申立ての取下げを内容とする別除権協定を締結しても，最高価買受申出人又は買受人及び次順位買受申出人の同意を得なければ，同手続の取下げはできない（民執188条，76条1項本文）。

よって，遅くとも，不動産担保権の実行手続において買受けの申出がされるまでに，執行裁判所に担保権の実行手続の中止命令の正本を提出する必要がある。

このように，担保権の実行手続の中止命令の申立てに当たっては，対象となる再生債務者の財産につき存する担保権の実行手続の状況調査をし，期限までに，執行裁判所に対して同命令の正本を提出できるよう申立ての準備をすることが必要である。

(5) 手　　続

利害関係人の申立てにより又は職権で発付することができる（民再31条1項）。

担保権の実行手続の中止命令を発付する場合には，競売申立人の意見を聴かなければならない（民再31条2項）。

東京地裁破産再生部では，申立て後おおむね1～2週間後に審尋期日を指定して，競売申立人の意見を聴取している。この審尋期日には，監督委員にも出席を求めており，監督委員の意見も聴取している。

担保権の実行手続の中止命令を発付する場合の中止期間については，東京地裁破産再生部では，3か月間と定めることが多いが，別除権協定の交渉に要する期間や従前の交渉経緯等を踏まえ，これより短い中止期間を定めることもある。

また，中止期間を１～２か月程度と定めた上で，その間の交渉経過を勘案して，中止期間の伸長の要否を検討した事例もある。

　担保権の実行手続の中止命令を発付した場合，裁判所は，その裁判書を当事者（再生債務者（保全管理人が選任されている場合にあっては，保全管理人），申立人（再生債務者以外の者が申立人である場合）及び競売申立人）に送達しなければならない（民再31条6項）。

　また，裁判所は，担保権の実行手続の中止命令を変更し，又は取り消すことができる（民再31条3項）。この場合も，当事者に送達が必要である（同条6項）。

　担保権の実行手続の中止命令，同命令の変更に不服がある場合には，競売申立人に限り，即時抗告をすることができる（民再31条4項）が，執行停止の効力は有しない（同条5項）。

　なお，担保権の実行手続の中止命令の決定例（不動産に対する担保権の実行手続の場合）は，資料2-3-3のとおりである。

　一方，前記(3)で述べた集合債権譲渡担保の実行手続の中止命令を発付した事例では，同命令の発付に先立って担保権者の意見を聴取する審尋期日を行うと，直ちに第三債務者へ債権譲渡通知が行われるおそれがあった。このため，集合債権譲渡担保の実行手続の中止命令の発付前に，担保権者の意見を聴取する審尋期日は行わず，その代替措置として，中止期間を1か月と定めるとともに，同命令の発付後に，担保権者の意見を聴取する審尋期日を行い，その結果から発付要件を満たさないことが判明した場合には直ちに同命令を取り消す（民再31条3項）との方針の下に，同命令の発付からおおむね1週間後に担保権者に対する審尋期日を指定し，意見を聴取する機会を設けた（このような運用について，伊藤眞「集合債権譲渡担保と民事再生手続上の中止命令」谷口安平先生古稀祝賀『現代民事司法の諸相』456頁参照）。審尋の結果，集合債権譲渡担保の実行手続の中止命令を取り消すべき事情は認められず，担保権者から同命令に対する即時抗告の申立てもされなかった。

　なお，集合債権譲渡担保の実行手続の中止命令の決定例は，資料2-3-4のとおりである。

資料2-3-3　担保権実行手続の中止命令

```
平成○○年(再)第○○号
                    決　　　定
    当事者の表示　別紙当事者目録記載のとおり
                    主　　　文
  別紙物件目録記載の不動産に対する○○地方裁判所○○支部平成○○年(ケ)
 第○○○号担保不動産競売手続を平成○○年○○月○○日まで中止する。
                    理　　　由
  本件申立ては，再生債権者の一般の利益に適合し，かつ，相手方に不当な損
 害を及ぼすおそれがないものと認められるから，主文のとおり決定する。

    平成○○年○○月○○日
       東京地方裁判所民事第20部
             裁判長裁判官　　○○　○○
             裁判官　　　　○○　○○
             裁判官　　　　○○　○○
```

(6)　効　　力

　担保権の実行手続の中止命令の対象となった再生債務者の財産につき存する担保権の実行手続は，それ以上進行しない状態となる。既にされた手続を遡って無効としたり，取り消したりするものではない。

　ただし，執行裁判所は，担保権の実行手続の中止命令がされたことを当然には知り得ないので，再生債務者において，執行裁判所に対し，同命令の正本を添付して，同命令の対象となった再生債務者の財産につき存する担保権の実行手続の停止を上申する必要がある（民執183条1項6号）。

　また，担保権の実行手続の中止命令は，相当の期間を定めて発付されるから，その期間が経過すれば当然に効力を失う。

　そのため，中止期間の伸長が必要な場合は，その必要性を疎明して，期間

資料2-3-4　集合債権譲渡担保の実行手続の中止命令

平成○○年(再)第○○号

決　　定

当事者の表示　別紙当事者目録記載のとおり

主　　文

　相手方は，平成○○年○○月○○日までの間，別紙譲渡債権目録記載の債権について，申立人（再生債務者）を担保権設定者とし，相手方を担保権者とする停止条件付債権譲渡契約に基づき，第三債務者に対して申立人名義の債権譲渡通知をし，申立人の代理人として債権譲渡通知をし，若しくは動産及び債権の譲渡の対抗要件に関する民法の特例等に関する法律4条2項所定の通知をし又は第三債務者の承諾を取得する等の権利行使をしてはならない。

理　　由

　本件申立ては，再生債権者の一般の利益に適合し，かつ，相手方に不当な損害を及ぼすおそれがないものと認められるから，主文のとおり決定する。

　　　平成○○年○○月○○日
　　　　東京地方裁判所民事第20部
　　　　　裁判長裁判官　　○○　○○
　　　　　裁判官　　　　　○○　○○
　　　　　裁判官　　　　　○○　○○

の末日の経過前に，裁判所に対して中止期間伸長の申立てをする必要がある。

　担保権の実行手続の中止命令が発付されたときは，再生手続開始の申立てを取り下げるには，裁判所の許可を得なければならない（民再32条）。

第4 他の手続から再生手続への移行・連携

1 私的整理手続から再生手続への移行・連携

(1) はじめに

　企業が事業の再建を図る手法としては，再建型法的倒産手続（再生手続，更生手続）によらずに，私的整理手続が選択される場合がある。私的整理手続は，原則として対象債権者を金融機関に限定し，商取引債権者を巻き込まずに手続を進めることができ，それにより，事業価値を維持し，又は毀損を防止することが可能である一方で，権利変更を受ける債権者全員の同意が必要であり，この点が，多数決での権利変更が可能な法的倒産手続とは決定的に異なる。そのため，私的整理手続では，債権額の多寡にかかわらず，対象債権者の1人でも反対をすれば，事業再生計画は成立しないこととなることから，一部の債権者の同意が取得できなかったために私的整理が断念され，再建型法的倒産手続である再生手続の開始の申立てに至るというケースがある。

　ここでは，主として事業再生ADR等の準則型私的整理手続による処理を試みたものの，対象債権者の全員からの同意が取得できなかったため再生手続開始の申立てに至ったという事例を想定して，私的整理手続から再生手続に移行する際の手続上の留意点について概説する。

(2) 私的整理手続の成果の利用（短縮スケジュールの利用等）

ア 短縮スケジュールの利用

　私的整理手続においても，再生手続と同様，債務者の有する資産について財産評定が行われた上で事業計画が策定され，具体的な事業再生計画案が作成される。そこで，再生手続においても，私的整理手続で得られたこれら財産評定や事業再生計画案に関する成果を利用することができれば，再生手続をより迅速に進めることが可能となる。東京地裁破産再生部では，このような事例において再生債務者から希望がある場合には，標準スケジュール（第１章第２参照）よりも期間を短縮したスケジュール（短縮スケジュール）を策定し，これに沿った手続進行をすることがある。

(ｱ) 短縮スケジュール策定の手続

　東京地裁破産再生部では，再生手続開始の申立てがあった際，私的整理手続が先行する事案であり，再生債務者から短縮スケジュールでの進行の希望があった場合には，法律や規則に定められた期間を踏まえた上で，再生債務者代理人及び監督委員と協議し，可及的に迅速な手続進行を図ることが可能となるスケジュール（短縮スケジュール）を策定する。策定されるスケジュールの内容は，開始決定と同時に定めなければならない期限等も含むものであるため，短縮スケジュールの策定は，再生手続開始の申立て後，速やかに行う必要がある。

　資料２−４−１は，その一例である。

　短縮スケジュールを定めると，このスケジュールの具体的内容は，裁判所の決定として，知れている再生債権者への通知のみならず，債権者説明会や官報公告などによって広く利害関係人に知らしめられることとなる。このため，一旦短縮スケジュールを定めた場合には，原則として，これを通常のスケジュールに変更することは相当ではないと考えられる。短縮スケジュールを利用する場合には，容易に通常のスケジュールに変更することはできないことを踏まえ，安易に短縮スケジュールを利用することは厳に慎まなければ

資料2-4-1　短縮スケジュールの一例

手　続	申立日からの日数
申立て・予納金納付	0日
進行協議期日	（0日〜1日）
保全処分発令・監督委員選任	（0日〜1日）
（債務者主催の債権者説明会）	（0日〜3日）
第1回打合せ期日	3日
開始決定	3日
債権届出期限	3日＋2週
財産評定書・報告書提出期限	4週
計画案（草案）提出期限	4週
第2回打合せ期日	4週
認否書提出期限	4週
一般調査期間	4週〜5週
計画案提出期限	6週
第3回打合せ期日	6週
監督委員意見書提出期限	7週
債権者集会招集決定	7週
書面投票期間	集会の8日前まで
債権者集会・認否決定	10週

ならない。

　なお，再生債務者から，再生手続開始決定と同時に定められた提出期限よりも前に再生計画案を提出することが可能であるので，付議決定（民再169条1項）を早めてほしい旨の上申がされることがある。しかし，再生計画案は届出再生債権者も提出することができることから（民再163条2項），再生債務者の要望のみに基づき再生計画案の提出期限よりも前に付議決定を早めることは，法律上できない。

(イ)　短縮スケジュールを利用するに当たっての留意点

　　a　財産評定に必要な時間

　短縮スケジュールによる手続進行を可能とするため問題となる点としては，短期間での財産評定（民再124条1項）が可能かどうかが挙げられる。先行する私的整理手続で行われた財産評定の成果を利用して再生手続における

財産評定を短期間で行うためには，私的整理手続における財産評定に十分な合理性があることが必要であり，また，財産評定の基準時を私的整理手続時から再生手続開始決定時（再生手続における財産評定の基準時は再生手続開始決定時である。）に修正する時点修正を容易に行うことが可能であることも必要である。したがって，再生債務者代理人は，短縮スケジュールを利用するに当たっては，これら私的整理手続における財産評定の合理性等の点につき，あらかじめ十分に検討しておく必要がある。

また，再生手続において短縮スケジュールを策定するに当たっては，先行する私的整理手続には直接関与していない監督委員（ないしその補助者である公認会計士）が，再生債務者の行った財産評定について，十分に検討できる期間を確保することが必要である。そのため，再生債務者が短縮スケジュールを利用するに当たっては，監督委員と十分に意思疎通を行い，監督委員の検討時間等を確保することが肝要となる。

　b　私的整理手続における事業再生計画案の利用可能性

私的整理手続から再生手続に移行される事案においては，先行する私的整理手続において策定された事業再生計画案について，一部の債権者が反対をしている状況にあるのが通常である。したがって，再生手続において，私的整理手続において策定された事業再生計画案を利用しようとする場合には，当該債権者がこれに反対をした理由等を明らかにして，このような事業再生計画案を利用した再生計画案が再生手続において可決される見込みがあるのか等を十分に検討する必要がある。仮に可決される見込みがないと判断されるのであれば，新たな内容の再生計画案を策定する必要が生じ，再生債権者に対しても，当該新たな内容の再生計画案を説明する必要があり，また，再生債権者においてもその内容を検討する期間が必要となるなど，手続進行に相応の時間を要することとなる。そのため，再生債務者代理人は，再生手続開始の申立てに当たり，短縮スケジュールを利用しようとする場合には，私的整理手続において策定された事業計画案を再生手続においても利用することができるか否かについて，当該事業再生計画案の合理性のほか，事業再生計画案に反対した者の割合や同意が得られなかった理由等を踏まえて十分に

検討しておく必要があり、新たな再生計画案を策定する必要があると判断される場合には、それに要する期間についても配慮をする必要が生じる。

また、前記(1)のとおり、私的整理手続では、通常、対象となる債権者を金融機関に限定し、商取引債権者については手続（権利変更）の対象としないことが多いが、再生手続に移行した場合には、商取引債権者は、再生手続において初めて再生計画案の内容を検討することとなる。したがって、再生手続において、私的整理手続の対象とはならなかった商取引債権者が多数存在する場合には、それらの者への再生計画案の説明のための期間や、当該再生計画案において、権利変更の対象となる商取引債権者の理解を得るための期間についても、十分な配慮を行う必要がある。

なお、再生手続において、私的整理手続と同様、商取引債権を保護する方策については、後記(5)を参照されたい。

(ウ) **短縮スケジュールにより手続が進められた事例**

a 東京地裁破産再生部では、短縮スケジュールを策定し、再生手続開始の申立てから約2か月半という極めて短期間で認可決定（同意再生決定）に至ったという事例がある。

この事例において、再生債務者（旅館業）は、私的整理手続の中で金融機関と協議をして、事業譲渡を行い、事業譲渡代金で抵当権者の被担保債権を含めた弁済を行うことを合意した。その後、再生債務者はスポンサーを選定し、当該スポンサーとの間で、再生手続において旅館事業を新設分割の方法により切り出し、その株式をスポンサーに譲渡することを内容とする基本契約を締結した。

再生債務者は、上記基本契約に従って、再生手続開始の申立てを行い、申立日から5日後には再生手続が開始され、申立日から約2週間後には会社分割の許可申立てがされ、申立日から約3週間後には会社分割の許可がされた（再生債務者は、再生手続開始決定の前日に再生手続開始の申立てに関する債権者説明会を実施するとともに、会社分割許可の前日には会社分割に関する債権者説明会を実施した。）。その後、再生債務者はスポンサーからの株式譲渡代金によって別除権者や少額債権者への弁済を行い、再生債権者を金融機関1社に

絞り込み，一般調査期間開始の前日に再生計画案の提出と同意再生の申立て（民再217条）を行い，裁判所はその1週間後の申立日から約11週間後に同意再生の決定をした。

　　b　また，短縮スケジュールを策定し，同意再生の制度を使わずに，再生手続開始の申立てから約3か月で再生計画認可決定に至ったという事例もある。

　この事例において，再生債務者（ギフト用品販売業）は，私的整理手続の中で金融機関と協議を行い，一部の事業を切り出して事業譲渡を行った上で，事業譲渡代金で商取引債務を弁済した。さらに再生債務者は，残った事業についてもスポンサーを選定し，当該スポンサーとのスポンサー契約を締結した上で再生手続を申し立てた。申立日から1週間後に再生手続開始決定がされ，申立日から約1か月後には財産評定書が提出された。その後，申立日から約2か月後に100パーセント減増資型の再生計画案が提出され（再生債務者は第三者型前払式証票発行登録を有していたため，再生債務者の法人格を存続させることがスポンサーにとってのメリットとなっていた。），再生手続開始の申立てから約3か月で再生計画認可決定に至った。この事例で短縮スケジュールに従った進行ができるか否かについては，財産評定を1か月で行えるか否かが重要なポイントとなった。

　　c　その他の東京地裁破産再生部における事案としては，不動産投資法人（いわゆるJ-REIT）による2度目の再生手続開始の申立てについて，1度目の申立ての際に財産評定や債権調査がされていることを踏まえて，開始決定から約1か月後に再生計画案提出期限を定めた短縮スケジュールを策定し，開始決定から約2か月半後に再生計画認可決定に至った事例がある（なお，1度目の手続は再生計画案の否決により再生手続廃止決定がされていた。）。

イ　簡易再生手続の利用

　簡易再生手続とは，債権の調査や確定の手続を省略することにより，簡易かつ迅速に再生計画を成立させることを目的とした手続である（簡易再生手続の利用については，多比羅誠「簡易再生の実務運用改善提言」事業再生と債権

管理152号67頁，同「私的整理の改革提言」事業再生と債権管理152号44頁，全国倒産処理弁護士ネットワーク編『私的整理の実務Q&A140問』373頁〔多比羅誠〕参照）。

　具体的には，届出再生債権者の総債権について裁判所が評価した額の5分の3以上に当たる債権を有する届出再生債権者が，書面により，①再生債務者等が提出した再生計画案について同意し，かつ，②再生債権の調査及び確定の手続を経ないことについて同意をしている場合に，再生債務者等は簡易再生手続の申立てを行うことができる（民再211条1項）。簡易再生手続においては，再生債権の調査及び確定の手続を経ずに再生計画案が債権者集会の決議に付されることとなり，再生手続全体の期間が，標準スケジュールよりも短縮されることになる。

　私的整理手続において，ごく一部の債権者の同意が得られなかった場合には，簡易再生手続の利用により迅速な手続進行を図ることも考えられるところであるが，東京地裁破産再生部において，これまでに簡易再生の決定を行った事例は2例のみである。これは，東京地裁破産再生部では，再生手続は標準スケジュールに従った進行がされているところ，標準スケジュールそれ自体が迅速な手続進行を可能とするものとなっており（第1章第2参照），また，前記アのとおり，事案によっては短縮スケジュールでの手続進行がされていることから，あえて簡易再生手続を取らなくても，迅速な手続進行が可能となっているためであると考えられる。

(3)　私的整理手続中のDIPファイナンスの取扱い

　私的整理手続中にいわゆるDIPファイナンスがされ，その後，再生手続に移行した場合には，当該DIPファイナンスに係る貸付金債権は，法律上は，「再生債務者に対し再生手続開始前の原因に基づいて生じた財産上の請求権」（民再84条1項）として再生債権に当たるものである。したがって，再生計画案において，当該貸付金債権を他の再生債権よりも優先して弁済する旨の条項を設けるためには，当該貸付金債権を他の再生債権よりも有利に扱っても，「衡平を害しない」（民再155条1項ただし書）といえることが必要とな

る（この関係では，産業競争力強化法59条の存在を指摘できる。）。

　また，DIPファイナンスに係る貸付金債権について，民事再生法85条5項後段による弁済許可の対象として保護することが可能かという議論もあるが，当該DIPファイナンスの金額が「少額」といえるのか，また，「早期に弁済しなければ再生債務者の事業の継続に著しい支障を来す」といえるのかなどといった問題があり，通常は，DIPファイナンスに係る貸付金債権がこれらの要件に該当することは考え難く，弁済許可の対象としてこれを保護することは困難と考えられるところである。

(4)　私的整理手続で選定されたスポンサーの取扱い

ア　問題の所在

　私的整理手続中にスポンサーを選定し，スポンサー契約を締結したものの，事業再生計画の成立に至らず，再生手続開始の申立てに至る場合がある。このような場合に，再生手続においても，当該スポンサー契約を維持することができるか（維持することができれば，新たなスポンサー選定費用を要しないし，新たなスポンサー選定のために要する期間を短縮できるなどのメリットがある。）という問題があり，また，再度スポンサーを選定することになった場合に，私的整理手続中に選定したスポンサーに何らかの優先性を与えるべきか，私的整理手続中に締結したスポンサー契約を維持しなかった場合に，当該スポンサーに何らかの金銭的補償（いわゆるブレイクアップ・フィー）を与えるべきかなどといった点も問題になる（問題点の概要については，事業再生実務家協会編『事業再生ADRのすべて』181頁以下を参照されたい。）。

イ　スポンサー選定に係る議論

　再生手続において，私的整理手続で選定されたスポンサー契約を維持すべきか否かについては，従前より，以下のような七つの要件がいずれも満たされる場合には，再生債務者は民事再生法49条1項の履行・解除の選択に当たり，スポンサーとの間の契約を尊重すべきである（すなわち，再生手続開始後

に，より好条件を提示する者が現れても，既存のスポンサー契約を維持して解除選択をしないことが公平誠実義務違反にはならない。）という見解が示されてきたところである（いわゆる「お台場アプローチ」。お台場アプローチの詳細については，須藤英章「プレパッケージ型事業再生に関する提言」事業再生研究機構編『プレパッケージ型事業再生』101頁を参照されたい。）。

① あらかじめスポンサーを選定しなければ事業が劣化してしまう状況にあること
② 実質的な競争が成立するように，スポンサーの候補者を募っていること，又は（これが困難である場合には），その価額がフリーキャッシュフローに照らして公正であること
③ 入札条件に，価額を下落させるような不当な条件が付されていないこと
④ 応札者の中からスポンサーを選定する手続において不当な処理がされていないこと
⑤ スポンサー契約の内容が，再生債務者に不当に不利な内容となっていないこと
⑥ スポンサーの選定手続について，公正である旨の第三者の意見が付されていること
⑦ スポンサーが，誠実に契約を履行し，期待どおりに役割を果たしていること

他方で，上記7要件は厳格にすぎ，そもそもスポンサー選定に当たり入札に適しない事案も存在するとの指摘（松嶋英機＝濱田芳貴「日本におけるプレパッケージ型申立ての問題点」銀行法務21・631号13頁）や，事業再建を試みる企業によって当面の資金繰りの逼迫度やスポンサー候補者間での競争原理が機能する度合いが異なるため，そうした状況によってスポンサー契約の維持の可否の基準は異なるべきであるという指摘（髙井章光「スポンサー選定の実体的要件」山本和彦＝事業再生研究機構編『事業再生におけるスポンサー選定のあり方』24頁）もある。

ウ　実務上の対応

　再生債務者代理人としては，私的整理手続において選定されたスポンサー契約を維持するか否かを慎重に検討し，監督委員とも十分に協議をする必要がある。先行する私的整理手続において事業再生計画が不成立となった理由や経緯については，従前のスポンサー選定過程や当該スポンサー自体に不満があるのか，そうではなく個別的な理由（担保の評価，カット対象債権額の算出方法，預金の取扱いなど）にすぎないのか，資金繰り等の問題で再生手続の申立てをせざるを得なかったのか等，様々なものが考えられることから，スポンサー選定が適切であったか否かについても，それらの個別具体的な分析を通じて，上記7要件や，これに関連する上記各指摘も考慮して，判断されるべきものであろう。

　なお，スポンサー型の私的整理手続で事業再生計画が成立しなかったということは，通常は，私的整理手続で選定されたスポンサーの支援の下での事業再生計画に，一部の債権者から同意を得られなかったということを意味する。したがって，私的整理手続で選定されたスポンサー契約を維持する場合には，このような点も踏まえ，再生債権者等の利害関係人から理解が得られるよう，スポンサーの適正性や対価の合理性等につき，十分な説明をする必要がある。

　また，私的整理手続で選定されたスポンサー以外の者をスポンサーに選定することとなった場合に，私的整理手続で選定されたスポンサーに何らかの金銭的補償（いわゆるブレイクアップ・フィー）を与えるべきかについても，どのような実質的根拠に基づいて金銭的補償が許容されるのかという点に問題があることに留意する必要がある。

(5)　商取引債権の保護

　前記(1)のとおり，私的整理手続では，その対象を金融債権者に限定し，商取引債権については，通常どおりの弁済がされるのが通常である。しかし，再生手続に移行した場合には，商取引債権も再生債権として弁済禁止の対象

となり（民再85条1項），再生計画における権利変更の対象となるため，商取引債権者からの取引条件の変更や取引拒絶等を招き，その結果，事業価値が毀損し，あるいは事業の維持継続自体が困難となってしまうという事例が少なくない。

　このような事態を避けるために，再生手続においても私的整理手続と同様，商取引債権の保護が必要となる事案が考えられる。そのための手法としては，当該債権を早期に弁済しなければ再生債務者の事業の継続に著しい支障を来すとして，少額債権の弁済許可（民再85条5項後段）を得て弁済をすることが考えられる（詳細は第3章第3参照）。再生債務者代理人としては，この手法により商取引債権を保護しようとする場合には，当該債権の弁済の必要性などの民事再生法85条5項後段の要件を満たしているか等について，監督委員と十分に協議をした上で，検討をする必要がある。

2　破産手続から再生手続への移行・連携

(1)　はじめに

　破産手続から再生手続へ移行する事案としては，①既に破産手続が開始されていたところ，対抗的に当該破産者自身が再生手続開始の申立てを行う事例と，②既に破産手続が進行していたところ，経済情勢や事業内容の検討により，事業再建の可能性が生じ，破産管財人が再生手続開始の申立てを行う事例等が考えられる。

　ここでは，まず，破産手続から再生手続へ移行した場合の手続上の留意点について概説した上で，具体的事例に基づいて東京地裁破産再生部における実情等を説明する。

(2) 破産手続から再生手続へ移行する場合の留意点

ア 申立権者等

　再生手続開始の申立権者は，債務者と債権者であり（民再21条），破産手続係属中であっても，債務者による再生手続開始の申立ては可能である（民再21条は申立権者を破産手続開始前の債務者と限定していない。）。また，破産管財人は，破産者に再生手続開始の原因となる事実があるときは，破産裁判所の許可を得て，当該破産者について再生手続開始の申立てをすることができ（民再246条1項），この場合には，破産管財人は再生手続開始の原因となる事実の疎明を要しない（同条4項）。破産裁判所は，再生手続によることが債権者の一般の利益に適合すると認める場合に限り，前記の許可をすることができる（同条2項）。

　破産裁判所は，破産管財人から前記許可の申立てがあった場合には，申立てを却下すべきこと又は当該許可をすべきことが明らかな場合を除き，当該申立てについての決定をする前に，労働組合等の意見を聴かなければならない（民再246条3項）。

　再生手続開始の決定があったときは，破産手続は当然に中止し（民再39条1項），再生計画認可の決定が確定したときは，破産手続はその効力を失うこととなる（民再184条）。

イ みなし届出制度

　再生裁判所は，再生手続開始の決定をする場合において，先行する破産手続において届出があった破産債権の内容及び原因，破産法125条1項本文に規定する異議等のある破産債権の数，当該破産手続における配当の有無その他の事情を考慮して相当と認めるときは，当該決定と同時に，再生債権であって当該破産手続において破産債権としての届出があったものを有する再生債権者は当該再生債権の届出をすることを要しない旨の決定（みなし届出の決定）をすることができる（民再247条1項）。当該決定があった場合には，

先行する破産手続において破産債権の届出をした者が，再生手続の債権届出期間の初日に再生債権の届出をしたものとみなされる（同条3項）。

みなし届出の決定があった場合には，破産手続開始決定後の利息及び損害金については再生債権としての届出があったものと扱われるが，当該債権に議決権は認められない（民再247条4項1号）。破産手続開始決定後再生手続開始前に発生した利息及び損害金については，再生手続開始後改めて再生債権として届け出られた場合には，これらについても議決権の届出として認められるが，改めて届出をしない場合には，これらについては，みなし届出によって再生債権の届出としては認められるものの議決権の届出としては認められないという離齬が生じることとなる。したがって，このような債権が存在する場合には，再生債務者等としては，債権者に対し，再生手続開始後改めて債権届出をするよう促す必要がある。また，破産手続開始後に多数の代位弁済や債権譲渡がある場合，再生手続開始後に新たな債権届出がないと，債権者の確定に手間取り，費用対効果の観点から，みなし届出の制度を利用することによって，かえって手続の遅滞を招くおそれもある。

このように，みなし届出の制度は，必ずしも事務負担の軽減にはつながらず，かえって，手続の遅滞を招くおそれもあることから，その決定がされるのは，破産手続開始から再生手続開始までの期間が比較的短期で，その間の利息や損害金等の発生が問題となりにくく，代位弁済や債権譲渡による権利変動が少ない事案で，かつ，債権者の数が膨大であるなど，再生手続において新たな債権届出を要求することが極めて煩雑な事案に限られるというべきであり，東京地裁破産再生部では，みなし届出の決定がされた事例は少ない。

(3) 対抗的再生手続開始の申立て

ア 申立棄却事由の調査

東京地裁破産再生部では，破産手続に対する対抗的再生手続開始の申立てがされた場合には，再生手続開始の要件（主に再生手続開始の申立ての棄却事

由）の有無等を調査するために，調査命令を発付し，調査委員を選任することが少なくない（民再62条1項）。このような場合には，①再生手続開始の原因となる事実の有無や②申立棄却事由の有無のほか，③民事再生法26条1項1号による破産手続の中止命令を必要とする事情の有無及びその命令の要否，④民事再生法64条1項による管理命令を必要とする事情の有無及びその命令の要否等について調査を命じる（民再62条2項）のが一般的であり，調査委員の調査・報告の内容を踏まえ，再生手続を開始するか否かを判断している（第1章第3参照）。

調査委員による調査の結果，再生手続を開始することとなった場合には，再生手続開始決定に併せて管理命令（民再64条1項）を発付し，それまで選任していた調査委員をそのまま管財人（同条2項）に選任することが多い。この場合には，破産管財人から再生手続における管財人に財産の管理処分権等が移行することとなる（管理命令が発付された場合の管理型再生手続については，第1章第3を参照。）。

イ 実 例

東京地裁破産再生部でも，近時，経営陣の間で会社の運営方針等を巡って対立があり，旧経営陣が会社に対する債権者として破産手続開始の申立てをして，破産手続開始決定がされていた事案において，現経営陣がこれに対抗して，債務者による再生手続開始を申し立てた事例があり，この事例においては，調査命令が発令されて調査委員が選任され（民再62条1項），再生手続開始の原因となる事実の有無や申立棄却事由の有無について調査がされた結果，再生手続開始決定がされ，同時に管理命令が発付されて（民再64条1項），調査委員がそのまま管財人に選任された（同条2項）。

(4) 破産管財人による再生手続開始の申立て

ア 手続の進行

前記(2)アのとおり，破産管財人は，破産者につき再生手続開始の申立てを

することができる（民再246条1項）。

　破産管財人が再生手続開始の申立てをした場合，再生手続が開始されると，再生債務者の事業の再生のために特に必要があるとして，同時に管理命令（民再64条1項）が発付され，破産管財人がそのまま再生手続においても管財人（同条2項）として選任されるのが通例と思われる。

イ　実　例

　東京地裁破産再生部において，破産管財人による再生手続開始の申立て及び再生手続開始決定があった事例は，これまで1件のみであり，概要は以下のとおりである。

　再生債務者（高級化粧品の容器等の製造メーカー）は，中小企業再生支援協議会による支援を仰ぎ，私的整理手続においてリスケジュールによる事業再生計画案を全金融機関の同意を得て成立させたものの，売上高の減少により同案に基づく弁済を一度も実施できず，更に資金繰りが悪化し，破産手続開始決定がされた。破産管財人が，破産手続開始後，債務者の突然の事業停止により取引先の混乱を招くおそれがあったため，破産裁判所の許可を得て短期間の事業継続を行ったところ，納入先からの受注が継続し，また，破産手続開始に伴い製品ごとの利益率の精査等を行うなどの事業内容の見直しを行ったことから営業利益率の改善が見られ，さらに，運転資金確保のためのDIPファイナンスも得られたことから，再生手続による事業再建の可能性が出てくるに至った。そこで，破産管財人は，以上のような事情を総合勘案し，破産裁判所の許可を得て再生手続開始の申立てを行うに至った。この事案では，再生手続開始の申立て後，約1週間で，再生手続開始決定がされると同時に管理命令が発付され，従前の破産管財人が再生手続における管財人に選任された。

　再生手続においては，標準スケジュールに従い，減増資型の再生計画案が提出され，再生計画が認可された。なお，減増資型の再生計画案の策定において，募集株式を引き受ける者の募集を定める条項を定めた再生計画案は再生債務者のみが提出することができ（民再166条の2第1項），管財人が提出

する再生計画案では民事再生法166条の2第2項の許可を利用することができないこととなっている（詳細は第1章第3の4参照）。そのため，この事案においても，別途再生債務者において，株主総会決議によって募集株式を引き受ける者の募集が行われている。

　なお，この事案では，みなし届出の決定がされたが，破産手続開始決定後再生手続開始前に発生した利息及び損害金について，みなし届出によって再生債権の届出としての効果は認められるものの議決権の届出としては認められないという齟齬が生じることとなり（前記(2)イ参照），結局，再生債権者に対し，改めて再生手続開始後に債権届出をするよう促すこととなった。

コメント

弁護士　須藤　英章

1　商取引債権をどう取り扱うかが岐路となる

　私的整理では原則として金融機関だけが対象債権者とされ，商取引債権は全て約定どおりに弁済される。私的整理の再生計画案では，金融債権だけの権利変更が規定され，商取引債権は債務免除などの対象とはされない。私的整理から移行した再生手続において商取引債権者をも手続の対象（再生債権者）にする場合は，私的整理での計画案をそのまま使うことはできなくなる。したがって私的整理における成果を生かそうとするなら，商取引債権を民事再生法85条5項前段及び後段の許可を得てすべて約定どおりに弁済し，再生債権者の範囲を私的整理における対象債権者と同一に保つ必要がある。

2　商取引債権の全額弁済は資金繰り次第

　商取引債権を約定通りに弁済して，対象債権者を私的整理と同一に保つ方が便利だといっても，弁済するだけの資金がなければ実行できない。先行する私的整理では商取引債権は約定どおりに弁済して，債務者会社の貴重な財産である取引関係を維持し，事業価値の毀損を防ごうとしていた。しかし，再生手続に入ると私的整理段階とはフェイズが変わり，取引先からはより一層不信の目で見られてしまう。仕入先がキャッシュ・オン・デリバリ（COD）など支払条件の変更を求めてくることも少なくない。これに対して「従来どおりの取引

条件を守ってくれれば債権カットなどの迷惑はかけないので取引を継続してほしい」と依頼するのが事業価値保全のための常道である。そのためには，商取引債権を払うための資金の確保が不可欠となる。これには裁判所の許可を得て行う運転資金の借入れ（DIPファイナンス）が期待される。DIPファイナンスは法律上も共益債権となるのだから（民再120条1項），これを供与する金融機関にとっても私的整理段階でのプレDIPファイナンスに比べて安全なはずである。このような理解のもとで資金の手当がついていれば，裁判所も民事再生法85条5項の許可を与えやすくなると思われる。

3 短縮スケジュール

本書で紹介されている短縮スケジュールによって再生手続が短期間で完了するなら，再生債務者の事業価値の毀損が防止できて社会経済的に見ても好ましい。本書では，私的整理での事業計画の合理性，反対債権者の割合，その反対理由などから判断して，私的整理において策定された事業計画案を再生手続においても利用できるかどうか，そして再生計画案が可決されそうかどうかが短縮スケジュール採用のポイントになるとされている。

再生計画案が可決されるかどうかの予測は，再生債権者が私的整理の対象債権者と同一なら簡単である。既に先行する私的整理において計画への賛否が確認されているからである。しかし，商取引債権を許可を得て弁済することなく再生債権として扱う事例の場合には，予測はかなり難しくなる。

本書で挙げられている事例ａ（旅館業の事例）は，事業譲渡代金で金融債権者（1社）以外の債権をすべて弁済した事案である。事例ｂ（ギフト用品販売業）でも，主たる事業以外の事業を切り出して売却し，その代金で商取引債権を全額弁済している。商取引債権をカット（権利変更）の対象にした場合には，商取引債権者が取引を継続してくれるかどうかは分からなくなる。これは事業計画そのものに大きな影響をもたらし，再生計画の成立の見込みも簡単には予測できなくなってしまう。結局，資金繰り上，商取引債権の全額弁済が無理な事案では，短縮スケジュールを断念し，通常スケジュールで進めるしかないように思われる。

4 円滑化に関する有識者検討会の提言

山本和彦教授を座長とする「事業再生に関する紛争解決手続の更なる円滑化に関する検討会」では，私的整理と再生手続との提携による事業再生の円滑化について有意義な提言がされている。その詳細については拙稿「事業再生手続の迅速化を目指して」（商事法務2078号62頁）を参照されたい。提言の中で，有識者検討会は3段階の立法論を提案している。

(1) 弁済許可に関する衡平考慮規定（第一の提言）

その第一は，産業競争力強化法59条の衡平考慮規定に類する規定を設けることによって，再生手続における民事再生法85条5項後段の許可を得やすくするという立法提言である。それは事業再生ADRから移行した再生手続において，裁判所が商取引債権の弁済許可を与えるかどうかの判断をする場合に，ADR段階で手続実施者によって次の2点が確認されていることを考慮して，許否を判断するという規定である。確認されている事項は，①商取引債権を弁済することが再生債務者の事業の継続に不可欠であること，②ADRの対象債権者も商取引債権を既存の金融債権よりも優先的に取り扱うことに同意していること，の2点である。もとより，この考慮規定は裁判所の判断を拘束するものではないが，この規定の新設によって弁済許可が出しやすくなることが期待される。

(2) 迅速再生手続（第二の提言）

提言の第二は，民事再生法の改正による迅速再生手続の創設である。提案されている迅速再生手続では，次の3点において手続の迅速化が図られている。

① 再生債務者が自認債権として記載した債権者一覧表に基づいて手続を進める「みなし届出制度」を採用し，債権届出に要する時間を短縮する。

② 現行の簡易再生手続では一旦は通常再生の申立てをした上で，債権届出期間が満了した時点で債権額の5分の3以上の同意書を提出して簡易再生の申立てをしなければならない。これを当初から迅速再生として受理してもらうことにすれば，手続に要する時間の短縮にもなるし，対外的な信用維持のためにも役に立つ。

③ 少額債権の弁済許可による商取引債権の全額弁済については10億円を超える事例も報告されている。これを許可する裁判所は，10億を超える債権が「少額」といえるだろうかという疑問ないし心理的負担を感じながら許可決定を出しているに違いない。提言は「少額」の要件を緩和ないし撤廃することによって商取引債権の弁済許可を迅速に発出できるように図っている。

(3) 多数決による私的整理（第三の提言）

提言の第三は，私的整理への多数決原理の導入である。私的整理において少数の対象債権者が計画に反対した場合にも，裁判所が手続的な要件と計画の内容に関する要件の双方が具備されていることを確認して，計画の成立を認可し，それによって計画の効力を反対債権者にも及ぼすという制度が提案されている。手続的な要件としては，先行する私的整理が産業競争力強化法に基づく事業再生ADRや中小企業再生支援協議会の手続などであること，法定多数の

同意（英国，韓国に倣えば4分の3以上，フランスに倣えば3分の2以上）が得られていることなどが挙げられており，計画の内容については，清算価値保障原則を満たしていることが要求されている。しかし，この提言に対しては，多数決と裁判所の計画認可決定だけで反対債権者を拘束する根拠になるのか，言い換えれば，このような手続が最大決昭45.12.16（民集24巻13号2099頁）のいう「裁判所の監督の下での法定の厳格な手続」といえるのかという疑問，更に憲法29条（財産権保障）や14条（法の下の平等）に反しないかなどの問題点が指摘されている。

5 まとめ

資金繰りが許すなら商取引債権を約定どおりに弁済して債務者企業の事業価値を維持することが望ましい。私的整理がまず志向されるのはこのためである。しかし，私的整理では対象債権者全員の同意が必要だというハードルがあるため，一部の債権者の不同意によって法的整理手続（民事再生手続など）に移行する場合も生じてくる。このような移行事例でも，裁判所・申立代理人の適切な協力によってスムーズに再生が完了するなら，それは債権者にとっても債務者企業に雇用される従業員にとっても，ひいては社会経済的に見ても価値のあることである。本書で紹介されている裁判所による短縮スケジュールの試み，上記4で紹介した有識者検討会の提言は，その意味で大変貴重なものといえる。

第3章

再生手続開始決定

第 1

再生手続開始決定と再生債務者の地位

1　再生手続開始の決定

(1)　再生手続申立要件等の審査

　東京地裁破産再生部では，債務者から再生手続開始の申立てがあると，速やかに，全件において監督委員が選任される（第1章第2参照）。監督委員は，選任後直ちに，手続申立要件（民再21条）や申立棄却事由（民再25条）の有無等について調査を開始する。具体的な調査の方法としては，再生債務者が主催する申立て後の債権者説明会（後記(2)）に出席し，あるいは電話や書面の送付などにより，主要債権者の再生手続に対する理解・協力の有無や，意向を確認することが一般的である。

　再生債務者に労働組合等がある場合，裁判所は，再生手続開始の可否について，労働組合等に意見を聴取しなければならないが（民再24条の2），これについても監督委員を通じて行う運用をしている。監督委員は，債権者説明会の機会を利用する，再生債務者主催の従業員説明会に出席するなど適宜の方法で，意見聴取をすることになる。

(2)　債権者説明会

　再生債務者主催による債権者説明会（民再規61条）の開催は，法律上は特にこれを義務づける規定はないが，債権者に対して情報を提供し，再生手続の進行に理解や協力を求めるとともに，その意向を確認するための重要な機会であり，東京地裁破産再生部では，債権者数が極めて少ないため個々に説

明と意向の確認を行えば足りる場合を除き，申立て直後に原則として全ての事件について債権者説明会を開催するように求めている（第1章第3参照）。

　債権者説明会においては，再生手続開始の申立てに至った経緯，再生手続の概要及びスケジュール，申立て時点で予定する再生計画の方向性等についての説明が求められるが，監督委員は，この債権者説明会の場を利用して，主要債権者の再生手続に対する理解・協力の有無や，意向を確認し，申立棄却事由（民再25条）の有無等について調査をするのが一般的である。

　なお，東京地裁破産再生部では，監督委員等が債権者説明会に出席するための交通費は，共益債権として再生債務者が随時弁済する扱いをしている。また，再生債務者の営業拠点が複数箇所に分散しており，債権者説明会も複数箇所で同時に行われるような場合には，監督委員及びその補助者である弁護士がそれぞれ分担して債権者説明会に出席することが通例である。

(3) 再生手続開始の決定

　再生債務者主催の債権者説明会が行われ，監督委員による債権者の再生手続に対する意向の聴取（労働組合等からの意見の聴取も含む。）がされた日又は翌営業日に，裁判所において第1回打合せ期日が行われるのが通例である（第1章第2参照）。第1回打合せ期日において，再生債務者からは，債権者説明会における債権者からの質疑の状況や反応等の報告がされ，監督委員からは，再生手続開始の要件等についての意見書が提出される。

　監督委員による調査の結果，再生債務者について，再生手続開始の申立棄却事由（民再25条）等がないと判断された場合には，再生手続開始相当の意見書が提出されることになる。意見書の内容としては，特段の問題がない限り，「本件については，債権者の意見聴取の結果等から棄却事由が認められないので，再生手続開始決定をするのが相当である。」との簡潔な記載で足りることとし，特段の問題のない事案については，直ちに再生手続開始の決定を可能とする運用をしている。この場合の意見書の書式は資料3-1-1のとおりである。裁判所は，監督委員の意見を参考に，再生手続開始についての判断を行う。

資料3-1-1　開始意見書

```
平成○○年（再）第○○号
　申立人　株式会社○○○○
                                                            平成○○年○月○日
東京地方裁判所民事第20部　御中
                             監督委員　弁護士　　○○　○○　㊞

                    意　見　書

　本件については，債権者の意見聴取の結果等から棄却事由が認められないの
で，再生手続開始決定をするのが相当である。

                                                                以上
```

　裁判所が再生手続開始の決定をする際には，同時に，再生債権の届出期間及び一般調査期間を定めなければならない（民再34条1項）。東京地裁破産再生部では，開始決定と同時に，標準スケジュールにのっとり，再生債権の届出期間及び一般調査期間のほか，認否書，報告書等（民再124条，125条）及び再生計画案の各提出期限を定める扱いをしている。また，再生債務者が法人の場合，同時に会社分割を裁判所の要許可事項（民再41条1項10号）に指定している。

　東京地裁破産再生部における再生手続開始の決定例は，資料3-1-2，資料3-1-3のとおりである。

2　再生債務者の地位

(1)　再生債務者の公平誠実義務

ア　公平誠実義務の意義

　民事再生法は，再生手続が開始された場合には，再生債務者が，債権者に対し，公平かつ誠実に，業務遂行権，財産の管理処分権を行使し，再生手続

資料3-1-2　再生手続開始決定（法人の場合）

平成○○年(再)第○○号

　　　　　　　　　　　決　　　定

　　　　　　　東京都○○区○○△丁目△番△△号
　　　　　　　再生債務者　　　株式会社○○○○
　　　　　　　代表者代表取締役　　○○　○○

　　　　　　　　　　　主　　　文

1　株式会社○○○○について再生手続を開始する。
2　(1)　再生債権の届出期間　　　平成○○年○月○日まで
　　(2)　認否書の提出期限　　　　平成○○年○月○日
　　(3)　再生債権の一般調査期間　平成○○年○月○日から同年○月○日
　　　　　　　　　　　　　　　　まで
　　(4)　報告書等（民事再生法124条，125条）の提出期限
　　　　　　　　　　　　　　　　平成○○年○月○日
　　(5)　再生計画案の提出期限　　平成○○年○月○日
3　再生債務者が会社分割（再生計画による場合を除く。）をするには，当裁判所の許可を得なければならない。

　　　　　　　　　　　理　　　由

　証拠によれば，再生債務者は，民事再生法21条1項に該当する事実が認められ，同法25条各号に該当する事実は認められない。

　　平成○○年○○月○○日午前○時○分
　　東京地方裁判所民事第20部
　　　　裁判長裁判官　　　○○　○○
　　　　　　裁判官　　　　○○　○○
　　　　　　裁判官　　　　○○　○○

を追行する義務（公平誠実義務）を負う旨を規定している（民再38条2項）。

　第1章第2で述べたとおり，再生手続は，再生債務者の自主再建の意欲を尊重し，これを最大限に生かしながら債務者の事業又は経済生活の再生を図ることを基本とする再建型の手続であり，再生債務者は，裁判所が管財人による管理を命ずる処分（民再64条1項）をした場合を除き，再生手続開始決

資料 3-1-3　再生手続開始決定（個人の場合）

```
平成○○年(再)第○○号
                    決　　　定
              東京都○○区○○△丁目△番△△号
              再生債務者　　　○○　○○
                    主　　　文
    1  ○○○○について再生手続を開始する。
    2 (1) 再生債権の届出期間　　平成○○年○月○日まで
      (2) 認否書の提出期限　　　平成○○年○月○日
      (3) 再生債権の一般調査期間　平成○○年○月○日から同年○月○日
                              まで
      (4) 報告書等（民事再生法124条，125条）の提出期限
                              平成○○年○月○日
      (5) 再生計画案の提出期限　平成○○年○月○日
                    理　　　由
      証拠によれば，再生債務者は，民事再生法21条1項に該当する事実が認めら
    れ，同法25条各号に該当する事実は認められない。

            平成○○年○○月○○日午前○時○分
              東京地方裁判所民事第20部
                  裁判長裁判官　　　○○　○○
                  裁判官　　　　　　○○　○○
                  裁判官　　　　　　○○　○○
```

定後も財産の管理処分権及び業務遂行権を失わない（民再38条1項）。他方で，再生手続開始決定後，再生債務者は，いわば一つの機関として，再生手続上の様々な義務を負うことになる。具体的には，再生債務者は，債権調査を行って認否書を作成・提出し（民再101条），再生債務者に属する一切の財産につき価額を評定した上，財産目録及び貸借対照表を作成・提出する（民再124条）とともに，再生債務者の業務及び財産の管理状況等を報告し（民再125条），最終的には，再生計画案を作成してこれを遂行する（民再163条1

項，186条）等の義務を負っている。

　このように，再生債務者は，再生手続の開始決定によって，一方で従前どおりの財産の管理処分権及び業務遂行権が認められながらも，他方で，再生債務者自らが，いわば一つの機関として，主体的に手続を追行する責務を負うことになる。そのため，再生債務者が手続を追行する上で，自らの利益のみを図って行動することは厳にこれを防止する必要があり，再生債務者は，再生手続を通じて，中立的な立場から，債権者全体の利益を適切に代表し，その利益を損なうことのないように行動する義務を負うべきである。そこで，民事再生法は，再生債務者に対し，債権者に対する関係で公平かつ誠実に業務遂行権や財産管理処分権等の権利を行使し，再生手続を追行する義務（公平誠実義務）を課し（民再38条2項），公正かつ適正な再生手続の目的（民再1条）の実現を図っている。再生債務者が，再生手続の円滑な進行に努め，進行に関する重要な事項を再生債権者に周知させるよう努めなければならない責務を負うとされる（民再規1条1項，2項）のも，再生債務者が負う公平誠実義務を手続進行上に反映させたものである。同様の考慮に基づいて公平誠実義務を負う者としては，特別清算における清算人（会523条），社債管理者（会704条），担保付社債の受託会社（担保付社債信託法35条）等がある。

　公平誠実義務の具体的内容としては，一般的に，「公平義務」とは多数の債権者を公平に取り扱う義務をいい，「誠実義務」とは自己又は第三者の利益と債権者の利益が相反する場合に，自己又は第三者の利益を図って債権者の利益を害することは許されないという意味と解されている（新注釈民再2版(上)189頁〔三森仁〕）。

　なお，裁判所が管財人による管理を命ずる処分をした場合，再生債務者は，業務遂行権や財産の管理処分権を喪失し，これらの権限の行使に伴う公平誠実義務も負わないとされている（民再38条3項，64条1項）。

イ　公平誠実義務と弁済率の極大化の要請

　再生計画案における権利変更の内容が，清算価値保障原則には反しないも

のの，再生債権に対する弁済率の極大化がなされているとはいえない場合，再生債務者の公平誠実義務に違反するか，という問題がある。

　DIP型を原則とする再生手続において，弁済率の決定は，原則として，再生債務者の判断に委ねられるべき事柄ではある。しかし，再生手続開始によって，再生債務者所有の財産は全て潜在的に再生債権者のものとなっているということも可能であり，再生債務者は再生債権者のために財産の管理等を行う地位に就くもので，公平誠実義務はその表れであると解されることなどからすると，再生計画における権利変更の内容は，事業再生という目的を達成できるに足る内容でなければならないものの，その限度で可能な限り再生債権者に有利なものであることが求められる（三村藤明「DIPと再生債務者の公平誠実義務と再生債務者」事業再生研究機構編『民事再生の実務と理論』5頁，破産再生の実務3版・再生編253頁）。

　もっとも，弁済率を高く設定しても，当該再生計画が十分に履行可能なものでなければ意味がないのは言うまでもない。また，再生計画案の策定においては，再生債務者の事業継続可能性，さらには労働者や取引先等重要な利害関係者への影響等も考慮する必要がある。したがって，再生計画案よりも高率の弁済が可能であったとしても，直ちに公平誠実義務違反と解するのは相当でなく，公平誠実義務違反に当たるか否かは，再生手続の目的や履行可能性，利害関係者への影響等を考慮し，総合的に検討すべきである（新注釈民再2版(上)189頁〔三森仁〕）。

ウ　公平誠実義務違反が問題となる例

(ｱ)　弁済禁止に違反する弁済

　実務上見られる公平誠実義務違反の例は，弁済禁止に反して再生債権を弁済することである。民事再生法85条1項は，再生債権については，再生手続開始後は，原則として，再生計画によらなければ弁済その他の債権を消滅させる行為をすることができない旨を規定し，その例外として，①中小企業者の債権に対する弁済（民再85条2項〜4項），②手続の円滑な進行のための少額債権の弁済（同条5項前段），③事業の継続に著しい支障を来す場合の少額

債権の弁済（同項後段）の三つの場合について，裁判所の許可を条件としてその弁済を許容している（本章第3参照）。しかし，再生債務者が，裁判所の許可の手続を経ずに，弁済禁止に反して特定の債権者に弁済してしまう例が見受けられる。

　また，民事再生法120条2項は，裁判所は，監督委員に対し，再生債務者が再生手続開始の申立て後再生手続開始前に，資金の借入れ等事業の継続に欠くことができない行為をする場合には，その行為によって生ずべき相手方の請求権を共益債権とする旨の承認をする権限を付与することができると規定している。東京地裁破産再生部では，監督命令において，全件について監督委員にこの権限を付与しているが，この監督委員の承認手続を経ずに，再生手続開始申立て後，再生手続開始前に生じた取引債権を再生手続開始後に支払ってしまう例も見受けられる。

　これらの行為がされる原因としては，申立て段階で，再生債務者代理人から，再生債務者に対し，再生手続開始決定によって，再生債務者が公平誠実義務を負うことやその内容，再生債務者の法的地位，再生債権の弁済禁止等についての説明が十分になされておらず，再生債務者の理解が不足していることが多い。

　(イ)　不相当な財産評定，過大な報酬の支払等

　再生手続において，財産評定は，再生計画による弁済計画が清算価値保障原則を充足しているか否かを判定するための資料として重要な機能を有する（第4章第2参照）。財産評定は，清算価値を明らかにするという評価作業としての性質上，保守的にならざるを得ないとしても，それを超えて，資産の価値を不相当に低く評価し，あるいは清算費用を過大評価する例も見られる。また，別除権協定を締結するに当たって，別除権目的物の評価額を不当に高く算定し，これによって，別除権者を不当に優遇する反面，一般再生債権者の利益を害している例も見られる（別除権協定一般について，第4章第5参照。）。このような行為は，監督委員及びその補助者としての公認会計士が，財産評定書を精査し，再生債務者に対し内容についての詳しい説明を求めることによって，あるいは銀行等の大口金融債権者からの指摘を端緒とし

て、明らかになることが多い。

　また、事業譲渡型の再生計画案の場合、譲渡の対価が弁済原資となるため、この対価をいかに設定するかは、再生計画案における弁済内容に直結する。そのため、譲渡対象事業の価値を適正に評価せず、あるいは当該価値に見合った適正な対価を求めないまま、譲受先の意向を漫然と受け入れるなどして、不相当に低い対価を設定する行為は、公平誠実義務違反と評価されることがある。同様に、新設分割により新設会社に事業を承継させた上、再生債務者が取得した新設会社の株式をスポンサーに譲渡して、再生債務者が譲渡の対価として現金を取得するケースや、吸収分割によりスポンサーに事業を承継させ、再生債務者が分割の対価として現金を取得するケース等（第4章第6）においても、再生債務者が当該譲渡ないし分割の対価として取得する現金が再生計画案における弁済原資となるため、不相当に低い対価を設定する行為は、公平誠実義務違反と評価されることがある。対価の適正性確保のための手段の一つとして考えられるのは、競争入札の実施であるが、時間的切迫性や事業の規模等の諸事情により入札を実施できない場合であっても、再生債務者としては、譲受先の選定過程の公正さと対価の適正性の確保に十分配慮することが求められる（譲受先の選定のあり方については、山本和彦・事業再生研究機構編『事業再生におけるスポンサー選定のあり方』参照）。なお、このような見地から、東京地裁破産再生部では、事業譲渡契約の締結を監督委員の同意事項として、その締結には監督委員の同意を要することとしている。

　さらに、実務上、再生債務者が、取締役等の役員に対し、その職務に比して不相当に過大な報酬を支払っている例がまま見られる。また、事業譲渡型、会社分割型又は減増資型の再生計画を企図している事案においては、フィナンシャル・アドバイザー（以下「FA」という。）を活用することが多いが、FAとのアドバイザリー契約締結に当たり、再生債務者が、FAからの提案を漫然と受け入れ、高額過ぎるFA報酬を定めている例もある。同様に、弁護士や公認会計士等の専門家報酬についても、その業務の内容に比して不相当に過大な報酬を支払っている例もある。これら過大な報酬の支払は、監

督委員が，再生債務者から提出される月次報告書等を仔細に検討し，不明点を確認することによって明らかになることが多い。東京地裁破産再生部では，アドバイザリー契約上，スポンサー選定の成果の内容・程度にかかわらず，FA報酬として高額な定額制の基本報酬あるいは高額な最低報酬額を定めた場合に，監督委員が同意権限を適切に行使し，スポンサー選定の成果内容に比例する割合的成功報酬制の契約に改めさせ，適正な契約締結を実現した事例もある（服部秀一ほか「東京地裁民事再生手続における管理命令発令事案」事業再生と債権管理135号100頁）。

エ　公平誠実義務違反の効果

　再生債務者に公平誠実義務違反と認められる行為がある場合に，当該行為が，同時に民事再生法85条1項，41条1項，54条2項の規定に違反するときは，85条1項違反については当然に無効であり，他の規定の違反についても，善意の第三者に対抗できないという限定はあるものの無効とされる（民再41条2項，54条4項）。また，再生債務者が法人であり，公平誠実義務違反の程度が重大であるときは，管理命令による管財人選任（民再64条1項）の理由となる（第1章第3参照）。東京地裁破産再生部においても，過大な役員報酬の支払等により，再生債務者の財産の管理又は処分が失当であると判断し，管理命令を発付した事例がある。

　なお，公平誠実義務違反の行為が民事再生法85条1項，41条1項，54条2項の規定に直ちに違反しない場合であっても，管理命令の発付によっては他の債権者の損害が回復できないような義務違反行為については，相手方の義務違反についての悪意等を条件に，民事再生法30条6項や41条2項の類推適用により，その効力を否定し得るとの見解がある（最新実務解説民再410頁〔山本和彦〕）。しかし，公平誠実義務のような一般的義務の違反について，上記規定の類推適用を認めるのは困難といえるであろう。

　公平誠実義務違反の行為が，同時に民事再生法30条1項，41条1項若しくは42条1項の各規定に違反する場合，又は監督委員の同意を要する行為（民再54条2項）について，同意を得ずにこれらを行った場合には，再生手続廃

止の原因となる（民再193条1項。再生手続廃止の例として，大阪地決平13.6.20判時1777号92頁）。上記のいずれにも該当しない場合に，公平誠実義務違反のみを理由に再生手続を廃止することができるか否かについては，民事再生法193条1項各号の義務違反は限定列挙と解されること，再生手続廃止は極めて重大な効果を生ずるものであるから類推適用には慎重であるべきこと等から，否定的に解されている。

　再生債務者が公平誠実義務に違反する行為を行って再生債権者等に損害を与えた場合は，再生債務者は損害賠償義務を負う（会487条の類推適用又は民709条）。もっとも，この損害賠償請求権は，民事再生法119条のいずれの類型にも該当しないため共益債権にはならず，開始後債権（民再123条1項）にとどまると解される（最新実務解説民再410頁〔山本和彦〕）。また，再生債務者が財産を隠匿したり，債権者の不利益に処分したりした場合には，詐欺再生罪（民再255条）として処罰されることもある。

(2) 再生債務者が行為制限を受ける場合

　前記(1)のとおり，再生債務者は，裁判所が管財人による管理を命ずる処分（民再64条1項）をした場合を除き，再生手続開始決定後も財産の管理処分権及び業務遂行権を失わない（民再38条1項）。もっとも，民事再生法は，裁判所は再生手続開始後必要があると認めるときに，再生債務者が財産の処分，財産の譲受け，借財，民事再生法49条1項の規定による契約の解除，訴えの提起，和解又は仲裁合意，権利の放棄，共益債権，一般優先債権又は民事再生法52条に規定する取戻権の承認，別除権の目的の受戻し，その他裁判所が指定する行為をすることについて裁判所の許可を得なければならないものとすることができる旨の規定を置き（民再41条1項），再生債務者の行為に一定の制限をすることができる旨を定めている。

　東京地裁破産再生部では，再生手続開始決定において，裁判所の許可を得なければならない行為として，「会社分割（再生計画による場合を除く。）」を指定しているが，それ以外の行為については，原則として，裁判所の許可を要する行為の指定をせず，監督委員の同意を要する行為の指定（民再54条2

項)によることとしている(監督委員の同意を要する行為の指定については,第2章第2参照)。これは,裁判所が再生債務者の行為に直接口出しをして監督をしようとすると,書面審査に基づく形式的・硬直的で,かつ厳格な監督が行われることになる傾向が強いこと,再生債務者の自主再建に向けた努力の尊重という趣旨を実現するためには裁判所が監督委員を通じて間接的に監督する方が適切であること,加えて,東京地裁管内には監督委員の適材を得られる環境があることなどから,このような運用がされているものである。

(3) 再生債務者の第三者性

ア 再生債務者の第三者性の意義

前記(1)で述べたとおり,再生債務者は,再生手続上,一方ではDIP型の主体として自ら手続を追行する地位を有するが,他方では自らの利益のみを追求するのではなく,債権者の利益を適切に代表する地位をも有している。このような再生債務者の地位の二面性に関して,特に後者の地位は「再生債務者の第三者性」と呼ばれることがある。具体的には,民法などの実体法に第三者保護規定がある場合,再生債務者が「第三者」に該当するかという点が問題となるときがある。

この点,破産手続では従来,破産者が破産手続開始決定前に法律行為をし,その後破産手続開始決定がされた場合,破産管財人が第三者に該当するかが論じられており,通説・判例は一定の範囲でこれを肯定している。破産管財人は,破産者とは異なる公正中立な第三者であり,また,否認権行使の主体になるなど,債権者の利益代表的な性格を有しており,一定の範囲で第三者性を肯定することに異論はない。これに対して,再生債務者が破産管財人と同じような意味で第三者的な立場にあるといえるかは,後記のとおり見解の対立がある。

再生債務者の第三者性を肯定する見解は,①再生債務者が再生手続開始後公平誠実義務を負うこと(民再38条2項)に加え,②双方未履行契約における解除・履行の選択権(民再49条),相殺制限(民再93条),法人の役員に対

する損害賠償請求権の査定の申立権（民再143条１項），担保権消滅許可等の申立権（民再148条）の存在などから，再生債務者には総債権者の利益を代表すべき地位があることがうかがい知れること，③民事再生法45条が再生手続開始決定前に生じた登記原因に基づいて開始決定後にされた登記・登録の効力を否定していること，④再生手続開始決定によって再生債権者は債務者の財産に対する個別執行が禁止されることから，再生債権者を保護すべき必要があるという実質論などから，再生手続開始決定がされると再生債務者には第三者性が付与されるものと解している。これに対し，再生債務者の第三者性を認めることに慎重な見解は，①再生債務者は再生手続開始後も個別的な財産の処分管理権を有するから，その背後にいるにすぎない再生債権者の利益を強調することは困難であること，②再生債務者は破産管財人とは異なり否認権の行使権限を有しないことなどを根拠とする。さらに，再生債務者が実体法規定の「第三者」に該当するか否かは，個別の実体法規定の趣旨に照らし，具体的に検討されるべきであるという見解もある。

　この点，最判平22．6．4（民集64巻４号1107頁）は，「再生手続が開始した場合において再生債務者の財産について特定の担保権を有する者の別除権の行使が認められるためには，個別の権利行使が禁止される一般債権者と再生手続によらないで別除権を行使することができる債権者との衡平を図るなどの趣旨から，原則として再生手続開始の時点で当該特定の担保権につき登記，登録等を具備している必要があるのであって（民再45条参照），本件自動車につき，再生手続開始の時点で被上告人（本件自動車の売買に係る信販会社―筆者注）を所有者とする登録がされていない限り，販売会社を所有者とする登録がされていても，被上告人が，本件立替払金等債権を担保するために本件三者契約に基づき留保した所有権を別除権者として行使することは許されない」と判示し，再生債務者の第三者性を認めることを前提とするかのような判断もしている。

イ　具体的な問題

　(ア)　まず，再生債務者Ａが再生手続開始決定前にＢに不動産を譲渡し，移

転登記未了のまま再生手続開始決定がされ，その後Bが移転登記を具備した場合，再生手続との関係ではその効力を主張できない（なお，Bが再生手続開始を知らないで登記をした場合はこの限りでない。民再45条1項）。民事再生法45条の意義に関し，第三者性肯定説は，この規定の存在をもって，前記のとおり自説の根拠とする。これに対して第三者性を認めることに慎重な見解は，この規定は開始後の登記の効力の問題について規定したものであり，登記なくして対抗できるか否かの問題について決定的な意味を持たないものと理解している。

次に，再生債務者Aが再生手続開始決定前にBに不動産を譲渡し，移転登記未了のまま再生手続開始決定がされた場合に，BはAに対してAB間の譲渡を対抗することができるか否かが問題になる。

第三者性肯定説はこの問題を対抗問題として捉え，移転登記を具備していないBはAに対してAB間の譲渡を対抗できないと解する。しかしながら，そもそもこの場合に物権の「変動」（民177条）があったといえるかという疑問や，再生債務者自らが売却しながら買主の権利を拒むことができるという結論は法感情として理解が得られるかという疑問がある。なお，第三者性を認めることに慎重な見解の中にも，当該不動産について裁判所による処分制限（民再41条）や監督命令による処分制限（民再54条2項）がされた場合は，再生手続開始決定後の再生債務者が民法177条の「第三者」に該当することを肯定する見解がある。

(ｲ)　再生債務者が再生手続開始前に相手方と通謀して相手方所有の不動産を取得した後，再生手続開始決定がされ，その後相手方が虚偽表示に基づく意思表示の無効を主張した場合，再生債務者は民法94条2項の第三者に該当するか。

第三者性肯定説は，再生債務者が民法94条2項の第三者に該当すると考える。なお，この場合の「善意」の判断基準として，再生債権者のうちに1人でも善意の者がいれば善意性が肯定されると解されている。しかしながら，再生債権者の範囲は，再生債権の届出及び債権確定手続を経て確定するものであるから，再生債権者の主観的要素を基準とするのは現実的ではないであ

ろう。

　なお，第三者性を認めることに慎重な見解は，再生債務者は民法94条2項の「第三者」には該当しないという見解を採ることになろうが，このような見解の中にも，当該不動産につき裁判所による処分制限（民再41条）や監督命令による処分制限（民再54条2項）がされた場合に，再生手続開始決定後の再生債務者が民法94条2項の「第三者」に該当するという取扱いも可能であるとの見解がある。

　(ｳ)　再生債務者の詐欺により相手方が不動産を債務者に譲渡した後，再生手続開始決定がされ，その後相手方が詐欺を理由とする意思表示の取消しを主張した場合，再生債務者は民法96条3項の第三者に該当するか（このほかにも，消費者契約法4条6項の第三者に該当するかも問題となり得る。）。

　この点に関しても，第三者性肯定説は，再生債務者が民法96条3項の第三者に該当すると考え，再生債権者の主観的要素を「善意」の判断基準とする。しかし，これに対しては前記(ｲ)と同様の批判が妥当しよう。

　なお，第三者性を認めることに慎重な見解は，再生債務者は民法96条3項の「第三者」には該当しないという見解を採るが，前記虚偽表示の場合と同様，当該不動産につき裁判所による処分制限（民再41条）や監督命令による処分制限（民再54条2項）がされた場合は，再生手続開始決定後の再生債務者が民法96条3項の「第三者」に該当するという取扱いも可能であるとする。もっとも，この見解も，詐欺の被害者との関係でなお債権者の保護をすべきか否かは一律には決し得ず，柔軟な取扱いをする可能性もあり得ることを示唆している。この見解は，虚偽表示の場合は相手方が通謀に関わっているので保護の必要性は低いが，詐欺の場合は相手方が被害者であるために保護の必要性が高いことに配慮したものである。

　(ｴ)　取引業者が再生債務者に商品を売却した後，再生手続開始決定がされた場合，再生手続開始後の再生債務者は民法333条の「第三取得者」に該当するかが問題になるが，「引渡し」があったとはいえないので同条の「第三取得者」に該当しないというべきである。実務の運用もこれを前提としている（破産管財人が民333条の「第三取得者」に該当しない点について最判昭59.

2.2民集38巻3号431頁参照)。

(オ) 東京地裁破産再生部が取り扱った過去の事案では，例えば，再生債務者が納入業者から継続的に商品を買い入れ，代金未払のまま再生手続開始の申立てをしたところ，納入業者から詐欺の主張がされる例が時折あるが，そのような場合に再生債務者が第三者性を主張して保護を求めるとすれば，直ちに商品の供給が止まり，再生手続の円滑な進行が阻害されかねない。再生債務者の関心はいかにして再生計画の認可という目的を迅速・確実に達成するかという点にあり，実際には，当該債権者と交渉し，可能な場合には少額弁済許可（民再85条5項後段）を得るなどして，円滑な再生手続に対する協力を求めているのが通例のようである。

第2 債権者の権利行使，他の手続等への影響

1 再生手続開始の決定の再生債権者の権利行使に対する影響

(1) 再生債権の弁済禁止の原則

ア 民事再生法85条1項の定め

　再生債権は，再生手続開始後は，民事再生法に特別の定めがある場合を除き，再生計画で定める弁済条項によらなければ，弁済をし，弁済を受け，その他これを消滅させる行為（ただし，免除を除く。）をすることができない（民再85条1項。なお，東京地裁破産再生部では，債務者から再生手続開始の申立てがあると，直ちに弁済禁止の保全処分（民再30条）を発令する扱いであり，この保全処分が発令されると，再生手続開始の決定前であっても，弁済が禁止される（第2章第2参照）。）。

　民事再生法85条1項は，再生債務者からの弁済行為のみならず，再生債権者からの取立行為等を禁止するものであり，その趣旨は，再生計画によらない弁済や個別的な権利行使を許していては，債権者平等原則に反するのみならず，再生債務者の資産が流出・散逸して再生債務者の事業の再生が困難となる可能性があり，民事再生法1条所定の再生手続の目的を達成できなくなるおそれがあることから，再生債権の個別的な権利行使を原則的に禁止したものである。

　この弁済禁止効（民再85条1項）に違反してされた弁済等は無効であり，

再生債務者側からする不当利得返還請求の対象となる。また，このような弁済等が再生債務者の公平誠実義務に違反する行為となることもあり，その義務違反の程度によっては，管理命令（民再64条1項）が発付されること等もあり得る（本章第1参照）。

イ　弁済等が禁止される債権

　民事再生法85条1項により弁済等が禁止されるのは再生債権についてであり，別除権の行使（民再53条2項）は妨げられないし，随時弁済されるべき共益債権（民再121条1項）及び一般優先債権（民再122条1項）には，弁済禁止効は及ばない。

　この点，再生手続開始の決定前に生じた雇用契約に基づく従業員の未払給与債権は，実体法上「雇用関係」に基づいて発生した債権として一般の先取特権を有する（民306条2号，308条）から，一般優先債権に該当し（民再122条1項），随時弁済することが可能である（同条2項）。他方で，労働者を派遣した派遣業者の有する派遣料債権や，業務委託先である下請業者の有する報酬債権等については，雇用関係に基づく債権には該当せず，再生債権となるにすぎない。それにもかかわらず，雇用関係に基づく債権と同一の取扱いができると誤解して弁済しようとする例も見られるので，注意が必要である。

　東京地裁破産再生部においても，販売代行業者の有する手数料債権や，傭車運転手の有する報酬債権等について，一般優先債権として弁済することの可否が問題となった事例がある（これらの事例では，結局，民事再生法85条5項後段による弁済の可否を検討することになった。）。

(2)　弁済禁止の例外

　弁済等の禁止の例外としては，①中小企業者の債権に対する弁済（民再85条2項～4項），②少額債権に対する弁済（同条5項前段，後段），③民事再生法85条の2又は92条に基づく相殺がある（上記①及び②の裁判所による再生債権の弁済許可については，本章第3参照）。

2　再生手続開始の決定の他の手続に対する影響

(1)　他の手続の禁止，中止，失効

ア　他の倒産手続の中止等

　再生手続開始の決定がされると，再生債務者についての破産手続，他の再生手続，特別清算の開始の申立ては禁止される（民再39条1項）。再建型の倒産手続は清算型のそれより優先されるべきであるとの考え方による。

　既にされている破産手続は中止され，特別清算手続は当然失効する（民再39条1項）。破産手続が当然失効するのではなく，中止するとされているのは，再生手続が廃止された場合や再生計画不認可の決定が確定した場合に，更に破産手続を進行させる必要があるからである。

　ただし，更生手続は，株主や担保権者をも取り込んだ精緻で厳格な手続であり，再生手続よりも優先されるべきであることから，更生手続開始の決定があったときは再生手続開始の申立てをすることができず，また，更生手続開始の決定があると既にされている再生手続は中止するものとされている（会更50条1項）。

イ　強制執行の禁止等

　再生手続開始の決定がされると再生債務者の財産に対する再生債権に基づく強制執行，仮差押え，仮処分又は再生債権を被担保債権とする留置権による競売（以下，これらを併せて「強制執行等」という。）を申し立てることはできず，既にされている強制執行等の手続は中止される（民再39条1項）。

　これは，再生手続が開始されると，前記1のとおり，再生債権者は再生計画によらなければ再生債権の弁済を受けることができなくなることから（民再85条1項），個別の執行行為も禁止されるものである。

　なお，中止の対象となるのは，飽くまで再生債権に基づく手続であり，共

益債権，一般優先債権に基づく強制執行等や滞納処分に基づく差押えは中止の対象にならない（なお，民再121条3項，122条4項参照）。

(2) 中止した手続の続行・取消し

　裁判所は，再生に支障を来さないと認めるときは，再生債務者等の申立てにより又は職権で中止した強制執行等の手続の続行を命ずることができる（民再39条2項前段）。

　また，裁判所は，再生に必要があると認めるときは，再生債務者等の申立てにより又は職権で，担保を立てさせ，又は担保を立てさせないで，中止した強制執行等の手続の取消しを命ずることができる（民再39条2項後段）。例えば，運転資金，原材料や在庫商品等に対して差押えがされたが，再生債務者がこれらを現実に利用したり販売したりする必要がある場合などが例として挙げられよう。なお，中止した強制執行等が取り消されても通常は損害が発生しないと解されることから，東京地裁破産再生部では原則として担保を要しないという運用をしている。

(3) 中止・失効，続行した手続と共益債権

　再生手続の開始決定により他の手続が中止ないし失効した場合や中止した手続が続行した場合，その手続に関して生じた一定の請求権は共益債権とされている（民再39条3項）

3　再生手続開始の決定による訴訟手続の中断等

(1) 再生手続開始の決定に伴う訴訟手続中断の趣旨

　破産手続では，破産者を当事者とする破産財団に関する訴訟手続は中断する（破44条1項）。破産財団に関する訴訟手続には破産財団に属する財産に関する訴訟及び破産債権に関する訴訟が含まれる。破産財団に属する財産に関する訴訟が中断するのは破産者が破産手続の開始により財産に関する管理処

分権を失うからであり，破産債権に関する訴訟が中断するのは破産債権の存否や額は破産法で定められた債権確定手続に基づく債権調査の中で確定することが予定されているからである。

　これに対し，再生手続では，再生債務者が再生手続開始後も財産の管理処分権を失わない（民再38条1項）ため，債務者財産に関する訴訟手続は中断しない。他方で，再生債権の存否や額は民事再生法で定められた債権確定手続に基づく債権調査の中で確定することが予定されているため，再生手続開始の決定があったときは，再生債権に関する訴訟手続は中断する（民再40条1項）。

(2) 中断しない訴訟手続

　前記(1)のとおり，民事再生法40条1項によって中断する訴訟手続とは，再生債務者の財産関係の訴訟のうち再生債権に関するもののみである。したがって，所有権に基づく物の引渡訴訟，組織関係に関する訴訟（株主総会決議無効確認訴訟など），身分関係に関する訴訟（離婚訴訟など）は中断の対象とはならない。共益債権や一般優先債権に関する訴訟も，再生手続開始の決定により中断しない。

　問題は，請求権の性質自体に争いがあるケースである。例えば，訴訟手続で債権者が未払給与の支払を求めている場合，雇用契約に基づく未払給与の請求であれば，再生手続開始の決定があると，給与債権は一般優先債権として扱われるため訴訟手続の中断は生じないが，請負契約に基づく未払代金の請求であれば，請負代金債権は再生債権として扱われるため訴訟手続は中断することになる（民再40条1項）。このように，債権者の主張を確定しないとそもそも当該訴訟手続が中断するか否かも判断し得ないという問題が生ずるが，最終的には受訴裁判所が訴訟物を基準として判断することになろう。

　債権者が訴訟手続で雇用契約に基づく未払給与の支払を請求し，再生手続で請負代金債権の届出をしないまま再生債権確定手続が終了した後，当該訴訟で雇用契約の存在が否定された場合は，債権者には，再生手続において請負代金債権（再生債権）の行使もできないという不利益が生じ得るが，この

結論は債権者が債権届出をしなかった結果であり，やむを得ない。実務上は，このような結果を避けるため，債権者がいわば予備的に再生手続上で再生債権として届け出る事案も見られる（第4章第1参照）。

(3) 訴訟行為の中断と受継

再生債権者が債権届出をした場合としなかった場合とに分けて説明する。

ア　再生債権者が債権届出をした場合

(ア) 債権調査で債権が異議なく確定した場合

再生債権者が債権届出をした場合で債権調査において当該債権が異議なく確定したときは，再生債権者表の記載が確定判決と同一の効力を有することになるため，訴訟手続は目的を達し，中断していた訴訟手続は終了すると解される。

(イ) 債権調査で再生債務者が認めず，又は他の届出再生債権者から異議が出された場合

再生債権者が債権届出をした場合で，債権調査において再生債務者がこれを認めず，又は他の届出再生債権者から異議が出されたときは，再生債権者は，債権調査期間の末日から1か月の不変期間内に，当該債権を認めなかった再生債務者や異議を出した届出再生債権者の全員を相手に受継の申立てをすることを要する（民再107条1，2項，105条2項）。なお，当該債権につき執行力ある債務名義又は終局判決がある場合は，その優先的地位を尊重するのが相当であるから，当該債権を認めなかった再生債務者及び当該債権に異議を述べた届出再生債権者が訴訟手続を受継しなければならない（民再109条2項）。

a　受継がある前に再生手続が終了した場合

受継がある前に再生手続が終了した場合，再生債務者は訴訟手続を当然に受継する（民再40条2項）。

b　受継がある場合

受継がされた後，訴訟係属中に再生手続が終了した場合，訴訟手続が再生

債務者を当事者とするときは引き続き係属するが，再生債務者以外の者が当事者であるときは，再生計画認可決定の確定前に再生手続が終了した場合は再び中断し（民再112条の2第5項前段），再生債務者が受継しなければならない（同条6項）。再生計画認可決定の確定後に再生手続が終了した場合は引き続き係属する（同条5項後段）。

イ 再生債権者が債権届出をしなかった場合

この場合の訴訟手続の取扱いは，①再生計画案の付議決定までに債権届出がなかった再生債権は実体的に免責され，訴訟係属の実益がなくなるので，訴訟終了宣言により終了させることができるという見解，②再生手続が終了するまで中断は解消されず，手続終了（再生手続終結，不認可決定確定又は廃止決定確定）により再生債務者が受継するという見解，③再生計画案が付議された時点で再生手続の制約から解放され，再生債務者が受継するという見解などがある（森宏司「破産・民事再生に伴う訴訟中断と受継」判タ1110号37頁）が，③の見解が有力である（再生実務221頁〔富盛秀樹〕，新注釈民再2版（上）204頁〔深山雅也〕，大阪高判平16.11.30金法1743号44頁）。

(4) 管理命令が発付された場合

管理命令が発付された場合は，再生債務者の財産に対する管理処分権が管財人に移るため，再生債権に関する訴訟が中断するだけでなく，その他の財産関係に関する訴訟手続も中断する（民再67条2項）。

(5) 簡易再生，同意再生の決定が確定した場合

簡易再生及び同意再生の手続にはそもそも債権確定手続が存しないので，簡易再生又は同意再生の決定が確定した場合は，再生債務者が再生手続開始により中断していた訴訟手続を受継しなければならない（民再213条5項，219条2項）。

(6) 再生債権に関する事件が行政庁に係属している場合の取扱い

再生債権に関する事件が再生手続開始当時行政庁に係属している場合，それらの事件の手続は中断する（民再40条3項）。公害に関する損害賠償責任裁定（公害紛争処理法42条の12）などが例として挙げられるが，実例は乏しい。

(7) 詐害行為取消訴訟等の中断と受継

ア 債権者代位訴訟

再生債権者が提起した債権者代位訴訟は再生手続開始の決定によって中断し，再生債務者又は管財人（以下「再生債務者等」という。）がこれを受継することができる（民再40条の2第1項）。また，訴訟の相手方は再生債務者等に対して受継の申立てをすることができる（民再40条の2第2項）。再生債務者等は相手方からの受継の申立てを拒めない。

イ 詐害行為取消訴訟，否認訴訟，否認請求異議訴訟

再生債権者が提起した詐害行為取消訴訟，破産法上の否認訴訟，否認の請求を認容する決定に対する異議の訴訟は，再生手続開始の決定によって中断し（民再40条の2第1項），否認権限を有する監督委員又は管財人がこれを受継することができる。また，訴訟の相手方は受継の申立てをすることができる（民再140条1項）。否認権限を有する監督委員又は管財人が相手方からの受継の申立てを拒めるか否かは見解が分かれているが，相手方は受継の申立てをすることができる旨規定されている以上，監督委員又は管財人がこれを拒絶することはできないのではなかろうか。これに対し，債権者代位訴訟の場合とは異なり，監督委員や管財人の独自の立場からする訴訟追行の余地を認めるべきであることなどを根拠に，受継を拒めるとする考え方も有力である。

第 3 再生債権の弁済許可

1 再生債権の弁済等禁止の原則とその例外

(1) 再生債権の弁済等禁止の原則

　再生債権については，再生手続開始後は，民事再生法に特別の規定がある場合を除いて原則として再生計画によらなければ，弁済をし，弁済を受け，その他これを消滅させる行為（免除を除く。）をすることはできない（民再85条1項）。再生計画によらない再生債権者の個別的権利行使を許すことは，債権者平等原則に反するのみならず，再生債務者の事業の再生が困難となるおそれがあり，民事再生法1条所定の再生手続の目的を達成できなくなるおそれがあることから，これを原則的に禁止したものである。

　民事再生法85条1項は再生債権であればその種類を問わずに適用されるが，再生手続によらずにその権利行使が認められている別除権（民再53条2項）や再生計画によらないで随時弁済される共益債権（民再121条1項）及び一般優先債権（民再122条1項）には適用されない（本章第2参照）。

(2) 弁済等禁止の例外（裁判所による弁済許可）

　再生債権の弁済等禁止の例外としては，①中小企業者の債権に対する弁済（民再85条2項～4項），②少額債権に対する弁済（同条5項前段，後段），③民事再生法85条の2又は92条に基づく相殺があり，このうち，再生債務者が行う①及び②の弁済，並びに③の民事再生法85条の2に基づく相殺については，いずれも裁判所の許可を得る必要がある。

なお，再生債務者にとって重要な商取引債権者が，再生債務者からの弁済が禁止されたことにより資金繰りが逼迫するおそれがある場合には，連鎖倒産を防止して取引を維持する目的で，民事再生法85条2項又は5項後段による弁済が検討されるが，このような場合には，将来の取引分の対価の前払による対応ができないかを検討する例もある。この方法によれば，将来発生する共益債権の弁済を前払しているにすぎないと解されるから，民事再生法85条1項に抵触せず，また，一部の再生債権の弁済により債権者平等を害するという弊害も生じない。ただし，取引先の反対給付の履行可能性や，前払により再生債務者の資金繰りに支障を来さないかについては，監督委員と十分協議することが求められる。また，従前は，再生債務者の事業継続に必要不可欠な商取引債権について，和解により共益債権（民再119条1項2号又は5号参照）として扱って弁済をする事例もあったが，その不透明さが指摘されていたところである。これを受けて，平成14年法律第154号による会社更生法改正により会社更生法47条5項が創設され，同時に民事再生法にも同様の規定（85条5項）が設けられたという立法経緯からすると，少額債権の弁済は，原則として，民事再生法85条5項前段又は後段の許可によるべきであり，上記のような和解による弁済は適当でないと考えられる。

2　中小企業者の再生債権に対する弁済
（民再85条2項〜4項）

(1)　弁済許可の趣旨

民事再生法85条2項は，「再生債務者を主要な取引先とする中小企業者が，その有する再生債権の弁済を受けなければ，事業の継続に著しい支障を来すおそれがあるとき」に，裁判所の許可を得て，その再生債権の全部又は一部の弁済をすることができると定めている。

再生手続開始の決定がされると原則として再生債権の弁済が禁止されるため，再生債務者を主要な取引先としている中小企業者，特に下請企業者が深

刻な打撃を受け，資金繰りに窮して連鎖倒産をする可能性がある。そこで，民事再生法85条2項は，連鎖倒産の危険から中小企業を保護するため，一定の要件の下で，裁判所が再生債務者等の申立て又は職権で中小企業者の有する再生債権の全部又は一部の弁済をすることを許可することができるものとした。

　東京地裁破産再生部において民事再生法85条2項の許可がされた事例としては，遊戯機器（パチスロ）の開発製造等を営む再生債務者に対し，年間約5000万円の売上高のうち9割以上を依存していたパネルの納入業者について，資金繰りに窮する状況にあったことから，再生債権約2800万円のうち50万円の弁済許可がされたものがある。この事例では，再生債務者の資金繰りや，再生計画における一般の再生債権に対する弁済率が15パーセント程度と見込まれたことを前提に，上記納入業者に対する弁済予定額50万円が，再生計画による弁済見込額（約2800万円×15％＝約420万円）の範囲内であったことから，弁済許可がされたものである（詳しくは，後記(4)参照）。

(2) 弁済許可の要件

　弁済を受けるためには，①再生債務者を主要な取引先とする中小企業者であること，②中小企業者がその有する債権の弁済を受けなければ事業の継続に著しい支障を来すおそれがあることが必要である。

ア　再生債務者を主要な取引先とする中小企業者であること

　「再生債務者を主要な取引先」としているか否かは，当該中小企業者の取引が再生債務者に依存しているか否かによって判断される。主要な売上げが再生債務者との取引によって生じている場合がその典型である。

　「中小企業者」は法人であると個人であるとを問わないが，その範囲は再生債務者の事業規模等との比較により相対的に判断される。一般的には再生債務者の下請のように資本額や事業規模が小さい企業である。

イ　事業の継続に著しい支障を来すおそれ

　「事業の継続に著しい支障を来すおそれ」とは，再生債権の弁済を受けないと当該中小企業者の事業の継続が困難になり，いわゆる連鎖倒産のおそれがある場合である。

(3)　弁済許可の手続

　民事再生法85条2項～4項の許可は，再生債務者等の申立て又は職権で行われる。再生債務者等は，弁済許可申立書において，弁済対象となる中小企業者及び債権を特定して記載した上，前記(2)の各要件を具備することを主張し，その主張を裏付ける中小企業者の上申書等を資料として提出する。

　再生債務者が当該申立てをするに当たっては，前記(2)の各要件を具備しているか，中小企業者に対する弁済を行っても資金繰りに問題がないか等について，事前に監督委員と十分に協議を行うことが求められる。許可申立書には，許可の相当性について監督委員の意見の付記を求める運用である。

　許可申立書の記載例は，資料3-3-1のとおりである。

　裁判所が許可をする場合には，再生債務者と当該中小企業者との取引の状況，再生債務者の資産の状況，利害関係人の利害，中小企業者の逼迫の程度，再生計画から予想される弁済率等の一切の事情を総合して考慮する（民再85条3項参照）。再生債務者等は，これらの事情を根拠づける疎明資料を提出する必要があり，特に，中小企業者が再生債権の弁済を受けなければその事業の継続に著しい支障を来すおそれがあることを疎明するためには，当該中小企業者の資金繰り表の提出が求められる。

(4)　弁済許可の申立てに当たっての留意点

　当該中小企業者には弁済許可の申立権が付与されておらず，再生債務者等に対して申立てを要求できるにとどまる。しかし，裁判所が連鎖倒産の防止という公益的見地から職権でこの許可を行う余地を残すため，再生債務者等は，再生債権者から民事再生法85条2項の申立てをすべきことを求められた

資料3-3-1　中小企業者への弁済許可申立書

> （監督委員意見）
> 本申立てを許可するのが相当と思料する。
> 平成〇〇年〇〇月〇〇日
> 　　　　　　　　　　　　　　　　　　監督委員　〇〇　〇〇　㊞

平成〇〇年（再）第〇〇号　再生手続開始申立事件
　　　　　　　　　　　　　　　　　　　　平成〇〇年〇〇月〇〇日
東京地方裁判所民事第20部　御中
　　　　　　　　　　　　　　再生債務者　〇〇〇〇株式会社
　　　　　　　　　　　　　　同代理人弁護士　〇〇　〇〇　㊞

中小企業者への弁済許可申立書（85条2項）

第1　申立ての趣旨
　　　別紙記載の再生債権の弁済を許可する
　　との決定を求める。
第2　申立ての理由
　　　別紙記載の再生債権者は，その売上高のうち〇割以上を再生債務者に依存している再生債務者の下請け事業者であり，再生債務者を主要な取引先とする中小企業者であるところ，疎明資料のとおり，当該再生債権者の資金繰りは，別紙記載の再生債権の弁済がなければ〇月頃には月末残高がマイナスになるおそれがあって，極めて逼迫しており，当該再生債権の弁済を受けなければ当該再生債権者の事業の継続に著しい支障を来すおそれがある。
　　　他方，別紙記載の再生債権の弁済に必要な資金〇〇万円については既に確保されており，再生債務者の資金繰りに影響は生じない。また，上記金額は，本件の再生計画で当該再生債権者が受ける弁済額の範囲内であると予想されるところである。
　　　以上から，本件申立てに及んだものである。
　　　　　　　　　　　　　　　　　　　　　　　　　　　　　　以上

【別紙】
　　　再生債権者：株式会社〇〇〇〇
　　　債　権　額：〇〇万円
　　　債権発生の原因：上記再生債権者と再生債務者との継続的請負契約に基づき，上記再生債権者が平成〇年〇月に納品した〇〇に係る請負代金請求権〇〇〇円の内金
　　　　　　　　　　　　　　　　　　　　　　　　　　　　　　以上

ときは，直ちにその旨を裁判所に報告しなければならず，再生債務者がその申立てをしないことにしたときは，遅滞なくその事情を裁判所に報告しなければならないこととしている（民再85条4項）。また，裁判所への報告と同時に監督委員へも同様の報告を行うべきである。

弁済対象とする再生債権及びその弁済額を定めるに当たっては，当該弁済を行っても再生債務者の資金繰りに問題がないかを検討する必要がある。条文上，再生債権の全部の弁済も許容されているが，実務的には，再生債権の中における申立対象債権の規模や順位，再生計画において見込まれる弁済率との関係等も全く無視することはできず，全額の弁済を認めることは例外であり，監督委員の意見も踏まえ，一切の事情を考慮して申立額の金額を必要最小限の部分に減縮させた上で，その部分について許可をする事例も多い。

また，民事再生法85条2項による弁済許可は，当該再生債権を共益債権化するものではなく，再生債権としての性質を維持したままで早期に弁済するにすぎない。そこで，その弁済額は，原則として，再生計画においてその者が弁済を受けると予想される額の範囲内とする必要がある（兼子一監修『条解会社更生法』(中)386頁参照）。

前記(1)の許可事例においても，再生債務者の資金繰りを勘案して，当該再生債権のうち50万円に限り弁済許可の申立てがされた。また，許可に当たっては，再生計画案において見込まれる弁済率や，当該中小企業者に対する弁済額が再生計画において見込まれる弁済率の範囲内であることについて疎明資料の提出を求めている（上記事例では，特に公租公課の滞納額が多額に上っていたことから，弁済率の試算に当たり，公租公課の分納に関する交渉結果や資金繰りのめどについても精査を要するものであった。）。

3　少額債権の弁済の許可（民再85条5項）

(1)　少額債権弁済許可の2つの場面

民事再生法は，①少額の再生債権を早期に弁済することにより再生手続を

円滑に進行することができるとき（民再85条5項前段），又は②少額の再生債権を早期に弁済しなければ再生債務者の事業の継続に著しい支障を来すとき（同項後段）は，裁判所は再生債務者等の申立てによりその弁済を許可することができると規定している。

(2) 少額の再生債権を早期に弁済することにより再生手続を円滑に進行することができるとき（民再85条5項前段）

ア 弁済許可の趣旨

　民事再生法85条5項前段は，「少額の再生債権を早期に弁済することにより再生手続を円滑に進行することができるとき」に，裁判所の許可を得て，少額債権の弁済をすることができると定めている。

　少額再生債権者が多いと，債権者集会の期日の通知（民再115条1項本文）等の手続の負担が大きくなるし，再生計画案の立案その他の再生手続の進行が煩雑になることも多い。そこで，裁判所の許可を要件として，再生債務者等が，少額債権を弁済して債権者数を減らし，再生手続の運営を円滑かつ迅速に進行することができるようにしたものである。

　一定額以下の再生債権であれば，債権の属性や種類を問わず一律に弁済対象とする趣旨である。

　東京地裁破産再生部においても，民事再生法85条5項前段の許可がされた事例は，これまで相当数存在する。

イ 弁済許可の要件

　(ｱ) 弁済の対象は「少額の再生債権」である（民再85条5項前段）。「少額の債権」に当たるか否かは再生債務者の事業規模，負債総額，資金繰り等の弁済能力等を総合的に考慮して判断される。弁済禁止の保全処分の例外となった少額債権の金額や再生計画における最低弁済見込額との均衡を図る配慮をするのが通例である。

　東京地裁破産再生部では，「少額」の範囲は，弁済禁止の保全処分の例外

との均衡を考慮して10万円以下の債権とされる事例が多いが，再生債務者の資金繰りの状況によって20万円，30万円とされたり，逆に5万円とされたりした例もある。異例ではあるが，大規模事件の中には，弁済禁止の保全処分の例外（第2章第2）となった少額債権の金額が大きいものとして，300万円以下の債権を少額債権とした事例や1000万円以下の債権を少額債権とした事例がある。

　(イ)　少額の再生債権を「早期に弁済することにより再生手続を円滑に進行することができるとき」とは，弁済により当該再生債権を消滅させ，債権者数を減らすことにより円滑な手続進行を図ることができる場合を意味する。したがって，弁済は当該少額債権者の債権全額を弁済して債権を消滅させるものでなければならないが，少額を超える部分の放棄を受けた上で弁済し，当該債権全部を消滅させることも許容される。

ウ　弁済許可の手続

　弁済許可の申立書には，弁済対象となる再生債権者及び債権額を別表等に記載して特定した上で，再生債権者の総数及び総額，弁済対象とする一定額を記載することが望ましい。もっとも，許可申立ての段階で対象債権を正確に把握することができない場合には，対象債権を個別に特定せず，弁済対象とする一定額以下を定めた上で，想定される弁済総額を明らかにして申立てをすることも許容される。

　また，申立てに当たっては，「少額」に該当するか，弁済をすることによってどの程度の債権者数が減少するか，弁済をしても資金繰りに問題がないか等について，事前に監督委員と十分協議を行うことが求められる。許可申立書には，許可の相当性について監督委員の意見の付記を求める運用である。

　許可申立書の記載例は，資料3-3-2のとおりである。

資料 3 - 3 - 2　少額債権弁済許可申立書（民再85条 5 項前段）

（監督委員意見）
本申立てを許可するのが相当と思料する。
平成○○年○○月○○日
　　　　　　　　　　　　　　　　　　監督委員　○○　○○　㊞

平成○○年（再）第○○号　再生手続開始申立事件
　　　　　　　　　　　　　　　　　　　　　　平成○○年○○月○○日
　東京地方裁判所民事第20部　御中
　　　　　　　　　　　　　　　再生債務者　○○○○株式会社
　　　　　　　　　　　　　　　同代理人弁護士　○○　○○　㊞

　　　　　　　少額債権弁済許可申立書（85条 5 項前段）

第 1　申立ての趣旨
　　　総額10万円以下の再生債権の弁済を許可する
　　との決定を求める。
第 2　申立ての理由
　　　本件における再生債権者数は，○○名（総額○○○○万円）であるところ，このうち総額10万円以下のものは，現在把握されているもので別表記載のとおりであり，総数では約○○名（総額約○○万円）であると見込まれる。
　　　総額10万円以下の再生債権の弁済を行うことで，再生債権者が約○○名減少し，今後の再生手続を進める上で事務手続の負担を軽減することができる。また，弁済に必要な資金約○○万円については既に確保されており，再生債務者の資金繰りに影響は生じないし，再生計画において，すべての再生債権について10万円以下の部分を弁済するための原資も確保できることから，本件申立てに及んだものである。
　　　　　　　　　　　　　　　　　　　　　　　　　　　　　　以上

【別表】

	再生債権者名	再生債権額
1		
2		
3		
4		
5		

エ　弁済許可の申立てに当たっての留意点

(ア)　資金繰りや再生計画案における弁済条項との関係

　弁済対象とする一定額を定めるに当たっては，当該一定額以下の再生債権を直ちに全額弁済しても資金繰りに問題がないか検討する必要がある。

　また，民事再生法85条5項前段により一定額以下の再生債権を弁済した場合には，この弁済との均衡を図るため，再生計画案において，全再生債権者に対し当該一定額部分については免除を受けずに弁済をする条項を定める必要がある。そのため，民事再生法85条5項前段による弁済許可を申し立てるに当たっては，その計画弁済の資金の手当てが見込まれる必要がある。

(イ)　弁済対象となる債権について

　民事再生法85条5項前段は，債権を消滅させることによって債権者数を減らすことを目的とするから，再生債権の一部の弁済を許可することや，そのような弁済を行うことは，債権を消滅させることにはならないため許されない。例えば，10万円以下の再生債権の弁済許可がされた事例において，10万円の再生債権の一部のみを弁済することは許されない。

　他方で，10万円を超える再生債権について，当該債権者から10万円を超える部分を放棄させて10万円を弁済して債権全部を消滅させることは許容される。この場合には，一定額を超える部分の放棄を受けた上で弁済する旨を記載して弁済許可の申立てを行うことになる。なお，この場合には，再生債務者から再生債権者に対し，放棄をしなくとも，再生計画に基づき10万円及び10万円を超える部分に弁済率を乗じた額の弁済を受けられることを十分説明した上で，放棄を受ける必要がある。

(3)　少額の再生債権を早期に弁済しなければ再生債務者の事業の継続に著しい支障を来すとき（民再85条5項後段）

ア　弁済許可の趣旨

　民事再生法85条5項後段は，「少額の再生債権を早期に弁済しなければ再

生債務者の事業の継続に著しい支障を来すとき」に，裁判所の許可を得て，少額債権の弁済をすることができると定めている。

　少額の再生債権を早期に弁済しなければ再生債務者の事業の継続に著しい支障を来すような場合に，債権者平等を貫いて弁済を一律に禁止すると，再生債務者の事業の継続にとって重要な取引先の協力を得られなくなり，あるいは再生債務者の事業の再生が困難となったり，事業規模を縮小せざるを得なくなったりし，かえって総債権者の利益を害するおそれが生ずる。そこで，このような取引先に対する弁済を，裁判所の許可を得て可能にしたものであり，一定の債権の属性や種類に着目して弁済を許可できることにしたものである。

　東京地裁破産再生部において，民事再生法85条5項後段の許可がされた近時の主な事例は，資料3-3-3記載のとおりである。

イ　弁済許可の要件

(ｱ)　資料3-3-3記載のとおり，民事再生法85条5項後段に基づく弁済の許可は，いわゆる商取引債権を保護するために申し立てられることが多いが，商取引に基づく債権者は，再生債権の弁済が禁止されると事後の取引に非協力的な態度をとることも多く，このような場合の全てについて「早期に弁済しなければ再生債務者の事業の継続に著しい支障を来すとき」に該当すると解すると，強硬な姿勢を示した債権者のみが優遇されるといった不都合が生ずる。そのため，「事業の継続に著しい支障を来すとき」に該当するか否かは慎重に認定する必要があり，当該債権者との取引継続の必要性の程度，代替的な取引先確保の可能性の有無，当該債権者が少額債権の弁済を求める合理性の有無等といった諸般の事情を総合して，取引先に早期に弁済を行わないと取引を継続できないなど事業継続に支障を来すか否か，他方で，当該債権を弁済することにより，事業価値の毀損防止又は維持向上を図ることができ，弁済しない場合と比較して弁済率が高まり，債権者全体の利益になるか否かという観点から判断される。

　なお，取引先の代替性については，他の取引先の確保が困難であるのみな

らず，当該取引先にとっても弁済を受けない場合には取引を継続しないといえることが必要であり，当該取引先が弁済を受けなくてもなお当該取引を継続せざるを得ない場合は該当しないとの指摘がされている（伊藤眞「新倒産法制10年の成果と課題―商取引債権保護の光と陰」伊藤眞ほか監修『新倒産法制10年を検証する』28頁）。

　(イ)　弁済の対象は「少額の再生債権」である（民再85条5項後段）。「少額」の再生債権に該当するかは，弁済対象となる債権額，総負債額及び弁済対象となる債権の割合，事業の規模や態様，事業継続の上での弁済の必要性，弁済により受けられる利益の程度，資金繰りの状況並びに将来の再生計画による弁済の見込み等の要素を考慮して判断されるが，「少額」という言葉が通常意味する金額的限度といった事情にも配慮が必要である。

　少額債権の概念は相対的なものではあるが，「少額」であることを求める趣旨は，一部の債権者に対する弁済による不平等を一定の範囲にとどめることにあり，これは，再生債務者の負債総額や事業規模等によって変動し，場合によっては，民事再生法85条5項前段の少額債権の金額と比較して，相対的に大きな金額になる事態も許容されているものと解される。

　(ウ)　再生手続開始の申立てに先立って，私的整理手続が行われている場合，特に準則型の私的整理においては，原則として対象債権者を金融機関に限定して商取引債権者を巻き込まずに手続を進め，商取引債権については全額が保護されるのが通常である。そこで，私的整理手続から移行された再生手続においても，商取引債権を保護することによって，法的倒産手続の申立てに伴う混乱や事業価値の毀損を防止しようとする場合がある（第2章第4参照）。このような場合の商取引債権の保護の方法としても，民事再生法85条5項後段に基づく弁済の許可を得てこれを弁済することが考えられる。再生債務者代理人としては，この手法により商取引債権を保護しようとする場合には，当該債権の弁済の必要性のほか，上記のような各問題点について，監督委員と十分に協議をした上で，検討をする必要がある。

資料3-3-3　民事再生法85条5項後段による弁済許可事例

番号	業種	再生債権（再生申立段階）		弁済対象債権	
		債権総額（円）	人数（名）	内容	対象額合計（円）
1	複合カフェ経営	約15億4000万	約850	人気ゲームのオンライン提供に係るサービス料	約820万
				インターネット回線使用料に係る立替金	約100万
2	旅館・ホテル経営	約45億	約200	旅行客の紹介手数料等	約60万
3	冷凍水産物輸入販売	約3億7000万	約50	継続的商品寄託契約に基づく保管料・出庫料	約25万
4	衣料品等販売	約90億	約180	販売代行手数料	約2400万（注1）
5	会員制エステサロン経営	約27億1000万	約6900	会員のチケットに係る①役務提供請求権及び②商品引渡請求権	①約6億7300万 ②約281万

人数(名)	割合	民事再生法85条5項後段の事業継続支障要件
2	0.53%	オンラインゲームメーカーが，未払債務の弁済がされなければゲームの提供を打ち切ると表明していたが，弁済がされれば，取引を継続することを合意している。人気ゲームの配信が停止されると，店舗の売上げが著しく減少する。他に代替事業者が存在しない。
1	0.06%	インターネット回線使用料を立替払しているシステム会社が，未払債務の弁済がされなければ立替払を停止すると表明していたが，弁済がされれば取引を継続することを合意している。インターネット回線を使用することができなくなると，店舗のオンラインゲームも利用できなくなり，売上げの減少が見込まれる。直接又は他の業者を介してインターネット回線を整備することは困難である。
14	0.01%	ホテルの宿泊客の大半が旅行業者の紹介によるもので，未払債務の弁済をしないと取引が打ち切られ，旅行客の紹介を受けられなくなる。これまで継続的に集客活動をしていない他の旅行会社に切り替えても，従前の売上げの維持が困難である。
10	0.07%	仕入先が倉庫・輸送業者の倉庫内に商品を保管している商品について，発注をすると商品の名義が再生債務者に変更される形式が採られており，未払保管料・出庫料債務の弁済をしないと取引が中止される。仕入先が当該倉庫・輸送業者の倉庫内に商品を保管している以上，代替業者を確保することができない。現段階では，再生債務者の名義となった在庫商品は，別の業者の倉庫内に保管されており，別除権（商事留置権）の受戻しによることができない。
17	0.27%	再生債務者の店舗において衣料品等の販売代行を行っている業者のほとんどが小規模で資金繰りが潤沢でなく，販売手数料のほとんどが人件費に充てられており，弁済しないと給与支払遅滞による販売員の離反を招き，店舗経営に支障が生じ，事業譲渡も困難となる。販売代行業者も，弁済がされなければ販売員を引き揚げると表明している。他の業者では，再生債務者のブランドや商品の知識を有する販売員を確保することが困難である。販売代行業者に委託している店舗の売上げは全店舗の3割強を占めている。
①6701 ②51	①24.83% ②0.10%	会員のほとんどがチケットを購入してエステティックサービス等を受けており，チケットの利用を拒むと，会員が退会して営業に著しい支障が生じる。会員が退会するとエスティシャンも同業他社に転職し，事業価値も毀損する。チケットを利用する会員があわせて化粧品等を購入することも見込まれる。1か月に利用できる金額は限られており，また，チケットの利用を認めても，経費がそれほど膨らまない。商品の引渡しを受けられない会員から

番号	業種	再生債権(再生申立段階)		弁済対象債権	
		債権総額(円)	人数(名)	内容	対象額合計(円)
6	飲食店経営	約29億2000万	約150	①商品券 ②クーポン券	①約500万 ②約90万
7	アパレル	約9億9000万	約220	納品代行，運送契約に係る債権	約55万
				販売代行契約に係る債権	約50万
				メールマガジン配信契約に係る債権	約40万
8	海上運送	約140億	約200	燃料代	約42万米ドル(1ドル80円で換算すると3360万円)
9	物流運送業	約35億	約300	傭車運転手の報酬	約450万(注1)
10	自動販売機による飲料等の販売	約26億	約240	自動販売機設置手数料	約6500万
11	航空運送	約370億(※届出時約710億)	約250	空港使用料	約46億8500万
				航空機タイヤ賃借料	約1000万

人数(名)	割合	民事再生法85条5項後段の事業継続支障要件
		解約の申入れも受けている（注2）。
①5000枚 ②323枚	0.20%	商品券・クーポン券を取得した一般消費者の使用を拒絶すると，店舗の信用ないしブランド価値を毀損し，収益が悪化する。
3	0.06%	デパート内店舗への商品納入，運送業者が，未払債務の支払がされなければ取引を停止すると表明している。デパートへの納入は指定業者のみが行うことができ，店舗が遠隔地に散在していることから再生債務者自身が納品等を行うこともできない。現在商品の欠品等も生じており，売上げが悪化しつつある。
1	0.05%	遠隔地の店舗の販売代行で，当該デパートから紹介された代行業者であり，他の業者に委託することができない。
1	0.04%	メールマガジンの配信業務が滞ると，セール情報を適切な時期に配信できない。当該業者は，他の業者と比較して委託料が安価である。
1	0.24%	寄港先の準拠法によれば未払燃料代は船舶につき先取特権を有しており，債権者が寄港先で差押えをする意向を有している。差押えがされると航行困難となり，荷送人・荷受人等の顧客への影響が大きく，運賃収入を得られず損害賠償を受けるおそれがあり，信用も失墜する。上記船舶が予定どおり荷揚げを行うと，経費を控除しても数千万円規模の収入が見込まれる。
31	0.13%	弁済対象の傭車運転手は，再生債務者の事業に従事する運転手の半数近くであり，その協力が得られなければ事業継続が困難となる。特殊な運送サービスを実施しており，経験豊富な運転手に委託しなければならず，代替性に乏しい。ほぼ同一の業務を行っている従業員運転手に対しては一般優先権として弁済されることと比較して，傭車運転手が不満を抱いて離反する可能性があり，事業価値が毀損される。
32	2.50%	再生債務者は，スポンサーの支援を受けずに自力再建することが困難であるところ，スポンサーは，自動販売機の設置先との取引関係が継続され，重要な商圏が維持されることを支援条件としている（注3）。
1	12.66%	航空運送事業者として支払うべき空港使用料を弁済しないと，空港の維持運営の予算が確保されず，航空機の安全運航のための空港の整備及び維持管理等が十分に行われなくなる可能性があるほか，再生債務者の事業の根幹をなす主要発着路線の利用が大きく低下し，又はその路線の一部の運航が不可能となって，再生債務者の売上げが減少する可能性がある。
1	0.02%	再生債務者は特定のタイヤメーカーから航空機タイヤの賃借を継続しているところ，そのタイヤの供給を受けられなければ，再生債務者には約1週間分のフライトに対応できる程度の在庫しか

番号	業種	再生債権（再生申立段階）		弁済対象債権	
		債権総額（円）	人数（名）	内容	対象額合計（円）
				燃料供給，点検整備業務委託費用	約580万
12	海運	約370億	約600	海運事業に必要な船舶の部品，燃油及び備品その他の物品又はサービスの購入等に係る債務等	約16億2100万
13	路線バス運営	約26億	約100	定期券，回数券及び特別乗車証の利用に基づく役務提供権	約1800万
				交通事故の損害賠償債務及び示談金のうち保険金が支払われない再生債務者の自己負担金（免責金）	約17万
14	診療所運営	約5億5000万	約20	医薬品仕入代金	約5万

（注1） 他の一般再生債権者との公平を図るとの観点から，番号4の事例では，販売代行その余は債権届出の取下げを受けることとされた。また，番号9の事例でも，報酬
（注2） 番号5の事例では，「再生債務者が受領した前受金に係るエステティックサービ月○○日までの間に限り，サービスの提供を行うことの許可を求める」との申立て許可をする方法が採られ，役務提供請求権につき3回，商品引渡請求権につき2回の
（注3） 番号10の事例では，仮に弁済を受けた設置先が後日契約を解除した場合には，スいとの確認書が交わされ，他の再生債権者に対する弁済率が減少しないよう配慮が

人数(名)	割合	民事再生法85条5項後段の事業継続支障要件
		なく，再生債務者のタイヤ需要を満たす代替取引先もないため，約1週間後には再生債務者が運行する航空機のタイヤを交換できなくなり，航空機の運航が事実上不可能になる。
1	0.01%	再生債務者が使用する地方空港内に給油施設を有する唯一の業者から，車両の給油や車両の点検整備等の取引を拒否されると，再生債務者は，航空機の牽引など地上支援業務を行う車両を使用できず，利用客の荷物の積入れ・積出し，航空機の旋回・後退，機内食の持ち込みといった航空機の運航に不可欠の作業を停止せざるを得なくなる。
450	4.32%	船舶の燃油等の購入代金などは船舶運航に際して必然的に発生する費用であり，代替業者を直ちに探し出し，取引先を切り替えることは困難であるほか，上記費用の支払が停止した場合には船舶の運航に著しい支障を生じる。海運事業においては積荷が期日どおりに揚地に到着することが顧客（荷主）に最も重視され，一度でも運航に支障が生じる事態が発生すると，再生債務者の信用が失墜し，その事業継続が困難となる。
約650	0.7%	再生債務者は，通勤・通学利用のための定期券（最長1年）を発行しているところ，地域住民が日常の交通手段として路線バスを利用するに際し，定期券の利用が拒絶されると，利用者に大きな混乱が生じ，再生債務者の信用不安又は事業価値の毀損につながりかねない。
6	0.006%	公共交通機関として事業を継続する上で交通事故による被害を速やかに賠償しなければ事業の継続に著しい支障を来すものであり，損害保険会社との間の保険契約で保険金の支払が免責されている5万円以下の対物賠償については，再生債務者が早期に支払う必要がある。
1	0.01%	対象となる医薬品の在庫が尽きかけており，医薬品の供給が受けられないと，診療所の運営が不可能となる。対象となる再生債権者からは，再生債権の支払がなければ医薬品の供給を停止する旨が伝えられており，代替業者に対しても医薬品の供給を求めたが，全て拒絶された。再生計画において，10万円以下の再生債権については，全額弁済できる見込みであった。

手数料のうち150万円までの部分は全額，150万円を超える部分は50％の弁済許可がされ，債権のうち40％又は50％部分について弁済許可がされた。
ス（美容施術サービス）につき，サービスの提供の請求がなされた場合，平成○○年○○の趣旨について許可をし，約1か月ごとに期間を限定し，資金繰りを確認しながら，再度許可がされた。
ポンサーがDIPファイナンスとして拠出した資金のうち当該弁済金相当額の返還を求めなされている。

ウ　弁済許可の申立手続

　弁済許可の申立書には，弁済対象となる再生債権者及び債権額を別表等に記載して特定した上で，これらの債権について「少額の再生債権」であること及び「早期に弁済しなければ再生債務者の事業の継続に著しい支障を来すとき」に該当することを疎明する必要があり（なお，後記エの留意点を併せて参照されたい。），併せて弁済をしても資金繰りに問題がないか等についても，事前に監督委員と十分協議を行うことが求められる。東京地裁破産再生部では，許可申立書には，弁済許可の相当性について監督委員の意見の付記を求める運用としている。

　許可申立書の記載例は，資料3-3-4のとおりである。

エ　弁済許可の申立てに当たっての留意点

(ア)　弁済率の向上について

　民事再生法85条5項後段による弁済の許否を判断するに当たっての重要な点として，対象となる再生債権者に対する弁済によって，再生計画に基づく再生債権者等全体への弁済率の向上が見込まれるか否かを挙げることができる。

　そこで，東京地裁破産再生部では，特定の債権者に対する弁済をすることにより再生債権者全体への弁済率が高まることについて，合理的な説明を行うことや必要に応じて資料を提出することを求めている。弁済の金額いかんによっては，例えば，弁済をした場合としなかった場合との予想弁済率の比較資料等の提出を求めることもある。

(イ)　再生債権者との取引の継続について

　民事再生法85条5項後段に基づく弁済は，再生債権者との従前の取引関係を維持して事業価値の毀損を防止し，もって，再生債権者等全体への弁済率の向上を図ることを目的としてされるものであるから，弁済をする再生債権者との間で，従前と同様の条件での取引が継続されることが前提となる。再生債務者としては，当該債権者の意向を十分確認した上で，あらかじめ従前

資料 3 - 3 - 4 　少額債権弁済許可申立書（民再85条 5 項後段）

（監督委員意見）
本申立てを許可するのが相当と思料する。
平成○○年○○月○○日
　　　　　　　　　　　　　　　　　　　監督委員　　○○　　○○　　㊞

平成○○年(再)第○○号　　再生手続開始申立事件
　　　　　　　　　　　　　　　　　　　　　　　　　平成○○年○○月○○日
　東京地方裁判所民事第20部　御中
　　　　　　　　　　　　　　　　　　再生債務者　　○○○○株式会社
　　　　　　　　　　　　　　　　　　同代理人弁護士　○○　　○○　　㊞

　　　　　　　　　少額債権弁済許可申立書（85条 5 項後段）

第 1 　申立ての趣旨
　　　別表記載の再生債権の弁済を許可する
　　との決定を求める。
第 2 　申立ての理由
　　　別表記載の再生債権は，いずれも再生債務者が製造する○○の原材料の売買代金であるところ，別表記載の再生債権者はいずれも，当該再生債権を弁済しなければ，取引を停止すると主張しており，かつ，これらの原材料はいずれも当該再生債権者のみが取り扱っており代替的仕入先を見つけることが困難である。これらのことから，当該再生債権を早期に弁済しなければ，当該原材料の納入が停止し，再生債務者の事業の継続に著しい支障を来す。
　　　他方，別表記載の再生債権の総額は○○円であり，再生債務者の資金繰りに与える影響は極めて小さい。
　　　よって，本件申立てに及んだ。
　　　　　　　　　　　　　　　　　　　　　　　　　　　　　　　　　以上

【別表】

	再生債権者名	再生債権の内容	再生債権額
1	株式会社○○	再生債務者との間の継続的原材料供給契約に基づき，再生債権者が，平成○年○月○日から同年○月○日までに納入した，○○に係る代金支払請求権	○○円
2			
3			

と同様の条件での取引を継続する旨の合意書を交わす等の措置を講じることが原則である。

東京地裁破産再生部でも，弁済許可の対象となる再生債権者から，あらかじめ従前と同様の条件での取引を継続する旨の合意書を提出させ，そのような合意書を提出した取引先に限り弁済を許可した事例がある（この事例では，全ての取引先がこの合意書を提出し，結果として，商取引債権が全額保護された。）。もっとも，あらかじめ従前と同様の条件での取引を継続する旨の合意をすることが困難な事案（例えば，取引債権者が多数に上り，全ての取引債権者との間で交渉を行う時間的余裕がない事案や，取引債権者から，事前に裁判所の弁済許可がされないと交渉を行わないとの強い意向が示された事案等）では，弁済対象となる再生債権について，「再生債権者等が再生債務者との間で従前と同様の条件での取引を継続する場合に限る。」との条件を付して，弁済対象となる再生債権を限定した上で，弁済許可をすることも考えられるところである。

このような限定付きの許可がされた場合には，再生債務者は，条件を満たさない取引債権者に対し弁済をすることはできない。仮に，このような限定条件を満たさない再生債権に対して弁済をした場合には，当該弁済は民事再生法85条1項に反するとして無効となり，弁済金相当額の不当利得返還請求権が生じるものと解される。

(ウ) **弁済資金の確保について**

弁済許可の申立てに当たっては，資金繰りの状況を勘案して，弁済資金が確保されていることを確認する必要がある。

資料3－3－3の番号5の事例は，エステサロン経営会社における会員の役務提供請求権及び商品引渡請求権（チケット債権）に対する弁済が問題となったものである（これらの請求権に対する弁済も，法律上は，民事再生法85条1項が原則として禁止する再生債権の弁済にほかならないと解される。）が，弁済額が多額に上る可能性があったことから，弁済許可の期限を1か月に限定し，期限が到来する都度，資金繰りを確認しながら許可を繰り返すという方法がとられたという点に特色がある。なお，高等学校等の運営を行う学校法

人や学習塾，スポーツクラブ等の運営を行う会社，あるいは航空運送業を営む会社などの再生事件で，学費・会費・航空代金等が前払されており，事業者に役務の提供義務のみが残っている場合に，学校等の運営自体が事業の主たる要素を構成するものであって，これを継続することが法人の価値を維持するために必要であること，運営を継続しても資金繰りに支障が生ずることがないこと，再生債権者一人一人の債権額はそれほど多額でないことなどの事情に照らし，民事再生法85条5項後段の要件を満たすことは明らかであるとして，このような役務提供請求権について，明示的な弁済許可はせずに役務の提供が認められた事案がある（役務提供請求権の取扱いについては，第2章第3も参照）。

(エ) **弁済対象となる債権の特定**

早期に弁済しなければ再生債務者の事業の継続に著しい支障を来すか否かは，債権者ごとに事情を異にするから，弁済許可の申立てに当たっては，原則として弁済対象となる再生債権を個別に特定する必要がある。

ただし，弁済対象とすべき債権者が多数に上る事案等では，再生債権の属性ないし種類に応じて，一定の範囲の債権について，包括的な弁済許可が必要とされる場合も否定できない。例えば，運送会社について「車両の燃料代債務」，食品加工会社について「原材料の仕入れ債務のうち〇〇万円以下のもの」というような形で特定することも許容される。もっとも，この場合においても，当該範囲に属する全ての再生債権者について，「少額の再生債権」であること及び「早期に弁済しなければ再生債務者の事業の継続に著しい支障を来すとき」に該当することの各要件を満たすことが疎明される必要がある。

資料3-3-3の番号5及び6の事例は，いずれも役務提供請求権等（チケット債権）について包括的に弁済許可がされたものであるが，チケットを有する債権者が多数に上り，これを個別に特定することが不可能又は著しく困難という事情があったものである。

(オ) **一部弁済の検討**

民事再生法85条5項後段に基づく弁済は，前段と異なり，再生債権の一部

弁済をすることも認められる。むしろ，弁済による不平等を最小限にとどめるという観点からは，全部弁済よりも一部弁済にとどめる方が望ましいともいえる。そこで，再生債務者としては，一部弁済をもって従前と同様の取引関係が継続されるよう交渉を行うことが望ましい。

　東京地裁破産再生部でも，資料3－3－3の番号4の事例（衣料品等販売業）において，他の一般再生債権者との公平を図るとの観点から，販売代行手数料のうち150万円までの部分は全額，150万円を超える部分は50パーセントの弁済を行うことについて許可がされ，その余は債権届出の取下げを受けることとされた。

オ　弁済の時期

　民事再生法85条5項後段に基づく少額債権の弁済許可がされた場合に，同許可に基づく弁済は，いつまですることが可能かという問題がある。

　民事再生法85条5項後段は，弁済許可の要件として，対象となる少額債権を「早期に」弁済しなければ再生債務者の事業の継続に著しい支障を来すと認められることを要求しているから，この弁済許可に基づく現実の弁済も，「早期に」される必要がある。また，弁済許可の対象となった少額債権も，再生債権に当たる以上，再生計画の認可決定の確定により権利変更を受ける（民再178条1項）から，当該債権について，民事再生法85条5項後段の弁済許可に基づき，その全額を弁済しようとするのであれば，遅くとも，再生計画の認可決定の確定までにはされる必要があると解される。

　もっとも，事案によっては，当該弁済許可の対象となった少額債権の存在が，再生計画の認可決定の確定後に判明する場合もあり，この場合に，新たに判明した少額債権についても，再生計画による権利変更の対象としてその全額の弁済をしないとすれば，再生債務者の事業の継続に支障を来し，全額弁済を受けた少額債権者との間の平等にも反する結果となるおそれがある。東京地裁破産再生部では，再生計画案の提出の時点において，いまだ判明していない弁済許可の対象となった少額債権が相当数あると見込まれ，かつ，その時点までに当該少額債権の存在が判明しないことにやむを得ない理由が

あると認められた事案において，再生計画案の提出時点までに判明しなかった，弁済許可の対象となるべき少額債権について，権利変更の対象とはせずに随時弁済する旨の条項を設けた再生計画案が提出されて認可決定がされた事例がある。

(4) 弁済報告書の提出

　再生債務者等は，民事再生法85条2項又は5項前段，後段の許可を得て弁済をした場合には，再生計画案を裁判所に提出するときに，弁済した再生債権について記載した報告書を提出しなければならない（民再規85条1項1号）。

　少額債権の弁済は，他の再生債権者に対する弁済が禁止されている状況の下ですることとされているので，事後的にであってもその事実を他の再生債権者に明らかにし，その批判等を受け得る機会を設け，これを通じて少額債権の弁済制度の適正な運用を図る趣旨である（批判が多ければ再生計画案に賛成を得られず，否決されるリスクがある。）。

　再生債権者等の利害関係人は，裁判所に提出された弁済報告書を閲覧等（民再規9条1項，民再16条1項）することにより，その内容を確認することができる。また，東京地裁破産再生部では，弁済報告書を再生計画案の資料として添付して再生債権者に送付した事例もある。

第4章

債権調査と再生債務者の財産関係の整理

第 1

再生債権の届出と認否

1　再生債権の届出

(1)　届出の意義と効果

　再生債権者は，その有する再生債権をもって再生手続に参加することができる（民再86条1項）が，そのためには，裁判所が定めた債権届出期間内に，その債権の内容及び原因等を裁判所に届け出なければならない（民再94条1項）。

　届出をした再生債権者は，債権調査期間内に他の再生債権者の債権について異議を述べ（民再102条1項，103条4項），再生計画案の決議において議決権を行使し（民再170条，171条），再生計画に基づく弁済を受けることができる（民再177条，179条）。

　また，再生手続参加により，時効中断の効力が生じる（民147条，152条）。

　なお，届出をしない再生債権は，①自認債権（民再101条3項）として再生計画に記載がされているもの，②再生債権者がその責めに帰することのできない事由により債権届出期間内に届出をすることのできなかった再生債権で，その事由が再生計画案の付議決定前に消滅しなかったもの（民再181条1項1号），③再生計画案の付議決定後に生じた再生債権（同項2号），④再生債務者に知れている再生債権で，再生債務者が自認しなかった再生債権（同項3号）を除き，再生計画認可の決定が確定したときに，再生手続開始前の罰金等を除き，すべて免責され，再生計画による弁済を受けることができない（民再178条）。

(2) 届出の期間

　裁判所は，再生手続開始の決定と同時に，再生債権の届出をすべき期間を定めなければならない（民再34条1項）。再生債権の届出をすべき期間は，特別の事情がある場合を除き，再生手続開始の決定の日から2週間以上4か月以下（知れている再生債権者で日本国内に住所，居所，営業所又は事務所がないものがある場合には，4週間以上4か月以下）の範囲で定めなければならない（民再規18条1項1号）。

　東京地裁破産再生部の標準スケジュールでは，債権届出期間の終期を申立日から1か月＋1週間後としている。

(3) 届出の方法

　再生債権の届出は，書面を裁判所に提出しなければならない（民再規2条2項，1項）。

　再生債権が執行力ある債務名義又は終局判決のあるものであるときは，再生債権届出書に，執行力ある債務名義の写し又は判決書の写しを添付しなければならない（民再規31条3項）。

　再生債権者が代理人をもって債権の届出をする場合には，再生債権届出書に，代理権を証する書面を添付しなければならない（民再規31条4項）。

　再生債権の届出をするときは，届出書のほか，その写しを提出しなければならない（民再規32条1項）。東京地裁破産再生部では，再生債権届出書につき，裁判所用と再生債務者用の各1通を提出する扱いである。

　証拠書類については，破産手続とは異なり，再生債権の届出に際してその添付を求める規定はない。しかし，認否書の作成のため必要があれば，再生債務者等は再生債権者に対して，証拠書類の送付を求めることができる（民再規37条）。

　東京地裁破産再生部では，あらかじめ届出に必要な項目を印刷した定型の再生債権届出書の用紙（資料4－1－1）及び再生債権届出に関する説明書（資料4－1－2）を，再生手続開始決定の通知と同時に再生債権者に送付してい

資料4-1-1　再生債権届出書

〈債務者用〉

届出期限　平成　年　月　日
調査期間　平成　年　月　日〜平成　年　月　日

事件番号　平成　　年（再）第　　号
再生債務者　株式会社○○○○

再生債権届出書

平成　　年　　月　　日（届出書作成日）

東京地方裁判所民事第20部合議係　御中

債権者の表示

【住所／本店所在地】
〒　　－

【営業所等の所在地】（法人のみ記入）
□同上　□〒　　－

【氏名／名称】

【代表者名】（法人のみ記入）　【事務担当者名】

【電話】
　　－　　－
【FAX】
　　－　　－

※代理人名義で届け出る場合は，下欄を記入してください（委任状添付）。

【代理人住所】

【代理人名】

【代理人電話】
　　－　　－
【代理人FAX】
　　－　　－

裁判所使用欄
東京地方裁判所
　　　　　民事第20部
　平成　年　月　日
　　　　　　受　付

債権届出額	合　計	円
議決権の額	上記金額（ただし，87条2項，3項に該当する部分を除く。また，別除権付き債権の議決権額は後記のとおり。）	

進行番号	債権の種類 （例）売掛金 　　　貸付金 　　　手形金	債権の金額 元金の残額をご記入ください。 複数口は，別紙明細目録にご記入ください。 債権の内容及び原因（記入例参照）	約定利息金・遅延損害金 該当する□にチェックをつけてください。 開始決定の前日までは確定金額，開始決定後は額未定分です。
1		円	□平成　年　月　日から 　平成　年　月　日まで 　（利率年　％）　　　　円 □開始決定後の金員
2		円	□平成　年　月　日から 　平成　年　月　日まで 　（利率年　％）　　　　円 □開始決定後の金員
3		円	□平成　年　月　日から 　平成　年　月　日まで 　（利率年　％）　　　　円 □開始決定後の金員
4		円	□平成　年　月　日から 　平成　年　月　日まで 　（利率年　％）　　　　円 □開始決定後の金員

※　届出書のコピーをお手元に保存されますと，問い合わせ等の際に便利です。

資料4-1-1（続き）

※ 複数口の債権及び手形金債権のある方は，次の欄にご記入ください。
（記載欄が不足する場合は，この用紙をコピーなどして追加してください。）

債権明細目録　（前記進行番号　　　の　　　　　　　債権につき）

債権の種類	債権の金額	債権の内容及び原因
	円	
	円	
	円	
	円	
	円	

手形明細目録　（振出人が債務者以外の場合は，備考欄に振出人名を記入）

手形番号	額面金額	支払期日	振出日	金融機関名	備考

※ 前記の債権について，担保権のある方は，次の項目にご記入のうえ，説明書記載の資料を添付してください。複数口ある場合は，どの物件かが分かるようにして，担保権や債権の内容及び原因が分かる明細書を添付してください。

〔債権の種類〕　前記進行番号　　　の　　　　　　　債権
〔担保権の種類〕　□抵当権　　□根抵当権　　□質権　　□商事留置権
　　　　　　　　□その他（　　　　　　　　　　　　　　　　　　）
〔担保権の実行で不足する見込額〕合計　　　　　　　　　円　※必ず記入してください
〔議決権額〕　　上記金額又は確定した不足額が上記金額を超えるときは当該確定不足額

※ 前記の債権について，執行力ある債務名義をお持ちの方は，どの債権であるかを特定のうえ，その通数を記入し，写しを添付してください。
　　□執行力ある債務名義あり（債権の種類：　　　　　　　　　）合計　　　　通

　　※ 届出書のコピーをお手元に保存されますと，問い合わせ等の際に便利です。

第1　再生債権の届出と認否

資料4-1-2　再生債権届出に関する説明書

事件番号　平成〇〇年（再）第〇〇号
再生債務者　株式会社〇〇〇〇

再生債権届出に関する説明書

　上記債務者に対し，再生手続開始の決定がありましたので，再生手続開始決定通知書及び再生債権届出書用紙をお送りします。
　債権の届出をする方は，下記の説明事項及び同封の記入例をご覧のうえ，届出期限までに同封の返信用封筒でお送りください。

《届出期限》平成〇年〇月〇日　**必着**

【届出及び認否の結果に関しての問い合わせ先】
　東京都〇〇区〇〇1丁目2番3号　〇〇ビル〇階〇〇法律事務所
　再生債務者〇〇〇〇株式会社代理人弁護士　〇〇〇〇
　　電話　03-0000-0000　FAX　03-0000-0001
　＊お問い合わせはできるだけFAXをご利用ください。

注意事項

1　届出期間内に債権届出をしないと債権を失うことがあります。
2　債権者が届出をした，債権の内容及び議決権についての調査結果（認否）は，債務者が作成する『認否書』に記載されます。
　　認否書は，裁判所のほか，債務者の事務所や営業所等に備え置かれます。

【債権届出書の送り先】
〒000-0000　東京都〇〇区〇〇1丁目2番3号〇〇ビル〇階　〇〇法律事務所
　再生債務者〇〇〇〇株式会社代理人弁護士　〇〇〇〇　気付
　　東京地方裁判所平成〇〇年（再）第〇〇号事件書類受領事務担当

提出方法

(1)　同封の再生債権届出書（〈裁判所用〉〈債務者用〉各1通）を一括して同封の返信用封筒で返送してください。
(2)　代理人名義で届け出る場合は，委任状1通を添付のうえ（様式は適宜のもので結構です。）再生債権届出書の『代理人名』に記名押印してください。
(3)　法人の場合であっても，資格証明書の添付は不要です。
(4)　証拠書類の添付は不要です。ただし，再生債務者から求められた場合は，速やかに再生債務者宛に提出してください。
(5)　保証人への請求等のため，債権届出日を明らかにしたい方は，配達証明郵便等を御利用ください。

> 記入要領　※記入例を参考に記入してください。
>
> (1) 債権者の表示
> 〈個人の場合〉
> ア 『印』に本人の印鑑（認印でも結構です。）を押してください。印鑑証明書の添付は不要です。
> イ 『住所／本店所在地』に，現在の住所を記入してください。今後，裁判所からの通知はこの住所宛に郵送します。
> 〈法人の場合〉
> ア 『印』に法人の代表印を押してください。印鑑証明書の添付は不要です。
> イ 『住所／本店所在地』に，登記簿記載の本店所在地を記入してください。
> ウ 『営業所等の所在地』には，本件取引の窓口となっている営業所，事務所等が，①『本店所在地』と異なる場合はその所在地を必ず記入し，②『本店所在地』と同じ場合は「同上」にチェックしてください。
> 　　今後，裁判所からの通知は『営業所等の所在地』記載の住所宛に郵送します。
> (2) 利息金又は遅延損害金
> 　　開始決定日の前日までの部分は確定金額を記入してください。開始決定日以後の部分も届け出る場合，この部分は「額未定」となりますので，記入例のように□にチェックするだけで結構です。
> (3) 担保権付債権
> ア 『担保権の実行で不足する見込額』については，できる限り，資料として，計算書や不動産評価書等を添付してください。担保設定が複数ある場合は，どの物件かが分かるように設定内容についての明細書を添付してください。
> イ 担保権者は，担保権の実行で不足する見込額についてのみ議決権を行使することができます。（民事再生法88条）
> 　　『担保権の実行で不足する見込額』の記載がない場合や「額未定」と記載されている場合は，再生計画案の決議をする債権者集会時までに不足額が確定しない限り議決権額を０（ゼロ）として届け出たものと扱いますのでご注意ください。
> (4) 届け出る債権が，約定劣後再生債権（民事再生法35条4項）である場合は，その旨を『債権の種類』又は『債権の内容及び原因』に記入してください。
> 　　　　　　　　　　　　　　　　　　　　　　　　　　　　　　　　　以　上

るが，ゴルフ場運営会社のように多数の会員債権者が存在する事案等では，再生債務者において当該事件専用の再生債権届出書を準備し，あらかじめ再生債権者の氏名・住所・債権の種類・債権額・議決権額等の再生債務者が把握しているデータを印字して送付する等，再生債権者の負担を極力小さくし，債権届出及び債権調査に係る混乱を防止する工夫例もある。

　なお，再生債権届出書の提出については，特段の事情のない限り，再生債権者から再生債務者代理人に直送する取扱いとしている。

(4) 届出事項

　再生債権届出書には，各債権について，①その内容及び原因，②約定劣後再生債権であるときはその旨，③議決権の額を記載しなければならない（民再94条1項）。

　また，④再生債権者及び代理人の氏名又は名称及び住所，⑤再生手続において書面を送付する方法によってする通知又は期日の呼出しを受けるべき場所（日本国内に限る。），⑥民事再生法84条2項各号に掲げる請求権（再生手続開始後の利息の請求権，再生手続開始後の不履行による損害賠償及び違約金の請求権，再生手続参加の費用の請求権）を含むときは，その旨，⑦執行力ある債務名義又は終局判決のある債権であるときは，その旨，⑧再生債権に関し再生手続開始当時訴訟が係属するときは，その訴訟が係属する裁判所，当事者の氏名又は名称及び事件の表示を記載しなければならない（民再規31条1項）。

　さらに，⑨再生債権者の郵便番号，電話番号（ファクシミリの番号を含む。）その他再生手続における通知，送達又は期日の呼出しを受けるために必要な事項として裁判所が定めるものも再生債権届出書に記載するものとされている（民再規31条2項）。なお，東京地裁破産再生部では，個人情報の保護の観点から，裁判所用の再生債権届出書には電話番号及びファクシミリ番号を記載しない書式としている。

ア　債権の内容及び原因（民再94条1項）

　「債権の内容及び原因」については，届出債権を他の債権と識別して特定するに足りる程度の記載を要する。

　「債権の内容」は，金銭債権であれば債権の額，弁済期，利率を記載する。金銭債権で額不定のもの（例えば，再生手続開始決定後の遅延損害金や将来の一定時における収益分配請求権などが考えられる。）は，金額の算定方法を記載する。

　一方，非金銭債権の場合は，その目的，履行期，条件，損害賠償等の予定等に関する定めがあるときはその内容等を記載する。例えば，脱毛エステサ

ロンのように，前払で期間中に数回の役務（施術）の提供を受ける債権は，その旨明示する必要がある。また，ゴルフ会員権の届出については，預託金返還請求権のみが記載されている例が多いが，その場合でも，ゴルフ会員権の性質上，預託金返還請求権とプレー権が一体となっていることを前提に，プレー権もまた同時に届出をしているものと実務上は理解されている例が多い（なお，役務提供義務の取扱いについては，第2章第2も参照されたい。）。

「債権の原因」は，債権の同一性を認識し得るようにその発生原因事実を記載する。例えば，損害賠償請求権の届出については，単に不法行為や債務不履行等と記載するのではなく，その発生原因事実や法的主張も記載することが望ましい。数個の再生債権があるときは，個々に記載して届出をする。

また，再生債権者が共益債権に該当すると考える債権について，再生債務者等が再生債権であると主張するような場合に，当該債権を再生債権として届け出るときは，当該債権について，予備的に再生債権として届出をすることを明示して届け出る必要がある（最判平25.11.21（民集67巻8号1618頁）は，民事再生法上の共益債権に当たる債権を有する者は，当該債権につき再生債権として届出がされただけで，本来共益債権であるものを予備的に再生債権であるとして届出をする旨の付記もされず，この届出を前提として作成された再生計画案を決議に付する旨の決定がされた場合には，当該債権が共益債権であることを主張して再生手続によらずにこれを行使することは許されないと判示しており，予備的に再生債権として届出する旨の付記をする必要があることに注意を要する。）。

イ　議決権の額（民再94条1項）

「議決権の額」について，再生債権者は債権届出に当たり自ら算定して記載しなければならないが，東京地裁破産再生部では，債権届出書の用紙にあらかじめ届出債権額と同額である旨の記載を印字しているので，この記載を修正しない限り，債権届出額と同額の議決権額の届出がされたものと扱っている。

なお，再生債権の議決権の額は，原則としてその債権額であるが（民再87条1項4号），期限付き債権で無利息のもの，定期金債権，非金銭債権，額

不確定の金銭債権，外国通貨で定められた債権，条件付債権，将来の請求権は，それぞれ算定方法について特則がある（民再87条1項1号～3号）。外国通貨で定められた債権は，外貨のままで届出をするが，議決権の額については，再生手続開始決定時における東京外国為替市場の為替レート（再生手続開始決定日における金融機関の最終公表相場）で日本円に換算して届出をさせることが通例である。

ウ　別除権者（民再94条2項）

別除権を有する債権者（民再53条1項）は，前記届出事項のほか，別除権の目的である財産及び別除権の行使によって弁済を受けることができないと見込まれる債権の額（いわゆる予定不足額）を届け出なければならず（民再94条2項），また，別除権の行使で不足する額についてのみ議決権を行使することができる（民再88条）。

東京地裁破産再生部の再生債権届出書の書式では，別除権の行使（担保権の実行）で不足する見込額の記載欄を設けてその届出を促し，議決権額についても，別除権の行使で不足することが確定した額又は見込額を届け出ることとしているが，再生債権届出書の書式の議決権額欄には，不動文字で「上記金額又は確定した不足額が上記金額を超えるときは当該確定不足額」と印字し，不足額の届出があれば議決権額の届出があったものとして扱い，不足額の届出がない場合にも，不足額の確定後にその旨の申出があれば，議決権額を確定不足額とする届出があったものと取り扱うこととしている。

なお，別除権の行使で不足する見込額を「額未定」とする届出が少なくないが，この場合及び別除権の行使で不足する見込額の記載がない場合には，東京地裁破産再生部では，債権者集会時までに不足額が確定しない限り議決権額を「0円」と届け出たものとみなす取扱いであり，再生債権届出に関する説明書（資料4-1-2）にもその旨記載して注意を促している。

(5)　届出事項の変更

届出があった再生債権の消滅その他届け出た事項について他の再生債権者

の利益を害しない変更が生じたときは，当該届出をした再生債権者は，遅滞なく，その旨を裁判所に届け出なければならない（民再規33条1項）。

なお，再生債権者が上記届出を怠る等の場合は，再生債務者等も上記届出をすることができる（民再規33条2項本文）が，再生債務者の場合には，それに先立って再生債権者に所定の通知をし，異議がないことを確認することを要する（同項ただし書）。

(6) 届出の追完等

再生債権者は，裁判所の定める届出期間内に債権届出をしなければならず（民再94条1項），届出がなければ失権するのが原則である（民再178条）が，その例外として，①再生債権者がその責めに帰することができない事由によって届出ができなかった場合（民再95条1項），②届出期間経過後に再生債権が生じた場合（同条3項），③再生債権者がその責めに帰することができない事由によって届け出た事項について他の再生債権者の利益を害する変更を加える場合（同条5項）については，届出の追完等が認められている。ただし，再生計画案を決議に付する旨の決定（民再169条1項）がされた後は，もはや届出の追完等をすることはできない（民再95条4項）。

2 再生債権の認否

(1) 再生手続における債権調査の意義

再生手続における債権調査は，届出があった再生債権について，裁判所が定めた期限までに再生債務者が債権認否書を提出し，債権調査期間において，その認否の結果を届出再生債権者が確認して，必要があれば異議を述べることにより行う（民再99条～102条）。

なお，管財人が選任されている場合は，管財人が認否書を提出し，その認否の結果を再生債務者及び届出再生債権者が確認し，必要があれば再生債務者及び届出再生債権者が異議を述べることにより行う（民再100条）。

また，再生手続では債権調査期間による書面での債権調査のみが認められ，破産手続のような債権調査期日（破121条以下参照）の概念はない。

　再生手続における債権調査の対象となる権利は，金銭債権に限らず，契約上の履行請求権も含まれる。また，調査対象の事項は，再生債権の「内容及び原因」「議決権の額」「別除権の予定不足見込額」，その他規則で定める事項（民再100条，99条2項）である。

　再生債権の認否の結果は，再生計画案の作成の基礎となる負債総額を確定させ，議決権額の認否は再生計画案の議決に影響するため，極めて重要な意味を有する。

(2) 再生手続における債権調査の効果

ア　再生債務者等が認めた場合

　再生債務者等が認否書で認め，調査期間内に届出再生債権者の異議がなかったときは，届出再生債権についてはその再生債権の内容又は議決権の額が，自認債権についてはその内容が確定する（民再104条1項）。

　裁判所書記官は，再生債権の調査の結果を再生債権者表に記載し（民再104条2項），その確定した再生債権について，再生債権者表の記載は，再生債権者の全員に対して確定判決と同一の効力を有する（同条3項）。

　東京地裁破産再生部では，認否書の記載を引用して，再生債権者表を作成している。

イ　再生債務者等が認めなかった場合

　再生債務者等が認否書で認めなかった再生債権については，再生債権査定の申立て又は訴訟の受継の手続を経て再生債権の内容が確定する。1か月の不変期間内にこれらの申立てがない場合，再生債務者等が認めなかった再生債権についてはもはや再生債権の確定を求める方法がなくなるため，再生債権の届出がなかった状態と同様になると解される（伊藤・破産民再3版950頁）。なお，東京地裁破産再生部では，認めなかった再生債権について，再

資料4-1-3　異議通知書

```
平成○○年(再)第○○号　再生手続開始申立事件
再生債務者　○○○○株式会社
　　　　　　　　　　　　　　　　　　平成○○年○○月○○日
再生債権者　株式会社△△△△　御中
　　　　　　　　　申立人（再生債務者）　○○○○株式会社
　　　　　　　　　同代理人弁護士　○○　○○　㊞

　　　　　　　　　　　異議通知書

　届出再生債権について，次のとおり異議を述べたので通知する。
```

届出番号	債権の種類	届出債権額	認める債権額	認めない債権額
		届出議決権額	認める議決権額	認めない議決権額
○○-1	貸金	○○万円	0円	○○万円
○○-2	売掛金	○○万円	0円	○○万円

生債務者等から当該再生債権者に異議通知書（資料4-1-3）を送付する運用としている。

ウ　再生債務者等が認否書に認否を記載しなかった場合

　債権届出期間内に届出があった再生債権について，提出された認否書に，再生債権の内容又は議決権についての認否の記載がないときは，再生債務者等において，これを認めたものとみなされる（民再101条6項前段）。

　また，債権届出期間経過後に適法な届出があった再生債権（再生債権者がその責めに帰することができない事由によって債権届出期間内に届出をすることができなかった場合（民再95条））又は適法な届出事項の変更があった再生債権についても，その内容又は議決権についてそのいずれかの認否の記載がない場合は，記載のないものを認めたものとみなされる（民再101条6項後段）。

　このように，認否漏れがあった場合には，認めない予定であった再生債権についても認めたものとみなされるので，再生債務者等は十分な注意が必要である。

(3) 認否書の作成及び提出

　再生債務者(管財人が選任されている場合は管財人)は,債権届出期間内に届出がされた再生債権について,認否を記載した認否書を作成し,一般調査期間前の裁判所の定める期限までに裁判所に提出しなければならない(民再101条)。再生債務者が認否書の提出期限までに認否書を提出しなかった場合,裁判所は,監督委員の申立て又は職権で,再生手続の廃止の決定をすることができる(民再193条1項3号)。

　認否書の提出期限について,東京地裁破産再生部の標準スケジュールでは,申立日から2か月+1週間としている。

　債権届出期間経過後に届出がされた再生債権,あるいは,債権届出期間経過後に他の再生債権者の利益を害すべき届出事項の変更がされた再生債権であっても,再生債権者がその責めに帰することができない事由によって債権届出期間内に届出等をすることができなかった場合には,再生債務者等の認否書作成に間に合う限り,その認否を記載することができる(民再101条2項)。

　認否書に記載する事項は,届出のあった再生債権の内容及び議決権についての認否並びに届出がされていない再生債権で再生債務者等が自認する内容である(民再101条1項,3項)。

(4) 認否書の作成に関する注意事項

　認否書を作成するに当たっては,以下の点に注意するほか,「典型的な債権の認否方法について」(資料4-1-4(1))及び「再生債権認否書記載例」(資料4-1-4(2))を参照されたい。

ア　債権者名

　債権届出が,債権回収委託を受けたサービサーによる場合は,債権者名には委託者を記載し,債権譲渡を受けたサービサーによる場合は,債権者名にはサービサーを記載する。

届出債権に名義変更があった場合には，変更後の債権者名を記載する。

イ　債権の種類，内容，議決権額

　届出書の記載に従って，正確に記載する。再生手続開始後の利息及び遅延損害金について「額未定」の届出がされている場合は，それも記載する。なお，0円の届出がされた場合は，認否書には0円の届出として記載し，0円と認否する。

　議決権額を額未定と記載している届出や金額の記載がない届出について，東京地裁破産再生部では，原則として，議決権額を0円として届け出たものと取り扱っているので，認否書の届出議決権額欄及び認める議決権額欄にはいずれも0円と記載する（なお，東京地裁破産再生部の近時の事例で，債権額が確定していない再生債権であって，再生手続開始の時における評価額をもって議決権が定められるもの（民再87条1項3号。具体的には，出版物に係る将来の一定時における収益分配請求権であった。）について，再生債務者において，再生手続開始時点の評価額（同号）を示す資料等によって，その議決権額を算定し，これに基づき議決権の認否をした事例がある。）。

ウ　認めない理由の要旨

　届出がされた再生債権の全部又は一部を認めないとする認否をする場合，認めない理由の要旨を記載する。東京地裁破産再生部の「典型的な債権の認否方法について」（資料4-1-4⑴）添付の「再生債権認否書記載例」（資料4-1-4⑵）では，理由の要旨を類型化し，その番号を記載することとしている。

エ　届出が全額取り下げられた場合

　債権届出がその後全額取り下げられた場合は，その他欄にその旨記載し，事務処理上の過誤を避けるために，届出債権欄及び認否欄には金額を記載しない。

資料4-1-4(1) 典型的な債権の認否方法について

(H24.4.26)

典型的な債権の認否方法について

具体的な事例に基づいて，典型的な債権の認否方法についてご説明いたします。
「再生債権認否書記載例」とあわせて，認否書作成の参考にしてください。

> [事　例]
> 金属製品の製造・販売業（株式会社）
> 東京都内に本店あり（本店の土地建物は自社所有。再生債務者による評価額は1億円）
> 都下に自社工場所有（遊休設備。保証金700万円，賃料月額50万円で賃貸中。
> 　　　　　　　　　　開始時の原状回復費用見込額は100万円。再生債務者による評価額は2000万円）

1　A商事株式会社（売掛代金）
　　届出債権　部品の売掛代金100万円
　　　　　　　届出議決権額は同額
　　認　　否　20万円は支払済みなので認めず，これを控除した80万円を認める。
　　注意点　認めない理由の要旨欄に，1（債権不存在）と記載する。
2　Bリース株式会社（リース債権）
　　届出債権　金属加工機械のリース料1000万円　開始日前日までの損害金20万円　開始後の損害金額未定
　　　　　　　別除権あり（リース物件）
　　認　　否　議決権額について，担保物件の評価額である400万円は認めず，これを控除した600万円を認める。
　　注意点　認否の根拠を示すため，その他欄に担保物件の評価額を記載する。
3　株式会社C銀行（貸付金（メインバンク））
　　届出債権　貸付金残元金3億円　利息500万円　開始後の損害金額未定
　　　　　　　本店土地建物に2億5000万円，工場に5000万円の担保あり（いずれも順位1番）
　　　　　　　届出議決権額は，債権者による担保物件の評価額1億5000万円を控除した不足見込額である貸付金残元金1億5000万円

　　　　　　　利息500万円
　　認　否　全額を認める。
　　注意点　債権者は担保物件を1億5000万円で評価して議決権額を不足見込額である1億5500万円と届け出ている。これに対し，再生債務者による担保物件の評価額は1億2000万円であり，不足見込額は1億8500万円となる。このような場合であっても，当部では，再生債務者の議決権の認否は債権者の届出の範囲内で行う運用であるため，認める議決権額は1億5500万円となる。なお，担保物件の評価に争いがあることを示すために，その他欄にその旨の記載をする。この場合，届出議決権額を全額認めているので，再生債務者の具体的な評価額を記載する必要はない。
　　　　　　ただし，債権者は，確定した不足額が届出議決権額を超えるときは当該不足額を議決権額とする旨の届出をしており，再生債務者はこれを認めているので，認否書提出以降債権者集会までの間に，別除権協定の締結等により確定した不足額が認否書上の認める議決権額を超えることとなったときは，当該債権者の行使する議決権額は当該確定不足額となる（裁判所は，再生債務者からその旨の上申を受けて，議決権額を変更する手続をとる。）。（注3）は，この趣旨を示す記載である。

4　D信用金庫（貸付金）
　　届出債権　貸付金残元金1000万円　開始日前日までの利息30万円　開始後の損害金額未定
　　　　　　本店土地建物に1000万円の抵当権あり（順位2番）
　　　　　　不足見込額及び議決権額の記載なし
　　　　　　債権回収委託を受けたサービサーによる届出
　　認　否　全額を認める。
　　注意点　債権回収委託を受けたサービサーによる届出については，債権者名には委託者を記載する。債権譲渡を受けたサービサーによる届出については，債権者名にはサービサーを記載する。
　　　　　　当部では，議決権額を額未定と記載している場合や金額の記載がない場合は，議決権額を0円として届け出たものと取り扱うものとしているので，認否書の届出議決権額欄及び認める議決権額欄にはいずれも0円と記載する。（注2）は，この趣旨を示す記載である。

5 　有限会社Ｅ産業（工場の保証金返還請求権）
　　　届出債権　保証金700万円
　　　認　　否　全額を認めるが，停止条件付債権であることをその他欄に記載する。議決権額について，開始時の原状回復費用見込額である100万円は認めず，これを控除した600万円を認める。
　　　注 意 点　保証金（敷金）返還請求権は，賃貸借契約が終了し，物件の明渡しが完了すると発生する停止条件付債権であり，具体的な金額は未払賃料及び原状回復費用等を控除した後に確定する未確定再生債権である。認否にあたっては敷引契約の有無を確認し，開始後の賃料の弁済により賃料の6か月分の範囲で共益債権化される可能性があること（民事再生法92条3項）等を考慮して，その他欄に停止条件付債権である旨を記載する。（注5）は，停止条件の内容を示す記載である。
　　　　　　　　議決権額については，開始決定時に解約，明渡しがあったものとして，その評価額で認否する必要があるので（同法87条1項3号ホ），開始時の原状回復費用見込額である100万円を控除した金額を認める。開始時に賃料の未払があれば，その金額も控除する。その上で，認めない理由の要旨欄に5（その他欄記載），その他欄に理由を記載する。

6 　Ｆ興業ことＦ太郎（手形金）
　　　届出債権　手形金50万円
　　　認　　否　手形を所持していないので全額認めない。
　　　注 意 点　個人が屋号で債権届出した場合は，債権者名には屋号と個人名を記載する。
　　　　　　　　手形金の届出については，手形の表裏のコピーの提出を受けるなどして，届出債権者が手形を所持しているか必ず確認する。所持に疑義がある場合には原本の提示を求める。所持していない場合は，全額認めず，認めない理由の要旨欄に5（その他），その他欄に手形所持なしと記載する。

7 　Ｇ Co.Ltd（売掛代金）
　　　届出債権　材料代金5万6000ユーロ
　　　認　　否　全額を認める。
　　　注 意 点　外国通貨での債権届出は，そのまま記載する。ただし，議決権額の認否は開始決定時における東京外国為替市場の為替レートで日本円に換算する（民事再生法87条1項3号ニ）。

8 　Ｈ　次郎（労働債権）
　　　届出債権　申立直前の退職による退職金75万円
　　　認　　否　退職金60万円は認めるが，労働債権のうち再生手続開始前の

　　　　　　部分は一般優先債権に該当する（民事再生法122条1項，民法306条2号，308条）ので再生債権としては認めない。
　　注意点　債権者に連絡して取下げを促すことが相当であるが，説明してもこれに応じない場合は，全額について認めないと認否し，認めない理由の要旨欄に1（債権不存在），4（一般優先債権）と併記し，その他欄に不存在の金額を記載する。
9　I信用組合（保証債務履行請求権）
　　届出債権　保証人に対する保証債務履行請求権500万円。ただし，主債務者は約定弁済を継続している。
　　認　　否　全額を認める。
　　注意点　再生債権が保証債務履行請求権である場合，債権者は，再生手続開始の時に有する債権の全額について再生手続に参加することができるが，主債務者が約定弁済を継続しており，期限の利益を喪失していない限り，債権者は期限付債権を有するにとどまる（保証契約において，保証人が再生手続開始決定を受けたときは直ちに履行請求ができるとされている場合を除く。）。そこで，その他欄に期限付債権である旨を記載する。
　　　　　　これに対し，再生債権が連帯保証債務履行請求権である場合は，期限付債権とはならない。
10　J産業株式会社
　　注意点　債権届出はあったが，その後届出が取り下げられたので，その他欄にその旨記載する。この場合，事務処理上の過誤を避けるために債権額及び認否欄には金額を記載しない。
　　　　　　なお，0円の届出がされた場合は，認否書には0円の届出として記載し，0円と認否する。

オ　再生債権者に相続が発生した場合

　相続人が再生債権の行使をするには，相続関係の疎明をする必要があるが，限られた期間内に十分な疎明資料を提出することが困難な例が多く，それらを欠く債権届出であっても，債権の保存行為として許容している。
　このような場合，認否書の債権者名欄は被相続人名とし，その他欄に「被相続人名義の債権として認める。議決権の行使及び弁済の受領は，相続関係の疎明を停止条件とする。」等と記載する扱いとしている。

資料４−１−４(2)　再生債権認否書記載例

再　生　債

民事再生法101条１項及び２項に規定する債権

受付番号		債権者名	届　出　債　権			議決権額	
			種類	内容（債権額）（別除権のある場合はその旨）			
1		A商事株式会社	売掛代金	1000000		1000000	
2	1	Bリース株式会社	リース債権	10000000	別除権あり	10000000	
	2		遅延損害金	200000	別除権あり	200000	
	3		開始決定後の損害金	額未定	別除権あり	0	
	4		小　　計	10200000	別除権あり	10200000	
3	1	株式会社Ｃ銀行	貸付金	300000000	別除権あり	150000000	＊
	2		利息	5000000	別除権あり	5000000	＊
	3		開始決定後の損害金	額未定	別除権あり	0	
	4		小　　計	305000000	別除権あり	155000000	＊
4	1	Ｄ信用金庫	貸付金	10000000	別除権あり	0	＊
	2		利息	300000	別除権あり	0	＊
	3		開始決定後の損害金	額未定	別除権あり	0	
	4		小　　計	10300000	別除権あり	0	＊
5		有限会社Ｅ産業	保証金返還請求権	7000000		7000000	
6		Ｆ興業ことＦ太郎	手形金	500000		500000	
7		G Co.Ltd	売掛代金	€ 56000		€ 56000	
8		Ｈ　次郎	労働債権	750000		750000	
9		Ｉ信用組合	保証債務履行請求権	5000000		5000000	
10		Ｊ産業株式会社					
		合　　　　計		339750000 及び額未定 及び56000 ユーロ		179450000 及び56000 ユーロ	

（注１）　届出債権者の住所，再生債権の原因は，その他欄に記載のない限り債権届出書と同じである。
（注２）　議決権額を額未定又は議決権額を記載していない届出については，議決権額を０円として届け出
（注３）　議決権額欄に＊があるものは，確定した不足額が当該議決権額欄記載の金額を超えるときは当該
（注４）　認めない理由の要旨　　１債権不存在　　２証拠不十分　　３共益債権　　４一般優先債権　　５
（注５）　賃貸不動産の明渡し時に，未払賃料，賃料相当損害金及び原状回復費用等並びに民事再生法92条

マイクロソフト社の表計算ソフト「エクセル」で作成したデー

平成○○年（再）第○○○号
再生債務者　株式会社○○○○
代理人　○○　○○　㊞

認　否　書

（単位　円）

認否の結果						その他
認める			認めない		認めない理由の要旨	
認める額（別除権のある場合はその旨）		議決権額	認めない額	議決権額		
800000		800000	200000	200000	1	
10000000	別除権あり	6000000　＊		4000000		担保物件の評価は400万円である。
200000	別除権あり	200000　＊				
全額	別除権あり	0				
10200000	別除権あり	6200000　＊		4000000		
300000000	別除権あり	150000000　＊				担保物件の評価は争う。
5000000	別除権あり	5000000　＊				
全額	別除権あり	0				
305000000	別除権あり	155000000　＊				
10000000	別除権あり	0　＊				
300000	別除権あり	0　＊				
全額	別除権あり	0				
10300000	別除権あり	0　＊				
7000000		6000000		1000000	5	停止条件付債権（注5）。認める議決権額は原状回復費用見込額を控除。
0		0	500000	500000	5	手形所持なし
€ 56000		5990000				認める議決権額は開始決定時における東京外国為替市場の為替レートで日本円に換算。
0		0	750000	750000	1，4	15万円は不存在。その余りは一般優先債権。
5000000		5000000				期限付債権
						届出全部取下げ
338300000 及び額未定 及び56000 ユーロ		178990000	1450000	6450000		

たものとして扱っている。
確定不足額とする。
その他欄記載のとおり
3項により共益債権とされる額を控除し，なお残額があることが確定することを停止条件とする。

タは，議決票を作成する際の債権者一覧表にも利用できます。

(5) 認否書等の閲覧及び謄写

　裁判所に提出された認否書等（認否の変更等の書面を含む。）については，再生債権者等の利害関係人は，裁判所書記官に対し，閲覧及び謄写の請求をすることができ（民再16条），再生債務者等は，債権調査期間内は，認否書等の内容を再生債権者が再生債務者の主たる営業所又は事務所において閲覧することができる状態に置く措置を執らなければならない（民再規43条1項，4項）。また，再生債務者等は，再生債務者の主たる営業所または事務所以外の営業所又は事務所においても認否書等の内容を閲覧することができる状態に置く措置を執ることができる（同条2項）。

(6) 認否の変更

　再生債務者等が，認否書の提出後に再生債権の内容又は議決権についての認めない旨の認否を認める旨の認否に変更する場合には，当該変更の内容を記載した書面を裁判所に提出するとともに，当該再生債権を有する再生債権者に対し，その旨を通知しなければならない（民再規41条）。なお，認否を変更することができる時期は，認否の対象となる権利が確定するまでと解されるので，債権査定申立期間内（再生債権査定の申立てがあった場合は，査定決定が確定する又は査定決定に対する異議の訴えの判決が確定するまでの間）に限られる。

　これに対し，認める旨の認否を認めない旨の認否に変更することは，債権調査期間が開始する前は自由にできるが，開始後は当該届出債権者の同意がなければ許されない。

　認否書の明白な誤記（計算間違え等）を訂正する場合は，訂正箇所を明示した「認否書訂正書」を提出し，認否を変更する場合は，「認否変更書」を提出する。

3　一般調査期間と特別調査期間

　一般調査期間とは，債権届出期間内に届出があった再生債権及び再生債務者等が自認する再生債権を調査するための期間である。ただし，債権届出期間経過後に届出がされ，又は，債権届出期間経過後に他の再生債権者の利益を害すべき届出事項の変更がされた再生債権であっても，それが再生債権者の責めに帰することができない事由によって債権届出期間内に届出等をすることができなかった場合（民再95条）には，再生債務者等は認否書にその認否を記載することができるので（民再101条2項），認否書に認否が記載された再生債権は一般調査期間において債権調査がされる（民再102条1項）。

　一般調査期間は，債権届出期間の末日と一般調査期間の初日との間に1週間以上2か月以下の期間をおき，1週間以上3週間以下でなければならない（民再規18条1項2号）。東京地裁破産再生部の標準スケジュールでは，一般調査期間について，申立日から起算して，10週〜11週の間の1週間としている。

　特別調査期間とは，債権届出期間経過後に届出がされ，又は，債権届出期間経過後に他の再生債権者を害すべき届出事項の変更がされた再生債権で，再生債権者がその責めに帰することができない事由によって債権届出期間内に届出をすることができなかったもの（民再95条）のうち，一般調査期間に調査が行われなかったものについて調査をするための期間である（民再103条）。特別調査期間における調査の方法は，一般調査期間と同様である。裁判所は，期限後届出について法定の要件を満たすと判断したときは，特別調査期間を定め（同条1項），再生債務者等は，特別調査期間前の裁判所の定める期限までに認否書を裁判所に対して提出する（同条3項）。東京地裁破産再生部では，特別調査に係る認否書の提出期限を再生計画案決議のための債権者集会の前週の月曜日，特別調査期間を同じ週の木曜日から金曜日の2日間としている。

　一般調査期間又は特別調査期間において，届出再生債権者が他の再生債権

資料4－1－5　再生債権認否書（自認債権）

				事件番号　平成○○年（再）第○○○号
				再生債務者　株式会社○○○○
				代 理 人　弁護士　○○　○○　㊞

再生債権認否書

民事再生法101条3項に規定する債権（自認債権）

番号	債権者名 注1	住所 注1	債権の種類 注1	債権の原因 注1	債権の内容（債権額）（別除権ある場合はその旨）注1	別除権の目的である財産及びその予定不足額	備考
1	A運輸株式会社	東京都港区○○1－2－16	運送代金	平成27年12月1日～同月31日分の運送代金	80,280		
2－1	Bファイナンス株式会社	東京都大田区△△4－3－11	貸金	平成26年12月3日付消費貸借契約	10,000,000		元金10,000,000に対する平成28年2月1日から完済まで年14％の割合 注2
－2			遅延損害金	同上	額未定		
3	Cシステム株式会社	東京都千代田区□□3－2－1	システム保守料	財務会計システムに関する平成27年11月分～28年1月分の保守料	195,840		他に届出債権あり（受付番号75）注3
4	Dリース株式会社	東京都文京区○○2－4－2	リース料	平成25年7月10日付自動車リース契約（契約番号03－01357）	156,000 別除権あり	普通乗用自動車（Z社製△△）1台。予定不足額未定	

※注1　自認債権には債権届出書がないので、「債権者名」「住所」「債権の種類」「債権の原因」「債権額」の各欄に記載する。
※注2　遅延損害金が額未定のときは、計算の根拠を「備考」欄に記載する。
※注3　当該債権者が別除権債権を届け出ている場合は、その旨及び受付番号を記載する。

の内容又は議決権について異議を述べた場合は，裁判所書記官は，当該再生債権を有する再生債権者に対し，その旨を通知しなければならない（民再規44条）。

4 自認債権

再生債務者等が，届出がされていない再生債権があることを知っている場合には，当該再生債権について，自認する再生債権の内容等を認否書に記載しなければならない（民再101条3項）。自認債権を認否書に記載する場合の記載例は，資料4－1－5のとおりである。

自認債権は，認否書に記載され，届出があった再生債権と同様に債権調査の対象となり，再生計画の定めに従って権利変更がされ，再生計画による弁済の対象となる。

ただし，自認債権を有する再生債権者は，自ら積極的に再生手続に参加するものではなく，他の再生債権に対する異議権，債権者集会における議決権，再生計画案の提出権，再生計画案の決議における議決権等の手続上の権限はない（一問一答民再134頁，135頁）。

自認債権を有すると認められた再生債権者が，議決権行使を目的に改めて債権届出をした場合，東京地裁破産再生部では，当該再生債権者から自認債権の放棄書の提出を受けて，特別調査期間を定めるのが通例であるが，当該再生債権者が当該放棄書の提出に応じないときには，特別調査に係る認否書の備考欄に自認債権と同一である旨の記載をして届出債権として認めることも許容している。

5 再生債権の査定の裁判及び異議の訴え

再生債権の内容について再生債務者等がこれを認めず，又は届出再生債権者が異議を述べた場合は，当該再生債権を有する再生債権者はその内容の確定のために当該再生債務者等及び当該異議を述べた届出再生債権者の全員を

相手方として裁判所に再生債権の査定の申立てをすることができる（民再105条1項）。

　裁判所に再生債権査定の申立てをする場合は，当該再生債権について調査を行った調査期間の末日から1か月の不変期間内に当該申立てをしなければならない（民再105条2項）。再生債権査定の申立てがあると裁判所は異議者等を審尋しなければならないが（同条5項），再生債権者は，再生債権の内容及び原因について，査定の手続では再生債権者表に記載されている事項についてのみ主張することができる（民再108条）。

　再生債権査定の裁判では，査定の申立てを不適法として却下する場合を除き，裁判所が決定手続によって異議等のある再生債権の存否及び内容を定める（民再105条3項，4項）。

　東京地裁破産再生部では，簡易迅速に債権の確定を図るという債権査定の趣旨に鑑み，原則として，査定の審理について審尋期日を開くことなく，通常1～2週間程度の一定期間を区切って，相手方に対し答弁書の提出を求め，その後速やかに再生債権査定の判断をすることとしている。再生債権査定の申立書の記載例及び答弁書の記載例は，資料4-1-6，資料4-1-7のとおりである。

　査定の申立てについての裁判に不服がある者は，その裁判書の送達を受けた日から1か月の不変期間内に異議の訴えを提起し（民再106条1項，2項），一般の民事訴訟手続によって争うことになる。異議の訴えの提起がないときは査定の申立てについての裁判は確定する。この確定及び査定の申立てについての裁判に対する異議の訴えの確定判決は再生債権者の全員に対して確定判決と同一の効力を有する（民再111条1項，2項）。

6 再生手続開始当時係属する訴訟がある場合

　異議のある再生債権について，再生手続開始当時訴訟が係属する場合，再生債権者がその内容の確定を求めようとするときは，当該再生債権について調査を行った調査期間の末日から1か月の不変期間内に，異議者等の全員を

資料4-1-6　再生債権査定申立書

　平成○○年(再)第○○号　再生手続開始申立事件
　再生債務者　株式会社○○○○

　　　　　　　　　　　　　　　　　　　　　　平成○○年○○月○○日
　東京地方裁判所民事第20部　御中
　　　　　　　　　　申立人（再生債権者）　○○○○株式会社
　　　　　　　　　　同代理人弁護士　○○　○○　㊞

　　　　　　　　　　再生債権査定申立書

　　　東京都○○区○○○○丁目○番○号
　　　　　　申立人（再生債権者）　○○○○株式会社
　　　　　　同代表者代表取締役　○○　○○
　（送達場所）
　　　東京都○○区○○○○丁目○番○号　○○ビル○階
　　　　　○○法律事務所
　　　　　　　同代理人弁護士　○○　○○
　　　　　　　　電話番号　00－0000－0000
　　　　　　　　FAX番号　00－0000－0000
　　　東京都○○区○○○○丁目○番○号
　　　　　　相手方（再生債務者）　株式会社○○○○
　　　　　　同代表者代表取締役　○○　○○

第1　申立ての趣旨
　1　申立人の届け出た○○請求権（再生債権認否書債権者番号○○番）の額を○○○万円と査定する。
　2　申立費用は，相手方の負担とする。
　との決定を求める。
第2　申立ての理由
　（以下，略）

資料4-1-7　再生債権査定申立てに係る答弁書

```
平成○○年(再)第○○号　再生手続開始申立事件
再生債務者　株式会社○○○○
                                        平成○○年○○月○○日
東京地方裁判所民事第20部　御中
                    相手方（再生債務者）　株式会社○○○○
                    同代理人弁護士　○○　○○　㊞

                    答　弁　書

第1　申立ての趣旨に対する答弁
  1　申立人の届け出た○○請求権（再生債権認否書債権者番号○○番の○）
    の額を0円と査定する。
  2　申立費用は，申立人の負担とする。
との決定を求める。
第2　申立ての理由に対する答弁
  （以下，略）
```

相手方として，当該訴訟手続の受継の申立てをしなければならない（民再107条1項，2項）。

なお，外国裁判所での訴訟がある場合については，第8章第2を参照されたい。

7　執行力ある債務名義又は終局判決のある債権等の場合

　異議等のある再生債権のうち，執行力ある債務名義又は終局判決のあるものは，異議者等は再生債務者がすることのできる訴訟手続によってのみ異議を主張することができる（民再109条1項）。具体的には，終局判決が確定している場合の再審の訴え（民訴338条）などが考えられる。この異議の主張の手続も，当該再生債権について調査を行った調査期間の末日から1か月の不

変期間内に行われなければならない（民再109条3項，105条2項）。異議の主張の手続がこの期間内に適法に行われなかった場合，異議者が再生債権者であるときは異議がなかったものとみなされ，異議者が再生債務者等であるときはその再生債権を認めたものとみなされる（民再109条4項）。

なお，外国判決がある場合については，第8章第2を参照されたい。

第 2

財産評定

1 財産評定の意義と機能

(1) 財産評定の意義

 再生債務者等は，再生手続開始後（管財人については，その就職後）遅滞なく，再生債務者の財産につき再生手続開始時の価額を評定しなければならず（民再124条1項），これを財産評定と呼んでいる。財産評定は，再生計画案を立案する前提として，再生債務者の財産状況を正確に把握して，再生債権者及び利害関係人に対して，その情報を適切に開示することをその目的としている。

(2) 財産評定の機能

 財産評定の主要な機能としては，おおむね以下の三つのものがある。

ア 再生計画立案の前提資料としての機能

 再生債務者等が履行可能性のある再生計画案を作成するためには，再生債務者の財産状況を正確に把握し，共益債権，一般優先債権の弁済や権利変更後の再生債権の弁済に係る計画を検討し，その計画を実施するために必要な事業計画や資金計画を策定する必要がある。法人の場合は，会計帳簿を見れば財産状況を一応把握することができるはずであるが，企業の破綻に至る過程で正確な記載がされない場合や，さらには粉飾決算がされる場合などもあり，財産状況に関する情報がゆがめられていることもある。このため，再生

手続開始後に，財産評定により改めて財産状況を正確に把握することが求められているところであり，財産評定が正確にされることは再生手続の根幹を成すものであると同時に，再生債権者に対する正確な情報提供の基礎となるものということができる。

イ　清算価値の把握のための資料としての機能

　再生計画による弁済が清算価値保障原則を満たさず再生債権者の一般の利益に反するときは，再生計画の不認可事由（民再174条2項4号）に該当し，当該再生計画案は付議されないこととなる（民再169条1項3号）。したがって，裁判所は，再生債務者等による財産評定を前提として，監督委員の意見を踏まえ，清算価値保障原則に照らして，提出された再生計画案を付議することができるか否かを判断することになる。また，再生債権者は，付議された再生計画案の定めによる弁済率につき財産評定を参考にして検討し，これを受け入れて賛成の投票をするか否かの判断をすることとなる。

ウ　再生債務者が債務超過の状態にあるか否かを判断するための資料としての機能

　民事再生法は，事業譲渡に関する株主総会の決議による承認に代わる許可（民再43条1項），自己株式の取得等を定める条項に関する許可（民再166条1項，2項，154条3項）及び募集株式を引き受ける者の募集を定める条項に関する許可（民再166条の2第2項，第3項，154条4項）の各制度を設けており，これらの許可は再生債務者が債務超過の状態にあるときに限りすることができる。裁判所は，再生債務者等による財産評定を参考にして，監督委員の意見を踏まえ，これらの許可をすべきか否かの判断をすることになる。

2 財産評定の方法・対象・評価基準

(1) 財産評定の方法

　再生債務者等は，財産評定に際し，公認会計士，税理士，不動産鑑定士等の専門的知識を有する者の援助を受けるのが通例である。裁判所は，財産評定の内容に合理的な疑問が存在する場合等，必要と認めるときは，利害関係人の申立て又は職権で評価人を選任し，再生債務者の財産の評価を命ずることができるとされているが（民再124条3項），実務上は，評価人を選任する事例はほとんどなく，通常，監督委員の補助者として選任された公認会計士が，第三者的な立場から再生債務者の財産状況を調査し，当該公認会計士から報告を受けた監督委員が必要に応じて再生債務者を指導・監督することを通じて，財産評定が公正に行われるという運用がされている。

　上記のような運用に照らすと，再生債務者（及び再生債務者の補助者としての公認会計士等）としては，適時に，監督委員及びその補助者たる公認会計士に財産評定に係る作業の状況や内容について報告し，財産評定上の問題点を共有していくことが求められる。

　なお，東京地裁破産再生部では，近時，印刷加工業を営む再生債務者から，計画外事業譲渡の対象となる予定の再生債務者所有不動産について，担保権を有する金融機関等の別除権者との協議を踏まえて民事再生法124条3項に基づく評価命令の申立てがされ，不動産鑑定士を評価人に選任して，その評価を命じた事例がある。再生債務者は，この評価人による評価を基に別除権者と協議を行い，短期間で別除権協定を締結するに至った。評価命令の制度は，再生債務者が，再生計画案における弁済率を低くするため，財産を不当に低く見積もって財産評定をする場合等の対抗手段として再生債権者等によって使用されるのが典型的なものとされるが，上記事例は，再生債務者から，事後に予定される別除権者との別除権協定に向けた交渉に備えて評価命令の申立てがされた特殊な事例といえよう（新注釈民再2版(上)694頁〔服部

敬〕参照）。

(2) 財産評定の対象

　評価の対象となるのは，再生債務者に属する一切の財産である。したがって，現預金，金銭債権，有価証券，棚卸資産等の流動資産，不動産，機械・器具等の有形固定資産，暖簾，借地権，商標等の無形固定資産等も財産評定の対象である。簿外資産もその対象となる。別除権の対象となる不動産や動産も財産評定の対象に含まれる。また，再生債務者が有する海外資産もその対象となる。

(3) 財産評定の評価基準

ア　財産評定の基準時

　財産評定は，「再生手続開始の時における」価額について行うものとされている（民再124条1項）。これは再生手続開始時点における財産の状況を正確に把握して事業の再生の方針を検討する基礎とするためと解されている。

　他方，再生計画の不認可事由である清算価値保障原則の基準時については，再生手続開始時とする見解，再生計画認可時とする見解，原則として再生手続開始時としつつ，事業価値の劣化の進行等により再生計画認可時に違法ではない事情により清算価値が減少した場合には，再生計画認可時を基準とすることも許容する折衷的な見解に分かれているが，東京地裁破産再生部では，清算価値保障原則の基準時についても再生手続開始時と解している。

イ　財産評定の評価基準

　財産評定は，原則として，財産を処分するものとしてその評価をしなければならない（民再規56条1項本文）。財産評定には，再生計画による弁済計画が清算価値保障原則を充足しているか否かを判定するための資料となる機能があることから，財産評定は，仮に再生債務者について破産手続が開始された場合にはどのような財産の処分がされるかを合理的に想定し，その想定に

沿って財産の評価を行う必要がある。したがって，処分価格とは，原則として，再生債務者の事業を清算して早期に処分換価を行うことを前提とする価格をいうと解される。例外的に，必要がある場合には，処分価格による評定と併せて，再生債務者の財産の一部又は全部について再生債務者の事業を継続するものとしての評価（継続企業価値）をすることができるが（同項ただし書），このような評価を行う場合には，仮に破産手続が開始された場合であっても破産管財人が事業を継続するであろうと合理的に想定することができるといえる事情が必要である。破産管財人が事業を継続するのが合理的であるか否か，どの程度の事業継続をすることが合理的であるのかについて，倒産事件に精通した弁護士である監督委員と十分に協議をする必要がある。

再生債務者の主要な資産の一般的な評価としては，現金・預金であれば再生手続開始時の額面額で評価し，売掛金，貸付金であれば回収可能性を考慮して評価を行うことになる。破産手続において破産管財人による否認権の行使が問題となる行為があれば，破産管財人が否認権を行使して破産財団から流出した資産の回収を図ることができる可能性を考慮して，これを財産評定において評価する必要がある。否認権の行使によってどの程度の資産の回収が見込まれるのかについて，倒産事件に精通した弁護士である監督委員と十分に協議する必要がある。不動産の評価は，不動産鑑定士による鑑定評価に基づいて行うことが望ましく，事業の清算のための早期売却を前提とした不動産の処分価格として評価することとなる。

全般的な財産評定の評価手法については，日本公認会計士協会東京会編『民事再生法経理実務ハンドブック』79頁以下に詳しく解説されているので，これを参照されたい。

(4) 財産評定上の留意点

ア 未確定な事象があって評価が困難な場合

再生債務者の資産について，未確定な事象が存在する場合であっても，その財産の現実的な回収可能性を考慮して評価を行うのが原則である。もっと

も，例えば，法人税について更正の請求を行っているが課税庁と見解の相違があり還付がされるか不確定である場合，再生債務者の旧経営陣に対する損害賠償請求権について，相手方が強く争っていて，訴訟提起後の回収見通しが立っていない場合等，未確定な事象があり，その事象の帰結によっては回収額が大きく異なるという場合がある。この場合，無理に再生手続開始時点での評価をすれば，その後の現実の回収額が評定と大きく異なる可能性があり，清算配当率に影響を与えることになることも考えられる。このようなときは，財産評定上は，その財産の評価額を計上せず，欄外に回収可能性のある財産の存在とその評価の幅について注記をするという扱いも認められる。ただし，後に提出する再生計画案において当該財産の回収が実現したときに現実の回収額を追加弁済する条項を規定して，その財産の全額を清算価値に反映させておくことで，清算価値保障原則の要請を満たしておく必要がある。

イ　評価の幅

　個々の資産の評価については一定の幅があり得るところであり，その幅の範囲内で保守的に資産の評価をすることは許容されよう。もっとも，その幅を超えて不当に資産を低く評価したり，費用を過大評価したりすることで，清算価値を不当に低く抑えることがないよう，適正な評価に努めなければならない。

　監督委員は，公認会計士の補助を得て，財産評定の評価の適正を確認しており，再生債務者の評価が清算価値の評価の幅の範囲内として許容される場合であっても，監督委員が相当と考える評価と大きく異なる場合には，再生計画案に関する監督委員の意見書の中で，その旨を指摘するとともに，監督委員の評価に基づく清算配当率を併記し，再生債権者の議決権行使の参考とする場合がある。

3　清算配当率の算定

(1)　清算配当率

　清算配当率とは，再生手続開始決定時点で再生債務者に対し破産手続が開始された場合の予想配当率をいい，再生計画案が清算価値保障原則（民再174条2項4号）を充足するかどうかの判断の基礎となるものである。そこで，東京地裁破産再生部では，財産目録及び貸借対照表に加えて，清算配当率（予想破産配当率）の計算書の添付を求めている。

(2)　清算配当率の算定方法

ア　清算配当率算定の基本的な考え方

　清算配当率は，破産手続において一般破産債権になることが予想される再生債権への配当原資を当該債権総額で割ることで算定される。この算定に際しては，総資産額から破産財団の管理・換価費用（いわゆる清算費用）を控除することが認められているが，この費用の算定は破産管財の実務に即した合理的なものである必要があり，破産管財の実務から見て合理的な管財業務を想定した上で，その費用を算定する必要がある。
　以下，清算配当率算定に当たって，しばしば問題になる点について解説する。

イ　事業継続費用

　清算配当率算定に当たって，事業継続費用が計上されている場合がある。この場合，前提として，破産管財人が，破産手続において事業継続を行い，事業譲渡を行うことが合理的な破産管財業務であると考えられることが必要である。その上で，どの程度の規模で，どの程度の期間，事業継続を行うことが想定されるのかというシナリオを検討し，必要な費用を計上する必要が

ある。再生債務者代理人としては，これらの点，特に合理的な破産管財業務としてどのようなシナリオがあり得るのかについて，監督委員と十分に協議することが求められる。

例えば，ゴルフ場の運営会社の事案においては，破産管財業務として，事業を廃止するより一定期間事業を継続して事業譲渡を行うことが相当と考えられることもあるところ，その期間は破産管財業務として十分に合理的であるといえることが必要となる。かかる事業継続期間については，通常は，謙抑的に考え，数か月程度を想定することが多いと思われるが，仮に，長期間の事業継続をする前提で事業継続費用を計上する場合には，破産管財人が当該期間事業を継続した上で事業譲渡を行うというシナリオが十分に合理的であるといえる特別な事情があることが必要であろう。

ウ 破産予納金等の計上

「破産予納金」名目に多額の清算費用を計上する事例が，少数であるが見られる。東京地裁破産再生部の運用上，破産管財事件において破産手続開始時に裁判所に納められる「予納金」は，原則として官報公告費用程度であるから（破産管財人報酬などの手続費用に充てられる「引継予納金」は，他の引継現金とともに，申立代理人から破産管財人に直接引き継がれる運用である。），「破産予納金」名目での多額の清算費用の計上は不相当である。同様に，破産手続開始の申立てによって，民事再生手続開始の申立て以上に代理人報酬が発生するとも考え難いことから，既に再生手続開始申立てに係る代理人報酬を資産から控除している状態で，更に清算費用として「申立代理人費用」を計上することも相当ではない。

エ 破産管財人報酬見込額の計上

破産管財人報酬見込額は，総資産額から相殺対象部分及び別除権対象部分を控除した金額を基礎として算出すべきである。総資産額をそのまま破産管財人報酬見込額の算出の基礎にしているため，過大に破産管財人報酬見込額を計上している事案もまま見られるので，注意が必要である。破産管財人報

酬見込額が過大とならないように，検討に当たっては，倒産事件に精通している監督委員と十分に協議し，その意見を踏まえて算出することが肝要である。

4　財産評定書の提出

(1) 提出書類

　再生債務者等は，財産評定が完了したときは，直ちに再生手続開始時の財産目録及び貸借対照表を作成し，これらを裁判所に提出しなければならない（民再124条2項）。実務上，この財産目録，貸借対照表及び添付書類を総称して「財産評定書」と呼んでいる。財産目録及び貸借対照表には，その作成に関して用いた財産の評価の方法その他の会計方針を注記しなければならない（民再規56条2項）。利害関係人が，財産目録等の内容を検討する際に再生債務者の財産状態を正しく判断することができるようにするためである。また，東京地裁破産再生部では，前述のとおり，財産評定書に清算配当率（予想破産配当率）の計算書の添付を求めている。

　財産評定書の標準的な書式は，資料4-2-1のとおりである。

(2) 財産評定書の提出時期

　東京地裁破産再生部の標準スケジュールでは，財産評定書を再生手続開始の申立てから2か月+1週間後の裁判所が定める日までに提出することとなっている。そして，同スケジュールでは，原則として，この提出期限の最終日に第2回の打合せ期日を実施することとしており，事前に裁判所が検討し，これについて充実した協議ができるよう，同打合せ期日の2営業日前までに財産評定書のドラフトの提出を求めている。財産評定書は，監督委員及びその補助者の公認会計士との十分な協議を踏まえ，監督委員らの審査を経た上で提出されるべきものであり，この審査は，財産評定書のドラフトの提出までに完了している必要がある。したがって，再生債務者は，監督委員に

資料4-2-1　財産評定書

```
平成○○年(再)第○○号　再生手続開始申立事件
再生債務者　　　○○○○株式会社
　　　　　　　　　　　　　　　　　　　　　平成○○年○月○○日
東京地方裁判所民事第20部合議○係　御中
　　　　　　　　　　　　　　再生債務者　　○○○○株式会社
　　　　　　　　　　　　　　申立代理人弁護士　　○○　　○○　㊞

　　　　　　　　　　財　産　評　定　書

　民事再生法124条1項による財産評定の結果に基づく同条2項の財産目録及
び貸借対照表は，添付のとおりである。
（添付省略）
```

おいて十分な検討を行う時間を確保すべく，早期に財産評定書の作成に着手し，申立て直後から監督委員及びその補助者の公認会計士との間で，必要な資料を共有し，財産の評価方法等について協議を開始する必要がある。

(3)　財産評定書の開示

　民事再生法124条2項の財産目録及び貸借対照表については，再生手続開始決定の取消し，再生手続廃止又は再生計画認可若しくは不認可の決定が確定するまで，再生債権者が再生債務者の主たる営業所又は事務所において閲覧することができる状態に置く措置を執らなければならない（民再規64条1項）。

5　財産評定書提出後の修正

　財産評定書は，前記のとおり，監督委員らとの十分な協議を踏まえ，監督委員らの審査を経て，裁判所に提出すべきものであり，その内容は適正なものでなければならない。

　もっとも，財産評定書の提出後に評価の前提となった事実関係に変動が生じた場合（例えば，土壌汚染等，財産価値の評価に著しい影響を与える事情が判

明した場合，新たな財産が発見された場合，税金の還付の可能性が判明した場合等），訴訟により不確定な権利関係が確定し，その結果が清算価値に影響を与える場合等，提出済みの財産評定書が正確な財産価値を反映しないものとなったときは，財産評定書の重要な機能に鑑み，再生債務者は，監督委員及びその補助者の公認会計士の審査を受けた上で，速やかに財産評定書の修正を行う必要がある。

　財産評定書の修正を行う場合，東京地裁破産再生部では，修正の経過を記録上明確に把握し得るようにするため，財産評定書の当初の作成日付の下に括弧書で「（平成〇〇年〇月〇日修正）」と修正日を付記する扱いである。また，修正箇所を裁判所と監督委員が把握することができるよう，財産評定書の修正版を裁判所及び監督委員に送付する際の送付状等に，修正内容の概要を記載しておくことが望ましい。

　なお，財産評定書の修正が必要な場合には，清算価値の変動が生じた結果，併せて再生計画案についても修正又は変更が必要となる場合がある。例えば，税金の還付の可能性が判明したが，その額が必ずしも明らかではない場合には，清算価値保障原則の要請を満たすため，同還付金を弁済原資とする追加弁済条項を設ける等の工夫が必要となる。再生計画案の修正又は変更の手続については，第6章第2を参照されたい。

6　125条報告書の提出

　再生債務者等は，再生手続開始後（管財人については，その就職後）遅滞なく，民事再生法125条1項各号に挙げる事項を記載した報告書（実務上，「125条報告書」と呼んでいる。）を提出しなければならない。再生債務者が再生手続開始に至った事情，再生債務者の業務及び財産に関する経過や現状等の重要な情報は，適切に再生債権者に開示される必要があるからである。東京地裁破産再生部では，民事再生法126条所定の財産状況報告集会を行わない運用としており，この125条報告書は情報開示の観点から重要な書類といえる。東京地裁破産再生部では，財産評定書の提出と同時に125条報告書の提

出も求めている。副本の添付や主たる営業所又は事務所において閲覧することができる状態に置く措置を執らなければならないことは，財産評定書と同様である。

125条報告書の記載事項は次のとおりである。

(1) 再生手続開始に至った事情（民再125条1項1号）

再生債務者の業績が悪化した原因，これへの対策，対策が奏功しなかった理由，再生手続開始の申立てに至った直接的な原因等について記載する。

(2) 再生債務者の業務及び財産に関する経過及び現状（民再125条1項2号）

業務の経過及び現状として，主に，事業内容の過去から現在に至るまでの変動，事業の人的・物的規模，売上高，損益及び利益率の変動，資金繰りの経過及び現状，取引先の状況，経営陣や社内組織の変遷及び現状を記載する。

財産の経過及び現状として，主に，過去から現在に至るまでの財務状況，主たる財産の利用又は処分の現状と将来的な財産状況の見通しを記載する。

(3) 法人である債務者がその役員に対して損害賠償を請求すべき事実が認められる場合の当該損害賠償査定の裁判及び役員の資産に対する保全処分を必要とする各事情の有無（民再125条1項3号）

役員に対する損害賠償請求権の査定の裁判や保全処分を必要とする事情の有無を記載する。

これにより，裁判所は再生手続を進める際にこれらの裁判の審理が必要となるか否かについてその見込みを把握することができ，再生債権者を含む利害関係人も再生債務者が再生手続開始の申立てに至った過程で役員の損害賠償義務があるか否かといった事情について一定の情報を得ることができる。

(4) その他再生手続に関し必要な事項（民再125条1項4号）

　再生手続開始後の主要債権者及び主要取引先の動向や協力の程度，別除権者との別除権協定の現状や見通し，スポンサーがある場合はその支援の内容，スポンサーを探している場合はその経過と現状等を記載する。

第 3 　否認権の行使

1　制度趣旨

　再生手続の申立てに至る債務者が，その過程又は申立て後に財産隠匿行為や特定の債権者に対する弁済に及ぶこともあり得るが，これを許してしまうと，本来であれば債権者の満足や事業等の再生のために使用されるべき財産が減少し，債権者全体の利益が害されることになる。そこで，このような詐害行為性や偏頗行為性を持つ行為の効力を消滅させ，それらの行為により逸出した財産を再生債務者の財産に回復して，再生計画を通じて，その価値を再生債権者に公平に配分するための制度が，再生手続における否認権である。

　なお，否認権に関する規定は，破産における否認権の規定と基本的には同様であるが，再生手続がいわゆるDIP型の手続であることから，一部において破産との違いが見られる。

2　否認の類型

(1)　否認の類型

　否認の類型としては，大きく分けると詐害行為否認と偏頗行為否認がある。

(2)　詐害行為否認

　詐害行為否認は，債権者全体に対する責任財産を絶対的に減少させる行為

を否認して，責任財産から失われた財産を回復するというものである。その類型には，時期を問わず，詐害行為を対象とするもの（民再127条1項1号），支払停止等（支払の停止又は再生手続開始，破産手続開始若しくは特別清算開始の申立て）があった後にした詐害行為を対象とするもの（同項2号），詐害的な債務消滅行為を対象とするもの（同条2項），相当の対価を得てした財産の処分行為を対象とするもの（民再127条の2），支払停止等の後又はその前6か月以内に債務者が行った無償行為又はそれと同視すべき有償行為を対象とするもの（民再127条3項）がある。

(3) 偏頗行為否認

偏頗行為否認は，債権者平等に反する行為を否認して，責任財産から失われた財産を回復するというものである。その類型には，支払不能又は再生手続開始申立て等（再生手続開始，破産手続開始若しくは特別清算開始の申立て）の後にした既存債務についての担保の供与や債務の消滅にかかる行為を対象とするもの（民再127条の3）がある。

(4) 特別の類型

以上のほかの否認の類型としては，手形債務支払に関する否認の制限（民再128条），対抗要件具備行為の否認（民再129条），執行行為の否認（民再130条），転得者に対する否認（民再134条）などがあり，その内容は破産とほぼ共通である。

3 否認権の行使

(1) 否認権行使の主体

否認権の行使主体については，管財人又は否認権を行使する権限を付与された監督委員である（民再135条1項）。破産手続では破産管財人が破産者の財産の管理処分権を有することから，否認権の行使も破産管財人が行うのに

対し，再生手続では，裁判所が管理命令を発した場合を除き，財産の管理処分や業務遂行は再生債務者が行うのが基本であるから（民再38条1項），再生債務者自身が否認権を行使すると考えるのが素直ではある。しかしながら，再生債務者自身が自ら行った法律行為を否認することについては，その適正・公平な権限行使を期待することができない場合も相当程度あると考えられること等から，そのような制度は採り入れられなかった。そのため，再生手続においては，管財人がいない場合には，裁判所が，監督委員に対して，特定の行為について否認権を行使する権限を付与することができることとされている。

したがって，再生手続が開始された場合でも，管財人及び監督委員が選任されていない場合に否認権の行使をする必要があるときは，利害関係人の申立て又は職権による監督命令の発付と監督委員の選任が必要となる（民再54条）。他方で，管財人は一般的かつ包括的に否認権限を有している（民再66条，135条1項）。

(2) 監督委員に対する否認権限の付与

ア 否認権限を付与すべき場合

監督委員が否認権を行使するためには，否認対象行為を把握する必要がある。そのため，監督委員は，再生債務者又は同代理人から報告を求めたり，監督委員の調査権に基づき，会計帳簿等を調査したりするほか，再生債権者等から情報の提供を受けるなどして，否認権を行使すべきか否かを検討することとなる。

その際，監督委員は，否認権の行使による相手方からの回収可能性とともに，再生計画の認可決定の確定から3年を経過すると再生手続終結決定がされて監督命令の効力が失われることから（民再188条2項，4項），当該否認対象行為の解決までに必要な時間についても考慮する必要がある。さらに，否認対象行為の相手方が再生債務者にとって重要な取引先であるなどといった場合には，監督委員が否認権の行使をすることによって，かえって，再生

債務者の事業の継続に支障が出てしまうことも考えられるため，否認権の行使よりも和解的な解決を図ることもあり得ることにも，注意が必要である。

　また，先行する私的整理手続において行われた弁済，事業譲渡等の適否が問題となる場合，否認の要件を充たすか否かについて慎重な検討が必要となろう。

　加えて，監督委員による否認権の行使は，監督委員の通常の業務には含まれないことから，監督委員による否認権の行使の報酬を確保する必要がある。このため，再生債務者が再生手続開始申立て時に予納した予納金とは別に，再生債務者が予納金を追納することになる。東京地裁破産再生部では，通常，監督委員に対する否認権限の付与を行う前に，再生債務者代理人と監督委員との間で，否認の請求又は否認の訴えをする場合の着手金，報酬額について協議を行い，その協議の結果を踏まえて裁判所が相当と認めた額を再生債務者において追納する扱いである。

　そこで，東京地裁破産再生部では，原則として監督委員と打合せを行った上で，①再生債権者の意向や再生債務者及び監督委員の意見も踏まえて否認権を行使すべき必要があり，②再生計画認可の決定確定後3年以内に否認権行使に関する裁判所の判断が確定する見込みがあり，③再生債務者が監督委員に相当な報酬を支給するだけの経済的負担能力がある場合に，監督委員に否認権を行使する権限を付与している。

イ　否認権限付与の手続

　否認権限の付与の決定は，再生債権者等の利害関係人の申立て又は職権に基づいて行われる（民再56条1項）。なお，付与の申立てについては，手数料は不要である。また，前記のとおり，再生債務者が否認権行使のための監督委員の報酬を予納したことを確認した後に否認権限付与の決定をする扱いである。

　監督委員は，管財人とは異なり，飽くまで特定の行為についてのみ否認の権限を有することとなるため，この否認権限の付与決定も特定の行為について行われることとなる（民再56条1項）。そのため，監督委員は，裁判所から

権限の付与を受けた特定の行為とは別の行為についても否認権の行使をする必要がある場合には，利害関係人の申立て又は職権で，追加の否認権限の付与を受けるか，あるいは既に受けている否認権限付与決定の変更決定（同条4項）を受ける必要がある。

また，裁判所は，必要があると認めるときは，権限を付与された監督委員が訴えの提起，和解その他裁判所の指定する行為をするには裁判所の許可を得なければならないものとすることができる（民再56条5項）。

否認権限付与の申立ての例と東京地裁破産再生部における権限付与決定の例は，資料4-3-1，資料4-3-2のとおりである。

ウ 監督委員による否認権の行使と管理処分権

監督委員は，否認の権限を付与された場合には，当該権限の行使に関し必要な範囲内で，再生債務者のために，金銭の収支その他の財産の管理及び処分をすることができる（民再56条2項）。そのため，監督委員が自己の名で逸出した財産の返還を請求することができ，否認の請求又は否認の訴えを提起することもできるようになる。

(3) 否認権の行使方法

否認権は，訴え又は否認の請求によって，否認権限を付与された監督委員が行う（民再135条1項）。この場合の監督委員の訴訟上の地位については，法定訴訟担当であると解されている。

また，監督委員は，否認権の行使に係る相手方及び再生債務者との間で訴訟が先行して係属している場合には，その相手方を被告として否認権を行使するために訴訟に参加することができる（民再138条1項）。監督委員が当事者（原告）である否認の訴えが先行して係属している場合には，再生債務者は，当該訴えの目的である権利又は義務に係る請求をするため，相手方を被告としてその訴訟に参加することができる（同条2項）。なお，否認の訴えの相手方は，再生債務者を被告として否認訴訟の目的である権利又は義務に係る訴えを併合して提起することができる（同条3項）。以上の訴訟参加に

資料4-3-1　否認権限付与申立て例（申立書に否認権限付与決定を付記する方式）

```
┌─────────────────────────────────────────────────┐
│ 本申立てに係る否認権限を平成○○年○○月○○日付与する。            │
│ 東京地方裁判所民事第20部　裁判長裁判官㊞　裁判官㊞　裁判官㊞       │
│                                                 │
│ 平成○○年（再）第○○号　再生手続開始申立事件                  │
│                                                 │
│                 否認権限付与申立書                       │
│                                                 │
│                             平成○○年○○月○○日          │
│                      再生債務者　○○○○株式会社             │
│                      監督委員　○○　○○　㊞              │
│ 東京地方裁判所民事第20部　御中                            │
│ 第1　申立ての趣旨                                      │
│ 　　監督委員に対し，再生債務者が再生手続開始の申立て後に行った別紙譲  │
│ 　　渡通知一覧記載の債権譲渡通知について，否認権を行使する権限を付与す │
│ 　　るとの決定を求める。                                │
│ 第2　申立ての理由                                      │
│ 　　　（略）                                         │
│ （別紙略）                                           │
└─────────────────────────────────────────────────┘
```

ついては，いずれも必要的共同訴訟に関する民事訴訟法の規定を準用している（同条4項）。

　他方で，監督委員は，付与された否認権限の行使に関し必要な範囲内で財産の管理処分権を有するにすぎないので，管財人とは異なり，抗弁による否認権の行使は認められない（民再135条3項参照）。すなわち，否認の相手方が目的物の引渡請求訴訟を提起する場合には，再生債務者を被告とすることとなるし，監督委員も，否認を理由としない訴えを提起することもできないので，抗弁としての否認権の行使が考えられないからである。

(4)　否認の請求と否認の訴えの選択について

　否認の訴えを提起するか，否認の請求をするかは，監督委員が適切に判断する必要がある。その判断に際しては，相手方が争っている場合，その程度はどうか，立証にどの程度の困難を伴うか，否認の請求を認容する決定が確

資料 4 - 3 - 2 　否認権限付与決定（別途決定書を作成する方式）

平成○○年（再）第○○号

　　　　　　　　　　決　　　定

　　　　　　再生債務者　　　○○○○株式会社

　　　　主　　文

　監督委員○○○○に対し，下記の行為について，否認権を行使する権限を付与する。

　　　　　　　　　　　記

　再生債務者が再生手続開始申立て後に行った別紙譲渡通知一覧記載の債権譲渡の通知

　　　平成○○年○○月○○日
　　　　東京地方裁判所民事第20部
　　　　　裁判長裁判官　　　○○　○○
　　　　　　　裁判官　　　　○○　○○
　　　　　　　裁判官　　　　○○　○○

定する見込みがどの程度あるのか等を考慮する必要がある。否認の請求は立証も疎明で足り（民再136条1項），審尋や決定も速やかに行われることから，事案が複雑ではなく，書証による立証で対処可能な事案は，否認の請求によるべきであるが，他方で，例えば，相手方の主観的な要件について，これを推認させる間接事実を裏付ける書証が存在しなければ証人尋問が必要になる場合が多いことから，このような場合には否認の訴えを提起すべきである。また，否認の請求を認容する決定がされたとしても，決定の確定までは約1か月を要することとなり，相手方が異議の訴えを提起すれば結局訴訟手続で解決を図ることとなるため，相手方が強く争っている場合にはやはり当初から否認の訴えを提起した方が，結果として要する時間が短くなると考えられる。さらに，民事再生手続における監督委員による否認権の行使は，再生計画認可決定の確定から3年という時的限界もあるので，このことも手続選択

に当たっては念頭に置く必要がある。

4 否認の請求

(1) 否認の請求の手続

　否認権の行使を簡易迅速に行うため，否認権は，否認の請求によって行使することが可能である（民再135条）。

　申立てに際しては，否認の請求書，証拠書類写し，資格証明書（相手方が法人の場合）を提出することが必要である（民再規2条，66条）。請求書には，再生事件の表示，当事者の表示，請求の趣旨及び理由の記載が必要であり（民再規66条1項），副本は申立人から相手方に直送しなければならない（同条5項）。なお，否認の請求の申立てには手数料は不要であり，郵券については，基本事件の郵券に残りがあれば，それを使用するので，納付の必要があるかを確認する必要がある。

　否認の請求の相手方又は転得者については，否認の請求手続で審尋の機会を与えることが必要的であるとされているから（民再136条3項），東京地裁破産再生部では，申立書の提出後，約2週間先に審尋期日を指定し，呼出状を相手方に送達する扱いである。また，審尋期日において和解勧試をすることはあるが，和解することが困難であれば，審尋期日を多数回重ねることはせずに速やかに決定をする扱いである。

　なお，否認の請求の手続は，再生手続が終了したときは，終了する（民再136条5項）。

(2) 否認の請求を認容する決定に対する異議の訴え

　否認の請求を認容する決定に対して不服がある者は，決定正本の送達の日から1か月の不変期間内に異議の訴えを提起することができる（民再137条1項）。異議の訴えについては，東京地裁本庁では民事訟廷事件係で受付をし，通常部に配転される。

否認の請求を全部認容する決定又は一部認容する決定に対して，否認の請求の相手方は異議の訴えを提起できるが，否認の請求を全部棄却又は却下する決定に対して，監督委員の側から異議の訴えを提起することは認められない（民再137条1項）。実体的権利関係に変動を及ぼさないからである。また，不服申立ての方法として抗告も許されない。ただし，改めて否認訴訟を提起することは否定されない。他方で，否認の請求を一部認容する決定に対しては，審理の分裂を回避する必要性があるため，相手方のみならず，監督委員も異議の訴えによる不服申立てが認められるべきと解する見解と，民事再生法137条1項の文言を重視し，これを認めないと解する見解がある。

　異議の訴えの判決においては，訴えを不適法として却下する場合を除き，否認の決定を認可し，変更し，又は取り消すものとされている（民再137条3項）。

　他方，否認請求認容決定に対して前記の1か月の不変期間に異議の訴えがなかったとき，異議の訴えにおいて決定を認可する判決が確定したとき，異議の訴えが却下されたときは，否認請求認容決定は確定判決と同一の効力を有する（民再137条4項）。

5　否認の訴え

　破産手続における否認の訴えと基本的には同様であり，否認権限を有する監督委員が原告となり，受益者や転得者を被告として訴えを提起する。なお，監督委員による訴えの提起は，和解などを含めて裁判所の要許可事項とされることがある（民再56条5項）。

　否認訴訟は，再生裁判所の職分管轄に属する（民再135条2項）とされ，これは再生事件が係属している裁判体を含む官署としての裁判所を意味することから，東京地裁本庁においては，通常部が担当している。

　なお，再生手続開始当時，再生債権者が提起した詐害行為取消訴訟又は破産法による否認訴訟若しくは否認の請求を認容する決定に対する異議の訴えが係属しているときは，これらの訴訟は再生手続開始により中断する（民再

40条の2第1項）。否認権限を有する監督委員は，否認訴訟の提起に代えて，これらの訴訟を受継することができ（民再140条1項前段），相手方から受継の申立てをすることもできる（同項後段）。

6 否認権行使の効果

　否認権の行使は，再生債務者財産を原状に復させる（民再132条1項）。これは，破産法（破167条1項）と同様であり，否認対象行為の結果として逸出した財産は，当然に再生債務者財産に復帰することとなる（ただし，この効果は，飽くまで再生手続との関係で生じる相対的な効果である。）。また，破産の場合と同様に，否認権が成立する場合でも，目的物の返還が不可能又は困難な場合等に目的物の返還に代えて，価額賠償請求権が認められる（民再132条の2第4項）。

　不動産の登記原因である行為や登記が否認された場合には，監督委員は否認の登記を申請する必要がある（民再13条1項）。前記のとおり，否認権行使の効果は相対的なものであるから，否認の効果として生じる物権変動を公示する特別の登記である。なお，監督委員は，否認の登記をした後に，速やかに民事再生法13条1項の規定による否認の登記に関する登記事項証明書を裁判所に提出する必要がある（民再規8条2項）。

　否認の登記がされているときに，再生債務者について再生計画認可の決定が確定したときは，裁判所書記官は，職権で，遅滞なく，その否認の登記の抹消を嘱託しなければならない（民再13条4項，民再規8条1項6号，2項）。再生計画が確定すれば，否認の効果が覆ることはないからである。また，再生計画認可決定確定前に再生手続が終了した場合には，裁判所書記官は，職権で，遅滞なく，否認の登記の抹消を嘱託しなければならない（民再13条6項，民再規8条2項）。

　否認の相手方の地位に関する定め（民再132条2項，132条の2，133条等）も，基本的に破産法（破167条2項，168条，169条）と同様である。

7　任務終了による計算報告

　否認権限の付与を受けた監督委員がその任務を終了した場合には，遅滞なく，裁判所に計算の報告をしなければならない（民再56条3項，77条1項）。

8　否認権の消滅

　再生手続開始の日から2年間を経過したとき，又は否認の対象となる行為の日から20年を経過したときは，否認権を行使することができない（民再139条）。2年又は20年の期間は除斥期間と解されている。

9　否認権のための保全処分

　裁判所は，再生手続開始の申立てがあった時から当該申立てについての決定があるまでの間において，否認権を保全するため必要があると認めるときは，利害関係人（保全管理人が選任されている場合にあっては，保全管理人）の申立てにより又は職権で，仮差押え，仮処分その他の必要な保全処分を命ずることができる（民再134条の2第1項）。この保全処分の申立書には，当事者の表示，申立ての趣旨及び理由を記載する必要があり，申立ての理由においては，保全すべき権利及び保全の必要性を具体的に記載し，かつ，立証を要する事由ごとに証拠を記載しなければならない（民再規65条の2）。

　この保全処分は，担保を立てさせて，又は立てさせないで命ずることができる（民再134条の2第2項）。保全処分は決定によってなされ，裁判所は，必要に応じて，発令した保全処分を変更し，又は取り消す決定をすることができる（同条第3項）。保全処分の決定，又は保全処分の決定に対する変更若しくは取消しの決定に対しては，即時抗告をすることができるが（同条第4項），執行停止の効力はない（同条第5項）。

　そして，この保全処分が命じられた場合において，再生手続開始の決定が

あったときは，否認権限を有する監督委員は，当該保全処分に係る手続を続行することができ（民再134条の3第1項），再生手続開始後1か月以内に保全処分に係る手続が続行されないときは，当該保全処分は，その効力を失うものとされている（同条第2項）。

　また，否認権限の付与を受けた監督委員が否認の訴え又は否認の請求を本案として，相手方の財産に対して仮差押えや仮処分を求める場合には，民事保全法に基づく申立てをすることになる。前記の再生手続開始前の保全処分は再生事件を審理する裁判所が審理をするのに対し，監督委員が行うこの保全手続は，東京地裁本庁の場合，民事第9部（保全部）が審理をすることになる。

第4 法人の役員に対する損害賠償請求権の査定申立て

1　制度趣旨

　再生債務者が法人である場合，その事業が破綻に至るまでの過程では，任務懈怠（会423条，一般社団法人及び一般財団法人に関する法律111条，198条等）を始めとして，役員に事業執行等に関して法的責任が認められることがある。

　再生債権者に対する弁済の原資や再生債務者の事業継続原資となる再生債務者財産の充実のためにも，こうした役員の責任は速やかに追及される必要があるが，通常の訴訟で給付判決を得るにはかなりの時間と労力を要する。

　そこで，決定手続によって簡易迅速に役員に対する損害賠償請求権の存否及び額を確定することを可能にしたのが，役員責任査定制度（民再143条～147条）である。

　さらに，役員の損害賠償責任が認められたとしても，強制執行までの間に役員が責任財産を隠匿あるいは費消してしまったのではその実効性がなくなる。そこで，役員の責任財産を保全するため，民事保全法に基づかない特殊な保全処分の制度が設けられている（民再142条）。

2　役員責任査定

(1)　申　立　人

ア　申立権者

　申立権者は，管財人が選任されていない場合は再生債務者（民再143条1項）及び再生債権者（同条2項）であり，管財人が選任されている場合は管財人である（同条1項，2項）。また，裁判所が職権により査定の裁判をすることもできるが（同条1項），申立てによるのが通例である。

イ　役員責任の調査

　管財人が選任されていない場合，再生債務者代理人は，役員の責任に関する第一次的な調査を実施すべきである。再生債務者代理人にとって，依頼者は飽くまでも法人である再生債務者であって役員ではなく，しかも，再生債務者は，再生手続開始決定後，総債権者に対して公平誠実義務（民再38条2項）を負うのであるから，再生債務者代理人としては，役員に対し，責任追及の可能性があることをあらかじめ十分に説明し，理解を得ておく必要がある。

　現実には，明白な財産隠匿の事例は別として，経営判断に属する問題も多く，役員責任を法的に問うことが難しい事例も多いと考えられるが，そのような場合には，そのことを合理的に説明することで，債権者の納得を得ていくことが肝要であると思われる。

　また，監督委員としては，例えば，その調査の過程で役員の明白な違法行為を発見した場合には，再生債務者に対して適切な責任追及を促すことが求められる。このような明白な違法行為について，再生債務者が対応した結果，損害が回復され，又は回復の手続が執られた場合には，監督委員は意見書でその旨を指摘すべきであるし，特段の事情がないにもかかわらず，再生

債務者が役員の責任追及のための手続を執らない場合には，監督委員は意見書において，その適否について意見を述べるなどして，再生債権者に対して積極的に情報を開示すべきである。監督委員の意見書は，再生債権者の再生計画案に対する賛否の意思決定に大きな影響を有するものであるから，役員責任の存否を明らかにし，再生手続に対する再生債権者の信頼を確保するという観点からも，監督委員として，役員の違法行為について意見を述べることは相当と考えられる。

ウ　手続の選択

　役員責任の追及方法としては，役員責任査定の申立てによる方法（査定決定に異議がある場合には異議訴訟になる。）と，会社法等の規定に基づく責任追及訴訟の提起の方法があり，申立人は，事案ごとに適切な方法を選択することになるが，争点が複雑多岐にわたり，審理に相当の時間を要する場合（例えば，相手方役員の経営判断が問題となる事案等）や，相手方役員が役員としての責任の存在を強く争っており，仮に査定の申立てに対して認容決定がされても相手方役員から異議訴訟を提起される可能性が高いと考えられる場合などには，当初から会社法等の規定に基づいて責任追及訴訟を提起するのが相当であることが多いといえる。また，査定の申立てに当たっては，その原因となる事実を疎明する必要があるため（民再143条3項），書証が少なく関係者の供述に依拠する部分が多い場合も，当初から会社法等の規定に基づき責任追及訴訟を提起するのが相当であると考えられる。

(2)　相　手　方

　法人である再生債務者の理事，取締役，執行役，監事，監査役，清算人又はこれらに準ずる者である（民再143条1項，142条1項）。「これらに準ずる者」とは，株式会社では会計参与及び会計監査人（会326条2項）をいう。また，制度趣旨からして，再生手続開始前に退任した「役員」も含まれると解される。

　なお，「これらに準ずる者」の中に商業登記簿上は取締役ではないが実質

的に経営権を掌握しているような「実質的な取締役」が含まれるか否かという問題もあるが，消極に解されている。役員責任査定制度は，簡易迅速に役員に対する損害賠償請求権の存否及び額を確定する手続であるから，その適用範囲を安易に拡大するのは相当ではなく，この手続の過程で「実質的な取締役」であるか否かといった査定の前提となる資格の認定を行うのは適当ではないからである。

(3) 申立ての理由

　申立ての理由とは，役員に対する損害賠償請求権の発生を基礎づける事由であり，株式会社では会社の役員に対する損害賠償請求権（会423条，486条）を基礎づける事由が典型である。例えば，株主総会又は取締役会の承認を欠く利益相反取引，競業取引等の違法取引，違法配当，会社財産の横領，不正な資金流出，経営上の違法判断，他の取締役に対する監督義務違反等の任務懈怠等が挙げられる。

(4) 申立手続

ア　管　轄

　再生事件が係属する裁判体としての「裁判所」が審理判断を行う（民再143条1項）。

イ　申立手数料

　申立手数料は不要である。

ウ　申立書の記載事項

　申立書には，①当事者の氏名又は名称及び住所並びに代理人の氏名及び住所（民再規69条1項1号），②申立人又はその代理人の郵便番号及び電話番号（ファクシミリの番号を含む）（同条3項），③申立ての趣旨及び理由（同条1項2号）の記載が必要である。

資料4-4-1　役員責任査定申立書

```
平成○○年(再)第○○号
                                        平成○○年○○月○○日
  東京地方裁判所民事第20部　御中
                              再生債務者　　○○○○株式会社
                              同代理人弁護士　○○　○○　㊞

                      役員責任査定申立書
    当事者の表示　別紙当事者目録記載のとおり
  第1　申立ての趣旨
  1　申立人の相手方に対する損害賠償請求権の額を，金○○円と査定する。
  2　申立費用は，相手方の負担とする。
    との裁判を求める。
  第2　申立ての理由
      (略)
```

　申立ての理由においては，申立てを理由づける事実を具体的に記載し，かつ，立証を要する事由ごとに証拠を記載しなければならない（民再規69条2項）。

　申立書の書式例は，資料4-4-1のとおりである。

エ　添付書類等

　申立書には，立証を要する事由について，証拠書類の写しを添付しなければならない（民再規69条4項）。

　また，原則として，申立人は，申立ての際，申立書の副本及び証拠書類の写しを相手方役員に直送しなければならない（民再規69条5項）が，保全処分の申立てをするときは，保全執行の完了後，裁判所において相手方役員に送達を行う。

　なお，東京地裁破産再生部では，監督委員用の副本の提出も求めている。

(5) 査定の裁判

ア　審理方法

　査定の裁判及び査定の申立てを棄却する決定をする場合には，相手方役員を審尋しなければならない（民再144条2項。必要的審尋）。東京地裁破産再生部では，申立てから2週間程度先に審尋期日を指定し，通常は，監督委員の立会いを求めた上で，申立人及び相手方役員から意見を聴取している。この場合，相手方役員から答弁書が提出されることが多い。

イ　決定等

　査定の裁判及び査定の申立てを棄却する決定は，理由を付して行う（民再144条1項）。
　査定の申立てを認容する際の主文例は，次のとおりである。
「1　申立人の相手方に対する損害賠償請求権の額を，金○○円と査定する。
　2　申立費用は相手方の負担とする。」
　民事再生法の条文上，査定の裁判について仮執行宣言を付すことができる旨の規定はなく，仮執行宣言は付することができないものと解される（民再146条5項参照）。
　査定の裁判があった場合，決定書は当事者に送達される（民再144条3項）。
　なお，査定制度は通常の訴訟手続でも行使することができる権利を迅速に審理するための手続にすぎず，査定の対象となっている損害賠償請求権は当事者によって処分することができることから，査定の手続において，裁判上の和解を行うことも可能である。

(6) 異議の訴え

ア 提訴期間及び異議の訴えの対象

　査定の裁判に不服があるときは，決定の送達を受けた日から1か月の不変期間内に異議の訴えを提起することができる（民再145条1項）。
　ここにいう査定の裁判とは，役員の責任の一部又は全部を認容した裁判であり，査定の申立てを全面的に棄却する決定は含まれない。民事再生法144条1項は「査定の裁判」と「（査定の申立て）を棄却する裁判」とを明確に書き分けており，民事再生法145条1項は前者に対してのみ異議の訴えを提起することができると規定しているためである。全面的な棄却決定に不服のある者は，別途，通常訴訟を提起することにより損害賠償請求権の有無の確定を求めることになる。なお，査定の裁判に対して不服がある者は異議の訴えしか許されず，即時抗告や別訴提起をすることはできない。

イ 管　　轄

　再生事件が係属する裁判体が属する官署としての「再生裁判所」（民再145条2項）であり，東京地裁本庁においては，民事通常部が担当する。

ウ 判　　決

　査定の裁判に対する異議の訴えの判決においては，訴えを不適法として却下する場合を除き，査定の裁判を認可し，変更し，又は取り消すものとされている（民再146条3項）。
　査定の申立てを一部認容する査定決定に対し，相手方が異議訴訟を提起し，受訴裁判所が認容額を変更する場合の主文例は，次のとおりである。
「1　東京地方裁判所が平成○○年○○月○○日に原・被告間の役員責任査定申立事件（基本事件・平成○○年（再）第○○号）についてした決定を次のとおり変更する。
　　被告の原告に対する損害賠償請求権の額を○○円と査定する。

2　訴訟費用は原告の負担とする。」

　査定の裁判を認可し又は変更した判決については，仮執行宣言を付すことができる（民再146条5項）。また，強制執行に関して，給付を命ずる判決と同一の効力を有する（同条4項）。判決が確定すれば既判力も有すると解される。

3　役員の責任財産に対する保全処分

(1)　申立ての時期

　再生手続開始の決定後が原則であるが（民再142条1項），緊急の必要があるときは，開始の決定前でも申し立てることができる（同条2項，3項）。

(2)　申立権者及び相手方

　申立権者は，再生手続開始の前後及び管財人又は保全管理人の選任の有無によって異なる。再生手続開始の決定前は，保全管理人が選任されていれば保全管理人のみが，保全管理人が選任されていなければ再生債務者及び再生債権者が，それぞれ申立権を有する（民再142条2項，3項）。再生手続開始の決定後は，査定の申立権者と同様である（同条1項，3項）。

　相手方は，査定の相手方となる「役員」である。

(3)　申立手続

ア　管轄裁判所

　再生事件が係属する裁判体としての「裁判所」（民再142条1項）が審理判断を行う。

イ　申立手数料等

　申立手数料，立担保は不要である。

ウ　申立書の記載事項

　申立書には，①当事者の氏名又は名称及び住所並びに代理人の氏名及び住所（民再規68条１項１号），②申立ての趣旨及び理由（同項２号），③請求債権（保全すべき損害賠償請求権）の表示の記載（同条２項）が必要である。①は「当事者目録」として，③は「請求債権目録」として，別紙に記載するのが通例である。

　保全処分の内容は，法人の役員の個人財産に属する不動産，動産又はその他の財産の保全措置命令及びその執行であり，損害賠償請求権の実現を目的とするものであるから，仮差押えの形をとるのが原則となる。

　仮差押えを求める場合は，申立ての趣旨において，請求債権については，他の請求権と識別し得る程度にその発生原因を明らかにし，その種類及び数額を記載して特定する（「請求債権目録」を引用してこれを行う。）必要がある。仮差押対象資産が不動産の場合は「不動産目録」，債権の場合は「債権目録」，振替社債等の場合は「振替社債等目録」として，別紙に記載し，仮差押対象資産を特定するのが通例である。なお，仮差押対象資産が債権の場合は第三債務者に対する支払禁止命令を，振替社債等の場合は振替機関等に対して振替及び抹消禁止命令を，仮差押命令と共に求めるのが通例である。

　申立ての理由においては，保全すべき損害賠償請求権及び保全の必要性を具体的に記載し，かつ，立証を要する事由ごとに証拠を記載しなければならない（民再規68条２項）。

エ　添付書類等

　東京地裁破産再生部では，申立書の副本及び証拠書類の写し（査定の申立てと共通する場合は不要）を，相手方役員用及び監督委員用として，２部提出することを求めている。

　なお，仮差押解放金を定める必要があるため，保全処分の対象が不動産の場合は，登記事項証明書（申立日から１か月以内のもの）及び目的物価格（抵当権等によって把握されている価値を控除した剰余価値）についての申立人の見

積額を記載した上申書（固定資産評価証明書等添付）の提出が必要である。

(4) 決 定 等

　保全処分は決定によってされ，裁判所は，必要に応じて，発令した保全処分を変更し，又は取り消す決定をすることができる（民再142条4項）。

　決定書は当事者に送達される（民再142条7項）。相手方役員への送達は，保全執行が終了してからこれを行う。

　役員の有する不動産等，登記のある権利に関して保全処分があったときは，裁判所書記官は，職権で遅滞なく，その保全処分の登記を嘱託しなければならない（民再12条1項2号）。登記された保全処分について変更・取消しがあった場合や，再生手続開始の申立ての取下げ等により保全処分が失効した場合についても，同様に登記の嘱託が必要である（同条2項）。

　保全処分の決定，又は保全処分の決定に対する変更若しくは取消しの決定に対しては，即時抗告をすることができるが（民再142条5項），執行停止の効力はない（同条6項）。

第5 担保権（別除権）の処理

1 別除権の意義

　再生手続上，再生手続開始の時において再生債務者に帰属する特定の財産上に存する担保権を有する者は，その目的である財産について，別除権を有するものとされ（民再53条1項），別除権者は，再生手続の制約を受けずにこれを実行して優先的に弁済を受けることができるとされている（同条2項）。このように，民事再生法は，担保権について，手続の構造を簡素化するため，破産法と同様に，これを別除権として規定し，原則として再生手続から分離独立して行使することができるものとしている。

2 別除権の範囲

　前記のとおり，別除権とは，再生債務者に帰属する特定の財産上に存する担保権を，再生手続の制約を受けずに実行して優先的に弁済を受ける権利をいう（民再53条1項）が，民事再生法上，再生債務者の財産の上に存する特別の先取特権，質権，抵当権又は商法若しくは会社法の規定による留置権を有する者については，別除権者となることが明記されている（同項）。また，仮登記担保権を有する者についても，その目的である財産について別除権を有することが法律上明記されている（仮登記担保契約に関する法律19条3項）。
　これに対して，再生手続上，譲渡担保権や所有権留保，ファイナンス・リースなどの非典型担保を別除権と扱うか否かは，民事再生法は明文の規定を設けておらず，解釈に委ねられている。具体的には，以下のとおりであ

る。

(1) 譲渡担保

ア 法的性質（担保的構成）

　譲渡担保権の法的性質については，譲渡担保権者は目的物の所有者として取戻権を有すると解する考え方もあるが，目的物は再生債務者の所有に属し，譲渡担保権者は担保権者として別除権を有するものと解するのが，通説的見解であり，倒産実務でもこれを担保権として捉え，別除権として取り扱うことが定着している（最判昭41．4．28民集20巻4号900頁参照）。

　このように，倒産実務上，譲渡担保権者は，別除権者として再生手続によらずに担保権を行使することが許される（民再53条2項）。譲渡担保の実行方法としては，帰属清算型と処分清算型とに分かれ，帰属清算型の場合は譲渡担保権者から確定的取得の意思表示とともに清算金（目的財産の価額が被担保債権額を上回る場合のその差額）の通知をすることにより，処分清算型の場合は担保目的物を任意に処分して清算することにより，それぞれ権利が行使される。この実行手続が終了すると，目的財産の所有権は確定的に譲渡担保権者又は処分先の第三者に帰属することになり，譲渡担保設定者は被担保債権を弁済して目的財産を受け戻すことはできなくなる。

イ 集合動産譲渡担保

　集合動産譲渡担保とは，一定の店舗や倉庫にある在庫商品のように，構成部分の変動する集合動産をその種類，所在場所及び量的範囲を指定するなどして特定し，一個の集合物として譲渡担保の目的とするものである（最判昭54．2．15民集33巻1号51頁参照）。

　集合動産譲渡担保の対抗要件は引渡しであり，占有改定（民183条）の方法によることも認められている。また，法人が行う譲渡に限定されているものの，動産及び債権の譲渡の対抗要件に関する民法の特例等に関する法律により登記による対抗要件の具備が認められている（動産及び債権の譲渡の対抗

要件に関する民法の特例等に関する法律3条1項)。

　集合動産譲渡担保権を実行するためには集合物の構成要素の固定化を要するが，この固定化は，譲渡担保契約上定められている固定化事由の発生により生ずるが，集合動産譲渡担保を設定した債務者について再生手続が開始されることによっても生ずるとする見解がある一方で，譲渡担保権者がその権利の実行に着手する旨を通知した時点で，担保目的財産の固定化が生ずるのであり，再生手続の開始によって当然に生ずるものではないとする見解もある（破産再生の実務・再生編169頁，170頁参照）。固定化により譲渡担保権の効力が及ぶ目的物はその時点で約定の所在場所にあって集合動産を構成する動産になり，固定化後に当該場所に搬入した動産には担保権の効力は及ばない。このような固定化後の譲渡担保権の実行は，特定動産の譲渡担保の実行と同様である。

ウ　集合債権譲渡担保

　集合債権譲渡担保とは，現存し，又は将来発生する指名債権群を譲渡形式で担保取得するものをいう。このような将来の債権を含んだ包括的な債権譲渡担保は，譲渡担保契約時から譲渡担保権者に目的債権の回収権限を与える方式と，譲渡担保権実行に至るまで債務者に回収権限を付与して回収金の使用を許す方式とがあり，実務上は後者が一般的とされる（三村藤明ほか「動産および債権の譲渡担保の倒産手続における法的問題点」NBL846号7頁）。取立権が譲渡担保設定者に留保された譲渡担保の実行は，第三債務者に対し譲渡担保権の実行通知を行って，譲渡担保設定者から取立権を剥奪し，直接債権を取り立てることになる。

　集合債権譲渡担保の対抗要件は，民法467条2項の通知・承諾，動産及び債権の譲渡の対抗要件に関する民法の特例等に関する法律による登記である。

　担保目的物である将来債権が再生手続開始後に発生した場合，これに譲渡担保権の効力が及ぶかは議論がある。更生手続では，更生手続前の会社と管財人とは法的主体が異なるので，更生手続開始後に発生した債権には担保権

の効力が及ばないとする有力な見解（伊藤眞『債務者更生手続の研究』348頁，事業再生研究機構編『更生計画の実務と理論』125頁）がある。他方で，管財人の活動によって得られた財産が更生会社と異なる財産を構成するわけではなく，一体として更生会社の財産となることなどを理由として，開始後に発生する債権にも担保権の効力が及ぶとする見解もあり得るところである。実務上は，将来債権に譲渡担保権の効力が及ぶか否かについては様々な見解があることを踏まえ，事案に応じた別除権協定を締結するなどして柔軟に対応することになろう（破産再生の実務・再生編169頁，170頁参照）。

(2) 所有権留保

所有権留保とは，売買契約上，売買代金の完済前に売主が買主に対して売買目的物を引き渡すものの，その所有権は代金完済まで売主に留保することとするものである。このような所有権の留保は代金債権を確保するためのものであるから，倒産手続において担保権として扱うのが通説であり，倒産実務上もこのような扱いが定着している。

この点，最判平22.6.4民集64巻4号1107頁は，信販会社が再生債務者に対し，留保した所有権に基づき別除権の行使として自動車の引渡しを請求した事案において，「本件三者契約は，販売会社において留保していた所有権が代位により被上告人に移転することを確認したものではなく，被上告人が，本件立替金等債権を担保するために，販売会社から本件自動車の所有権の移転を受け，これを留保することを合意したものと解するのが相当であり，被上告人が別除権として行使し得るのは，本件立替金等債権を担保するために留保された上記所有権であると解すべきである。」と判示した上で，民事再生法45条を参照して，「再生手続が開始した場合において再生債務者の財産について特定の担保権を有する者の別除権の行使が認められるためには，個別の権利行使が禁止される一般債権者と再生手続によらないで別除権を行使することができる債権者との衡平を図るなどの趣旨から，原則として再生手続開始の時点で当該特定の担保権につき登記，登録等を具備している必要がある」と判示し，再生手続において，所有権留保が別除権として扱わ

れることを前提とした判断をしている。

　所有権留保売主は，別除権として留保所有権を行使する場合，目的物の引渡しを求め，目的物の時価と残債権の差額を清算することとなる。

　所有権留保売買は，双方未履行双務契約の規定（民再49条）の適用が問題となるが，目的財産の登記，登録名義が売主に留保されているというような場合を除いて，売主に履行義務は残存していないから，その適用は否定されるのが一般であろう。また，ローン提携販売に係る所有権留保は，売買代金自体は完済された上で，買主の金融機関に対するローン債務について保証した売主の求償権を担保するために所有権留保の形で担保権設定をしたものと解されるから，双方未履行の双務契約に関する規定は適用されない（最判昭56.12.22判時1032号59頁）。

(3)　ファイナンス・リース

　ファイナンス・リースとは，リース業者が，ユーザーが選択した特定の機械・設備等（リース物件）をユーザーに代わって自己の名で販売業者から購入し，ユーザーに使用させ，ユーザーがリース期間に支払うリース料で，物件購入代金・金利等を回収するというものである。特に，リース期間満了時にリース物件に残存価値はないものと見てリース業者がリース期間中に物件購入代金その他の投下資本の全額を回収できるようにリース料が設定されているものをフルペイアウト方式といい，一般にファイナンス・リースの問題として議論されるのはこのフルペイアウト方式のものである。

ア　法的性質（担保的構成）

　ファイナンス・リースの法的性質については，ユーザーのリース料支払債務とユーザーの使用収益を受忍するリース業者の義務とが対価関係にあるとする考え方（賃貸借ないしこれに類似する双務契約）と，リース料の支払とリース物件の使用とは対価関係には立たず金融取引的性質を重視してこれを担保権と構成する考え方とで争いがある。再生手続では，前者の考え方によれば未払リース料は共益債権となるのに対し，後者の考え方によればリース

業者は別除権者として取り扱われることになる。

　倒産実務上は，ファイナンス・リースの金融的側面を重視し，担保権として処遇することが定着しており，最判平7．4．14（民集49巻4号1063頁）や，最判平20.12.16（民集62巻10号2561頁）も，ファイナンス・リースが担保権として扱われることを前提とした判断をしている。東京地裁破産再生部では，ファイナンス・リースの取扱いについては一律の基準を設けず，弁済禁止の保全処分の決定の際「再生債務者の事業所の備品のリース料」を除外債権とするほか，事案に応じて柔軟な対応ができるようにしている。

イ　担保権の目的

　ファイナンス・リースを担保権と構成した場合，担保目的を具体的にどのように捉えるかについては見解が分かれている。大別すると，ユーザーの有するリース物件の利用権とする見解（利用権説）と，ユーザーにリース物件の実質的な所有権が帰属するとした上で，この実質的所有権が担保目的財産であるとする見解（所有権説）とがある。

　所有権説は，リース期間満了後もユーザーへの所有権移転が予定されていないというファイナンス・リース契約の本質と相容れないきらいがあり，少なくとも下級審レベルでは，利用権説の立場が有力となっている（大阪地決平13．7．19金法1636号58頁，東京地判平15.12.22判タ1141号279頁）。

　担保目的が利用権であるとした場合，担保権の行使方法は，リース業者が約定に基づき契約を解除した上で，ユーザーから利用権を剥奪してリース業者に移転させ，混同により利用権を消滅させた上，リース物件の引渡しを求めることによって行うことになる。利用権の評価額が被担保債権を上回れば，その差額を清算する必要があるが，通常は清算金は発生せず担保権の実行は速やかに終了することになろう。

ウ　倒産解除特約の効力

　ファイナンス・リース契約上，再生手続開始の申立てや再生手続開始の原因となるべき事実の発生が契約の解除事由となる旨の特約（いわゆる倒産解

除特約）がされていることが多い。倒産解除特約によってファイナンス・リース契約が解除され，リース物件が引き揚げられると，再生債務者の事業継続に重大な影響を及ぼすことが考えられるが，この約定の効力については議論がある。

　この点，前掲最判平20.12.16は，「本件リース契約は，いわゆるフルペイアウト方式のファイナンス・リース契約であり，本件特約に定める解除事由には民事再生手続開始の申立てがあったことが含まれるというのであるが，少なくとも，本件特約のうち，民事再生手続開始の申立てを解除事由とする部分は，民事再生手続の趣旨，目的に反するものとして無効と解するのが相当である。」と判示し，倒産解除特約について，窮境にある債務者と全債権者との民事上の権利関係を調整し，債務者の事業等の再生を図ろうとする再生手続の趣旨，目的を害するものであるから，その効力を有しない旨の判断をしている。

3　別除権者による権利行使

(1) 担保権の実行

　前記のとおり，別除権者は，再生手続によらないで，当該担保権の実行手続に従って権利行使をすることができる（民再53条2項）。したがって，先取特権，質権及び抵当権等の場合は，担保権の実行としての競売の申立て等をすることができるし，譲渡担保や所有権留保の場合は，目的物を引き揚げてこれを換価することができる。

　ただし，担保権者が再生手続開始後に担保権を実行するためには，他の再生債権者に対してはもとより，再生債務者に対しても対抗要件を備えている必要があると解される（前掲最判平22.6.4参照）。

(2) 再生手続への参加（不足額責任主義）

　別除権者は，再生手続において，その別除権の行使によって弁済を受ける

ことができない債権の部分（不足額）についてのみ，再生債権者としてその権利を行使することができる（民再88条）。いわゆる不足額責任主義を採用したものである。

　そのため，再生債権を有する別除権者は，再生債権の届出においては，再生債権に関する事項のほか，別除権の目的及び別除権の行使によって弁済を受けることができないと見込まれる債権の額（予定不足額）を記載しなければならない（民再94条2項）。別除権者は，別除権の行使が未了であることにより不足額が確定しない場合でも，予定不足額について議決権を行使することができる。予定不足額に異議がなければ，これが議決権額として確定するが，債権の金額が実体的に確定するものではない。また，予定不足額に異議が出されても，裁判所が議決権として行使し得る額を決定する（民再170条，171条）が，これも債権の実体的確定とは無関係である。具体的には，債権調査で議決権額に争いがあった場合，債権者集会が開催されるときには，再生債務者等又は届出再生債権者は債権者集会で議決権につき異議を述べることができ，異議が述べられたときは裁判所が定める額で行使することになる（民再170条1項，2項2号，3号）。

　別除権の行使によって弁済を受けることができない債権の額（不足額）が確定していない場合は，再生計画案で，不足額が確定した場合の再生債権者としての権利行使に関する適確な措置（いわゆる「適確条項」）を定めなければならない（民再160条1項）。これは，別除権の行使や別除権協定の締結にはある程度の時間を要し，不足額が確定する前に再生計画案を作成，提出しなければならない事態も予想されるため，再生計画で不足額確定後の処理を定めなければならないとしたものである。「適確な措置」とは，別除権不足額の取扱いが他の再生債権との対比で平等かつ衡平な取扱いがされており，しかもそれがどのように確定しても再生計画全体の履行が不安定にならない確実な措置をいう。例えば，他の再生債権者について分割弁済が開始された後に不足額が確定した場合，既に他の再生債権に対して弁済したものに相当する部分をいつ，いかなる方法で弁済し，その弁済原資をどのように確保するのかを明確にしておくことを指す（記載例について，再生実務315頁〔須藤英

章〕，事業再生研究機構編『新版再生計画事例集』等を参照されたい。）。

不足額は，①担保権が消滅した場合，②不足額について合意がされた場合に確定し，具体的には，①は，(a)担保権の実行が完了したとき，(b)別除権の受戻しにより担保権が消滅したとき，(c)担保権消滅許可により担保権が消滅したとき，又は(d)担保権が放棄されて消滅したときに不足額が確定するというものであり，②は，別除権者と再生債務者等との間の合意により不足額が確定するというものである（民再88条ただし書）。不足額確定のために，常に別除権の実行ないし放棄が必要とすると，別除権者に酷な場合があるから，別除権者と再生債務者等との間の合意によっても不足額が確定することを認めたものである。不足額が確定すると，別除権者は，確定した不足額につき，再生債権者として再生計画の定めによって認められた権利又は再生債権の権利変更に関する一般的基準（民再156条）により変更された権利を行使することができる（民再182条）。再生債権を担保する根抵当権の元本が確定している場合，その根抵当権の極度額を超える部分について，再生債権の権利変更に関する一般的基準に従い，仮払に関する定めをすることができる（民再160条2項前段）。ただし，仮払に関する定めをした再生計画案を提出する場合，あらかじめ根抵当権者の同意を得なければならず（民再165条2項），また，根抵当権の行使によって不足額が確定した場合における精算に関する措置も定めなければならない（民再160条2項後段）。

4 別除権協定

(1) 意　義

事業を営む企業は，その資金を調達する際，所有する不動産等の財産に担保権を設定するのが通例であり，とりわけ経営危機にある企業は，換価価値の高い主要資産に担保権を設定している場合がほとんどである。ところが，前記のとおり，民事再生法においては，担保権は別除権として扱われ（民再53条1項），別除権者は再生手続によらずに担保権を実行することができる

こととされている（同条2項）。そのため，再生債務者の事業の継続に不可欠な財産に担保権が設定されている場合には，再生手続外での担保権の実行を何ら制約しないものとすれば，当該財産について担保権が実行され，その財産が売却されてしまう結果，事業の継続が不可能となるおそれがある。そこで，再生債務者の事業の再生を図るためには，担保権の実行に制約を加える必要がある場合が少なくなく，民事再生法は，再生債務者が別除権者による担保権の実行を直接的に制約する手段として，担保権実行の中止命令（民再31条）及び担保権消滅許可（民再148条以下）の制度を設けている。しかし，担保権実行の中止命令は，競売手続の中止を命ずることができるのが「相当な期間」に限られている（第2章第3参照）し，担保権消滅許可の制度においては，担保目的物価額の一括弁済をすることが求められるが（後記5(6)参照），多くの場合，再生債務者自身がその全額の金銭を調達することは困難である。そこで，倒産実務上は，再生債務者は，担保権消滅許可の申立てを最終的な手段としつつも，別除権者との間で，被担保債権の分割弁済と弁済中の担保権の不実行の合意を目指すのが通例である。このような合意が，一般に「別除権協定」と呼ばれている。

　別除権協定は，民事再生法上その取扱いに関する明文の規定はなく，飽くまで再生債務者と担保権者（別除権者）との間の私法上の契約として締結されるものである。具体的に別除権協定において定められる事項としては，①担保権の不行使，②被担保債権の一部放棄ないし受戻代金額までの減縮，③担保目的物の受戻し，④受戻代金額の弁済方法・弁済期間，⑤受戻代金額弁済後の担保権抹消，⑥担保権の行使によって弁済を受けることができない債権の部分（別除権不足額）の確定，⑦破産手続等の他の倒産手続へ移行した場合の取扱いなどがあり，これらの事項を組み合わせた内容の合意をする例が多い（別除権協定一般について，多比羅誠「別除権協定にかかる問題点—再生現場の視点から」伊藤眞ほか編『倒産法の実践』111頁，倉部真由美「別除権協定について」事業再生研究機構編『民事再生の実務と理論』342頁及びそこに引用された文献を参照）。

(2) 別除権協定における受戻代金額の適正

　別除権協定における受戻代金額は，担保目的物の評価額を基準として定められるが，その金額は，担保目的物の適正な評価を前提として，その適正な価値相当額の範囲内にあることを要する。

　すなわち，民事再生法上，別除権付債権も，その法的性質は飽くまで再生債権である以上，再生手続開始決定の後は，当該開始決定による弁済の禁止効（民再85条1項）が及ぶが，再生債務者が別除権協定によって担保権を受け戻した場合に，別除権者が上記弁済禁止効の例外として，再生債権である別除権付債権（被担保債権）につき弁済を受けられるのは，担保権の受戻代金額が別除権者の把握している担保目的物の価値相当額として適正であり，再生債務者がこれを別除権者に弁済しても，一般の債権者を害しないからである。したがって，再生債務者が，被担保債権のうち別除権目的物の価値を超える部分について，別除権の受戻しとしてこれを弁済することは，一般債権者の引当てとなるべき再生債務者財産の不当な減少を招き，その利益を害するおそれがあるのみならず，本来であれば再生債権として行使されるべき債権を再生計画外で弁済することに等しく，上記再生債権の弁済禁止効との関係でも問題がある。そこで，別除権協定を締結するに当たっては，別除権目的物の評価を適正に行い，受戻代金額が別除権目的物の評価を超えるような場合には，そのような別除権協定全体を見直し，再生債務者の公平誠実義務（民再38条2項）及び債権者全体の利益の観点から，受戻代金額の再検討をする必要がある。

　なお，別除権協定に基づく受戻代金請求権の法的性質については，別除権協定につき共益債権を発生させる合意又は再生債権を共益債権化する合意と捉え，「再生債務者財産に関し再生債務者等が再生手続開始後にした資金の借入れその他の行為によって生じた請求権」（民再119条5号）に当たる共益債権と考える立場や，別除権協定によっても再生債権としての性質は変わらず，別除権協定につき再生債権を弁済するための合意と捉え，民事再生法85条1項の「この法律に特別の定めがある場合」として，別除権の被担保債権

である再生債権についても再生計画外で弁済する可能性を認める立場，不足額の確定を目的とする別除権協定（いわゆる「不足額確定型協定」又は「固定型協定」と呼ばれるもの）に関しては，協定に基づく債権を共益債権として扱うべきとする立場，あるいは，再生債権たる被担保債権の一部を確定して，それを共益債権として支払う旨の合意の効力を絶対的に排除すべきではないとする立場等がある（議論の詳細は，中井康之「別除権協定に基づく協定債権の取扱い」伊藤眞ほか編『担保・執行・倒産の現在―事例への実務対応』304頁，山本和彦「別除権協定の効果について―協定に基づく債権の共益債権性の問題を中心に」『民事手続法研究Ⅱ　倒産法制の現代的課題』121頁，小林信明「別除権協定が失効した場合の取扱い」伊藤眞ほか編『倒産法の実践』131頁参照。）。前記のとおり，別除権協定は，飽くまで再生債務者と別除権者との間の私法上の契約であるから，これにどのような効果を認めるかは，契約当事者間の合理的意思を解釈して，当該別除権協定の内容を認定・評価する必要があるところであり（最判平26．6．5民集68巻5号403頁参照），東京地裁破産再生部では，特定の立場によることなく，事案に応じた柔軟な対応をすることとしている。

(3)　別除権協定締結の手続

　東京地裁破産再生部では，監督命令において，監督委員の同意を得なければ再生債務者がすることができない行為として，「別除権の目的である財産の受戻し」を指定し（民再54条2項），再生債務者による別除権協定の締結を監督委員の同意事項としている。

　具体的に，再生債務者が別除権協定を締結しようとする場合には，別除権協定締結の必要性や，別除権目的物の担保評価（受戻代金額の適正。前記(2)参照），別除権の受戻しによる再生計画の遂行への影響（弁済原資の確保）等について記載をした同意申請を監督委員に行い，これらの点について，監督委員及びその補助者である公認会計士に対して十分な情報提供を行って協議を行い，監督委員から別除権協定の締結に対する同意を得た上で，別除権者との間で実際に別除権協定を締結することとなる。実際にも，監督委員が別除

資料4-5-1　別除権協定締結の同意申請書及び同意書

```
┌─────────────────────────────────────────────┐
│　下記申請につき，同意する。                        │
│　　平成○○年○○月○○日                          │
│　　　　　　　　　　　　　　　監督委員　○○　○○　㊞ │
└─────────────────────────────────────────────┘
```

平成○○年(再)第○○号　再生手続開始申立事件
　　　　　　　　　　　　　　　　　　　平成○○年○○月○○日
　監督委員　○○　○○　殿
　　　　　　　　　　　　　　再生債務者　○○○○株式会社
　　　　　　　　　　　　　　同代理人弁護士　○○　○○　㊞

　　　　　　　別除権協定締結に係る同意申請書

第1　同意を求める事項
　　別紙別除権協定案記載の内容での別除権協定を締結することにつき，監督委員の同意を求める。
第2　同意を求める理由
　1　本別除権協定締結の必要性
　　（略）
　2　別除権目的物の担保評価
　　（略）
　3　別除権の受戻しによる再生計画の遂行への影響
　　（略）
　　　　　　　　　　　　　　　　　　　　　　　　　　以上

権目的物の受戻しに対する同意をするに当たって，受戻代金額等の点で適正な内容の契約に修正をさせた事例がある。
　このように，監督委員の同意は，別除権協定の内容の相当性を担保する上で極めて重要な役割を果たしているのみならず，別除権協定締結の同意申請に係る申請書及び監督委員の同意書（資料4-5-1）は，裁判所に提出され（民再規21条），利害関係人による閲覧・謄写に供されることとなり（民再規9条1項，民再16条），これを通じて，別除権協定に関する情報提供にも資することとなる。
　なお，別除権協定の締結時期について，再生計画案の作成においては，別

除権協定の成否は，再生計画が遂行される見込み（民再174条2項2号）等の判断に大きく関わるところであり，別除権協定により再生計画案における再生債権者への弁済原資がどれくらい確保されるかが確定していなければ，再生計画案を策定することは困難である。とりわけ，事業継続をする上で不可欠な資産について別除権が設定されている事案で，これを再生債務者が引き続き使用できるかどうかが判明していなかったり，受戻代金額がどの程度のものになるかが全く不明な段階で，履行可能な弁済計画を策定することは著しく困難であると思われる。したがって，再生計画案の策定に影響がある資産については，再生計画案の策定・提出までに別除権協定を締結するよう努めるべきであり，再生手続開始の直後から，別除権目的物の評価とともに，別除権者との協定締結に向けた協議を行う必要があろう。もっとも，現実には，別除権協定が再生計画案の提出の時点までに締結されていない事案もあり，この場合，再生債務者としては，前記3(2)のとおり，再生計画案において，不足額が確定した場合の再生債権者としての権利行使に関する適確な措置（適確条項）を定める必要があり（民再160条1項），この「適確な措置」として，別除権不足額がどのように確定しても再生計画全体の履行が不安定にならない確実な措置を講ずる必要がある。

5　担保権消滅許可の申立て

(1)　意　義

　前記のとおり，担保権消滅許可の制度（民再148条以下）は，再生債務者の事業の継続に不可欠な財産について担保権が設定されている場合に，再生債務者の事業の再生を図ることを目的として，担保権者に対して目的財産の価額に相当する満足を与えることにより，再生手続開始の時点で当該財産の上に存在する全ての担保権を消滅させるものであり，その実行に直接的な制約を加えるものである。
　もっとも，担保権者は大口債権者であることが多く，担保権消滅許可の制

度を利用したがために再生計画案について当該大口債権者の賛成が得られず，そのために再生計画案が否決されるという事態にもなりかねない。再生債務者は，まずは前記のとおり，別除権協定の締結を優先し，話合いによる解決を模索すべきである。

　東京地裁破産再生部において，民事再生法施行から平成29年12月末までの担保権消滅許可の申立ての状況は，資料4－5－2のとおりである。

(2)　申立ての要件

ア　対象となる財産

　対象となる財産は，再生債務者の財産で，かつ，再生債務者の事業継続に不可欠なものでなければならない（民再148条1項）。例えば，再生債務者である会社の資金調達のために，代表者が自己の所有する財産上に担保（物上担保）権を設定していたとしても，担保権消滅許可の申立ての対象にはならない。事業継続に不可欠な財産としては工場や機械設備等が挙げられるが，「再生債務者の事業の継続に欠くことのできないもの」という規定の趣旨は，「再生債務者」が事業を継続するに不可欠というものではなく，再生債務者が行っている「事業」の継続に不可欠というものと考えられ，当該財産が事業譲渡の対象になっている場合も含まれると解される。

　また，「再生債務者の事業の継続に欠くことのできないもの」（民再148条1項）の解釈として，対象となる財産について事業継続が不可能となるような代替性のない財産を意味すると解するか，それにとどまらず，例えば遊休地を売却して資金調達をする場合のように，当該担保資産を売却することにより事業資金を捻出することができる場合なども含まれると解するかは議論がある。そもそも民事再生法上，担保権消滅許可申立ての対象として，事業継続のための不可欠な財産であることが要求されるのは，担保権者は，再生手続において，別除権者として本来は自由に権利行使ができるにもかかわらず，再生債務者の事業再生という目的のために，担保権消滅の許可によって直接その権利行使が制約される（しかも，担保権消滅許可は，再生債務者等が

資料4-5-2　担保権消滅許可申立ての状況

	担保権消滅許可申立て	担保権消滅許可決定	担保権消滅許可申立ての取下げ	その他	担保権消滅許可決定に対する抗告	価額決定	価額決定に対する抗告
平成12年	7	5	1	1	0	2	0
平成13年	1	1	0	0	0	0	0
平成14年	15	11	2	1	1	7	1
平成15年	10	7	3	0	1	4	3
平成16年	3	2	1	0	2	2	2
平成17年	9	8	1	0	1	5	1
平成18年	14	13	1	0	1	12	6
平成19年	6	4	2	0	1	3	1
平成20年	25	18	4	2	8	4	1
平成21年	8	6	2	0	2	3	1
平成22年	5	4	1	0	0	2	1
平成23年	5	3	2	0	0	4	0
平成24年	2	2	0	0	0	1	1
平成25年	0	0	0	0	0	0	0
平成26年	1	1	0	0	0	1	0
平成27年	0	0	0	0	0	0	0
平成28年	1	1	0	0	0	1	0
平成29年	2	2	0	0	0	2	0
計	114	88	20	4	17	53	18

（注）　本資料は当該年の民事再生手続開始申立事件につき担保権消滅許可の申立て等がされた件数を示す。

当該担保目的物の価額に相当する金銭を納付することで，当該財産上の全ての担保権を消滅させるという強力な効果を有する）ものであるためと解されており，また，「事業の継続に欠くことのできない」という条文の文言からしても，事業資金を捻出するために担保権消滅許可の制度を用いることは，制度本来の趣旨に沿わないと思われるが，実務上は，土地付き戸建分譲を主たる事業

とする再生債務者所有の販売用土地について「事業の継続に欠くことのできない」財産に当たるとした裁判例（東京高判平21．7．7判タ1308号89頁）をはじめ，柔軟な取扱いも見られる（民再の手引2版249頁〜251頁参照）。

イ　対象となる担保権

担保権消滅許可の対象となる担保権は，特別の先取特権，質権，抵当権又は商法上若しくは会社法上の留置権である（民再53条1項）。仮登記担保契約に関する法律の適用のある担保仮登記に関する権利も含まれる（仮登記担保契約に関する法律19条3項）。

また，前記のとおり，譲渡担保や，所有権留保，ファイナンス・リース等の非典型担保は，倒産法上，担保権（別除権）として取り扱うことが通説であり，倒産実務上もそのような取扱いが一般であるが，担保権消滅許可の対象としては，法文上，典型担保を予定しており，このような非典型担保に担保権消滅許可の申立てが認められるかについては様々な議論がある。

前記(1)で述べた担保権消滅許可の制度趣旨は非典型担保にも妥当するから，理論的には，民事再生法148条の類推適用という形で，非典型担保も担保権消滅許可の対象とすべきであるともいえる。

もっとも，非典型担保については，公示方法としての登記・登録の制度が存在しないことが多く，そのような公示方法が存在しない場合には，例えば，多重リースや空リースのように，担保権の成立そのものが疑われ，担保権の成立の認定に困難を伴うことがあったり，複数担保が設定されているときには，担保権の存在やその内容（優先性等）を認定することに相当の困難を伴うことがあったりということが考えられる。また，配当手続は再生手続を審理する裁判所が民事執行法の定めに基づき行う（民再153条3項）ことになるが，非典型担保が複数設定されていたり典型担保と競合したりするような場合は，これら複数の担保について配当に関する優先順位を定める実体法が整備されていないため，再生手続を審理する裁判所が担保権の配当順位を確定し，民事執行法の定めに従って配当を行うことにも，相当の困難を伴う。さらに，担保目的財産につき登記・登録がある場合，特に不動産譲渡担

保権につき登記簿の甲区欄に所有権登記がある場合に当該登記を担保権として登記手続上抹消できるかという問題がある。加えて，担保権消滅許可の申立てにおいては，担保目的物を処分するものとして，その評価額を算定する必要があり（民再規79条1項参照），担保権消滅許可の制度を適切に機能させるためには，当該担保目的物の評価について，合理的・客観的な評価基準が確立し，かつ当事者にも予測可能なものとする必要があるが，特にリース対象物件は，動産であることが多く，しかも当該動産も多種多様なものが想定され，不動産とは異なり，客観的・合理的な評価方法が確立していないものが多いと思われ，その評価をどのように行うかという非常に困難な問題もある。以上のとおり，非典型担保について担保権消滅許可の申立てをすることは，理論的には可能と考えられるが，現実の手続を進めていく上では，種々の認定上・運用上のあい路が存在するといえる。したがって，現実に非典型担保について担保権消滅許可の申立てをしようとする場合は，①担保権の成立・内容について当事者間に争いがないか否か，②競合する担保権が存在しないか，存在するときは，その成否・順位に関する争いがあるか否か，③対象となる財産の価額に争いがあるか否かなどといった点について慎重に検討する必要があり，問題点が多いと，手続を進めることが事実上困難になると考えられる（大阪実務284頁）。

　東京地裁破産再生部で非典型担保を担保権消滅許可の対象とした事例は平成30年3月末の時点で2例ある。その一つは，金融機関が動産（工作機械）に譲渡担保権を設定していて，譲渡担保権の成立及びその内容について当事者間に争いがなく，かつ，譲渡担保権者も譲渡担保権の実行を事実上控えているという事案において，当該動産譲渡担保権を対象に担保消滅許可決定がされたものである（当該動産には商事留置権も競合して成立しており，商事留置権も同時に担保消滅許可の対象とされた。）。もう一つは，帽子の卸業者が再生債務者の店舗内に存在する商品に譲渡担保権を設定していたところ，譲渡担保権の成立及びその内容について当事者間に争いがなく，競合する担保権も存在せず，かつ，譲渡担保権者も担保権の実行を事実上控えているという事案において，当該動産譲渡担保権を対象に担保権消滅許可決定をしたもので

ある（当該事案では，譲渡担保について，登記原因を譲渡担保とする動産譲渡登記がされていたところ，担保権消滅許可決定が確定し，価額に相当する金銭が納付され，裁判所書記官が登記の抹消を嘱託したのに対し，担保権消滅許可決定を登記原因とする動産譲渡登記の抹消登記がされた。）。

(3) 申立ての手続

東京地裁破産再生部では，再生債務者が担保権消滅許可の申立てを検討する場合には，まずは監督委員と協議をすることを求めている。その結果，申立てをすることが相当と判断された場合には，担保権消滅許可の申立書を正式提出する前にそのドラフトの送付を受け，再生債務者，監督委員及び裁判所の三者打合せを実施することとしている。

ア 申立権者

申立権者は，再生債務者（管財人が選任されている場合は当該管財人）である（民再148条1項）。

イ 申立期間

実務上，再生計画認可決定前に担保権消滅許可の申立てが行われることは少ない。前記のとおり，まず再生債務者は，担保権者と別除権協定締結の協議を行い，再生計画案提出までに協議が調えば，それを前提に再生計画案を立案するが，再生計画案提出までに協議が調わなければ，一定の合理的な金額で協議が調うことを前提に再生債権者に対して弁済を行う再生計画案を策定し，当該再生計画案の中で，当該財産の評価が上振れした場合にはスポンサー負担とすることや，余剰が出た場合には追加弁済を行うことなどの条項を設けることを検討することになる。その上で，再生計画認可決定後，別除権協定が締結困難となった場合に，担保権消滅許可の申立てを行うことを検討するのが通常である。もっとも，早々に別除権協定締結に向けた交渉が決裂したような場合には，再生計画認可の決定を待たずに，手続の早い段階で担保権消滅許可の申立てを行うこともあろう。

民事再生法上，担保権消滅許可の申立期間についての定めは存在しないが，民事再生事件終了後は担保権消滅許可の申立ては却下される。担保権消滅許可の申立てが価額決定の請求中（民再149条，150条）であっても同様である。ただし，価額決定の裁判が確定し，裁判所が金銭の納付期限を定めた後（民再152条１項）に終結決定があった場合には，確定した手続の執行が残るのみであるから，期間内に金銭を納付することにより担保権は消滅する（同条２項）と解されている。したがって，当該財産の価額が争われる可能性がある場合には，再生手続終結の時期までに代金納付を行うことができることを考慮して申立てをすることが望ましい。

　また，担保権実行が終了した後には，担保権消滅許可の申立てはできないと解されるが，担保権実行の完了時期をいつと捉えるかが問題となる事例がある。例えば，ファイナンス・リースについて，担保目的物を利用権と解する立場からは，ファイナンス・リース契約の解除により，観念的にユーザーに付与されていた利用権がリース業者に移転することにより消滅し（混同による消滅），その結果リース業者が完全な所有権を取得することとなることをもって，担保権実行が終了すると考えるのが一般的であるが，当該担保権の実行が，リース契約の解除の意思表示のみで完了するとすれば，リース料の滞納がありリース業者に解除権が発生している場合には，当該解除権の行使（解除の意思表示）のみによって担保権消滅許可の申立てができなくなる。そこで，担保権実行の終了のためには解除の意思表示のみでは足りず，リース契約においてもリース業者が清算義務を負うことを前提に，リース業者が一応の合理性のある目的財産の評価額と債権額を記載した清算通知（清算金が発生しない場合は発生しない旨の通知）をしなければ，担保権実行手続は終了しないとする考え方（小林信明「担保権実行手続の中止命令の適切な利用」事業再生研究機構編『民事再生の実務と理論』45頁参照）等，担保権実行の終了時期を解除の意思表示の時点よりも遅らせて担保権消滅許可制度の適用の余地を広げ，もってファイナンス・リースを担保権消滅許可の対象とする実益を確保しようとするなどの理論的な試みがされている。

ウ　申立書の記載

　再生債務者等は，担保権消滅許可の申立てをする際は，担保権の目的である財産，消滅すべき担保権，被担保債権の金額のほか，目的物の価額を申立書に記載する必要がある（民再148条2項2号）。ここでは，再生債務者等が相当と考える価額（申出額。民再149条1項）を記載し，この申出額について，評価根拠を明らかにする書面を提出する（民再規71条1項1号）。再生債務者等が不当に低い価額を記載することを防止するとともに，担保権者が価額決定の請求を行うか否かの判断資料とするためである。申出額はその趣旨から見て客観的資料に基づく裏付けが必要なものと解されるが，価額の相当性は価額決定の請求により解決されるべき問題であって，担保権消滅を許可するか否かの判断要件となるものではない。また，この申出額としては，本来，個別の財産ごとに価額を定めて申立てをするのが原則であるが，一体的な利用がされている場合は合計額の評価で申し立てることも可能である。この場合でも，個々の財産ごとに担保権の設定方法や担保権者が異なる場合には，後の配当のために，財産ごとに価額の割り付けをする必要があるので注意を要する。

　その他，申立書には，消滅すべき担保権の担保権者の氏名又は名称及び住所，目的財産が再生債務者等の事業の継続に不可欠である事由，再生債務者等又はその代理人及び担保権者の郵便番号及び電話番号（ファクシミリ番号を含む。）を記載しなければならない（民再規70条）。

　担保権消滅許可申立書の記載例は，資料4－5－3のとおりである。

エ　担保権者からの意見聴取

　民事再生法上，担保権消滅許可の手続として，担保権者からの意見聴取は要求されていないが，東京地裁破産再生部では，担保権者から担保権消滅許可の要件について有用な意見が述べられることが少なくないことや，担保権者から価額決定請求を行う意向の有無について述べられることも多く，再生債務者等や他の担保権者が手続の進行について予測を立てることも可能とな

資料4-5-3　担保権消滅許可申立書

平成○○年(再)第○○号
　　　　　　　　　　　　　　　　　　　平成○○年○○月○○日
東京地方裁判所民事第20部　御中
　　　　　　　　　　　　　　　再生債務者　○○○○株式会社
　　　　　　　　　　　　　　　同代理人弁護士　○○　○○　㊞

担保権消滅許可申立書

　当事者の表示　別紙「当事者目録」記載のとおり

第1　申立ての趣旨
　　申立人が，裁判所に対し，別紙「目的物割付明細書」価額欄記載の価額に相当する金銭を納付して，別紙「物件目録」記載の各不動産に設定されている別紙「担保権・被担保債権目録」記載の各担保権を消滅させることを許可する
　　との決定を求める。
第2　申立ての理由
　　（略）

(別紙)

当事者目録

　（略）

(別紙)

物件目録

　（略）

(別紙)

目的物割付明細書

　（略）

(別紙)

担保権・被担保債権目録

(別紙物件目録1記載の不動産について)
 (相手方株式会社○○銀行分)
  1 担保権
   (1) 平成○年○月○日設定の根抵当権
      極度額　金○億○○○○万円
      債権の範囲　銀行取引，手形債権，小切手債権
      登記　○○地方法務局平成○年○月○日受付第○○○○号
   (2) 被担保債権
      別紙「相手方株式会社○○銀行の被担保債権」記載の金員のうち，極度額　金○億○○○○万円に満つるまで。
  2 担保権
   (1) 平成×年×月×日設定の根抵当権
      極度額　金××××万円
      債権の範囲　銀行取引，手形債権，小切手債権
      登記　○○地方法務局平成×年×月×日受付第××××号
   (2) 被担保債権
      別紙「相手方株式会社○○銀行の被担保債権」記載の金員のうち，極度額　金××××万円に満つるまで。
 (相手方株式会社△△銀行分)
    担保権
   (1) 平成△年△月△日設定の根抵当権
      極度額　金△億円
      債権の範囲　銀行取引，手形債権，小切手債権
      登記　○○地方法務局平成△年△月△日受付第△△△△号
   (2) 被担保債権
      別紙「相手方株式会社△△銀行の被担保債権」記載の金員のうち，極度額　金△億円に満つるまで。
(別紙物件目録2記載の不動産について)
 (相手方株式会社○○銀行分)
    担保権
   (1) 平成○年○月○日設定の根抵当権
      極度額　金○億○○○○万円
      債権の範囲　銀行取引，手形債権，小切手債権
      登記　○○地方法務局平成○年○月○日受付第○○○○号
   (2) 被担保債権
      別紙「相手方株式会社○○銀行の被担保債権」記載の金員のうち，極度額　金○億○○○○万円に満つるまで。

以上

ることなどから，再生債務者等から担保権消滅許可の申立てがあると，直ちに申立書を担保権者及び監督委員に送付（再生債務者等から申立書副本を直送）した上，速やかに（通常は1週間程度後）意見聴取期日（再生債務者等，担保権者及び監督委員が出席する審尋期日）を指定する運用を行っている。この意見聴取期日では，担保権者から担保権消滅許可の申立てを争うか否か，争う場合には，対象財産の事業継続の不可欠性又は財産の価額のいずれを争うかを聴取し，その後の事件処理の方針を策定している。

(4) 担保権消滅許可決定

東京地裁破産再生部では，担保権消滅許可の申立てについて，意見聴取期日（審尋期日）における担保権者の意見及び監督委員の意見を踏まえた上で，民事再生法所定の要件を審理し，これが認められれば担保権消滅許可決定を行い，担保権者全員に対し許可決定書を送達することとしている（民再148条3項）。担保権者全員に対して許可決定書が送達されたときは，裁判所書記官は，その旨を再生債務者等に通知しなければならない（民再規72条2項）。

担保権消滅許可の決定例は，資料4-5-4のとおりである。

(5) 担保権者による不服申立て

ア 担保権消滅許可の決定に対する担保権者の不服申立ての手段

担保権者は，担保権消滅の許可決定に対して不服がある場合は即時抗告をすることができる（民再148条4項）。即時抗告の申立期間は，許可決定書の送達を受けた日から1週間の不変期間内である（民再18条，民訴332条）。担保権消滅許可の対象とされた財産が「事業の継続に欠くことができない」（民再148条1項）ものに当たるか否かは，この即時抗告において争うことになる。

これに対し，担保権者において，再生債務者等が申立書に記載した財産の価額に不服がある場合は，担保権消滅の許可決定に対する即時抗告ではなく，価額決定の請求をすべきである。価額決定の請求は，申立書の送達を受

資料4-5-4　担保権消滅許可決定

> 平成○○年(モ)第○○号　担保権消滅許可申立事件
> (基本事件　平成○○年(再)第○○号)
>
> 　　　　　　　　　決　　　　定
>
> 　　当事者の表示　別紙「当事者目録」記載のとおり
>
> 　　　　　　　　　主　　　　文
>
> 　申立人が，裁判所に対し，別紙「目的物割付明細書」価額欄記載の価額に相当する金銭を納付して，別紙「物件目録」記載の各不動産に設定されている別紙「担保権・被担保債権目録」記載の各担保権を消滅させることを許可する。
>
> 　　　　　　　　　理　　　　由
>
> 　審尋の結果によれば，別紙「物件目録」記載の各不動産は，申立人の事業の継続に欠くことができないものであることが認められるので，主文のとおり決定する。
>
> 　　　平成○○年○○月○○日
> 　　　　東京地方裁判所民事第20部
> 　　　　　　裁判長裁判官　　○○　○○
> 　　　　　　裁判官　　　　　○○　○○
> 　　　　　　裁判官　　　　　○○　○○

けた日から1か月以内に限りすることができる（民再149条1項）。

　前記のとおり，東京地裁破産再生部では，再生債務者から担保権消滅許可の申立てがあると，直ちに申立書を担保権者に送付した上，おおむね1週間後に意見聴取期日を指定しているが，このような運用では，監督委員の意見を踏まえ，意見聴取後に担保権消滅許可決定を行い（通常は意見聴取期日当日である。），その裁判書を担保権者に送達することになるので，価額決定請求も担保権消滅許可決定の裁判書の送達を受けた日から1か月以内に行えば足りるということになる（担保権者にもその旨通知している。）。

イ　価額決定の請求の手続

(ｱ)　**評価人の選任**

　価額決定の請求があった場合，裁判所は，当該請求を却下する場合を除き，評価人を選任し，財産の評価を命じなければならない（民再150条1項）。評価人には，不動産鑑定士を選任するのが一般である。

　東京地裁破産再生部では，経験豊富な不動産鑑定士を評価人として選任する運用を行っている。また，東京地裁破産再生部では，価額決定の請求があると評価人の選任に入るが，評価人候補者として内定した段階で，それから1週間程度で費用の見積りを出してもらい，その見積りに基づき担保権者に対して1週間程度を期限として費用の予納を命ずる旨の決定を発し，予納が確認されたら，評価命令を発付し評価人を選任する扱いである。このため，価額決定請求の申立てから評価命令の発付までに2週間程度を要することに注意を要する。

(ｲ)　**評　　価**

　評価は財産を処分するものとして算定しなければならず（民再規79条1項），財産が不動産である場合は，取引事例比較法，収益還元法，原価法その他の評価の方法を適切に用いなければならない（同条2項）。評価方法は，社団法人日本不動産鑑定協会「民事再生法に係る不動産の鑑定評価上の留意事項について」「同（各論）」（判タ1043号82頁，96頁）で明らかにされており，実務ではこれを指針として評価がされている。

　評価に要する期間は対象となる不動産の所在，量，性質等の個別の事情で異なるが，東京地裁破産再生部では，評価命令が発付されて評価人が選任されてからおおむね1か月半～2か月くらいで評価が終了しているという現状にある。したがって，再生債務者は，価額決定請求の申立てから価額決定まで少なくとも2か月を要することを考慮した上で手続進行を図る必要がある。

　なお，工場抵当のように工場内に所在する機械等の評価が必要となる事例や評価対象土地に土壌汚染があるような場合は，評価人は適宜専門業者を補

助者として活用して評価を行っている現状にある。土壌汚染の範囲の調査のように調査の精度に応じて高額な費用を要する場合は，裁判所及び評価人の関与の下，担保権消滅許可の申立てをした再生債務者と担保権者との間で，あらかじめ土壌汚染の調査方法やその精度のレベルについて合意を形成した上で調査を行い，その調査結果を前提に評価を行ったという工夫例もある。また，別除権対象不動産の評価額について，再生債務者と別除権者との間で，あらかじめ評価命令の結果に従うとの合意をした上で，評価人による評価を行い，当該評価額を別除権受戻代金額として別除権協定が締結された事例がある（この事例においては，担保権消滅許可決定自体は，再生債務者が，価額決定により定められた財産の価額に相当する金銭を裁判所には納付しなかったことにより取り消された（民再152条4項）。）。

また，評価人が選任された場合には，再生債務者等及び価額決定の請求をした担保権者は，評価人の事務が円滑に処理されるようにするため，必要な協力をしなければならない（民再規78条1項）。「必要な協力」とは，例えば，現地への案内，財産が不動産であるときはその立入りを認めること，評価に当たって参考となる資料の提出の求めに応ずること等が考えられる（条解民再規167頁）。また，評価人は，価額決定の請求をしなかった担保権者に対しても，財産の評価のために必要な協力を求めることができる（同条2項）。

(ウ) **価額決定**

裁判所は，評価人の評価に基づき，財産の価額を決定する（民再150条2項）。

担保権者が複数いる場合には，価額決定は，各担保権者の価額決定の請求期間が経過した後にしなければならず，数個の価額決定の請求事件が同時に係属するときは，事件を併合して決定しなければならない（民再150条3項）。この決定は価額決定の請求をしなかった担保権者に対しても効力を有する（同条4項）。

再生債務者等及び担保権者は，この決定に対して即時抗告をすることができる（民再150条5項）。価額決定又はこれに対する即時抗告についての裁判書は，再生債務者等及び担保権者に送達を要し，公告によって代えることは

資料4-5-5　価額決定

```
平成○○年(モ)第○○号　価額決定請求事件
(平成○○年(モ)第○○号　担保権消滅許可申立事件)
(基本事件　平成○○年(再)第○○号)

                    決　　　定

             当事者の表示　別紙当事者目録記載のとおり

                    主　　　文

1　別紙物件目録記載の各財産の価額を別紙価額目録記載のとおり定める。
2　本件価額決定請求に係る手続に要した費用は相手方の負担とする。

                    理　　　由

　平成○○年○○月○○日付け評価書によれば、別紙物件目録記載の各財産の
価額は主文1のとおりであることが認められる。


　　平成○○年○○月○○日
　　　　東京地方裁判所民事第20部
　　　　　　　裁判長裁判官　　○○　○○
　　　　　　　　　裁判官　　　○○　○○
　　　　　　　　　裁判官　　　○○　○○
```

できない（同条6項）。担保権者の全員に対し、価額決定又はこれに対する即時抗告についての裁判書が送達されたときは、裁判所書記官は、その旨を再生債務者等に通知しなければならない（民再規80条1項）。再生債務者等は、この通知を受けるまでに、担保権を新たに有することとなった者があることを知ったときは、その旨を再生裁判所又は抗告裁判所に届けなければならない（同条2項、73条）。

　なお、価額決定の決定例は、資料4-5-5のとおりである。

(エ)　**費用の負担**

　価額決定の請求に係る手続に要した費用は、価額決定により定められた価額が、申出額を超える場合には再生債務者の負担とし、申出額を超えない場合には価額決定の請求をした者の負担とする。ただし、申出額を超える額が

当該費用の額に満たないときは、当該費用のうち、その超える額に相当する部分は再生債務者の負担とし、その余の部分は価額決定の請求をした者の負担とする（民再151条1項）。

[具体例] 再生債務者の申出額が2億円、価額決定請求の手続費用が300万円であった場合

価額決定の額	手続費用負担者
2億2000万円	再生債務者が全額負担
1億8000万円	価額決定請求者が全額負担
2億0200万円	再生債務者が200万円負担 価額決定請求者が100円負担

(6) 価額に相当する金銭の納付による担保権の消滅

　再生債務者等は、財産の価額（担保権者から請求期間内に価額決定の請求がなかったとき、又は価額決定の請求のすべてが取り下げられ、若しくは却下されたときは再生債務者等の申出額、価額決定の請求が確定したときは当該決定により定められた価額）に相当する金銭を、裁判所の定める期限までに裁判所に納付しなければならない（民再152条1項）。この金銭が納付された時に担保権者の有する担保権は消滅する（同条2項）。価額に相当する金銭の納付があったときは、裁判所書記官は、消滅した担保権に係る登記又は登録の抹消を嘱託しなければならず（同条3項）、その際には、担保権消滅許可決定の謄本を添付しなければならない（民再規81条3項）。

　東京地裁破産再生部では、担保権消滅許可の対象となる財産が不動産の場合、再生債務者等から登記権利者・義務者目録、物件目録、抹消登記目録、収入印紙（登記印紙ではないことに注意）を提出してもらい、抹消登記の嘱託を行っている。抹消登記が完了した場合には、再生債務者等において最新の登記事項証明書等により抹消登記を確認するように促している。

(7) 配　　当

　裁判所は，納付された金銭を民事執行法の規定に基づいて担保権者に配当又は弁済金を交付する（民再153条）。

　東京地裁破産再生部では，配当表原案の作成につき再生債務者にも協力を依頼しているところである。

コメント

弁護士　宮川　勝之

1　民事再生法の下での別除権協定

　(1)　別除権協定は，実務の必要性から作られてきたものであり，民事再生法が規定しているわけではないので，本来，多種多様である。しかし，これまでの事例の蓄積と識者の分析から，再生債務者と別除権者間で，資金的に乏しい再生債務者が，担保物を事業に使用継続するために，担保物の評価額を算出して，その評価額を分割弁済によって弁済し，担保物の受戻しを実行する合意をすることを典型的な別除権協定として取り上げ，これに沿って問題点の検討が行われてきた経緯がある。付随的に，被担保債権が担保評価額を上回っている場合には別除権からの弁済金だけでは不足が出るので不足額を確定させて再生債権として弁済をする側面もある。このような態様のものを，典型的な別除権協定ということができる（本文④(1)，三上徹「別除権協定の諸問題」商事法務編『再生・再編事例集4　事業再生の思想』37頁以下，倉部真由美「別除権協定について」事業再生研究機構編『民事再生の実務と理論』342頁以下，山本和彦「別除権協定の効果について」『倒産法制の現代的課題（民事手続法研究Ⅱ）』121頁以下，中井康之「別除権協定に基づく協定債権の取扱い」伊藤眞ほか編『担保・執行・倒産の現在』304頁以下，多比羅誠「別除権協定にかかる問題点」伊藤眞ほか編『倒産法の実践』111頁以下，小林信明「別除権協定が失効した場合の取扱い」伊藤眞ほか編『倒産法の実践』131頁以下，園尾隆司＝須藤英章監修『民事再生法書式集〔第4版〕』369頁以下等）。

　(2)　別除権協定の締結は，民事再生法においては「別除権の目的である財産の受戻し」（民再41条1項9号）に該当するとされている。もともと担保物の

受戻しの規定は，旧破産法197条14号（現破78条２項14号）を民事再生法に付け加えたものである（花村良一『民事再生法要説』134頁）。さらに，受戻しの規定の外に，別除権について民事再生法88条ただし書き及び182条が，担保権によって担保されないこととなった不足額について再生債権者としての権利行使を認めるとする定めをしており，その実務処理として，不足額確定による権利行使を含む別除権協定が発達してきたものと考えられる。したがって，現在では，別除権協定では，「受戻し」の要素を中心としながら，「不足額の確定と権利行使」の要素も重要な一つになっているというべきであろう。他方，被担保債権が別除権評価額を下回り，不足額がない別除権の処理の場合には，受戻しの要素のみが機能することになる。

(3) 別除権協定は，再生債務者の公平誠実義務（民再38条２項）と債権者平等原則の遂行という規制を前提になされるべきものである。そのため，手続的には，受戻しの一種として，裁判所の許可又は監督委員の同意を得るものとされている（本文④(3)のとおり，民再法41条１項，54条２項に定めがあり，東京地裁では再生計画認可前までは監督委員の同意を得るものとされている。認可後は例外的に監督委員の同意事項として指定された場合を除き，直接の同意取得はなされていないが，監督委員の一般的な監督義務に服するものとされている。）。

２　典型的な別除権協定について

(1) 典型的な別除権協定の条項は，おおむね，以下のようなものである。①担保物の評価相当額として弁済する額，②分割弁済の期間と方法，③弁済期間内の担保権の不実行，④弁済完了後の担保権の解除約束，⑤担保権により弁済を受けることができない不足額の確定とその権利行使，⑥破産等の他の倒産手続へ移行した場合の取扱い，等の条項である。

(2)ア　担保物の評価は，再生債務者と別除権者間での最も大きな協議事項である。

担保物の評価は，適正に行われなければならないが（本文④），適正に行うことに現場の苦労がある。財産評定（民再124条，民再規56条１項）や担保権消滅請求（民再150条，民再規79条）の評価基準は，原則，処分価額で行うこととされている（ただし，必要があるときは事業継続価値での評定もできる。）。別除権が把握している価値は，担保権の実行としての競売の場合の適正な換価額（売却基準額）であるからである。しかし，分割弁済を前提にしたときの別除権協定の評価では，処分価額又は早期処分価額は最低額として機能するものの，この評価で別除権協定を締結することは難しく，価額交渉において

は正常価額(時価)を基準にしているのが通常である。さらに,不動産の場合には,担保権消滅請求額の評価において,取引事例比較法,収益還元法,原価法その他の評価の方法を適切に用いなければならない(民再規79条2項)とされており数種の評価方法を認めていること,財産評定の際に,必要があるときは事業継続価値での評価を認めていること,担保権消滅請求額は一括弁済を前提にしているところ当事者間での協議によって定める別除権協定においては分割弁済を想定していること等から,不動産や船舶など不動産に準じる担保物についての評価方法自体が交渉事項になる。例えば,ゴルフ場の評価では,収益還元額と原価法による額との乖離が大きく,収益還元額を基本にすることで低額である時価が形成されている(担保権消滅請求時の評価について「新法下における破産・再生手続の実務上の諸問題(全国倒産処理弁護士ネットワーク第4回全国大会シンポジウム報告)」事業再生と債権管理111号32頁〔林圭介発言〕)。他方,貨物輸送に供する定期用船契約付船舶の評価(貸借用マンションの評価なども同様であろう。)では,収益還元法による算定額が用船契約がない船舶だけの評価額に較べて高額化する傾向がある等である(実際に船舶を売却する場合で契約上の地位移転も含めて行うことができるときは船舶代金と契約上の地位移転の代金は別途に計算し,船舶代金のみが別除権の弁済額となる。しかし,継続使用する場合の協議ではプロジェクト融資の経緯などから2つを区別することの同意が成立し難いことがある。)。

　受戻額が時価を超える価額になりそうな場合の適否は,別除権協定全体を検討し,再生債務者の公平誠実義務及び再生債務者の別除権協定締結により受ける将来利益並びに再生債権者全体の利益の観点から決めることにならざるを得ない(前掲「別除権協定の諸問題」349頁,前掲「別除権協定について」114頁も基本は同趣旨であろう。前掲「別除権協定にかかる問題点」39頁参照)。

　イ　長期分割弁済であることで,弁済期間中の利息相当額の加算,長期間の弁済によるリスク面からの加算,現在価額への還元による金額との比較などからの加算が主張されることがある。他方で,別除権の被担保債権への弁済が本来は再生債権への弁済であることから評価額を超える弁済には制限があり他の一般再生債権に対する弁済との公平要請があること,債務者の弁済能力の制約等の価額抑制要因があることなどの事情がある。これらを考慮しながら調整をして交渉をまとめていくことになる。

　ウ　弁済期間の終期は,再生計画案の期間と同一である必要はない。別除権協定による弁済期間の終期に多額の評価額を一括弁済する(バルーン方式)とするものもある。この場合は,終期時の再生債務者の弁済計画がチェックされ

て，再生計画案の遂行可能性が検討される（民再174条2項2号）ことになろう。

　エ　別除権協定の締結時期は，本文④(3)に記載されたとおり再生計画案の策定・提出までに締結されるのが望ましいが，実際には認可決定時においても締結までに至っていない事例もある（山本和彦＝山本研編『民事再生法の実証的研究』206頁以下）。締結に至っていなくとも協定の骨子を別除権者と固めておくことが必要である（前掲「別除権協定にかかる問題点」119頁）。

　オ　担保として登記されている極度額や被担保債権の表記を更正して減額登記をなすべきかという議論があるが，実務では行われていない。

(3)　分割弁済期間中に弁済実行がなされている場合は，担保権の実行は行わず，協定どおりに弁済完了になれば担保権を抹消することに合意する。後順位の担保権があるときは，後順位別除権者とも別除権協定を結び，弁済終了時に抹消する旨の合意をする。後順位者に対して，抹消料の支払をして，抹消を別除権協定締結時に済ませる処理もある。

(4)　別除権協定の締結によって別除権不足額を確定させることができる。不足額の確定によって，別除権者は不足額について再生債権として再生計画に基づく弁済を受けることができる。

(5)　別除権協定の不履行により再生手続中に別除権協定を解除した場合，さらに再生計画の履行完了前に再生手続が再生手続廃止決定確定や破産手続等によって再生計画の遂行ができなくなり解除又は失効した場合，別除権協定の当事者の権利関係はいかようになるか，という問題点がある。これには，①別除権協定が解除・失効したときには減縮されていた被担保債権が復活するとする見解（復活説）と復活せずに固定したままで進む（固定説）とする見解の対立があり，②受戻請求による弁済請求権は共益債権になっていたのか，それとも再生債権のままであったのか（東京地判平24．2．27金法1957号150頁は再生債権であるとした。）の争点もある。

　当事者の契約を重視することを前提にするとした上で，①再生計画が遂行中であるか，②遂行が不可能になったのかで区別して①では固定説・共益債権説②では復活説・再生債権説をとる見解，①②ともに復活説・再生債権説をとる見解，①②ともに固定説・共益債権説をとる見解がある（最判平26．6．5民集68巻5号403頁，山地修「判解」法曹時報68巻2号547頁が参考になる。）。当事者の締結する別除権協定に何をどこまで記載するかによって，解除・失効の効果も左右される（小林前掲は詳細な検討を加えている。）。

3　広義の別除権協定

　実務での別除権への対応は多種多様である。典型的な別除権協定とは別に，別除権処理についてどのような処理がされているのかを簡単に見ておきたい。

　(1)　担保物を事業に使用しない場合，担保権の実行手続中止命令申立て（民再31条1項）や，担保権消滅許可申立て（民再148条1項）の対象にならないので，①当事者は，価額を競売での売却基準額，早期処分価値ないし市場での売却価値（時価）の範囲で取り決めて，②売却する方法により代金を取得して一括弁済をすることに合意し，③不足額があるときは，その不足額に対して再生債権として再生計画において弁済することを取り決める。評価額，弁済方法，再生債務者への売却金の一部組入れ等は破産手続の場合と同様である（再生債務者への組入れは，競売に比べて高額処分ができることにより破産財団に組入れをするのと同様の趣旨である。）。別除権協定が成立していないときは，将来の不足額の権利行使に関する適確な措置を定めなければならない（民再160条1項）。

　(2)　担保物を数年間事業継続に使用し，その後売却処分とする場合等数年間使用を継続してその後売却するとする計画案の需要も多いと思われる。このような場合は，①評価額は時価を中心に決め，②弁済方法では数年間の使用期間中の分割弁済額を弁済し，③使用期間後の売却時に協定締結時に決めた時価から既払の分割弁済額を控除した残額を売却代金を原資にして弁済するものとし，④別除権協定締結時に不足額を再生債権として確定させて再生債権として計画弁済をする，との形がある。処分価額連動方式の場合は，①を増減し，④で弁済した額を処分時に清算する形をとることになろう。

　(3)　担保物を事業継続に使用することを前提にして担保物の評価額を一括弁済する場合もある。通常，再生債務者には一括弁済の資金力がないが，スポンサーの支援があるときや事業譲渡を実行するときには新たに資金が提供されるので，一括弁済を実施することが多い。このような場合の担保物の評価は，担保権消滅許可制度における価格決定の定め（民再150条）の準用によって決められるべきであり，処分価格で算定する（民再規79条1項）のを原則として協議する。対象物が不動産であるときは取引事例比較法，収益還元法，原価法その他の評価の方法を適切に用いなければならず（同条2項），これらを基準にして評価額を決定して一括弁済の約定を決めて，不足額を再生債権にする。

　今後，実務では別除権者との協議を成立しやすくするために，柔軟な発想と積極的な交渉が望まれる。

第6 再生計画外の事業譲渡，会社分割の許可の手続

1　再生計画外の事業承継と裁判所の許可

　再生債務者等が他の法人に対して事業を承継させることによりその事業自体を存続させる方法として，事業譲渡及び会社分割がある。

　事業を承継させるかどうか，事業承継の対価その他事業譲渡契約等の内容をどうするかは，事業再生の基本的枠組みを決定するものであり，再生債権者の利害に多大な影響を及ぼし，また，再生債務者の従業員の利害にも多大な影響を及ぼすこととなる。そのため，事業承継については，再生計画案に定めて，再生債権者による決議及び裁判所による再生計画認可の決定を経て実行することが原則であると考えられるが，再生手続開始の申立てにより取引先に信用不安が生じているなど，再生計画認可の決定の確定を待っては事業価値が劣化し弁済率も低下するおそれが高い場合も少なくない。

　このような場合には，再生計画案の策定等の手続を待つことなく，事業承継を早期に実施する必要があるが，他方において，債権者や従業員の保護等の観点からも，事業承継の適正性が十分に担保される必要がある。このため，民事再生法は，事業譲渡及び子会社等株式等の譲渡（再生債務者の子会社の株式又は持分の全部又は一部の譲渡。なお，子会社等株式等の譲渡に先立って会社分割が行われることがある。）について，再生計画案の決議及び裁判所の認可決定に代えて，裁判所の許可によって，手続を進めることができるものとした（事業譲渡の許可について，民再42条1項1号。会社分割に伴う子会社株式等の譲渡の許可について，同項2号。なお，民再42条は，民再41条1項1号との関係では特則となる。）。また，東京地裁破産再生部では，これに加え，

民事再生法41条1項10号に基づき，開始決定時に，計画外会社分割行為自体を裁判所の要許可事項として指定する運用としている（後記3参照）。

2 事業譲渡の許可手続

(1) 許可の対象

　民事再生法42条1項1号の許可が必要となる事業譲渡は，「営業又は事業の全部又は重要な一部」に関するものである。
　ここにいう営業又は事業とは，一定の目的のために組織化され，有機的一体として機能する財産（最大判昭40．9．22民集19巻6号1600頁）をいう。
　営業又は事業の一部を譲渡する場合，当該事業が重要なものであるかどうかは，事業譲渡が再生債権者や従業員の利害に多大な影響を及ぼすことを考慮して裁判所の許可事項とした民事再生法42条1項1号の趣旨に鑑みれば，当該一部譲渡が事業の継続性や再生債権者に対する弁済に与える影響の大小から判断すべきであり，具体的には，当該事業が再生債務者の本来の事業であるか付随的な事業であるか，譲渡の対象部分の資産や売上げ等が再生債務者全体のそれらに占める割合はどれくらいかといった事情等を考慮することになる（条解民再3版228頁〔松下淳一〕参照）。
　東京地裁破産再生部においては，事業のほとんど全部を一括して譲渡の対象とし，譲渡対価等をもって再生債権の一括弁済をする事例や，これに加えて残余財産の処分等をして追加弁済をするという事例が多いものの，最近の事例でも，複数のブランドの衣料品を製造・販売する再生債務者が，ブランドごとに事業を分けて，これらを別々の相手方に譲渡したものや，木材関連商品の卸売業及び不動産賃貸業を営む再生債務者が，木材関連事業を譲渡し，不動産賃貸業を存続させたものもある。これらの事例においては，それぞれの事業譲渡の対象となる事業ごとに，「事業の重要な一部」であるかどうかを判断し，重要な一部の譲渡と判断されたものについて，それぞれ許可手続を行っている。

(2) 事業譲渡の時期

ア 計画内事業譲渡の許可の要否

　民事再生法42条1項1号は，再生手続開始の決定後に事業が譲渡される場合に適用される。ただし，再生計画による事業譲渡の場合にも，民事再生法42条1項1号の許可を要するか否かについては見解が分かれる。東京地裁破産再生部では，事業譲渡の許可制度が，再生計画案の決議や裁判所の認可に代えて事業譲渡の適正性を担保するためのものであることに鑑み，再生計画認可の決定と別に事業譲渡の許可決定は行わないこととしている。

　なお，再生計画認可後の履行監督期間中に再生計画で予定されていなかった事業譲渡を行う場合に民事再生法42条1項1号の許可を要するか否かについては，事業譲渡があればその時点で譲渡代金により一括弁済をすることができることから，通常は再生債権者には「不利な影響」（民再187条2項）はないという理由により再生計画の変更手続を執る必要はないとの見解があり，この見解によれば，再生計画の変更手続の中で事業譲渡の適正性をチェックすることができないので，この点を別途チェックするために，民事再生法42条1項1号の許可を要すると考えられる。一方で，弁済条件そのものは不利にならないとしても，再生債務者の営業等の帰趨は再生計画案について賛否を問う際の重要な判断材料であり，その重要な事項が変更される以上，再生計画の変更手続を要するとの見解があり，この見解によれば，再生計画の変更手続を経る過程で事業譲渡の適正性が検討対象となることから，重ねて民事再生法42条1項1号の許可を得る必要はないと考えられる（条解民再3版229頁〔松下淳一〕参照）。

イ 保全期間中の事業譲渡の可否

　民事再生法42条1項1号は，再生手続開始の決定後の事業譲渡を適用対象としており，保全期間中（再生手続開始の申立て後開始決定前）の事業譲渡は本条の適用対象外である。

東京地裁破産再生部では，本条の趣旨に照らして，保全期間中に事業譲渡を行うことはなく，早期に事業譲渡を行う必要がある場合は，早期に再生手続開始の決定をして，本条所定の手続を経た上で事業譲渡を行う運用としている。ただし，早期の事業譲渡を行う場合は，譲受先の選定過程の合理性と事業譲渡の対価の相当性について一層慎重な判断が求められる。

(3) 許可の要件

ア 再生債務者の事業の再生のための必要性

裁判所は，再生債務者の事業の再生のために必要であると認める場合に限り事業譲渡を許可することができる（民再42条1項）。

「事業の再生のために必要と認める場合」とは，例えば，事業の一部譲渡により残存する事業の再生・継続に必要な資金を得る場合，現在の経営陣に対する信用が失われたが，第三者の下で事業を継続すれば取引の継続が見込まれ，事業の再生が可能になる場合，再生債務者による事業の再生も不可能とはいえないが，第三者に譲渡した方がより確実に事業の再生をすることができ，それが再生債権者や従業員に有利な場合等が想定される。

なお，この要件については，民事再生法の目的から導かれる当然の要件であることから，政府提出原案では明文上の要件でなかったものの，事業譲渡が企業の解体清算や雇用の場の消滅のために用いられるべきでないとの趣旨を明らかにするため，国会審議において明文上の要件として定められたという経緯がある（一問一答民再22頁）。

イ 事業譲渡の条件の相当性等

事業譲渡の可否を判断する際は，譲受人の選定過程の公正さや譲渡対価，譲渡条件の相当性なども斟酌される（東京高決平16．6．17金法1719号51頁）。

譲受人の選定過程の公正さを確保するとともに，譲渡対価の相当性等を担保するためには，入札手続を行うことが望ましいということができるが，事業内容によっては競争原理を働かせることを期待することができない場合も

あり，入札手続が不可欠というわけではない。再生手続開始の申立てに先立って，再生債務者がスポンサーを選定し，スポンサー契約等を締結した上で再生手続開始の申立てを行う，いわゆるプレパッケージ型の民事再生の場合もある。もっとも，監督委員の助言に基づいて再生債務者が想定していた事業譲渡先以外の候補者も募った結果，競争原理が働き，譲渡価格が相当高くなって再生債権者の利益につながったという事例も見受けられる。いずれにしても，再生債務者には譲受先の選定過程の公正性と譲渡対価の相当性の確保に十分配慮することが求められる（なお，プレパッケージ型の事業譲渡等の諸問題については，深山雅也「プレパッケージ型民事再生における支援企業の保護をめぐる考察」事業再生研究機構編『民事再生の実務と理論』181頁，東京弁護士会倒産法部編『民事再生申立ての実務』94頁参照。また，スポンサー選定基準等については，山本和彦＝事業再生研究機構編『事業再生におけるスポンサー選定のあり方』5頁以下参照）。

(4) 許可の手続

ア 監督委員の同意

　事業譲渡契約等の締結に先立ち，その締結につき，監督委員の同意を得ることが必要である。

　東京地裁破産再生部では，監督命令において，「事業の維持再生の支援に関する契約及び当該支援をする者の選定業務に関する契約の締結」を監督委員の同意事項として指定している。この「事業の維持再生の支援に関する契約」には，法形式を問わず，事業譲渡，減増資，DIPファイナンス，会社分割等に関する契約等が含まれるものと解している。このため，再生手続中にスポンサー選定に関するフィナンシャル・アドバイザリー契約（FA契約）や事業譲渡契約を締結するには，事前に監督委員の同意を得ることが必要となる。

　監督委員は，同意に際して，スポンサーの選定過程の公正性，FA報酬や譲渡対価等の適正性について確認をし，問題があればこれを指摘して是正さ

せることになる。監督委員の同意を停止条件とする事業譲渡契約を締結する例が見られるが，これは，上記のような監督命令の趣旨に反することになり，相当ではない。

イ　事業譲渡契約の締結

　東京地裁破産再生部では，事業譲渡許可の申立てに先立ち，裁判所の許可を停止条件とする事業譲渡契約を締結することを求めている。

　許可申立ての時点で裁判所の許可を停止条件とする事業譲渡契約の締結まで至っていないまま事業譲渡許可の申立てを行い，債権者からの意見聴取手続を経て裁判所の許可を受けて契約の締結をしようとしたところ，譲受人から契約内容の変更や契約当事者の変更を求められ，改めて許可手続を行うことが必要となった事例がある。手続の大幅な遅延をもたらすのみならず，債権者にも多大な迷惑をかけることになるので，事業譲渡許可の申立てに先立ち，必ず，裁判所の許可を停止条件とする事業譲渡契約の締結まで終えておかなければならない。

ウ　事業譲渡許可の申立て

　許可申立書には，事業譲渡の内容，計画外で事業譲渡を行う必要性，譲受人の選定過程の公正性，譲渡対価の適正性，事業譲渡を行った場合に再生計画案で予定する弁済の内容，当該弁済率が清算配当率を上回ることについて記載する。このうち，弁済率が清算配当率を上回ることを明らかにするためには，原則として，許可申立て前までに財産評定を終了し，監督委員の確認を得ていることが必要となる。

　許可申立書には，事業譲渡契約書の写し及び契約締結について監督委員の同意を得た旨の報告書を添付する。

　また，東京地裁破産再生部では，事業譲渡の概要を記載した書面（「事業譲渡の内容等」と題し，Ａ４判１枚程度に，譲渡対象となる事業，承継される資産及び負債，譲受会社の概要，事業譲渡対価，事業譲渡実行予定日，事業譲渡実行の条件等を記載したもの）の提出を求め，これを，意見聴取期日の通知書の

資料4-6-1　意見聴取期日通知書

平成○○年(再)第○○号　再生手続開始申立事件
再生債務者　　　株式会社○○○○

　　　　　　　　　　　　　　　　　　　　平成○○年○○月○○日
　関　係　者　　各位
　　　　　　　　　　　　　　　東京地方裁判所民事第20部
　　　　　　　　　　　　　　　　裁判所書記官　　○○　　○○

　　　　　　　事業譲渡に関する意見聴取について（通知）

　再生債務者による事業譲渡許可申立てについて，下記のとおり債権者意見聴取期日（以下「本件期日」という。）を定めたので通知します。
　事業譲渡の内容については，本件期日に先立ち，別途，再生債務者から債権者に対して詳細な説明がされる予定であり，本件期日においては，説明及び質疑応答の予定はありません。
　なお，ご意見のない方は，本件期日に出席していただく必要はありません。

記

1　期　　　　日　　平成○○年○○月○○日午前○○時○○分
2　場　　　　所　　東京都千代田区霞が関1丁目1番2号
　　　　　　　　　　東京地方裁判所民事第20部　債権者等集会場1
　　　　　　　　　　（家簡地裁合同庁舎5階）
3　期日の目的　　　事業譲渡に関する債権者の意見聴取
4　事業譲渡の内容等　　別紙のとおり

事業譲渡の内容に関しご不明な点は		
再生債務者代理人　○○　○○	電　話	03-0000-0000
	FAX	03-0000-0001
にお問い合わせください。		

〈裁判所までの交通〉
　東京メトロ（丸ノ内線，日比谷線，千代田線）霞ヶ関駅下車（B1出口）徒歩1分
　当庁には駐車施設がありませんので，上記交通機関をご利用ください。

（別紙）

　　　　　　　　　　　　事業譲渡の内容等

1　譲渡対象事業

譲渡人の化学製品製造及び卸販売事業
　2　譲渡対象
　　①資産
　　　譲渡人が譲渡対象事業に関して所有する建物，建物付属設備，構築物，車両，工具器具備品，一括償却資産，製品，原材料，仕掛品，商品その他有形固定資産，電話加入権，商標，ソフトウェアその他無形固定資産など一切の資産
　　　なお，現預金，実行日より前に既に具体的に発生している売掛金及び別除権の対象となっている資産は非承継
　　②負債
　　　下記③の契約に基づく義務を除き，負債は非承継
　　③契約
　　　譲渡対象事業に関する全ての契約の契約上の地位及びこれに基づく権利義務（ただし，実行日より前に既に具体的に発生している義務は非承継）
　3　譲受会社の概要
　　株式会社○○○○
　　本店所在地：東京都港区○○○○
　　目的：化学製品の製造，販売ほか
　　資本金：○○○万円
　4　事業譲渡代金
　　○億○○○○万円
　5　事業譲渡実行予定日
　　平成○○年○○月○○日
　6　事業譲渡実行の条件
　　①事業譲渡の実行に必要な裁判所の許可が得られていること
　　②事業譲渡の実行に必要な会社法上の手続が履践されていること
　　③事業譲渡契約に定める譲渡人又は譲受人の義務に重大な違反がないこと

別紙として添付して再生債権者に送付している（資料4-6-1参照）。同書面の内容については，裁判所への提出前に，監督委員と協議を行うことが求められる。

エ　閲覧等制限の申立て

必要に応じて，閲覧等制限の申立てを行う。
　事業譲渡許可申立書及び添付の事業譲渡契約書の写し等は利害関係人によ

る閲覧等の対象となる（民再16条1項，民再規9条1項）ところ，閲覧等が行われると事業の維持再生等に支障が生じるとして，閲覧等の制限を求める申立てがされることがある（民再17条1項1号，42条1項）。裁判所は，債権者の情報収集がいたずらに妨げられないよう，制限の可否や支障部分の特定を慎重に検討し，必要性が認められる限度で，閲覧等制限の決定を行う。

　東京地裁破産再生部では，再生債務者が当初全範囲について閲覧等制限を求めてきたが，制限範囲をスポンサーの固有名称と取引先や従業員の連絡先等に限るよう求め，申立ての趣旨を補正させた事例がある。

オ　代替許可の申立て

　株式会社が事業の全部又は重要な一部を譲渡するには，会社法上，株主総会の特別決議を要する（会467条1項1号，2号，309条2項11号）ところ，裁判所は，再生債務者の申立てに基づき，株主総会の特別決議による承認に代わる許可を与えることができる（民再43条1項）。この許可は，再生手続開始後において，株式会社である再生債務者がその財産をもって債務を完済することができない場合であって，当該事業等の譲渡が事業の継続のために必要なときに限られる（後記4参照）。

カ　意見聴取の手続

㋐　再生債権者からの意見聴取

　裁判所は，民事再生法42条1項による許可をする場合には，知れている再生債権者の意見を聴かなければならない（民再42条2項本文）。

　実務上，債権者委員会（民再117条1項）が組織されることはまれであるが，債権者委員会が存在するときは，その意見を聴けば足りる（民再42条2項ただし書）。

　意見聴取の方法は裁判所の裁量に委ねられており，適宜の方法で意見を聴けば足りる。東京地裁破産再生部では，事業譲渡許可の申立てがあると，その2週間程度後に意見聴取期日を開催して，再生債権者の意見を直接聴くことを原則としているが，債権者が極めて多数の場合は，主要債権者について

意見聴取期日の招集通知を行い，その他の債権者には書面で意見を提出するように通知又は新聞広告をすることもある（新聞広告の様式について，重政伊利「民事再生手続における登記嘱託と公告」金法1594号49頁参照）。

　意見聴取手続を適正に行うためには，意見聴取期日に先立ち，再生債務者において，再生債権者に対し，事業譲渡の内容や経緯等について十分な情報提供を行うことが必要である。

　東京地裁破産再生部では，裁判所が主催する意見聴取期日に先立ち，再生債務者に対し，再生債務者主催の債権者説明会を開催することを求めている（債権者が少数である場合には，個別に債権者に説明することで足りる場合もあろう。）。再生債務者は，債権者説明会において，債権者に対し，事業譲渡の内容，計画外で事業譲渡を行う必要性，スポンサー選定過程の公正性，譲渡対価の適正性，事業譲渡を行った場合に再生計画案で予定する弁済の内容，当該弁済率が清算配当率を上回ることなどについて，十分に説明を尽くし，質疑応答を経ておくことが求められる。また，その際，説明内容については，監督委員と事前に十分に協議をし，使用する資料についても監督委員の確認を得ておくべきである。なお，債権者説明会には監督委員も同席し，監督委員は，再生債権者の意見等を踏まえて，意見聴取期日後の打合せにおいて，事業譲渡の許可の可否について，裁判所に意見を述べることになる。

　再生債務者は，同説明会における説明内容，再生債権者の意見や反応等について，報告書を提出する。

　意見聴取期日においては，事前に再生債権者に対して必要な情報提供が行われていることを前提に債権者から意見を聴取することとしており，事業譲渡に関する説明や質疑応答は予定していない。

　(イ)　労働組合等からの意見聴取

　裁判所は，民事再生法42条1項による許可をする場合には，労働組合等（再生債務者の使用人その他従業員の過半数で組織する労働組合があるときはその労働組合であり，それがないときは再生債務者の使用人その他の従業員の過半数を代表する者（民再24条の2））の意見を聴かなければならない（民再42条3項）。この意見聴取の方法も適宜の方法で行えば足りるが，東京地裁破産再

生部では監督委員を通じて意見を聴取することとしている。

キ　裁判所の判断

　裁判所は，意見聴取期日での再生債権者の意見や監督委員の意見を踏まえて事業譲渡の許否の判断を行う。特段の問題のない事案では，意見聴取期日の当日に事業譲渡の許可決定をしているが，再生債権者から強い反対意見が出て検討を要する場合は，一定の期間を設け，監督委員の意見を求めた上で，その許否を判断している。意見聴取期日において，債権者から適切に問題点を指摘する意見があった場合に，事業譲渡の許否の判断を留保し，再度，再生債務者に説明を尽くさせ，監督委員にも当該債権者の意見を確認してもらうなどした上で，事業譲渡の内容の見直しがされた例もある。

(5) 許可の効力

　事業譲渡の許可に対する即時抗告は認められていない。代替許可の決定（民再43条1項）に対しては，株主は即時抗告をすることができる（同条6項）が，この即時抗告は，執行停止の効力を有しない（同条7項）。したがって，事業譲渡の許可及び代替許可を受けたときは，直ちに事業譲渡を行うことが可能となる。もっとも，代替許可が即時抗告において取り消された場合には，事業譲渡に関する株主総会の決議が後に取り消された場合と同様に，事業譲渡は原則として無効となると解される。

　東京地裁破産再生部では，資金繰りの関係から，できる限り早期に事業譲渡を実行する必要があったものの，事業譲渡は再生計画に定めて行うべきであるとする主要債権者の意見に基づき，事業譲渡を定める再生計画案が提出された事案において，再生計画認可の決定の確定には約4週間を要することから，並行して計画外事業譲渡の許可の申立てがされ，債権者集会において再生計画案が可決された後，認可決定を行うとともに，事業譲渡の許可決定も行い，認可決定の確定を待つことなく事業譲渡の実行に至った事例がある。この事例では，付議決定後，再生債権者に対して再生計画案を送付する際に，事業譲渡の許可申立てがされていること，事業譲渡についての意見聴

取は，債権者集会における議決権の行使をもって代えることを周知した。

3　会社分割の許可手続

(1)　再生手続における会社分割

　会社分割とは，株式会社又は合同会社が，その事業に関して有する権利義務の全部又は一部を，既存の他の会社（承継会社）又は分割により設立する会社（設立会社）に承継させることを目的とする会社の行為であり，分割会社の営業を，新たに設立する会社に承継させる新設分割（会2条30号）と既存の他の会社に承継させる吸収分割（同条29号）がある。
　再生手続における会社分割の典型例及びその手続の進行をまとめたものが，資料4-6-2である。
　①　新設分割＋株式譲渡（資料4-6-2・第1の1）
　　　新設分割により新設会社に事業を承継させた上，再生債務者が取得した新設会社の株式をスポンサー（又はスポンサーの関連会社）に譲渡して，再生債務者が譲渡の対価として現金を取得する場合。
　②　吸収分割＋株式譲渡（資料4-6-2・第1の2）
　　　再生債務者が設立した子会社へ吸収分割により事業を承継させ，再生債務者が保有する子会社の株式をスポンサー（又はスポンサーの関連会社）に譲渡して，再生債務者が譲渡の対価として現金を取得する場合。
　③　吸収分割（資料4-6-2・第2）
　　　吸収分割によりスポンサー（又はスポンサーの関連会社）に事業を承継させ，再生債務者が分割の対価として現金を取得する場合。
　東京地裁破産再生部における近時の再生計画外の会社分割型の事例では，出版業を営む再生債務者が，多数の出版物の著者や取次店等との契約を包括的に新設子会社に移転することができることや，雇用関係が新設子会社に承継され，従業員の退職金を支払う必要がなく，再生債権者への弁済原資を毀

資料4-6-2　会社分割等許可手続の運用

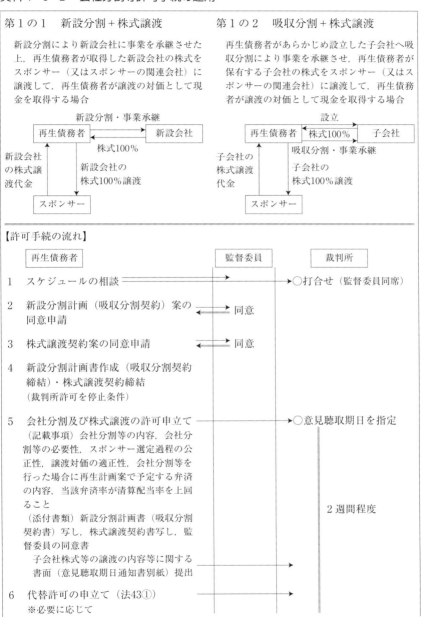

再生債務者	監督委員	裁判所
7　債務者主催の債権者説明会 　※債権者少数のときは個別説明も可 　　実施後に報告書提出	（同席）	↓ ○意見聴取期日 　（監督委員同席） ↓ （会社分割及び株式譲渡について） 　　許否決定 代替許可決定→官報公告
8　会社分割及び株式譲渡の実行		

第2　吸収分割

吸収分割によりスポンサー（又はスポンサーの関連会社）に事業を承継させ，再生債務者が分割の対価として現金を取得する場合

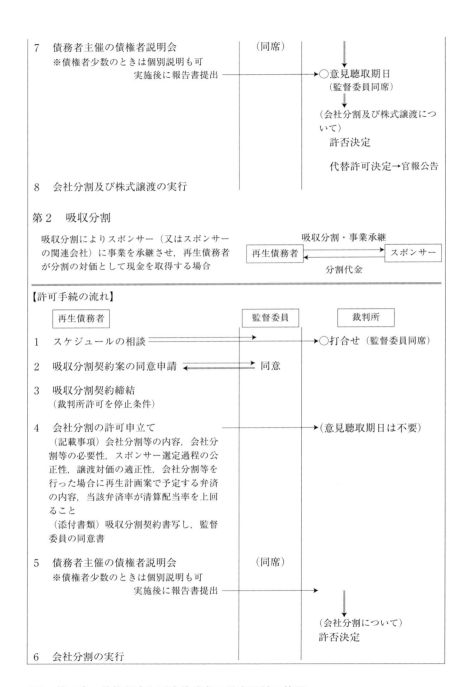

【許可手続の流れ】

再生債務者	監督委員	裁判所
1　スケジュールの相談	→	→○打合せ（監督委員同席）
2　吸収分割契約案の同意申請 ←	同意	
3　吸収分割契約締結 　（裁判所許可を停止条件）		
4　会社分割の許可申立て 　（記載事項）会社分割等の内容，会社分割等の必要性，スポンサー選定過程の公正性，譲渡対価の適正性，会社分割等を行った場合に再生計画案で予定する弁済の内容，当該弁済率が清算配当率を上回ること 　（添付書類）吸収分割契約書写し，監督委員の同意書		→（意見聴取期日は不要）
5　債務者主催の債権者説明会 　※債権者少数のときは個別説明も可 　　実施後に報告書提出	（同席）	↓ （会社分割について） 　許否決定
6　会社分割の実行		

損しないことなどの理由から新設分割及び子会社株式等の譲渡を行ったものや，ゲームセンターを中心とするアミューズメント施設の運営等を行う再生債務者が，風俗営業等の規制及び業務の適正化等に関する法律7条の3（法人の分割）の規定により，同法に基づく許可について営業停止期間を生じさせないようにするため，吸収分割により事業を再生債務者の子会社に承継させ，子会社株式をスポンサーに譲渡したものなどがある。

(2) 裁判所の許可

再生手続においては，会社更生手続とは異なり，株主は原則として再生手続に参加せず，その権利行使も手続の制約を受けないことから，再生債務者は，再生手続開始後も，組織法上の行為である会社分割を会社法の手続に従って行うことが可能である。

しかしながら，会社分割によって事業の全部又は一部をスポンサーに承継させる手法は，実質において事業譲渡と変わらないことから，民事再生法42条1項の趣旨に照らして，会社分割による事業承継の適正性を確保するため，東京地裁破産再生部では，再生手続開始決定の際に，民事再生法41条1項10号に基づき，「会社分割（再生計画による場合を除く）」を裁判所の許可を要する行為として指定している。

また，この会社分割行為自体についての許可に加え，民事再生法の一部改正（「会社法の一部を改正する法律の施行に伴う関係法律の整備等に関する法律」（平成26年法律第91号））により，再生債務者の子会社等の株式又は持分の全部又は一部の譲渡（子会社株式等の譲渡）をするには，当該譲渡により再生債務者が当該子会社等の議決権の総数の過半数の保有を失う場合には，事業譲渡と実質的に異ならない影響が再生債務者に及ぶことから，裁判所の許可が必要とされた（民再42条1項2号）。ただし，譲渡する株式等の帳簿価額が再生債務者の総資産額として民事再生法施行規則（平成27年法務省令第13号）で定める方法により算定される額の5分の1（これを下回る割合を定款で定めた場合には，その割合）を超えないときには，再生債務者に与える影響は小さいといえ，子会社株式等譲渡についての裁判所の許可は不要である（民再

42条1項2号)。

(3) 許可の要件

事業譲渡の場合と同様,裁判所の許可の要件として,①再生債務者の事業の再生のための必要性,②会社分割の内容の相当性等が求められる。

(4) 許可の手続

東京地裁破産再生部における会社分割及び子会社株式等の譲渡の許可申立ての手続の概要は,前掲資料4-6-2のとおりである(子会社株式等の譲渡については,民再42条1項2号イ及びロに該当するものに限る。)。

ア 監督委員の同意

東京地裁破産再生部では,監督命令において,スポンサー契約及びスポンサー選定業務に関する契約の締結を監督委員の同意事項として指定しており,会社分割契約等の締結に先立ち,その締結について,監督委員の同意を得ることが必要である。具体的には,再生手続中にスポンサー選定に関するフィナンシャル・アドバイザリー契約(FA契約),新設分割計画の策定又は吸収分割契約の締結及び子会社株式等の譲渡契約の締結をするには,事前に監督委員の同意を得ることが必要となる。

イ 会社分割及び子会社株式等の譲渡契約の締結

東京地裁破産再生部では,会社分割及び子会社株式等の譲渡許可の申立てに先立ち,裁判所の許可を停止条件とした新設分割計画の策定又は吸収分割契約の締結及び子会社株式等の譲渡契約の締結をすることを求めている。

ウ 会社分割及び子会社株式等の譲渡の許可申立て

許可申立書には,会社分割等の内容,計画外で会社分割等を行う必要性,譲受人の選定過程の公正性,対価の適正性,会社分割等を行った場合に再生計画案で予定する弁済の内容,当該弁済率が清算配当率を上回ることについ

て記載する。このうち，弁済率が清算配当率を上回ることを明らかにするためには，原則として，会社分割の許可申立て前までに財産評定を終了し，監督委員の確認を得ていることが必要となる。

許可申立書には，新設分割計画書又は吸収分割契約書及び子会社株式等の譲渡契約書の各写し並びに各契約締結等について監督委員の同意を得た旨の報告書を添付する。

また，東京地裁破産再生部では，子会社株式等の譲渡については，事業譲渡の場合と同様，意見聴取期日を開催して，再生債権者の意見を聴くこととしていることから，子会社株式等の譲渡の概要を記載した書面（「子会社株式等の譲渡の内容等」と題し，Ａ４判１枚程度に，子会社及び子会社株式等の概要（前提となる会社分割の内容を含む），譲渡先（スポンサー）の概要，子会社株式等の譲渡代金，子会社株式等の譲渡予定日，子会社株式等の譲渡の条件等を記載したもの）の提出を求め，これを，意見聴取期日の通知書（資料４－６－３参照）の別紙として添付して再生債権者に送付している。

エ　閲覧等制限の申立て

必要に応じて，閲覧等制限の申立てを行う（民再17条１項１号，42条１項）。ただし，債権者の情報収集がいたずらに妨げられないよう，制限の可否や支障部分の特定を慎重に検討し，必要性が認められる限度で，閲覧等制限の申立てを行う必要がある。

オ　代替許可の申立て

必要に応じて，子会社株式等の譲渡について，代替許可の申立てを行う。

会社法の改正により，子会社株式等の譲渡についても株主総会の特別決議事項とされた（会467条１項２号の２，309条２項11号）ことを受け，これについても代替許可の制度（民再43条１項）が設けられた。

なお，会社分割行為自体については，別途株主総会の特別決議が必要となる。

資料4-6-3　意見聴取期日通知書

```
平成○○年(再)第○○号　再生手続開始申立事件
　再生債務者　　　株式会社○○○○
　　　　　　　　　　　　　　　　　　　　　　平成○○年○○月○○日
　関　係　者　　各位
　　　　　　　　　　　　　　東京地方裁判所民事第20部
　　　　　　　　　　　　　　　裁判所書記官　　○○　　○○

　　　　　子会社株式等の譲渡に関する意見聴取について（通知）
　再生債務者による子会社株式等の譲渡許可申立てについて，下記のとおり債
権者意見聴取期日（以下「本件期日」という。）を定めたので通知します。
　子会社株式等の譲渡の内容については，本件期日に先立ち，別途，再生債務
者から債権者に対して詳細な説明がされる予定であり，本件期日においては，
説明及び質疑応答の予定はありません。
　なお，ご意見のない方は，本件期日に出席していただく必要はありません。
　　　　　　　　　　　　　　記
　1　期　　　　日　　平成○○年○○月○○日午前○○時○○分
　2　場　　　　所　　東京都千代田区霞が関1丁目1番2号
　　　　　　　　　　　東京地方裁判所民事第20部　債権者等集会場1
　　　　　　　　　　　（家簡地裁合同庁舎5階）
　3　期日の目的　　　子会社株式等の譲渡に関する債権者の意見聴取
　4　子会社株式等の譲渡の内容等　　　別紙のとおり

　　┌──────────────────────────────┐
　　│　子会社株式等の譲渡の内容に関しご不明な点は　　　　　　　　│
　　│　再生債務者代理人　○○　　○○　　　電　話　03-0000-0000 │
　　│　　　　　　　　　　　　　　　　　　　FAX　　 03-0000-0001 │
　　│　にお問い合わせください。　　　　　　　　　　　　　　　　　│
　　└──────────────────────────────┘

〈裁判所までの交通〉
　東京メトロ（丸ノ内線，日比谷線，千代田線）霞ヶ関駅下車（B1出口）徒
歩1分
　当庁には駐車施設がありませんので，上記交通機関をご利用ください。
```

カ　意見聴取の手続・裁判所の判断

　事業譲渡の場合と基本的には同じ運用である。

ただし，子会社株式等の譲渡を行わない場合（資料4-6-2・第2の場合）の再生債権者からの意見聴取については，民事再生法の条文上，これを開催する規定がないことから，事業譲渡の場合とは異なり，裁判所が意見聴取期日を開催することはしていない。この場合においても，再生債務者に対し，監督委員同席の下で債務者主催の債権者説明会を開催し，債権者に対する詳細な情報提供を行うことを求めている。債権者説明会の開催後，同説明会における説明内容，再生債権者の意見や反応等について，報告書を提出する。
　監督委員は，債権者説明会において債権者の意見を聴取し，許可の当否についての意見を提出する。特段の問題がなければ，監督委員からの意見は，相当である旨の結論のみを記載したもので差し支えない。
　裁判所は，再生債務者から提出された債権者説明会の報告書及び監督委員から提出された意見に基づき会社分割の許否を判断する。

　以上の会社分割の手続について，東京地裁破産再生部における監督委員の同意，裁判所の許可等の対象行為をまとめると次のとおりとなる（なお，計画内での会社分割についても併記している。）。

	新設分割＋子会社株式譲渡（第1の1の場合）		吸収分割＋子会社株式譲渡（第1の2の場合）		吸収分割（現金取得）（第2の場合）	
	計画外	計画内	計画外	計画内	計画外	計画内
監督委員の同意	分割計画　子会社株式譲渡	分割計画　子会社株式譲渡	分割契約　子会社株式譲渡	分割契約　子会社株式譲渡	分割契約	分割契約
裁判所の許可	会社分割　子会社株式譲渡		会社分割　子会社株式譲渡		会社分割	
株主総会の特別決議による承認に代わる裁判所の許可	子会社株式譲渡	子会社株式譲渡	子会社株式譲渡	子会社株式譲渡		

(5) 濫用的会社分割

濫用的会社分割とは，例えば，債務超過の状態にある会社（分割会社）について，新設会社又は承継会社に対して，優良なコア事業やこれに必要な資産及び商取引先などのうち，事業の継続のために協力が必要な一部の債権者に対する債務を承継させる一方，分割会社にはさほど価値のない資産及び金融債権者に対する債務や公租公課債務を残すという形で会社分割が行われる場合などをいう。この場合，承継された債権者は新設会社又は承継会社から債権全額の弁済を受ける一方，金融債権者及び公租公課庁にはわずかな弁済のみがされるなどという不均衡が生ずることになる。

特に，新設分割をする株式会社に対して債務の履行を請求することができる債権者については，一定の場合を除き，債権者保護手続が設けられていないが，かかる債権者についてもその保護を図る必要がある場合が存するものと考えられる。この点につき，最判平24.10.12（民集66巻10号3311頁）は，新設分割がされた場合において，新設会社にその債権に係る債務が承継されず，新設分割について異議を述べることもできない新設分割をする株式会社の債権者は，詐害行為取消権を行使して新設分割を取り消すことができると判示している（濫用的会社分割の問題点を整理したものとして「特集　事業債権における会社分割の手法と問題点」事業再生と債権管理132号12頁以下，岡伸浩『倒産法実務の理論的研究』177頁などがある。）。

4　株主総会決議による承認に代わる裁判所の許可（代替許可）

(1) 代替許可の制度趣旨

株式会社が事業譲渡又は子会社株式等の譲渡をするには，会社法上，株主総会の特別決議を要する（会467条1項，309条2項11号）。

しかし，会社が倒産状態にある場合，資産劣化を防ぐためには早期に事業

承継を行う必要がある一方，株主は会社の経営に関心を失っており，株主総会決議の成立が困難な場合が多い。そこで，株式会社である再生債務者が債務超過である場合（この場合，株主の株主権は実質的には価値を喪失している。）において，事業等の譲渡が事業の継続のために必要なときには，裁判所は，事業等の譲渡について株主総会決議による承認に代わる許可（代替許可）を与えることができるとされた（民再43条1項）。

(2) 許可の要件

ア 再生債務者が債務超過の株式会社であること

債務超過であるかどうかは，清算価値よりも継続企業価値の方が大きければ継続企業価値を基準に判断すると解するのが一般的である（条解民再3版235頁〔松下淳一〕）。財産評定書が提出されていない早期の時点で事業等の譲渡を行う場合，再生債務者は譲渡対価の相当性や債務超過を確認できる資料を早期に監督委員に開示することが求められる。

イ 事業等の譲渡が事業の継続のために必要であること

事業継続のための必要性を求めた趣旨については，原則として，事業譲渡をしないと当該事業が遅かれ早かれ廃業に追い込まれるような事情がある場合や，当該事業の資産的価値が著しく減少する可能性がある場合に限り，株主総会の特別決議を経ずに裁判所の株主総会に代わる審査によって臨機応変に事業譲渡を可能ならしめるものであるとした裁判例がある（前掲東京高決平16.6.17）。

(3) 申 立 て

代替許可申立書の記載例（事業譲渡の例）は，資料4-6-4のとおりである。

資料4-6-4　代替許可申立書

```
平成○○年(再)第○○号
                          代替許可申請書
  東京地方裁判所民事第20部　御中
                                     平成○○年○○月○○日
                        申立人（再生債務者）　株式会社○○○○
                        代表者代表取締役　　　　○○　○○
                        同代理人弁護士　　　　　○○　○○　㊞
1　申立ての趣旨
    平成○○年○○月○○日付事業譲渡許可申請書に係る事業譲渡について，
  会社法467条1項1号に規定する株主総会の決議に代わる許可を求める。
2　申立ての理由
  (1) 申立人の財産及び債務の状況は，再生手続開始申立時に貴庁に提出した
      貸借対照表のとおりであり，申立人は，その財産をもって債務を完済でき
      ないことが明らかである。
  (2) 申立人が，平成○○年○○月○○日付事業譲渡許可申請書において記載
      しているとおり，事業継続のためには当該事業の譲渡が必要である。
3　よって，民事再生法43条1項に基づき，申立ての趣旨記載の許可を求め
  る。
```

(4) 公　　告

代替許可があった場合，その要旨を記載した書面を株主に送達しなければならないが（民再43条2項），官報に公告すること（民再10条3項）により代用している。

(5) 即時抗告

代替許可の決定に対して，株主は即時抗告をすることができる（民再43条6項）。ただし，この即時抗告は執行停止の効力を有しない（同条7項）ため，抗告審の判断を待つことなく事業等の譲渡を実行することが可能である。

第 5 章

再生計画案の作成

第1

再生計画案の意義とその審査

1 再生計画案の意義

　再生計画とは，再生債権者の権利の全部又は一部を変更する条項その他民事再生法154条に規定する条項を定めた計画である（民再2条3号）。

　再生債務者等（管財人が選任されていない場合は再生債務者，管財人が選任されている場合は管財人）は，再生手続開始決定を受けると，債権届出期間満了後，裁判所の定める期間内に，再生計画案を作成して裁判所に提出する必要があり（民再163条1項），現在の事業及び財産の状態やその将来の予測を踏まえ，再生債権者の権利について一定の減免を受けた上で，減免された債務をその収益等によって弁済する再生計画案を立案し，再生債権者による決議を経て，裁判所による認可決定（民再174条1項）を得ることを目指す。再生計画案は，再生債務者の資産負債の内容がどのようなもので，再生債権者の権利がどのように変更され，どのような条件で弁済を受けることができるのかが記載されるものであり，再生債権者と再生債務者との間の民事上の権利関係の調整（民再1条）の内容が明らかにされるものである。したがって，再生計画案の作成は，民事再生事件の中核を成す手続ということができ，再生手続としての成果が，再生計画の内容に結実されているものと見ることができる。

　東京地裁破産再生部に提出される再生計画案は，次のような構成で記載されるのが一般的である。

第1　再生計画の基本方針

1　再生手続開始に至る経緯
　　　2　事業計画の内容
　　　3　弁済資金の調達方法及び資金計画（弁済の基本方針）
　　　4　破産配当率との比較
　　　5　別除権の処理（別除権協定の予定など）
　　第2　再生債権に関する権利の変更及び弁済方法
　　　1　確定再生債権及び債権者数
　　　2　権利変更の一般的基準
　　　　(1)　権利の変更
　　　　(2)　弁済方法
　　　3　個別条項
　　　4　弁済に関するその他の定め
　　第3　未確定の再生債権に関する条項
　　第4　別除権者の権利に関する条項
　　第5　共益債権の弁済に関する条項
　　第6　一般優先債権の弁済に関する条項
　　第7　再生債務者の株式の取得，資本金の額の減少及び募集株式を引き受ける者の募集に関する条項
　　　　　　　　　　　　　添付資料
別紙1　確定再生債権一覧表
別紙2　未確定再生債権一覧表
別紙3　別除権付再生債権一覧表
別紙4　事業計画及びキャッシュフロー表

2　再生計画案の記載事項

　再生計画案においては，①絶対的必要的記載事項，②相対的必要的記載事項，③任意的記載事項及び④説明的記載事項が記載される。

(1) 絶対的必要的記載事項

再生計画案の絶対的必要的記載事項とは，再生計画案に必ず記載しなければならない事項である。

具体的には，①全部又は一部の再生債権者の権利の変更に関する条項（民再154条1項1号）と，②共益債権及び一般優先債権の弁済に関する条項（同項2号）が挙げられる。

(2) 相対的必要的記載事項

相対的必要的記載事項とは，民事再生法に定める所定の事由がある場合に必ず記載しなければならない事項である。

具体的には，①知れている開始後債権があるときは，その内容に関する条項（民再154条1項3号），②債権者委員会の費用負担に関する条項（同条2項），③債務の負担及び担保の提供に関する定め（民再158条），④未確定の再生債権に関する適確な措置の定め（民再159条）及び⑤別除権不足額に対する適確な措置の定め（民再160条1項）が挙げられる。

(3) 任意的記載事項

任意的記載事項とは，再生計画案に記載するか否かは任意であるが，これらの事項を再生計画案に定め，その再生計画案の認可決定が確定すると法的な効力が生ずる事項であり，いずれも再生計画に記載せずに会社法等所定の手続によって対応することも可能である。

具体的には，①再生計画での事業の譲渡に関する条項（民再42条），②株式の取得に関する条項（民再154条3項），③株式の併合に関する条項（同項），④資本金の額の減少に関する条項（同項），⑤再生債務者が発行することができる株式の総数に係る定款の変更に関する条項（同項），⑥募集株式を引き受ける者の募集に関する条項（同条4項）及び⑦根抵当権の極度額を超える部分の仮払に関する定め（民再160条2項）が挙げられる。

(4) 説明的記載事項

　説明的記載事項とは，再生計画案の認可確定によって法的効力は生じないものの，再生計画案を理解しやすくするためなどの目的から記載することが望ましい事項である。

　実務上，①再生手続開始に至る経緯，②再生計画の基本方針，③事業計画の内容，④弁済資金の調達方法，⑤破産配当率との比較，⑥別除権者に対する弁済計画の概要（別除権協定の内容等を含む。），⑦再生計画の遂行可能性，⑧役員責任，株主責任に関する事項，⑨役員変更等の会社組織の変更に関する事項及び⑩子会社，関連会社の処理に関する事項等が記載される。

3　再生計画案の提出と審査

(1) 再生計画案の提出

ア　再生計画案の提出権者

　再生債務者等は再生計画案を作成して裁判所に提出しなければならない（民再163条1項。必要的提出者）。また，管財人が選任されている場合の再生債務者，届出再生債権者及び外国管財人（民再209条3項）も再生計画案を作成して裁判所に提出することができる（民再163条2項。任意的提出者）。

　前記1のとおり，再生計画案は，再生債権者と再生債務者との間の民事上の権利関係の調整（民再1条）の内容が明らかにされるものであり，再生計画案の作成及び提出は，民事再生手続の中核を成す極めて重要な作業で，債権者にとって最も関心のあるところである。届出再生債権者も再生計画案を提出することは可能であるが，再生債務者の経営状況に精通していなければ再生計画案の作成及び提出は困難であって，実際に，東京地裁破産再生部でも，届出債権者から再生計画案が提出される事例は，極めて少数にとどまっている（複数の再生計画案が付議された場合の対応については，第6章第4を参

照されたい。）。

イ　再生計画案の提出時期

(ｱ)　再生債務者等は，債権届出期間終了後，裁判所の定める期間内に再生計画案を提出しなければならない（民再163条１項）。再生債務者（管財人が選任されている場合に限る。）又は届出再生債権者も裁判所の定める期間内に再生計画案を提出することができる（同条２項）。再生計画案が期間内（後記(ｲ)の提出期間の伸長があった場合は伸長された期間内）に提出されない場合は再生手続が廃止される（民再191条２号）。

東京地裁破産再生部では，標準スケジュールにより，原則として再生手続開始申立てから２か月＋１週間までに再生計画案の草案（正式な再生計画案の提出に先立って事実上作成される文案）を作成することを求め，それに合わせて第２回打合せの期日を設定し，また，申立てから３か月後の日を再生計画案の提出期限と定め，それに合わせて第３回打合せの期日を設定している（詳細は第１章第２参照。）。これは，再生計画案提出期限の約１か月前に再生計画案の草案について監督委員を交えて打合せをすることにより，再生債務者の予定している再生計画案の概要を把握するとともに，問題があれば早期にこれを指摘し，それから約１か月後の再生計画案提出までに再生債務者と監督委員との間において必要な協議を行うことにより，適正な内容の再生計画案が標準スケジュールに定める期日に提出されることを確保しようとするものである。

(ｲ)　なお，裁判所は，申立て又は職権により，再生計画案の提出期間を伸長することができる（民再163条３項）。この伸長は，特別の事情がある場合を除き，２回を超えてすることはできない（民再規84条３項）。

そもそも再生手続が再生債権者等の多数の利害関係者を巻き込みながら迅速な事業の再生を目指すものである以上，この手続に対する関係者からの信頼を得ることが不可欠であり，再生計画案提出期間の伸長が繰り返し行われ手続が理由もなく遅延してしまうことは許されない。とりわけ，再生計画案の提出が遅延している間に，債権者の引当てとなるべき財産をいたずらに流

出させて弁済原資を減少させてしまうようなことは絶対に避けなければならず，そのようなおそれがある場合には，速やかに再生手続を廃止して破産手続に移行すべきであって，安易な再生計画案提出期間の伸長は認めるべきではない。このような観点から，東京地裁破産再生部では，再生計画案提出期間の伸長を原則として１回限りとし，その期間も１か月程度としており，２回目の伸長については相当厳格な審査をする運用をしている。現状も，ほぼ全ての事件で当初の提出期間又は１回の伸長によって再生計画案が提出されている。もっとも，担保権消滅許可の申立てを伴う事案のように，当該対象物件の価額が決まらないと配当原資が確定しないため再生計画案の作成が困難であり，そのためには一定の期間が必要となるなどといった特殊な事情のある事案もあって，伸長につき個別事案での判断が必要となる場合もあり得る。しかし，少なくとも再生債務者代理人は，例えば，担保権消滅許可の申立てが必要な事案であれば，価額決定請求にまで至る可能性の有無，価額決定に要する期間（第４章第５参照）等を視野に入れながら，原則として１回限りという東京地裁破産再生部における提出期間の伸長の運用を十分に考慮して手続を進める必要があることに留意しなければならない。なお，大阪地裁倒産部における提出期間の伸長の運用については，大阪実務350頁を参照されたい。

(ｳ)　なお，再生債務者等は，再生手続開始申立後債権届出期間の満了前に再生計画案を提出することもできる（民再164条１項）。これは，早期に再生手続を進行させる必要がある場合を想定して規定されたものである。再生債権が確定していない段階での再生計画案であることから，権利変更の一般的基準を定めたものだけになり，届出再生債権者等の権利に関する定め（民再157条），未確定の再生債権に関する定め（民再159条）は後に補充することになる（民再164条２項）。事前提出をする事案として，再生債権の調査・確定手続のない簡易再生（民再211条以下）や同意再生（民再217条以下）の場合が考えられる（Q&A民再406頁〔小林信明〕）。

前記(ｱ)のとおり，東京地裁破産再生部では，手続の迅速化や問題点の事前洗出し等の観点から，標準スケジュールにより，申立てから２か月後頃に，

財産評定書及び民事再生法125条所定の報告書の提出と同時に、正式な再生計画案の提出に先立って事実上作成される再生計画案の草案の提出を求めている。これにより、別途再生計画案の事前提出を行う必要性は乏しいというのが現状である。

(2) 再生計画案の審査

ア 再生計画案の審査の意義

(ア) 裁判所は、再生計画案の提出があったときは、民事再生法169条1項各号に該当する場合を除き、当該再生計画案を決議に付する旨の決定（付議決定）をする（民再169条1項）。裁判所がこの付議決定をするに当たっては、監督委員は、再生計画案の付議に関する意見を述べる（詳細は第1章第3参照）。

前記1のとおり、再生計画案は、再生債権者と再生債務者との間の民事上の権利関係の調整（民再1条）の内容が明らかにされるものであり、再生手続としての成果が、再生計画の内容に結実されているものということができる。このように、再生計画案は、再生債務者にとっても再生債権者にとっても、非常に重要なものであり、再生計画案の作成は、再生手続の中核を成す手続ということができる。民事再生法は、再生債務者の自主再建の意欲を尊重し、これを最大限に生かしながら債務者の事業等の再生を図るため、いわゆるDIP型の手続を採用しており、再生計画案を作成して裁判所に提出するのも、原則として再生債務者自身の義務とされている（民再163条1項。必要的提出者）。この点、民事再生法は、円滑かつ迅速な手続進行を図るため、再生債務者の遵守すべき詳細な手続規定を設けるのではなく、再生債務者の行動原理として公平誠実義務を定めた上（民再38条2項）、具体的な手続遂行については、裁判所及び監督委員の監督の下、再生債務者自身が自律的に判断して、その義務を果たすものとしている（第1章第3参照）。そこでは、仮に、再生債務者の手続進行に法令違反や逸脱があれば、裁判所及び監督委員は、迅速果敢に監督権限を行使することが期待されているのであり（最新実

務解説民再8頁〔園尾隆司〕），再生計画案についての監督委員の意見申述及び裁判所の審査は，その最も重要な場面の一つということができる。

(イ) 東京地裁破産再生部では，前記のとおり，原則として再生手続開始の申立てから約2か月後に再生計画案の草案の提出に合わせて第2回打合せの期日を設定し，再生計画案の草案について，監督委員を交えて必要な協議を行うほか，再生計画案提出期限の2営業日前にも，再生債務者から提出される予定の再生計画案をファクシミリ送信させる運用である。裁判官及び裁判所書記官は，このファクシミリ送信を受け，当該再生計画案の付議決定（民再169条1項）をすることの法理論上・実務処理上の問題点等（表記方法の問題点を含む。）を協議・検討し，問題があると考えられる場合には，当該再生計画案が裁判所に提出される前に，再生債務者に再検討を指示している。

また，裁判所は，再生債務者から再生計画案が提出されると，裁判所の付議決定の判断のための資料とするとともに，再生債権者が再生計画案に対する賛否を判断する際の資料とするため，監督委員に対し，当該再生計画案を決議に付することの相当性等について意見書の提出を求めている。裁判所は，その意見書を踏まえて，当該再生計画案を改めて審査し，これを決議に付する決定をするか否かの判断をする。監督委員は，補助者である公認会計士（第1章第3参照）の調査報告書を踏まえて，再生計画案の付議に関する意見書を作成する扱いである。この意見書は，再生債務者から再生計画案が提出された後，約1週間後を目安に提出されており，その項目は，弁護士会との協議に基づいて，次のとおりとなっている。

  a 倒産に至った原因及びその改善のポイント
  b 再生手続開始決定時の財産
  c 帳簿の正確性
  d 申立て前の違反行為の有無（否認行為，相殺禁止，その他）
  e 役員の損害賠償責任の有無
  f 保全処分違反等の申立て後の違反行為の有無
  g 再生計画案の検討―法律違反の有無
   (a) 平等原則違反その他の法律違反

(b)　破産配当との対比・債権者の一般の利益に反するか否か
　　　(c)　別除権者との協議の見込み及びその内容
　　　(d)　履行の可能性
　　　(e)　株主の責任・自己株式の取得

　ただし，a，b及びeは，再生債務者の民事再生法125条1項の報告書の記載を前提とした簡潔な記載で足りる。また，g(d)は基本的には3年間の履行監督期間を通じて見ていくものであるから，再生債務者の現状を踏まえて「履行の可能性がないとはいえない」といえるか否かの意見で足りる。g(e)の株主の責任は，自己株式の取得の条項がない場合は触れなくともよい。

　再生債務者が提出する再生計画案は，提出前に行われる裁判所及び監督委員との打合せ等を踏まえて作成されており，仮にその過程で不認可事由に該当する等の問題点が判明した場合は，これに対応して修正がされているのが通例であり，仮にその是正が困難な抜本的な問題があると判断された場合には，再生計画案の正式な提出には至らずに廃止決定（民再191条1号）がされることとなる。したがって，再生債務者が提出した再生計画案について，提出後に表現の訂正等の微修正をする形で修正がされる場合があるとしても，監督委員からは付議相当の意見が提出されるのが通例であり，付議不相当の意見が提出されることは通常はない。

　(ウ)　民事再生法169条1項各号に定める再生計画案の付議要件のうち，裁判所及び監督委員が再生計画案の審査をする上で特に問題となるのは，「裁判所が再生計画案について第174条第2項各号（第3号を除く。）に掲げる要件のいずれかに該当するものと認めるとき」（民再169条1項3号）との要件である。具体的には，再生計画案の再生債権の権利の変更に関する条項のうち，権利変更の一般的基準（民再156条）として定められた権利の変更の内容が，以下のとおり，清算価値保障原則（民再174条2項4号）を充足するものであるか否かという点や，再生債権者平等原則（民再155条1項本文）に違反するもの（民再174条2項1号所定の「法律の規定に違反」するもの）でないか否かという点が問題となる事案が多い。

イ 清算価値保障原則

(ア) 清算価値保障原則の意義

　清算価値保障原則とは，再生計画における権利の変更に基づく弁済が，破産を想定した場合の配当率を上回らなければならないことをいう。

　民事再生法174条2項4号は，「再生計画の決議が再生債権者の一般の利益に反すること」を再生計画の不認可事由として定めているが，一般に，再生計画における弁済率や弁済時期などを総合的に判断し，破産を想定した場合の配当率を下回る場合には，「再生債権者の一般の利益に反する」と解されており，この民事再生法の規定が，清算価値保障原則を宣明したものと解されている。

(イ) 清算配当率の算定

　清算価値保障原則に関する判断の基準となる清算配当率は，財産評定（民再124条1項）において，債務者の有する財産の清算価値の評価額から，税金，労働債権等の共益債権，一般優先債権に対する弁済額，別除権評価額，清算費用（破産管財人の報酬見込額，財産処分費用）等を控除して配当額を算出し，これを再生債権の元本並びに再生手続開始決定日の前日までの利息及び遅延損害金の総額で除して算定する。清算配当率は，再生計画に定める弁済率の適法性を判断する上で，その基準となる重要な指標であり，東京地裁破産再生部の運用では，監督委員において，原則として公認会計士を補助者として選任し，再生債務者の行った評価が会計上適正なものであるか否かを確認することにしている（第1章第3参照）。また，上記のとおり，清算配当率は，清算価値の評価額から清算費用を控除して算出されるため，債務者の有する財産の清算価値に比較して，破産管財人の報酬見込み額等の清算費用が過大に計上されていると，適正な清算配当率が算定されないことになる。そこで，計上されている清算費用が適切か否かも裁判所の重要な審査の対象となる。

　また，役員の責任追及や否認権行使が予定されている場合，請求が認められる見通しと相手方の資力を考慮して，回収見込額を清算配当率の算定に加

えるか否かを判断する。この場合，再生計画案においても，回収した金額を原資とする追加弁済条項を設けるなどの措置を講じなければならない。回収見込額が明らかでないため，清算配当率の算定の中に回収見込額を加えることができない場合においても，追加弁済条項が定められていれば，実際に回収された場合には，それが弁済に充てられることが明らかであるので，清算価値は保障されていることになる。また，再生債権者に選択権を与えることを定める条項，例えば，再生債権の30パーセントについて10年の分割弁済を受けるか，0.5パーセントについて一括弁済を受けるか再生債権者が選択できるという条項を定めること自体は許容されるが，その選択肢のいずれの弁済額も，現在価値に引き直した場合に清算配当率を上回る必要がある。

　清算価値保障原則に関して，いつの時点を基準にして再生計画案がこの原則を満たしているか否かを判断すべきかについては見解の対立がある。可能な限り再生債務者に事業再生の機会を付与すべきであることや，再生債権者としては，再生手続開始後に形成され得る再生債務者の収益を弁済原資に取り込むことを期待している以上，再生手続開始後の再建が予期に反して思わしくなく，その結果，再生債務者の資産が全体として劣化する場合があることも甘受しなければならないといった立場から，再生計画提出時又は認可時を基準に判断すれば足りるとする見解もある。しかし，再生債権者に一定の債務免除を強いながらその協力の下に再生手続の進行を図り得るのは，再生手続開始時に再生債務者が破産した場合に比べて有利な弁済ができる見通しがあるからであり，その見通しが立たなくなった場合は，一刻も早く手続を廃止するという厳しい自律が再生債務者に求められているのであり，その自律を支える概念が清算価値保障原則であると考えられる。財産評定の基準時が再生手続開始時である（民再124条1項）こともあいまって，清算価値の保障は再生手続開始時を基準に判断されるべきであり，東京地裁破産再生部でも，この立場に立った運用をしている。

　(ウ)　**清算価値保障原則と再生計画案における弁済率**

　再生計画案において設定された弁済率が予想清算配当率をわずかに上回るにすぎない例も見られる。このような場合，清算価値保障原則には反しない

といえるかもしれないが，再生債務者の責務である弁済率の極大化の観点から問題が生ずることに留意が必要である。すなわち，再生債務者は，再生債権者の多数の同意を得るとはいえ，その権利について変更を強いて事業の再生を図るものであるから，権利の変更の内容は事業再生という目的を達成することができるに足る内容でなければならないものの，その限度で再生債権者に可能な限り有利なものであることが求められている（弁済率の極大化）。財産評定や事業計画からして清算配当率より相当高い弁済率による弁済が可能であるにもかかわらず，合理的な理由もなくその弁済率から著しく乖離した内容の権利の変更は，再生債務者の公平誠実義務（民再38条2項）の点で問題があり（清算価値保障原則と再生債務者の公平誠実義務との関係につき，第3章第1参照），法律の規定に反し（民再174条2項1号），又は再生債権者の一般の利益に反する（同項4号）と解釈することができる場合もあるものと考えられる。

　また，清算配当率をわずかに上回る弁済率で長期分割弁済を行う計画案については，中間利息を考慮して現在価値に引直し計算すると清算配当率を下回り，結果として清算価値保障原則を充足しないこととなることがあるので，この観点からの検討も必要である。

ウ　再生債権者平等の原則

(ア)　再生債権者平等原則の意義

　再生計画案においては，再生計画による権利の変更の内容は再生債権者間で平等でなければならず（民再155条1項本文），弁済率（免除率）の定め方は，全ての再生債権に対して一律の割合で免除するのが原則である。

(イ)　再生債権者平等原則に対する例外

　この再生債権者平等の原則については，法律上，次の例外，すなわち，①不利益を受ける再生債権者の同意がある場合（民再155条1項ただし書），②少額の再生債権の処理（同項ただし書），③民事再生法84条2項に掲げる請求権の処理（民再155条1項ただし書）及び④その他差を設けても衡平を害しない場合（同項ただし書）が定められている。

a　上記①の不利益を受ける再生債権者の同意がある場合の一例として，会社の代表者や役員が再生債務者会社に貸付けをして再生債権を有しているが，経営責任を取る趣旨でその弁済を受けないことに同意する場合などが挙げられる。この場合には，東京地裁破産再生部では，代表者等からの同意書の提出を求めている。
　　b　上記③に当たる請求権として，再生手続開始後の利息及び損害金を一律に免除する事例が多い。これに対し，再生手続開始決定日の前日までの利息及び遅延損害金については，民事再生法155条1項ただし書にあるような再生手続開始決定後の利息及び損害金（民再84条2項に掲げる請求権）について別段の定めを設けることを許容するような規定がなく，元本と区別する根拠がないから，元本との合計額について，免除を受ける旨を定めるのが通例である。
　　もっとも，再生手続開始決定日の前日までの利息及び遅延損害金の額がいずれの債権者にとっても少額にとどまる場合には，上記②に当たる請求権として，これについて一律に免除を受けることも，債権者間の衡平を害しない場合として許容されないではない。しかし，金融債権等の届出債権の一部に再生手続開始決定日の前日までの利息及び遅延損害金の額が相当額に上るものがある場合に，一律に利息及び遅延損害金の免除を受けることを定めることは，特定の債権者に偏った負担を求めることになるから，許容されないというべきである。このように，再生手続開始決定日の前日までの利息及び遅延損害金の免除を定めることができるのは，それが少額の場合に限られるが，それでは事業再生の観点からはあまり意味がないことであり，清算配当率との比較を行う上でも紛らわしいので，通例どおり，再生債権の元本と再生手続開始決定日の前日までの利息及び遅延損害金の合計額について，一定割合の免除を受ける旨を定めることが望ましい。
　　c　上記②の少額の再生債権の処理としては，例えば，再生債権のうち10万円までの部分は免除を受けず，10万円を超過する部分は70パーセントの免除を受けるといったように，少額債権の相当金額までは免除を受けず，これを超過した金額を免除の対象とする計画案が考えられるが，このような計

画案も広く認められている。そのほか，少額債権も含め一律に70パーセントの免除を受けることを定めた上，権利変更後の債権のうち，10万円までの部分は，他の債権部分よりも早期（例えば，第1回弁済時）に一括して弁済する旨を定める計画案も認められている。

　再生計画案においては，債権額をある範囲で区分して，区分ごとに免除率を設定し，金額が大きくなるほど免除率を高くするといった手法も用いられる。例えば，再生債権のうち10万円までの部分は免除を受けず，10万円を超えて100万円までの部分は70パーセント，100万円を超える部分は80パーセントの免除を受けるといった累積段階方式がその一例である。免除額を累積的に記載しない方法，例えば，債権額が10万円までの再生債権は免除を受けず，10万円を超えて100万円までの再生債権は70パーセント，100万円超の再生債権は80パーセントの免除をそれぞれ受けるといった方法（単純段階方式）もあるが，この方式を採ると再生債権の金額が高い債権者が低い債権者より弁済額が少額になるといった逆転現象が生ずる（この例では，10万円の債権者は10万円の弁済を受けるが，30万円の債権者は9万円の弁済しか受けられない。）ため，再生債権者の平等原則に反するものとして許されず，累積段階方式を用いるべきである。この場合に，「10万円を超える債権については，債権者が10万円を超える部分を放棄する場合には，10万円を弁済する。」という条項を定めることもあり得るところ，この条項によれば，10万円を超える債権者も，任意に10万円を超える部分を放棄すると，10万円の弁済を受けられるのであるから，10万円までの債権者との間に不平等はないのではないかとの考え方もある。しかし，10万円から100万円までの債権者は，その具体的な債権額にかかわらず，一律に10万円の弁済を受けるほかないことになり，平等原則に違反すると言わざるを得ない。また，債権者を段階的に分けて，それぞれ一律の弁済額を定める条項，例えば，「10万円～50万円は一律に10万円，50万円から100万円までは一律に15万円」という条項も，債権者平等原則に反するものといえる。再生債権者平等の原則は，債権額が等しい債権者に対しては等しい弁済を行わなければならないことを意味するが，逆に言えば，債権額が等しくない債権者にはその額の差に応じて異なる弁済を

行うことが求められているのであり，債権額が異なるにもかかわらず，一律の金額の弁済を行うことは，債権者を平等に扱ったことにはならないと考えられる。

　また，弁済禁止の保全処分において，一定金額以下の債務を対象から除外して現実にこれを弁済した場合や，民事再生法85条5項前段による少額債権弁済の許可を得て，実際に一定金額以下の再生債権を弁済した場合には，再生計画案において，債権者間の平等を確保する観点から，少額再生債権の処理として，現実に弁済をした金額までは他の再生債権者に対しても弁済を行う旨の条項を定める必要がある。したがって，例えば，預託金等の債権を有する会員が1000名いるゴルフ場の再生事件において，10万円以下の債務を対象から除外する弁済禁止の保全処分の発令を得たり，あるいは民事再生法85条5項前段の少額債権弁済の許可を得て，実際に特定の再生債権者に対して10万円を弁済した場合には，再生計画案においても，少額再生債権の処理として，他の全ての再生債権者に対し，10万円までは弁済する旨の条項を定める必要が生じ，弁済原資として少なくとも1億円（10万円×1000名）を確保しなければならないことになる。

4　再生計画案の類型

　東京地裁破産再生部に提出される再生計画案は，大別すると自主再建型（本章第2参照）とスポンサー型（本章第3参照）に分けることができる。それぞれの再生計画案の特徴は，次のとおりである。

(1)　自主再建型再生計画案

　再生債務者が，事業継続によって得られる収益によって，最長で10年（民再155条3項参照）を超えない範囲の弁済計画を立案する再生計画案である。この再生計画案の策定に当たっては，弁済原資となる事業収益を試算するために，前提として精度の高い実現可能な事業計画を立案することが不可欠であり，また，再生計画に基づく権利変更による債務免除益課税に対する適切

な対策を講じておくことも重要となる。また，再生債権に優先する共益債権や一般優先債権の弁済原資が必要となるほか，事業継続に必要となる資産に抵当権等が設定されている場合は，別除権者との間で別除権協定を締結し，一定期間にわたる分割弁済の合意を行うなどの処理が必要となる（第4章第5参照）ことから，再生債権に対する弁済原資の算定に当たり別除権者への弁済を考慮することも必要となる。

　東京地裁破産再生部では，自主再建型の再生計画案が認可された場合には，その内容が事業収益を原資とする比較的長期間にわたる弁済計画となるため，再生計画認可決定確定後の監督方法として，再生計画認可決定確定後も，当面，事業の収支の状況を記載した報告書を定期的に提出することを求めることにしている。報告の中で，収支が悪化し，今後の弁済が危ぶまれる状況が生じた場合には，それが一時的な原因によるものであれば債権者との協議に基づく弁済の一時的猶予を検討することになる。それが構造的な原因によるものであれば，再生計画の変更を検討し，変更によっても弁済が困難な場合には，再生手続の廃止手続（民再194条）を進めることになる。

(2) スポンサー型再生計画案

　再生計画案において，事業の再生を図る手法としては，(1)の収益弁済による自主再建型のほか，様々な事情で自力による収益弁済型の再生計画案を策定できない場合には，スポンサーを選定した上で，自己株式を取得してこれを消却し資本を減少させてスポンサーに株式を引き受けてもらう減増資を行う方法の再生計画案（減増資型再生計画案）や，事業譲渡又は会社分割を行って事業内容をスポンサー等に移転し，その譲渡代金等をもって弁済を行う方法の再生計画案（事業譲渡型再生計画案又は会社分割型再生計画案）を検討する必要がある。

ア　減増資による再生計画案

　再生債務者が，既存株式の100パーセントを無償取得し，これを消却すると同時に，スポンサーに対する第三者割当増資を行うことにより，スポン

サーが再生債務者の地位をそのまま引き継ぎ，その出資金等で財務内容を安定させ，弁済資金を調達することを内容とする再生計画案である。許認可等の取得の関係で，再生会社の法人格をそのまま利用する必要がある場合に主に用いられる再生計画案である。

　スポンサーが再生債務者に対し出資のほかに別途融資を行うなどして弁済原資を準備し弁済をする場合と，スポンサーが事業に必要な資金のみを出資し，又は，貸し付けてその後の事業収益から弁済を行う場合があるが，一般的に，前者の場合は早期の一括弁済，後者の場合は長期の分割弁済となることが多い。

　事業収益から弁済を行う場合，自主再建型と同様，再生計画認可決定確定後，事業の収支の状況についての定期的報告を求めることになる。

イ　事業譲渡又は会社分割による再生計画案

　事業譲渡等により事業内容をスポンサーあるいはその子会社等に移転させ，その事業譲渡代金等を弁済原資とする再生計画案である。

　事業譲渡は，再生計画案でそれを定める場合（いわゆる計画内事業譲渡）と，再生計画案で定めずに，それに先立ち，再生計画案策定の過程で再生債権者の意見を聴いた上で裁判所の許可を得て行う場合（いわゆる計画外事業譲渡。民再42条1項1号）がある。実務的には，再生債務者の資金繰りが逼迫するなど早期の信用補完が必要な事案が多く，また，スポンサーが早期の事業譲渡を望むこともあって，計画外事業譲渡による再生計画案の方が多い。

　当該再生計画案においては，事業移転に伴う事業譲渡代金及び譲渡対象外資産の換価処分代金から清算に要する費用等を差し引いた金額を，再生計画認可決定確定後早期に一括弁済をすることが通常である。また，残余財産の換価に一定の期間を要する場合には，換価終了後に追加弁済を行う条項を定めることもある。

　スポンサー等への事業移転の手法としては，事業譲渡ではなく，会社分割の手法が採られる場合もある（会社分割に伴い取得する子会社株式を譲渡する

場合につき，民再42条1項2号）。

　事業譲渡代金による一括弁済を行う計画の場合は，履行監督の方法としては弁済報告を求めれば足りるが，追加弁済を行う計画の場合は，これに加え，残余財産の換価状況について定期的報告を求めたり，重要な残余財産の処分について，必要に応じて監督委員の同意事項としたりという運用をしている。

(3) 再生計画の近時の動向

　東京地裁破産再生部における，平成25年ないし28年に申立てのあった再生事件について，上記の類型に従い，実際の再生計画を分類すると，資料5-1-1のとおりとなる。なお，現実の再生計画については，典型的な1つの類型に当てはまりにくいものもあることに留意いただきたい。

　これによれば，平成25年ないし28年の申立て事件を通じて，再生債務者の自主再建を目指す収益弁済型は減少し，平成28年の申立事件では，認可された再生計画のうち，わずか12パーセントにすぎない一方，事業を再生債務者以外の者に譲渡・承継する事業譲渡型及び会社分割型は相当数あり，平成28年の申立て事件では，事業譲渡型が56パーセントに及んでいる。弁済類型について見ると，数年から10年間にかけて分割弁済をする方法は減少し，一括弁済（基本弁済のほか追加弁済等を含む。）の方法が顕著に増加しているということができる。なお，弁済類型が分割弁済となるものは収益弁済型のほかに減増資型の中にも一部ある。この場合，スポンサーが増資をした上で出資金（融資がされる場合もある。）及び収益によって弁済をすることになる。

資料5-1-1　再生計画から見た事件類型

	申立て	うち法人	うち認可	再生計画類型				弁済類型	
				事業譲渡・清算型	会社分割型	減増資型	収益弁済型	一括（基本弁済＋追加弁済等）	分割
平成25年	73	60	44	20	2	8	14	31	13
				45%	5%	18%	32%	70%	30%
平成26年	56	48	36	11	1	9	15	23	13
				30%	3%	25%	42%	64%	36%
平成27年	60	49	45	17	7	16	5	33	12
				38%	16%	35%	11%	73%	27%
平成28年	50	45	34	19	0	11	4	29	5
				56%	0%	32%	12%	85%	15%

第2 収益弁済型（基本型）の再生計画案

1　事業計画と収益弁済による再生

　自主再建による収益弁済型の再生計画案は，事業継続によって得られる収益によって，特別な事情のない限り最長で10年間を超えない範囲の弁済計画を立案するというものである。このような場合，事業の見直しやコスト削減等により収益性が確実に見込まれる事業計画を策定した上で，その事業収益を弁済原資として，減免を受けた後の債務を分割弁済することになることから，事業収益の試算に当たっては，精度の高い事業計画を立案することが求められるほか，債務免除益課税に対する適切な対策を講じておくことが重要となる。

　収益弁済型（基本型）の再生計画案の記載例は，資料5-2-1のとおりであり，再生債権者にとって理解のしやすいものとするとともに，監督委員のチェックや裁判所による審査を適正かつ効率的に行うためにも，実際に再生計画案を作成するに当たっては，記載例に掲げた各項目に沿って分かりやすい記載にする必要がある。

2　再生計画案作成に当たっての留意事項

(1)　「再生計画の基本方針」について

　再生計画案上，再生計画の基本方針に関する記載については，民事再生法上の法的効力はない（説明的記載事項）。しかし，再生計画案の全体像の理解

資料5-2-1　収益弁済型（基本型）の再生計画案の記載例

```
平成○○年(再)第○○号　再生手続開始申立事件
                                    平成○○年○月○日
東京地方裁判所民事第20部　御中
                    再生債務者　株式会社○○
                    同代理人弁護士　○○　○○　㊞
```

再生計画案

第1　再生計画の基本方針
 1　再生手続開始に至る経緯
 2　事業計画の内容
  （別紙4の事業計画を引用して適宜説明）
 3　弁済資金の調達方法及び資金計画
  （別紙4のキャッシュフロー表を引用して適宜説明）
 4　破産配当率との比較
 5　別除権の処理
  （別除権の内容，別除権協定の予定などを説明）
第2　再生債権に関する権利の変更及び弁済方法
 1　確定再生債権及び債権者数
  本再生計画案提出時点で確定している再生債権額及び債権者数は，次のとおりである。
  (1)　確定再生債権額　　　金○○円
  (2)　確定再生債権者数　　　○○名
 2　権利変更の一般的基準
  (1)　権利の変更
   ア　再生債権の元本並びに再生手続開始決定日の前日までの利息及び遅延損害金の合計額のうち，○万円までの部分は免除を受けず，○万円を超える部分は，再生計画認可決定確定時に○パーセントの免除を受ける。
   イ　再生手続開始決定日後の利息及び遅延損害金は，再生計画認可決定確定時に全額免除を受ける。
  (2)　弁済方法
   ア　(1)による権利変更後の債権額のうち，○万円までの部分は，再生計画認可決定の確定した日から1か月が経過した日の属する月の末日までに支払う。
   イ　(1)による権利変更後の債権額のうち，○万円を超える部分は，○回に均等分割し，第1回は再生計画認可決定の確定した日から1か月が

経過した日の属する月の末日限り支払い，第2回から第○回までは，平成○○年から○○年まで各年○月末日限り支払う。
　　　ただし，各回の弁済額が○円未満となるものについては，○円を弁済するものとし，総弁済額と各弁済額の総額の差額が○円未満となった場合は当該金額を弁済する。
　3　個別条項
　　　確定した再生債権の変更前の権利の内容は，別紙1「確定再生債権一覧表」の「確定債権額」欄記載のとおりであり，再生計画認可決定確定時に同表の「免除額」欄記載のとおりの免除を受け，同表の「弁済額」欄記載のとおり弁済する。
　4　弁済に関するその他の定め
　　⑴　再生債権の権利の変更による弁済額の算出における1円未満の端数は切り上げる。
　　⑵　分割弁済の各回の弁済額の算出における1円未満の端数は切り上げ，各回の端数処理による弁済額の合計と総弁済額との調整は最終回の弁済額で行う。
　　⑶　再生債権に対する弁済は，再生債権者が指定する金融機関の預金口座に振り込む方法により支払う。振込手数料は，再生債務者の負担とする。
　　　　なお，再生計画認可決定の確定した日から1か月以内（又は，「別途指定する期日まで」）に，再生債権者が振込口座の指定を行わない場合には，弁済は，再生債務者の本店において行う。
　　⑷　再生手続開始決定の日以降に，再生債権の一部の譲渡又は移転等がされた場合には，譲渡又は移転等の前の債権を基準として算出した弁済額を，各債権者の債権額の割合により按分して支払う。
第3　未確定の再生債権に関する条項
　　　未確定の再生債権の内容は，別紙2「未確定再生債権一覧表」記載のとおりである。未確定の再生債権については，債権が確定したときに，前記第2の定めを適用する。ただし，再生債権が確定したときに既に弁済期が到来している未払額については，再生債権が確定した日から○日以内に一括して支払う。
第4　別除権者の権利に関する条項
　　　不足額が確定していない別除権付再生債権の内容は，別紙3「別除権付再生債権一覧表」記載のとおりである。別除権付再生債権のうち不足額の部分については，不足額が確定したときに，前記第2の定めを適用する。ただし，不足額が確定したときに既に弁済期が到来している未払額については，不足額が確定した日から○日以内に一括して支払う。
第5　共益債権の弁済に関する条項

1　再生計画案提出時に未払の共益債権は，次のとおりである。
　　　(1)　株式会社○○に対する借入金　金○○円
　　　(2)　再生手続開始決定後の取引債務　金○○円
　　　(3)　合計　金○○円
　　2　未払の共益債権及び今後発生する共益債権は，随時弁済する。
　第6　一般優先債権の弁済に関する条項
　　1　再生計画案提出時に未払の一般優先債権は，次のとおりである。
　　　(1)　公租公課
　　　　ア　固定資産税　金○○円
　　　　イ　社会保険料　金○○円
　　　(2)　労働債権
　　　　ア　未払退職金　金○○円
　　　　イ　未払給与　金○○円
　　　(3)　合計　金○○円
　　2　未払の一般優先債権及び今後発生する一般優先債権は，随時弁済する。
　　　　　　　　　　　　　　添付資料
別紙1　確定再生債権一覧表
別紙2　未確定再生債権一覧表
別紙3　別除権付再生債権一覧表
別紙4　事業計画及びキャッシュフロー表

　を容易にし，再生計画案の各条項の内容や再生計画の遂行可能性等について，債権者が十分に検討して判断を行うことができるようにするという観点から，できる限り分かりやすく記載することが望ましい。

　特に，収益弁済型の再生計画案にあっては，事業計画の内容や，弁済資金の調達方法などに関する事項は，再生計画案の中核を成すものであり，再生債権者の関心も高いことから，例えば，事業計画表やキャッシュフロー表などを添付して，再生債務者が予定している収支の見込みを説明するなどの工夫をすることが考えられる。また，上記のような事項のほか，事案に応じて，役員責任・株主責任に関する事項，役員変更等の会社組織に関する事項，関連会社の処理に関する事項等を記載することが考えられる。

(2) 「再生債権に関する権利の変更及び弁済方法」について

ア 確定再生債権及び債権者数

　再生計画案提出の時点で確定している再生債権の金額及び債権者数を記載する。

　なお，再生計画案提出の時点では確定していない再生債権であっても，特別調査の対象として認める予定の債権については，その旨を「確定再生債権一覧表」の「備考」欄に記載して，確定再生債権及び債権者として記載することも可能である。

イ 権利変更の一般的基準

　(ア)　再生計画案には，絶対的必要的記載事項として，再生債権者の権利に関する条項を記載しなければならない（民再154条1項1号）。この条項は，再生債権者の権利がどの範囲でどのように変更され，その変更された権利についてこれをどのような期間で弁済するかを明らかにするものであり，再生計画案の中核を成すものである。再生計画案では，個別の再生債権の権利の変更を示す前に，債務の免除，期限の猶予その他権利の変更に関する一般的基準を定めなければならない（民再156条）。一般的基準においては，まず，再生債権についてどの範囲で免除を受けるのかを「権利の変更」で定め，次に，権利変更後の再生債権についてどのように弁済するのかを「弁済方法」で定めるという順序で記載する。実務的には，再生債務者の事業計画及び弁済資金計画を前提に，弁済率（免除率），弁済期及び弁済方法を定める。

　権利の変更の内容は，清算価値保障原則（民再174条2項4号）及び再生債権者間の平等原則（民再155条1項本文）を満たすものでなければならない（本章第1参照）。

　(イ)　権利の変更に関する条項には，債務免除の時期を定める必要がある（債務免除の時期を明示的に定めていないときは，再生計画認可決定確定時に債務免除の効力が生じることになる（民再176条参照）。）。そこで定められた免除時

別紙1　確定再生債権一覧表

受付番号	債権者名	確定債権額			免除額	
		開始決定時の元本	開始決定日の前日までの利息・遅延損害金	開始決定日後の利息・遅延損害金	元本並びに開始決定日の前日までの利息・遅延損害金（再生計画認可決定確定時）	開始決定日後の利息・遅延損害金（再生計画認可決定確定時）
1	株式会社○○銀行	153,000,000	120,000	額未定	145,369,000	全額
4	○○信用金庫	35,000,000	20,000	額未定	33,195,110	全額
6	○○株式会社	3,150	0		0	
10	株式会社○○商事	570,045	0		446,543	
11	○○販売株式会社	255,750	0		147,963	
16	○○工業株式会社	2,258,650	0		2,050,718	
17	○○税理士事務所	750,000	0		617,500	
18	株式会社○○○○	325,500	0		214,225	
19	有限会社○○○○	52,500	0		0	
20	○○　○○	1,000,000	0		855,000	
21	○○信用保証協会	10,000,000	5,000	額未定	9,483,640	全額
	合　　計	203,215,595	145,000	額未定	192,379,699	全額

別紙2　未確定再生債権一覧表

受付番号	債権者名	届出債権額			免除額	
		開始決定時の元本	開始決定日の前日までの利息・遅延損害金	開始決定日後の利息・遅延損害金	元本並びに開始決定日の前日までの利息・遅延損害金	開始決定日後の利息・遅延損害金
2	株式会社△△銀行	18,000,000	50,000	額未定	額未定	全額
5	△△株式会社	1,000,000	0		額未定	
8	株式会社△△産業	505,000	0		額未定	
12	△△　△△	10,000,000	500,000	額未定	額未定	全額
15	有限会社△△	15,250	0		額未定	
	合　　計	29,520,250	550,000	額未定	額未定	全額

(単位：円)

弁済額					備　考
第1回 （認可決定確定日から1か月が経過した日の属する月の末日限り）	第2回 （平成○○年○月末日限り）	第3回 （平成○○年○月末日限り）	第4回 （平成○○年○月末日限り）	第5回 （平成○○年○月末日限り）	
1,630,200	1,530,200	1,530,200	1,530,200	1,530,200	
444,978	344,978	344,978	344,978	344,978	受付番号21へ平成○年○月○日債権が一部移転したため，第2の4(4)の定めにより弁済額を算出した。
3,150	0	0	0	0	
110,000	10,000	3,502	0	0	
107,787	0	0	0	0	
121,587	21,587	21,587	21,587	21,584	
110,000	10,000	10,000	2,500	0	
110,000	1,275	0	0	0	
52,500	0	0	0	0	
110,000	10,000	10,000	10,000	5,000	
184,272	84,272	84,272	84,272	84,272	受付番号4から平成○年○月○日債権が移転したため，第2の4(4)の定めにより弁済額を算出した。
2,984,474	2,012,312	2,004,539	1,993,537	1,986,034	

(単位：円)

弁済額					備　考
第1回 （認可決定確定日から1か月が経過した日の属する月の末日限り）	第2回 （平成○○年○月末日限り）	第3回 （平成○○年○月末日限り）	第4回 （平成○○年○月末日限り）	第5回 （平成○○年○月末日限り）	
額未定	額未定	額未定	額未定	額未定	
額未定	額未定	額未定	額未定	額未定	
額未定	額未定	額未定	額未定	額未定	
額未定	額未定	額未定	額未定	額未定	
額未定	額未定	額未定	額未定	額未定	特別調査において認める予定
額未定	額未定	額未定	額未定	額未定	

別紙3　別除権付再生債権一覧表

受付番号	債権者名	届出債権額			確定不足額		免除額		弁済額
		開始決定時の元本	開始決定日の前日までの利息・遅延損害金	開始決定日後の利息・遅延損害金			元本並びに開始決定日の前日までの利息・遅延損害金	開始決定日後の利息・遅延損害金	第1回（認可決定確定日から1か月が経過した日の属する月の末日限り）
3	株式会社◇◇銀行	85,000,000	2,500,000	額未定	額未定		額未定	全額	額未定
7	◇◇銀行株式会社	10,000,000	50,000	額未定	額未定		額未定	全額	額未定
9	◇◇商事株式会社	5,000,000	0		額未定		額未定		額未定
13	◇◇リース株式会社	100,000	0		額未定		額未定		額未定
14	株式会社◇◇リース	1,520,000	0		額未定		額未定		額未定
	合　計	101,620,000	2,550,000	額未定	額未定		額未定	全額	額未定

期に債務免除益が生ずることになるため，収益弁済型の再生計画案を作成する場合は，当該免除益課税への対応を考慮して，事業計画を策定することが必要になる。仮に，再生計画認可決定確定時に免除益が生じたのでは，免除益課税への対応ができない場合には，①債務免除の時期を最終の弁済時とす

(単位:円)

第2回 (平成○○ 年○月末日 限り)	第3回 (平成○○ 年○月末日 限り)	第4回 (平成○○ 年○月末日 限り)	第5回 (平成○○ 年○月末日 限り)	別除権の種類	別除権の内容	別除権の目的物
額未定	額未定	額未定	額未定	抵当権	○○地方法務局 平成○年○月○日 第0000号 共同担保(む)第0000号	所　在　○○市○○町○○ 地　番　111番1 地　目　宅地 地　積　111.11平方メートル
						所　在　○○市○○町○○111番地1 家屋番号　111番1 種　類　事務所 構　造　鉄骨造スレート葺2階建 床面積　1階　90.00平方メートル 　　　　2階　90.00平方メートル
額未定	額未定	額未定	額未定	根抵当権	○○地方法務局△△支局 平成○年○月○日 第0000号 (極度額1000万円)	所　在　△△市△△町△△111番地2 家屋番号　111番2 種　類　倉庫 構　造　鉄骨造2階建 床面積　1階　111.00平方メートル 　　　　2階　111.00平方メートル
額未定	額未定	額未定	額未定	譲渡担保権		○○倉庫に保管する在庫商品一切
額未定	額未定	額未定	額未定	所有権留保	契約番号 ABC-012345	コピー機 (○○社製AA-000)　1台
額未定	額未定	額未定	額未定	所有権留保	契約番号01-012345	普通乗用自動車 (○○社製○○)　1台
					契約番号01-023456	普通貨物自動車 (○○社製△△)　1台
額未定	額未定	額未定	額未定			

る，②弁済のたびに複数回に分けて免除を受けるなどの工夫をすることが必要になる（事業再生研究機構編『新版再生計画事例集』29頁参照）。

　再生手続開始決定後の利息及び遅延損害金については，民事再生法155条1項ただし書所定の「84条2項に掲げる請求権」として，その定める債務免

除の時期に全額免除を受けることとするのが一般的である。

　再生計画認可決定確定時に免除を受ける再生計画案において，追加弁済を行う条項を設ける場合には，免除の効力に関して，「追加弁済をした場合には，当初の免除については，追加弁済の範囲において遡及的にその効力を失う。」ことを定める必要がある。追加弁済時に免除を受ける再生計画案においては，追加弁済がされない場合の免除時期（残余財産を換価処分して清算費用を控除した残額がないときは，追加弁済がないことを通知すると定めた上で，その場合の免除時期については追加弁済がないことを通知した時とするなど）についても定める必要がある。

　免除時期を「清算結了時」とする再生計画案が提出されることがあるが，債務が残存している状態で清算結了となることはないので，免除時期については，「清算結了時」と定めることは許されず，「最終弁済時」「追加弁済がないことを通知した時」又は「解散決議時（又はその翌日）」と定めることが必要である。

　(ウ)　弁済期間（債務の期限の猶予）は，特別の事情がある場合を除き，再生計画認可確定から10年を超えない範囲で定められる（民再155条3項）。この特別の事情とは，例えば，①再生債権者の事業が軌道に乗るまでに一定の期間を要することが見込まれ，10年を超えれば弁済率が大幅に高まるような事例や，②本来の弁済期が10年を超える債権が多い事例，③事業規模の大きな法人で弁済期間を長期にとって弁済額を増加させることが結果として債権者の利益にも合致する事例等が挙げられる（才口千晴ほか編『民事再生法の理論と実務(下)』119頁〔中島弘雅〕）。もっとも，経済事情の変動が大きい現在では長期にわたる分割弁済に不満を抱く債権者が多いのが実情であり，弁済資金の確保について収益弁済を前提とする事案でも10年の弁済期間を定める事例は比較的少ないのが現状である。

　(エ)　収益弁済型の再生計画案において，再生債務者の事業の収益状況が好転し，弁済可能な余剰資金が生じた場合に，繰上弁済を行う旨の条項を定めることがある。この場合は，例えば，「再生債務者の事業の収益状況により，弁済が可能な資金が生じた場合は，繰上弁済の原資となる金額を，各債権者

に対する弁済総額から支払済額を控除した残額で按分して弁済する。この場合において，繰上弁済をした金額は，各債権者に対する弁済のうち弁済期の遅いものから順次充当するものとする。」などと定めている。なお，長期間にわたる分割弁済が定められた再生計画案においては，いかなる場合にも繰上弁済をすることができる旨の条項を定めると，その後の分割弁済の履行可能性に悪影響を及ぼすおそれも生じかねないことから，収益状況により余剰資金が生じた場合にその限度内に限るものとするなどの工夫が必要であろうし，一定の場合には，そのような条項の有無にかかわらず，再生計画認可の決定の後に改めて，計画変更の許可の申立てをするなどの配慮をすることが望ましいと考えられる（後記第7章第2参照）。

ウ　個別条項

　再生債権者の権利を変更する条項は，再生債権者の権利のうち，変更されるべき権利を明示し，かつ，一般的基準に従って変更された後の権利の内容を定めなければならない（民再157条1項）。

　この条項については，別表として添付する「確定再生債権一覧表」等を引用して記載するのが一般的であるが，この場合，債務免除の時期及び額を特定して記載するのが通例である（「確定した再生債権の変更前の権利の内容は，「確定再生債権一覧表」の「確定債権額」欄記載のとおりであり，再生計画認可決定確定時に同表の「免除額」欄記載のとおり免除を受け，同表の「弁済額」欄記載のとおり弁済する。」などと記載することが多い。）。

　上記の一覧表については，確定した再生債権をひとまとめの表（確定再生債権一覧表）にし，未確定再生債権及び不足額未確定の別除権付再生債権は，それぞれ別の表に記載し，未確定再生債権に関する条項や別除権付再生債権に関する条項において，これらを引用することになる。作成に当たっては，本文の記載と一覧表の記載が一致しない例や，確定再生債権一覧表の中に，別除権不足額が確定していない別除権付再生債権が記載されている例が散見されるので，注意を要する。

　また，確定再生債権一覧表には，「弁済額」欄を設け，各再生債権の弁済

期及び各弁済期ごとの弁済額を記載することが多い（弁済回数が長く，一覧表に入らない場合には，弁済額欄を別の表（再生債権弁済計画表）とすることも考えられよう。）。

　再生手続開始決定後の利息及び遅延損害金について全額免除を受ける再生計画案の場合，債権届出書では，「額未定」とされている場合が通常であるため，別表においても，届出債権額欄に「額未定」と記載し，対応する免除額欄に「全額」と記載することになる（免除額欄も「額未定」とすると，全額免除の趣旨が明らかにならない。）。

　ただし，簡易再生及び同意再生の各手続の場合は再生債権の実体的内容の確定を経ないから，権利変更についての一般的基準のみを記載すれば足りる（民再216条，220条）。

　なお，再生債権者の権利で再生計画によってその権利に影響を受けないものがあるときは，その権利を明示しなければならない（民再157条2項）。少額債権について，金額についてはその全額を弁済する旨の定めは多いが，弁済時期についてまで本来の約定どおりに支払うという例はほとんどないので，実務上，権利変更を受けない再生債権がある事案は少ない。

エ　弁済に関するその他の定め

(ア)　再生債権の権利の変更による弁済額の算出における1円未満の端数は切り上げるものとし，また，分割弁済の各回の弁済額の算出における1円未満の端数も切り上げて，各回の端数処理による弁済額の合計と総弁済額との調整は最終回の弁済額で行うものとするのが通例である。

(イ)　振込手数料の負担については，金銭債権である再生債権に係る債務は持参債務であること（民484条）から，再生計画案における債権者口座への弁済の振込手数料は，再生債務者の負担とする運用を行っている。なお，実務上は，再生債権者から，一定の合理的期間内に弁済金の振込口座の指定がなかった場合には，再生債務者の本店において弁済する旨を定めて，再生債務者の住所地を義務履行地（取立債務）とし，これによって，最終的に再生債権者の所在等が不明となった場合にも，再生債務者の住所地における供託

所での弁済供託を可能とする例が多い。

　(ウ)　再生手続開始決定の日以降に，再生債権の一部の譲渡又は移転等がされた場合に関する定めとして，「再生手続開始決定の日以降に，再生債権の一部の譲渡又は移転等がされた場合には，譲渡又は移転等の前の債権を基準として算出した弁済額を，各債権者の債権額の割合により按分して支払う。」と記載する。なお，「再生手続開始決定の日以降」ではなく，「再生計画案提出時以降」と記載する例もあるが，このような記載をした場合には，按分計算の基準時について二通りの解釈があり得ることになり，特に少額債権について「〇万円までは免除を受けずに全額弁済をする」旨の条項を定めている場合には，弁済総額や，譲渡又は移転等に関係する債権者の受領額に差異が生じることになるので，その趣旨を明確にすべきことに注意を要する。すなわち，再生手続開始決定の日以降，再生計画案提出時までの間に再生債権の一部の譲渡又は移転等がされた場合，「再生計画案提出時以降」と記載すると，①譲渡又は移転等の前の債権を基準とする（按分計算の基準時は開始時となる）か，②譲渡又は移転等の後の債権を基準とする（按分計算の基準時は計画案提出時となる）か，が明確ではないことになる（例えば，10万円までは全額弁済をする旨の条項を定めた場合で，開始決定後，再生計画案提出までの間に債権の一部譲渡がされた場合には，①の考え方を採る場合には10万円の全額弁済部分を譲渡人と譲受人で按分することとなるが，②の考え方を採る場合には譲渡人と譲受人とでそれぞれ10万円の全額弁済部分の弁済を受けることができる。）。基本的には，①の考え方が通常であると考えられるが，この場合には，むしろ，再生計画案に「再生手続開始決定の日以降」とした上で，再生手続開始決定の日以降，再生計画案提出時までにされた再生債権の一部の譲渡又は移転等について，全て再生計画案において，当該譲渡又は移転等の結果を反映させた個別条項を定めて明確にしておく方が明快である。他方，債権の全額弁済を受けることができる額が少額である場合であり，資金繰りに余裕がある場合や，同じく，債権の全額弁済を受けることができる額が少額である場合で，多数の債権者が譲渡又は移転等を受けており，譲渡又は移転等の前の債権を基準とすると煩瑣である場合などには，②の考え方に立って，譲渡人

及び譲受人の双方がそれぞれ少額債権の全額弁済を受けることとすることも例外的に許されるとの見解もあろう。

(エ) 再生債務者が再生債権者に対して債権を有する場合に，相殺処理後の残額について弁済する旨を定めることがある。再生債務者が再生債権者に対する債権を自働債権，再生債権を受働債権として相殺するには，裁判所の許可を要することとされており（民再85条の2），裁判所は，相殺の許可に当たって，再生債権者が無資力であるなど，相殺を行うことが再生債権者の一般の利益に適合し，再生債務者に有利であることを確認している。これに対し，再生債権であっても，権利変更後のものを受働債権とする相殺であれば，現実の金銭のやりとりを簡略化するにすぎず，この規定の対象外となると解され，そのような相殺は，裁判所の許可は不要である。そのような趣旨で相殺に関する定めをする場合には，受働債権が権利変更後のものであるという趣旨を明確に規定する必要がある。

(オ) 外国通貨建金銭債権については，債権者は，外貨建てのままの金額で届出をする（議決権額については，開始決定時における東京外国為替市場の為替レートで円換算をして認否をするため，あらかじめ円換算をして届出をすることが望ましい。）ところ，再生計画案においては，外国通貨のままで弁済する旨を定める例や開始決定時における為替レートで円換算して弁済する旨を定める例がある。

オ 特殊な再生債権に関する定め

(ア) 連帯保証債務履行請求権である再生債権に関する定め

再生債権が連帯保証債務履行請求権である場合，再生債権者は，再生手続開始の時において有する債権の全額について，再生手続に参加することができる（民再86条2項，破104条2項。開始時現存額主義）。

したがって，再生債権者から連帯保証債務履行請求権である再生債権につき債権届出がされた場合，再生手続開始時点の債権の総額が権利変更の対象となり，再生債務者は再生計画に従った弁済を行うべきことになる。しかし，再生手続においては，債権の現在化の規定がないため，主債務者が約定

弁済を継続しており，期限の利益を喪失していない限り，債権者は期限付債権を有するにとどまり（保証契約において，保証人が再生手続開始決定を受けたときは期限の利益を喪失し，直ちに履行請求ができるなどの条項がある場合は除く。），実際上も，主債務者が約定弁済を継続している場合には，債権者としては，連帯保証人である再生債務者に弁済を求める必要はないし，仮に再生債務者が弁済をしたとしても，再生債務者は主債務者に求償することになるから，主債務者の支払能力が高まり債権者に資するということもない。そこで，この場合には，以上のような連帯保証債務履行請求権の権利としての性質からして，再生計画案において，主債務者が弁済を怠り，期限の利益を喪失した時に，再生手続開始時点の債権額を基準として権利変更した金額を弁済する旨を定めても，実質的衡平を害することにはならないと解される（新注釈民再2版(上)463頁〔中井康之〕）。主債務者が弁済を継続したことにより，期限の利益を喪失した時点の残債権額が，再生手続開始時点の債権額を基準として権利変更した金額を下回っている場合は，債権者の同意を得て，残債権額の範囲で弁済することが通例であろう（債権者も，債権額を超える弁済を受領することは通常はないものと考えられる。）。もっとも，事業譲渡代金による一括弁済を行い，残余財産の換価代金による追加弁済を行った後，再生債務者は解散することを定める清算型の再生計画案については，追加弁済の時点において，権利変更後の弁済額又は残債権額のいずれか少ない金額を弁済する旨を定めた例がある。

　この点で，金融機関である再生債権者が，再生債務者である親会社に対して，子会社（私的整理手続中）を主債務者とする保証債務履行請求権を有しており，再生手続開始の決定後も，子会社の私的整理手続によって主たる債務に係る債権について弁済を受け続け，実体的には保証債務履行請求権の額が減少しているという事案において，当該保証債務履行請求権につき，再生手続開始の決定時点での債権額ではなく，期限の利益喪失の時点での実体的な残債権額（子会社からの回収分を控除した残額）を基準として，権利変更の対象とするとの条項の適法性が，開始時現存額主義（民再86条2項，破104条2項）との関係で問題となった例がある。この事案では，再生債務者が自身

の借入れによって調達した資金が子会社にも流出している状況で，金融機関による与信判断においても，いわゆるグループ・ファイナンスとして，子会社及び再生債務者が一体となった評価がされているなど，再生債務者及び子会社は一個のグループ企業を組成していて，その倒産処理においても一体的処理をすることが相当ということができるなどの事情があり，仮に，開始時現存額主義を形式的に貫き，金融機関である再生債権者が，子会社による弁済に加えて，再生手続開始時の債権全額をもって再生手続に参加するとすれば，かえって再生債権者間の衡平を害する結果になることなどを総合考慮して，再生計画案においては，当該保証債務履行請求権について，子会社から主債務につき弁済がされている間は計画弁済を行わず，子会社が弁済を怠り，期限の利益を喪失した場合に初めて，その時点での実体的な残債権額（子会社からの回収分を控除した残額）を基準として，権利変更の対象とするという条項が定められ，最終的には，不利益を受ける全ての金融機関もそのような条項の定めのある再生計画案に同意をする意向を示したため，当該再生計画案は，法律の規定（民再86条2項，破104条2項）に違反するものではないとして付議され，認可決定がされた。

(イ) 敷金返還請求権である再生債権に関する定め

敷金は，未払賃料のほか，賃貸借終了後賃貸目的物の明渡し義務の履行までに生じる賃料相当額の損害金債権その他賃貸借契約により賃貸人が賃借人に対して取得する一切の債権を担保するものであり，敷金返還請求権は，賃貸借終了後目的物の明渡し完了の時においてそれまでに生じた被担保債権を控除してもなお残額がある場合に，その残額につき具体的に発生するものである（最判昭48．2．2民集27巻1号80頁参照）。

したがって，再生計画案において，敷金返還請求権である再生債権についての定めをする場合は，このような敷金の法的性質に従った記載をする必要がある。例えば，「賃貸借契約終了後，再生債権者が目的物を明け渡したときに，賃貸借契約に従って負担すべき未払賃料，賃料相当損害金，原状回復費用等の額を控除した残額から，民事再生法92条3項に基づき共益債権とされる部分を控除した金額について，権利変更についての一般的基準を適用す

る。ただし，再生債権者が賃貸目的物を明け渡したときに既に弁済期が到来している未払額については，明渡しの日から1か月以内に支払う。」などと定める。

(3) 「債務の負担及び担保の提供に関する定め」について

　再生債務者以外の者が債務を引き受ける，又は保証人となる等，再生のために債務を負担するときは，再生計画にその者を明示し，その債務の内容を定めなければならない（民再158条1項）。また，再生債務者又は再生債務者以外の者が再生のために担保を提供するときは，再生計画案で担保を提供する者を明示し，かつ，担保権の内容を定めなければならない（同条2項）。民事再生法158条の定めによる再生計画は，スポンサーが再生債務の弁済を支援するなどの再生計画を定める場合に利用される。

　民事再生法158条の定めをした再生計画案を提出しようとする者は，あらかじめ，当該債務を負担し，又は担保を提供する者から書面による同意を得なければならず，再生計画案とともに同意書面を裁判所に提出しなければならない（民再165条1項，民再規87条1項，2項）。

(4) 「未確定の再生債権に関する条項」について

　異議等のある再生債権でその確定手続が終了していないものがあるときは，再生計画でその権利確定の可能性を考慮し，これに対する適確な措置（いわゆる「適確条項」）を定めなければならない（民再159条）。再生計画の定めで認められない再生債権は民事再生法に特別の定めがない限り失権してしまうので（民再178条），再生計画作成時に未確定の再生債権（債権調査で異議が出され，査定又は訴訟でその存否が争われているもの）も，将来権利の存在が認められる場合を考慮して，再生計画にその定めを置くこととされた。これにより，未確定再生債権者と確定再生債権者との間で不平等な取扱いがされることが防止される。

　なお，未確定の再生債権がない場合であっても，独立した項目立てをした上で，その旨を記載する。

(5) 「別除権者の権利に関する条項」について

　別除権の行使によって弁済を受けることができない債権の部分が確定していない再生債権を有するものがあるときは，再生計画でその権利確定の可能性を考慮し，これに対する適確な措置（いわゆる「適確条項」）を定めなければならない（民再160条1項）。また，元本が確定した根抵当権を有する場合は，その根抵当権の被担保債権のうち極度額を超える部分について仮払に関する定めをすることができる（同条2項）。

　別除権者は再生手続によらないで別除権を行使することができ（民再53条2項），別除権の行使によって弁済を受けることができない債権の部分について再生債権として権利を行使することができる（民再88条）。別除権者について弁済を受けることができる未確定の再生債権がある場合は，未確定の再生債権に関する条項と同様の趣旨から，将来権利の存在が認められる場合を考慮して，再生計画にその定めを置くこととされた。別除権者は大口の金融債権者であることが多く，また，別除権の目的物は再生債務者の事業継続にとって欠くことのできない物件であることが一般的であることから，その協力を得られない限り再建は不可能になる。再生手続の早期の段階から別除権者との間で協定を締結するなどしてその協力を仰ぐ必要があり，協定成立の見込みがないときは，担保権消滅許可の申立て（民再148条以下）を利用することも検討しなければならない（別除権の処理一般については，第4章第5を参照されたい。）。

　なお，この条項も，未確定の再生債権の場合と同様，確定していない再生債権がない場合であっても，独立した項目立てをした上で，その旨（又はいずれも別除権協定を締結済みである旨など）を記載する。

(6) 「共益債権の弁済に関する条項」及び「一般優先債権の弁済に関する条項」について

　民事再生法119条及び120条所定の共益債権並びに民事再生法122条所定の一般優先債権は，再生債権に先立ち随時弁済しなければならない（民再121

条1項，122条2項）。このように，再生債権に優先して弁済を要する共益債権及び一般優先債権の存否及び金額は，再生債権の将来の弁済の実行可能性に影響を与えるため，再生計画案の必要的記載事項とされている（民再規83条）。そのため，「共益債権の弁済に関する条項」や「一般優先債権の弁済に関する条項」には，これらの債権の概要（債権者及び債権額）を記載した上で，未払部分及び今後発生するものについて，「随時弁済する。」と記載する。

　一般優先債権である公租公課や労働債権が多額に上る事案では，再生計画案を策定するに当たって，これらの債権に対する弁済金を控除してもなお，再生債権者に対して清算価値保障原則を満たす弁済が可能か否かについて，厳密な検討が必要になる。

コメント

弁護士　小林　信明

1　再生計画案の作成に当たって留意すべき事項

(1)　収益弁済型再生計画案の弁済計画の内容とその前提

　再生計画案における弁済計画（再生債権の免除の範囲と，免除されない部分の弁済時期・弁済方法が記載される。）の定めは，再生計画案の中核を成すものである。収益弁済型の再生計画案では，事業継続によって得られる収益をもって弁済計画を作成するが，長期（原則として再生計画認可決定確定から10年を超えない範囲で定められる。民再155条3項）の分割弁済になることが通常である。この弁済計画を作成するに当たって重要なことは，まず，弁済率と弁済期間をどのように定めるかである。これについては，清算価値保障原則に反することができないことは明らかであるが（民再174条2項4号），さらに再生債権に対する弁済率の最大化が要求されるかが問題となる。

　この点，弁済計画の内容は，事業再生という目的を達成できるに足る内容でなければならないものの，その限度で可能な限り再生債権者に有利な（弁済率を最大化する）ものであることが求められる（破産再生の実務3版・再生編253頁参照）といえる。

　他方，弁済計画で定められた弁済率が大きかったとしても，その弁済は履行

可能なものでなければならず（民再174条2項2号），再生債権者としても現実に履行されなければ意味はない。そして，その履行可能性は，弁済計画の前提として策定される事業計画が現実に実行されるか否かに係るものであるところ，後記のとおり事業計画の策定には困難を伴うから，事業計画及びそれを前提とする弁済計画は保守的に作成すべきであるとの見解もあり得る。また弁済計画の作成に当たっては，再生債権者の利益ばかりではなく，再生債務者の将来的な事業継続の可能性，従業員や取引先等重要な利害関係者への影響等も考慮する必要がある。

(2) 事業計画・資金計画上の問題点

収益弁済型の弁済計画は，長期の分割弁済となることが多いため，その前提として策定される事業計画もそれに応じて長期間となる。事業計画には，窮境に至った原因の分析を踏まえた改善策，売上計画，変動費計画・固定費計画（人件費計画を含む。），設備投資計画などが織り込まれることになる。改善策の例としては，不採算部門からの撤退や，過剰な人件費の適切化，経営陣の過大な報酬・交際費などの不合理な経費の削減などが考えられる。なお，改善策には，撤退費用や退職金支払など一時的には資金が流出する項目もあることに留意すべきである。

もっとも，将来の景気変動や市況の変化を長期間にわたって予測するのは難しい側面があり，加えて，再生手続開始の申立てによって，既存の事業が影響を受け，短期間では将来の事業計画を見通すことが困難な場合もある。したがって，事業計画は，精緻である必要はあるものの，合理的な見通しを踏まえた一種の「想定」を置かざるを得ない。

弁済計画を作成するためには，上記の事業計画を前提に，資金計画（弁済資金の調達方法）を策定する必要があるが，その策定上，実務的に重要な点は，①別除権処理と②タックスプランニングである。

まず，別除権処理であるが，再生計画案を作成する時点で，事業上必要な資産に係る担保権について別除権協定が締結未了であることが少なくない。この場合には，再生債務者としては，当該担保権者との間で，将来，別除権協定を締結するか，又は担保権消滅許可の制度を利用する必要があり，資金計画の策定上これらに要する資金を見積もらなければならないところ，実際に要することになる資金が見積りよりも多額になれば，再生債権の弁済資金が不足するおそれが生じる。

次に，タックスプランニングについては，債務免除を受けた場合の免除益課税についての検討が必要であるが，それにとどまらず，繰越欠損金の利用など

による，再生計画成立後の事業活動によって生じる利益に対する課税についても検討が必要である。予想外の課税が生じれば，再生債権の弁済資金が不足するおそれが生じる。

　(3)　弁済計画における例外的な取扱い

ア　少額債権に関する定め

　再生計画による権利の変更の内容（弁済計画の内容）は，再生債権者間で平等でなければならない。ただし，少額の債権者その他これらの者に差を設けても衡平を害しない場合には，この限りではない（民再155条1項ただし書）。実務上，少額債権（民再85条5項前段で許可弁済した額と同じ額とすることが多い。）については100％弁済をし，少額債権の額を超える債権についても少額債権と同じ額に相当する部分については同様の取扱いとすることが多い。このような取扱いは，衡平を害しないものとして許容される。

イ　連帯保証債務履行請求権に関する定め

　再生債務者に対する連帯保証債権は，再生債権として権利変更の対象となる。ただし，主たる債務者が弁済を続けている場合には，弁済時期などについて他の再生債権と異なった定めをすることが少なくない。

　まず，弁済時期については，主たる債務者がその弁済を怠った時点とすることが考えられ，これは衡平を害しないものとして許容される。次に，権利変更する金額としては，開始時現存額主義からすれば再生手続開始時点の債権額を基準とすることが原則である。しかし，私的整理における実務では，私的整理着手後，主たる債務者が弁済を続けていれば，その弁済額を控除した残額を基準とする取扱いもある。このような取扱いの影響を受けてか，法的整理手続においても，手続開始後，主たる債務者が弁済を怠った時点までに弁済を続けた額を控除した残額について権利変更を行った事例も報告されている（事業再生研究機構編『新・更生計画の実務と理論』335頁）。

ウ　敷金返還請求権に関する定め

　敷金返還請求権については，従来から，①停止条件成就後に敷金額から賃貸借契約上の未払債務を控除した額に，免除率を乗じて弁済額を確定する考え方（当然充当先行説）と，②他の再生債権と同じく免除を受けてから，賃貸借契約上の未払債務を控除して弁済額を確定する考え方（権利変更先行説）が主張されている。債権者平等性を理由に，②によるべきとの見解もあるが（伊藤眞「民事再生手続における敷金返還請求権の取扱い」，伊藤眞ほか編『民事手続法学の新たな地平―青山善充先生古稀祝賀論文集』641頁），最高裁判例（最判昭48．2．2民集27巻1号80頁）の考え方からすれば，①によることが自然のよう

に思われる。また，敷金返還請求権のうち賃料の6か月分相当額を上限として共益債権となる場合があるから（民再92条3項），この共益債権となる部分をどのように考えるかも検討する必要がある（全国倒産処理弁護士ネットワーク編『通常再生の実務Q&A120問』120頁〔服部敬〕）。

2　監督委員との事前打合せの重要性

　監督委員（及びその補助者たる公認会計士）は，裁判所に提出された再生計画案について民事再生法174条2項各号（ただし，3号を除く。）の事項（再生計画の不認可事由であるとともに，決議に付する旨の決定の除外事由でもある。民再169条1項3号）を調査し，調査報告書を作成する。そして，その調査報告の内容は，当該再生計画案について，裁判所が決議に付する旨の決定をする際の重要な資料となるとともに，決議に付された後に再生債権者が同意するかどうかの判断の重要な資料となる（東京地裁破産再生部では，再生計画案とともに上記調査報告書が再生債権者に送付されることが実務的慣行である。）。

　このように監督委員の調査報告の内容は重要であるから，再生債務者が再生計画案を作成するに当たって，上記1のような留意すべき事項について監督委員と事前に協議し，意見交換をしながら行うことは有益であり，かつ必要である。

3　再生債権者に対する情報開示

　決議に付された再生計画案について，再生債権者に対し同意するか否かの判断資料を提供する必要がある。その重要な資料としては，上記監督委員の調査報告書があるが，それだけでは十分でない事例もある。

　近時，準則型私的整理においては，全ての対象債権者（金融債権者が対象となっており，商取引債権者は対象外とされることが多い。）の同意を得るために，十分な情報が開示される例が多いことから，特に，私的整理を経験している金融債権者からは，民事再生手続においても，より多くの情報が求められる傾向にある。収益弁済型の弁済計画では，長期の分割弁済になるため，弁済率の相当性，事業計画の相当性や履行可能性を検討する必要があり，その傾向がより強くなる。例えば，弁済率の相当性評価の前提となる継続事業価値評価や，事業計画の前提となる事業デューデリジェンスの内容，事業計画のバックデータなどが求められることが考えられる。

　他方で，再生債務者は，大企業から中小零細企業まで千差万別であり，特に中小零細企業は経営リソースが限定されているため，再生債権者に提出できる資料に限界があることも事実である。再生債務者は，再生債権者の同意を得るためにも，可能な限り，要求される資料を提出するように努力すべきである

が，その全てに応じることができない場合にも，再生債権者の意図するところを斟酌して，誠意をもって対応し，再生債権者の納得を得るよう努めることが求められる。

第3 スポンサー型（事業譲渡型・会社分割型・減増資型）の再生計画案

1　スポンサー型による事業の再生

　再生手続において事業の再生を図る方法として，再生債権の減免等を受けて自主再建を図る方法（第5章第2参照）のほか，スポンサーからの資金を再生債権者の弁済原資とする方法がある。スポンサー型の再建には，自己株式を取得して消却した上で資本を減少させ，スポンサーに株式を引き受けてもらう減増資型の方法など，再生債務者自身が事業再生を図る方法のほか，スポンサーに対し，再生計画によらず（計画外）又は再生計画により（計画内），事業の一部又は全部を譲渡（承継）してその譲渡代金等をもって弁済を行う事業譲渡型や会社分割型の方法を活用し，事業の再生を図る一方，再生債務者自身は清算をする方法などがある（このほか，スポンサーから事業資金のみの融資を受けて収益弁済型で再建する方法もあるが，この場合は，収益弁済型と同じ形になり，再生債権者への弁済は長期分割となるのが通例である。）。

2　減増資型の再生計画案

(1)　概　要

　スポンサー型再生の方法の一つであり，再生債務者が既存株式の全てを無償取得し，これを消却すると同時にスポンサーに対する第三者割当増資を行うことにより，スポンサーが再生債務者の地位をそのまま引き継ぎ，事業再生を図る方法である。

スポンサーが，出資金のほかに別途再生債務者に融資を行うなどして，弁済原資を準備し，再生債務者が再生債権者に弁済する場合が典型的であるが，スポンサーが事業に必要な資金分のみ出資又は融資をし，その後の事業収益から弁済を行う場合もある。なお，減増資については，計画内で行う場合と，計画外で会社法の規定に従って行う場合がある。

(2) 減増資型の再生計画案の条項

ア 再生債務者の株式の取得に関する定め

(ア) 定めるべき事項

再生計画によって株式会社である再生債務者が当該再生債務者の株式の取得をするときは，次の事項を定めなければならない（民再161条1項）。

① 再生債務者が取得する株式の数（種類株式発行会社にあっては，株式の種類及び種類ごとの数）
② 再生債務者が①の株式を取得する日

なお，株式の消却については，取得の目的を明らかにするために，再生計画案にその旨を記載するのが通例である。

また，株式を取得する日については，当該日と募集株式の効力の生ずる日とを一致させるため，「募集株式と引き換えにする金銭の払込期間において募集株式の引受人が最初の出資をした日」（会209条1項2号参照）としている。

(イ) 裁判所の許可

この条項を定めた計画案を提出しようとするときは，あらかじめ裁判所の許可を得なければならず（民再166条1項），裁判所は，再生債務者が債務超過の場合に限り，これを許可することができる（同条2項）。実務上は，事前検討のための再生計画案のドラフトの提出と同時にこの条項を定めることについての許可申立書のドラフトも併せて提出し，第3回の打合せ（第1章第2参照）の際に，許可の申立て及び許可決定が行われている。

この条項を定めた再生計画の認可決定が確定すると，再生債務者は，再生計画で定められた日に，再生計画で取得することとされている株式を取得し

（民再183条1項），会社法178条により消却することができる。

　許可の決定については，その要旨を記載した書面を株主に送達することを要するところ（民再166条3項），東京地裁破産再生部では，代用公告を行っている（民再10条3項）。

　許可の決定に対し，株主は即時抗告をすることができる（民再166条4項）が，通常，財産評定等に照らし再生債務者が債務超過であることが明らかであって，即時抗告に理由がないと容易に判断することができるものと思われる。東京地裁破産再生部の標準スケジュールでは，通常，再生計画案の提出から約1週間で監督委員の意見に基づき付議決定を行い，その後，約2か月で債権者集会を開催することとしている関係で，監督委員の意見書が提出されれば，即時抗告期間の経過による許可決定の確定を待つことなく，再生計画案の付議決定をして手続を進めることにしている。なお，即時抗告がされた場合には，執行停止効により抗告について決定があるまでその後の手続を進めることができないのではないかという問題（民再18条，民訴334条1項）はあるが，即時抗告が却下又は棄却された時点で抗告中にした手続の瑕疵は治癒されるとの判断に基づき，そのまま手続を進めることが考えられる（民再の手引2版302頁）。

イ　株式の併合に関する定め

　再生債務者が，再生計画によって自己株式の併合をするときは，会社法180条2項各号に掲げる事項（①併合の割合，②株式の併合がその効力を生ずる日，③株式会社が種類株式発行会社である場合には，併合する株式の種類，④効力発生日における発行可能株式総数）を定めなければならない（民再161条2項）。また，前記ア(イ)と同様に裁判所の許可を要する（民再166条1項，2項）。

ウ　資本金の額の減少に関する定め

　再生計画によって再生債務者の資本金の額の減少をするときは，会社法447条1項各号に掲げる事項（①減少する資本金の額，②減少する資本金の額の全部又は一部を準備金とするときは，その旨及び準備金とする額，③資本金の額

の減少がその効力を生ずる日）を定めなければならない（民再161条3項）。また，前記ア(イ)と同様に裁判所の許可を要する（民再166条1項，2項）。

エ　発行可能株式総数に関する定款の変更に関する条項

　再生債務者が，再生計画によって再生債務者が発行することができる株式の総数についての定款の変更をするときは，その変更の内容を定めなければならない（民再161条4項）。また，前記ア(イ)と同様に裁判所の許可を要する（民再166条1項，2項）。

オ　募集株式を引き受ける者の募集に関する定め

(ア)　概　　要

　株式会社である再生債務者は，民事再生法上の特則（民再166条の2）を利用して，再生計画において，募集株式を引き受ける者の募集に関する条項を定めることができる。この場合の募集株式とは，当該募集に応じてこれらの株式の引受けの申込みをした者に対して割り当てる株式（第三者割当増資。会199条1項）をいい，株主に株式の割当てを受ける権利を与えるものとすることはできず，また，前記特則は譲渡制限株式であるものに限られている（民再154条4項）。

　募集株式を引き受ける者の募集に関する条項を定める場合，再生計画において，会社法199条1項各号に掲げる事項（①募集株式の数，②募集株式の払込金額又はその算定方法，③金銭以外の財産を出資の目的とするとき（現物出資）は，その旨並びに当該財産の内容及び価額，④募集株式と引き換えにする金銭の払込み又は現物出資の給付の期日又はその期間，⑤株式を発行するときは，増加する資本金及び資本準備金に関する事項）を定めなければならない（民再162条）。

　この条項を定めた再生計画案は，再生債務者のみが提出することができる（民再166条の2第1項）。再生手続は，DIP型を基本とするものであり，再生債権者が主導して再生債務者の資本構成を変更することまでは認めるべきではないとの趣旨による。なお，管理型の民事再生において，管財人は，この

条項を定めた再生計画案を提出することができないことになるが，再生債務者の経営陣から協力を得て，管財人と再生債務者が連名でこの条項を定めた再生計画案を提出することは可能である（なお，このような再生計画案に定める各条項については，管財人と再生債務者のいずれが主語となるのか，明確に書き分けることが必要になる。）。東京地裁破産再生部でも，この方法によりこの条項を定めた再生計画案が提出された例がある。

　(イ)　**裁判所の許可**

　募集株式を引き受ける者の募集を定めた再生計画案を提出しようとするときは，あらかじめ裁判所の許可を得なければならず，裁判所は，再生債務者が債務超過の状態にあり，かつ，募集株式を引き受ける者の募集が再生債務者の事業の継続に欠くことができないものであると認める場合に限り，その許可をすることができる（民再166条の2第2項，3項）。

　募集事項の決定は，株主総会の特別決議によらなければならない（会199条2項，309条2項5号）が，この条項を定めた再生計画認可決定が確定すると，取締役の決定（取締役会設置会社の場合は取締役会の決議）により募集事項を定めることができる（民再183条の2第1項前段）。

　なお，公開会社（会2条5号）においては，募集株式の払込金額が募集株式を引き受ける者に特に有利な金額である場合を除き，取締役会の決議によって募集事項を定めることができる（会201条1項）から，この条項を定めた計画案は，払込金額が特に有利な金額である場合に意味を有することになる。もっとも，裁判所の許可は，再生債務者が債務超過の状態にある場合に限られるから，払込金額が特に有利な金額と評価される場合は想定し難い（新注釈民再2版(下)14頁〔岡正晶〕）。

　(ウ)　**募集株式の効力発生日の定め等**

　募集株式を引き受ける者の募集を定める場合，募集株式の効力発生日（募集株式と引き換えにする金銭の払込期間）については，「再生計画認可決定確定の日から○か月」とするのが通例である。効力発生日を確定日付とすると，再生計画認可の決定の確定日が遅れた場合に同確定日より前に効力発生日（払込期日）が到来してしまうことがあるので注意を要する。

資料5-3-1　減増資型の再生計画案（抄）の記載例

第7　再生債務者の株式の取得，資本金の額の減少及び募集株式を引き受ける者の募集に関する条項
　1　再生債務者の株式の取得に関する定め
　　(1)　取得する株式の数
　　　　全ての発行済株式である普通株式○○株
　　(2)　再生債務者が上記(1)記載の株式を取得する日
　　　　下記3(3)の募集株式と引き換えにする金銭の払込期間において募集株式の引受人が最初の出資をした日
　　　　なお，再生債務者が取得した株式は，取得後全て消却する。
　2　資本金の額の減少に関する定め
　　(1)　減少する資本金の額
　　　　資本金○○円全額
　　(2)　資本金の額の減少がその効力を生ずる日
　　　　下記3(3)の募集株式を引換えにする金銭の払込期間において募集株式の引受人が最初の出資をした日
　3　募集株式を引き受ける者の募集に関する定め
　　(1)　募集株式の数
　　　　普通株式○○株
　　(2)　募集株式の払込金額
　　　　募集株式1株につき金○○円
　　(3)　募集株式と引き換えにする金銭の払込期間
　　　　再生計画認可決定確定の日から1か月
　　(4)　増加する資本金及び資本準備金に関する事項
　　　　増加する資本金の額　　金○○円
　　　　増加する資本準備金の額　　金○○円
　　　　なお，募集株式を引き受ける者としては，○○を予定している。
　4　上記1ないし3の定めに関し，あらかじめ民事再生法166条1項及び166条の2第2項の規定による裁判所の許可を得ている。
（以下は，計画外で増資を行う場合）
　3　上記1及び2の定めに関し，あらかじめ民事再生法166条1項の規定による裁判所の許可を得ている。なお，次に掲げる募集株式を引き受ける者の募集に関しては，会社法による手続を履践する予定である。
　　(1)　募集株式の数
　　　　普通株式○○株
　　(2)　募集株式の払込金額
　　　　募集株式1株につき金○○円

> (3) 募集株式と引き換えにする金銭の払込期間
>   再生計画認可決定確定の日から1か月
> (4) 増加する資本金及び資本準備金に関する事項
>   増加する資本金の額　金○○円
>   増加する資本準備金の額　金○○円
>   なお，募集株式を引き受ける者としては，○○を予定している。

　なお，「再生債務者が自己株式を取得する日」及び「資本金の額の減少がその効力を生ずる日」は，募集株式の効力発生日と同日とする場合には，「募集株式と引き換えにする金銭の払込期間において募集株式の引受人が最初の出資をした日」とする。

　(エ)　**再生計画によらない増資**

　再生計画によらず，会社法の規定により募集株式の募集（増資）の手続を行う場合であっても，再生計画案に増資に関する説明的記載をしておくと，債権者にとって理解しやすいものとなる（資料5－3－1参照）。

3　事業譲渡（清算）型の再生計画案

(1)　概　　要

　計画外又は計画内で事業譲渡を行い，その事業の譲渡代金や，譲渡対象外とされた資産の換価処分代金等（手持現預金などを含める例もある。）を弁済原資とする再生計画案である。通常，事業譲渡代金，譲渡対象外資産の換価処分代金等から清算に要する費用等を差し引いた金額を再生計画認可の決定後，できる限り早期に弁済をする条項が設けられる。また，残余財産の換価に一定の期間を要する場合には，換価終了後に追加弁済を行う旨の条項を設けることもある。

(2) 計画内事業譲渡型の再生計画案

ア　手　続

(ア)　停止条件付譲渡契約の締結と監督委員の同意

　事業譲渡は，再生計画案に定めて再生債務者の決議に付し，裁判所の再生計画認可決定を得て実行するのが原則である。したがって，再生計画認可決定の確定前に早期に事業譲渡を行う必要性がある場合（計画外事業譲渡。第4章第6参照）以外は，再生計画によるべきことになる。

　通常，再生債務者は，再生計画案の提出前に，譲受人（スポンサー）との間で，再生計画認可決定の確定を停止条件とする事業譲渡契約を締結する。

　東京地裁破産再生部では，監督命令において，監督委員の同意を得なければならない再生債務者の行為として，「事業の維持再生の支援に関する契約及び当該支援をする者の選定業務に関する契約の締結」（この「事業の維持再生の支援に関する契約」には，法形式を問わず，事業譲渡，減増資，DIPファイナンス，会社分割等に関する契約等が含まれる。）を掲げ，これを監督委員の同意事項とする運用をしていることから，事業譲渡契約の締結前に監督委員の同意を得ておく必要がある。その際，監督委員は，スポンサー選定過程の公正性や譲渡契約の内容の適正性について，確認をすることになる。

(イ)　事業譲渡に関する許可等

　計画内事業譲渡については，再生計画案が可決され，再生計画認可の決定がされた場合は，計画外事業譲渡の場合のような裁判所の許可（民再42条1項）を重ねて得る必要はないと解される。東京地裁破産再生部では，通常，債権者集会で再生計画案が可決されて成立した場合，直ちに認可決定をしているが，その確定までには約4週間を要することとなることから，計画内事業譲渡の実行までには相当の時間を要することとなる。東京地裁破産再生部では，資金繰りの関係から，できる限り早期に事業譲渡を実行する必要があったものの，事業譲渡は再生計画に定めて行うべきであるとする主要債権者の意見に基づき，事業譲渡を定める再生計画案が提出された事案におい

て，上記のような事業譲渡の実行までのタイムラグを避けるため，並行して計画外事業譲渡の許可の申立てがされ，債権者集会において再生計画案が可決された後，認可決定を行うとともに，事業譲渡の許可決定も行い，認可決定の確定を待つことなく事業譲渡の実行に至った事例がある（第4章第6参照）。

　計画外事業譲渡の場合，裁判所は，事業譲渡の許可をするときには，労働組合等の意見を聴かなければならない（民再42条3項）が，計画内事業譲渡の場合には，労働組合等には再生計画案についての意見聴取の機会が与えられることから（民再168条），東京地裁破産再生部では，別途，事業譲渡に関する意見聴取は行っていない。なお，東京地裁破産再生部では，監督委員を通じて労働組合等に再生計画案についての意見を聴く運用としている。

　㋒　代替許可

　東京地裁破産再生部では，再生計画認可の決定とともに，債権者集会終了後速やかに，再生債務者の申立てに基づき，事業譲渡に関する株主総会の決議による承認に代わる許可の決定（民再43条1項）をしている。

　なお，この代替許可の決定に対し，株主は即時抗告をすることができるが（民再43条6項），執行停止の効力を有しない（同条7項）ので，決定後直ちに事業譲渡の実行をすることが可能である。

イ　計画内事業譲渡型の再生計画案の条項

　㋐　再生計画の基本方針

　計画内事業譲渡に関する条項を含む再生計画案については，債権者に対し，事業譲渡を含めた再生計画案の賛否の判断に必要な情報を提供するために，事業譲渡の内容等について再生計画案の中に具体的に記載する必要がある。

　このような観点から，再生計画案には，基本型の説明的記載事項のほか，①「事業譲渡に至る経緯」として，事業譲渡の必要性，譲受人（スポンサー）の選定経緯と選定手続の公正性，②「事業譲渡の内容」として，事業譲渡の対象となる事業の内容，承継される資産と負債（承継されない資産及び負債も

特定する。），事業譲渡の対価の相当性，事業譲渡の実行日等を説明し，また，③「弁済資金の調達方法及び資金計画」として，事業譲渡代金及び手持資金により基本弁済を行った後，残余財産による追加弁済を行う方針，再生債務者は追加弁済を行った後解散して清算することなどを適宜説明することが考えられる。特に，スポンサーの選定手続の公正性や事業譲渡の対価の相当性等は，計画内事業譲渡型における基本的かつ中核的な内容となるものであり，債権者の関心の高い事項であるため，明確かつ分かりやすいものとすることが肝要である。

(イ) **再生債権に関する権利の変更及び弁済方法**

計画内事業譲渡型の場合，事業譲渡代金や手持資金等により，一括弁済をする例が多いが，譲渡対象資産以外の残余資産の換価処分に一定の期間を要する場合もあることから，上記の一括弁済（基本弁済）に加え，残余資産の換価処分ができた時点で追加弁済をする条項を定める例も多い。この場合，「換価未了の残余財産の処分等による換価が終了し，再生債務者が保有する現預金から」必要な諸費用等を「控除しなお残額がある場合は，当該残額を弁済原資とし，元本等（から○万円を控除した金額（少額部分につき全額を弁済する旨の条項を定める場合））の割合に応じて各再生債権者に按分して弁済する。」などとする例が多い。なお，追加弁済の定めをする場合には，追加弁済の時期についても，そのめどを再生計画案に記載するともに，その時期までに追加弁済を行うことができない場合には再生債権者にこれを通知する旨を定めておくことが望ましい。

なお，追加弁済の定めのある場合，再生債権の免除の時期については，再生計画認可決定確定時とするもののほか，記載例のように「追加弁済を行う場合には，当初の免除については，追加弁済の範囲において遡及的にその効力を失う。」などとする例や，「追加弁済を完了した時（追加弁済を行うことができない場合には，その旨を通知した時）に，残額について免除を受ける。」などとする例もある（資料5－3－2参照）。

資料5-3-2　計画内事業譲渡型の再生計画案の記載例

平成○○年（再）第○○号　再生手続開始申立事件
　　　　　　　　　　　　　　　　　　　　平成○○年○○月○○日
東京地方裁判所民事第20部　御中

　　　　　　　　　　　　　　債務者　株式会社○○
　　　　　　　　　　　　　　同代理人弁護士　　○○　　○○　㊞

再生計画案

第1　再生計画の基本方針
　1　再生手続開始に至る経緯
　2　事業譲渡に至る経緯
　　（事業譲渡の必要性，譲受人（スポンサー）の選定経緯と選定手続の公正性を説明）
　3　事業譲渡の内容
　　（別紙1に基づき，事業譲渡の対象となる事業の内容，承継される資産と負債（承継されない資産及び負債も特定する。），事業譲渡の対価の相当性，事業譲渡の実行日を説明）
　4　弁済資金の調達方法及び資金計画
　　（事業譲渡代金及び手持資金により基本弁済を行った後，残余財産による追加弁済を行う方針，再生債務者は追加弁済を行った後解散して清算することなどを適宜説明）
　5　破産配当率との比較
　6　別除権の処理（別除権協定の予定など）
第2　再生債権に関する権利の変更及び弁済方法
　1　確定再生債権及び債権者数
　　本再生計画案提出時点で確定している再生債権額及び債権者数は，次のとおりである。
　　(1)　確定再生債権額　　　金○○円
　　(2)　確定再生債権者数　　　○○名
　2　権利変更の一般的基準
　　(1)　権利の変更
　　　ア　再生債権の元本並びに再生手続開始決定日の前日までの利息及び遅延損害金の合計額（以下「元本等」という。）のうち，○万円までの部分は免除を受けず，○万円を超える部分は，再生計画認可確定時に○パーセントの免除を受ける。
　　　　ただし，後記(2)イの追加弁済を行う場合には，当初の免除については，追加弁済の範囲において遡及的にその効力を失う。

イ　再生手続開始決定日後の利息及び遅延損害金は，再生計画認可決定
　　　　確定時に全額免除を受ける。
　(2)　弁済方法
　　　ア　基本弁済
　　　　(1)による権利変更後の債権額を，再生計画認可決定が確定した日か
　　　ら3か月以内に支払う。
　　　イ　追加弁済
　　　　換価未了の残余財産の処分等による換価が終了し，再生債務者が保
　　　有する現預金から，再生手続を遂行するために必要な共益債権及び一
　　　般優先債権の弁済見込額，再生手続を遂行するために必要となる諸費
　　　用等の見込額，未確定再生債権に対する基本弁済額及び別除権付再生
　　　債権の確定不足額に対する基本弁済額を控除してもなお残額がある場
　　　合は，当該残額を弁済原資とし，元本等から○万円を控除した金額の
　　　割合に応じて各再生債権者に按分して弁済する。
　　　　なお，追加弁済は，平成○○年○月頃までを目途に実施する予定で
　　　あり，追加弁済を行うことができない場合には，各再生債権者に対し
　　　て通知を行う。
　　　　　　　　　　　　（中略）
　　　　　　　　　　　　添付資料
別紙1　事業譲渡契約の概要
別紙2　確定再生債権一覧表
別紙3　未確定再生債権一覧表
別紙4　別除権付再生債権一覧表

(3)　計画外事業譲渡型の再生計画案

ア　計画外事業譲渡の手続

　計画外事業譲渡の手続の概要は，第4章第6のとおりであり，事業譲渡契約の締結についての監督委員の同意，契約の締結，事業譲渡の許可の申立て，債権者説明会，意見聴取期日，事業譲渡の許可決定などの手続を経ることになる。

イ　計画外事業譲渡型の再生計画案の条項

　東京地裁破産再生部では，再生計画によらない事業譲渡（計画外事業譲渡）の許可の申立てがあると，原則として，その約 2 週間後に意見聴取期日を開催し，債権者の意見を直接聴く運用をしている。また，意見聴取期日に先立ち，再生債務者が債権者説明会を開催するのが通例である。このため，計画外事業譲渡型の再生計画案については，その中核を成す事業譲渡に関して債権者に相応の情報提供をし，その意見を聴いていることになるが，再生計画案の理解を容易にし，再生計画案の各条項の内容や再生計画の遂行可能性等に関する債権者の判断を十分なものとするという観点から，事業譲渡に関する事項についても，できる限り丁寧で分かりやすく記載することが望ましい。

　このような観点から，①「事業譲渡に至る経緯」として，事業譲渡先の選定経緯，事業譲渡の内容，裁判所の許可手続を簡潔に説明するとともに，②「弁済資金の調達方法及び資金計画」として，事業譲渡代金及び手持資金により基本弁済を行った後，残余財産による追加弁済を行う方針，再生債務者は追加弁済を行った後解散して清算することなどを適宜記載することが考えられる。

　また，計画外事業譲渡は，計画内事業譲渡に比べ，緊急の必要性が認められる場合に行われるものであることから，再生計画認可決定の確定までには，事業譲渡が完了している場合が多い。このため，再生計画案における基本弁済についても，認可決定確定日の属する月の翌月末日までに支払うなどとするものが多いようである（資料 5-3-3 参照）。

4　会社分割型の再生計画案

(1) 概　　要

　会社分割は，株式会社又は合同会社が，その事業に関して有する権利義務

資料5-3-3 計画外事業譲渡型の再生計画案の記載例

平成○○年(再)第○○号 再生手続開始申立事件
平成○○年○○月○○日
東京地方裁判所民事第20部 御中
債務者 株式会社○○
同代理人弁護士 ○○ ○○ ㊞

再生計画案

第1 再生計画の基本方針
1 再生手続開始に至る経緯
2 事業譲渡に至る経緯
 (事業譲渡先の選定経緯,事業譲渡の内容,裁判所の許可手続を簡潔に説明)
3 弁済資金の調達方法及び資金計画
 (事業譲渡代金及び手持資金により基本弁済を行った後,残余財産による追加弁済を行う方針,再生債務者は追加弁済を行った後解散して清算することなどを適宜説明)
4 破産配当率との比較
5 別除権の処理(別除権協定の予定など)
第2 再生債権に関する権利の変更及び弁済方法
1 確定再生債権及び債権者数
 本再生計画案提出時点で確定している再生債権額及び債権者数は,次のとおりである。
 (1) 確定再生債権額 金○○円
 (2) 確定再生債権者数 ○○名
2 権利変更の一般的基準
 (1) 権利の変更
  ア 再生債権の元本並びに再生手続開始決定日の前日までの利息及び遅延損害金の合計額(以下「元本等」という。)のうち,○万円までの部分は免除を受けず,○万円を超える部分は,再生計画認可確定時に○パーセントの免除を受ける。
   ただし,後記(2)イの追加弁済を行う場合には,当初の免除については,追加弁済の範囲において遡及的にその効力を失う。
  イ 再生手続開始決定日後の利息及び遅延損害金は,再生計画認可決定確定時に全額免除を受ける。
 (2) 弁済方法
  ア 基本弁済

第3 スポンサー型(事業譲渡型・会社分割型・減増資型)の再生計画案

　　　　(1)による権利変更後の債権額を，再生計画認可決定が確定した日の属する月の翌月末日までに支払う。
　　イ　追加弁済
　　　換価未了の残余財産の処分等による換価が終了し，再生債務者が保有する現預金から，再生手続を遂行するために必要な共益債権及び一般優先債権の弁済見込額，再生手続を遂行するために必要となる諸費用等の見込額，未確定再生債権に対する基本弁済額及び別除権付再生債権の確定不足額に対する基本弁済額を控除してもなお残額がある場合は，当該残額を弁済原資とし，元本等から○万円を控除した金額の割合に応じて各再生債権者に按分して弁済する。
　　　なお，追加弁済は，平成○○年○月頃までを目途に実施する予定であり，追加弁済を行うことができない場合には，各再生債権者に対して通知を行う。
　　　　　　　　　　　　　　　（以下略）

　の全部又は一部を，既存の他の会社（承継会社）又は分割により設立する会社（設立会社）に承継させることを目的とする会社の行為であり，分割会社の営業を，既存の他の会社に承継させる吸収分割（会2条29号）と新たに設立する会社に承継させる新設分割（同条30号）がある。
　再生手続では，株主は，原則として手続に参加せず，その権利行使も制約を受けないため，再生債務者は，再生手続開始の決定後も会社法の手続に従って会社分割を行うことが可能であり，会社分割は事業譲渡と同様に事業承継の手段として用いられている。
　なお，東京地裁破産再生部においても，計画内会社分割型の事例は極めて少ないが，近時，出版取次業を営む再生債務者が，再生債務者の完全子会社に対する吸収分割を行った後，その子会社と同業者とが合併し，重複する組織機構を統合するというスキームを前提として，計画内会社分割を行った事例がある。

(2) 手　続

ア　契約等

　会社分割においては，分割契約の締結（吸収分割の場合）又は分割計画の作成（新設分割の場合）が必要となる（会757，758，762，763条）。いずれにおいても，裁判所の許可（計画外会社分割型の場合）又は再生計画認可決定の確定（計画内会社分割型の場合）を停止条件としておく必要がある。

イ　裁判所の許可

　東京地裁破産再生部では，開始決定時に民事再生法41条1項10号に基づき，「会社分割（再生計画による場合を除く。）」を裁判所の許可を要する行為として指定していることから，再生手続中に計画外で会社分割を行う場合には，裁判所の許可が必要となるが，再生計画による場合は除外されているから，計画内会社分割型の場合は，裁判所の許可を受ける必要はない。

　また，会社分割により再生債務者が取得し又は保有する子会社株式等をスポンサーに譲渡する場合（第4章第6の資料4-6-2・第1の1及び2の場合），子会社株式等の譲渡について裁判所の許可が必要である（民再42条1項2号）。他方，再生計画案において子会社株式等の譲渡が定められた場合で，再生計画案が可決され，再生計画認可決定がされたときは，計画内事業譲渡型の場合と同様，重ねて裁判所の許可を受ける必要はないと解される。

ウ　監督委員の同意

　東京地裁破産再生部では，監督命令において，スポンサー契約の締結等を監督委員の同意事項に指定する運用をしている。このため，分割契約（吸収分割の場合）や分割計画（新設分割の場合），子会社株式の譲渡契約については，その締結等の前に監督委員の同意を得ておく必要がある。

エ　代替許可

　会社分割を利用する場合には，会社分割の対価である子会社株式を譲渡するスキームを用いるケースが多いところ，子会社株式等の譲渡も株主総会の特別決議を要する（会467条1項2号の2，309条2項11号）が，裁判所は，「事業等の譲渡が事業の継続のために必要である場合」は，再生債務者の申立てに基づき，株主総会の特別決議による承認に代わる許可を与えることができる（民再43条1項）。なお，この代替許可の決定に対し株主は即時抗告をすることができるが（同条6項），執行停止の効力を有しない（同条7項）。

　なお，東京地裁破産再生部における，監督委員の同意，裁判所の許可等の対象行為をまとめたものについては，資料4-6-4を参照されたい。

(3)　会社分割型の再生計画案の条項

　再生計画案の条項の留意点等については，基本的に事業譲渡の場合と同様である。

　特に，計画内会社分割型の場合には，再生計画の基本方針において，①「会社分割に至る経緯」として，会社分割の必要性，承継人（スポンサー）の選定経緯と選定手続の公正性，②「会社分割の内容」として，承継の対象となる事業の内容，承継される資産と負債（承継されない資産及び負債も特定する。），会社分割の対価の相当性，会社分割の実行日などを説明するとともに，③「弁済資金の調達方法及び資金計画」として，承継の対価及び手持資金により基本弁済を行った後，残余財産による追加弁済を行う方針，再生債務者は追加弁済を行った後解散して清算することなどを適宜説明することが考えられる。なお，計画外会社分割の場合には，計画外事業譲渡型の再生計画案と同様の点に留意する必要がある。

コメント

弁護士　瀬戸　英雄

1　企業の「再建」から事業の「再生」へ

　伝統的な我が国における企業の再建計画は，法人としての同一性を維持しつつ，バランスシート調整を行い，その将来収益をもって債権者に長期分割弁済するものであった。

　1980年代後半の不動産と株式の暴騰に浮かれたバブル経済は平成2年には終焉したが，その後の金融機関の不良債権処理は遅れ，平成9年に入ると堰を切ったように大型倒産が続出するようになった。到底，従来型の倒産処理では対応できず公的支援等も活用されたが，この状況を絶好の投資機会とするファンドの登場もあり，倒産処理の様相は大きく変化した。

　民事再生法が施行されたのは，平成12年4月である。民事再生法は，その目的を法人の場合には法人自体の「再建」から，事業の「再生」へと舵を切り（民再1条），裁判所の許可によって迅速に事業譲渡することを可能にした。事業譲渡等の対価を原資として債権者へ一括弁済する手法が「早期再生」としてもて囃され，倒産現場の実務は，重厚で堅実な手続による企業の再建よりも，迅速で機動的な早期の事業の再生を望むようになった。それは，偶発債務等のリスクを遮断し，回転の早い効率的な投資を望む再生ビジネスの側の意向に沿うものでもあった。

2　再生手続におけるスポンサー選定

　(1)　破綻企業は，その規模の大小を問わず，資金調達，信用補完，再生の推進力となる経営人材によるビジネスモデルの転換など，外部からの強力なサポートを必要とする場合が多い。事業再生における「スポンサー」とは，これらの中でも，破綻企業の事業を何らかの対価を払って取得するバイヤーを示すものとして使用されている。その意味で，「スポンサー型民事再生」は，事業会社による事業戦略的なM＆Aであり，またファンド等による企業価値向上を投資対象とする生々しいビジネスの一側面を担わざるを得ない。

　(2)　法的手続である民事再生手続の下におけるスポンサー選定は，公平公正に行われなければならない。したがって，スポンサー候補が複数競合する案件では，選定過程の公平公正と透明性を確保するためには，参加者を広く募り競争入札にかけることができれば理想である。しかし，ほとんどのケースでは，このような競争プロセスを実現することが困難である。

経営が逼迫し企業価値が日々劣化する中で，その事業に投資対象として価値を見出しスポンサーに名乗り出てくれる者が現れたなら，それだけでも幸運である。しかし，支援を受ける側が，将来，より有利な条件を提示する者が現れた場合にはそちらに乗り換えるかもしれないなど，曖昧な姿勢では，スポンサー候補者の再生支援は及び腰にならざるを得ない。また，危機時期における有形無形の援助があった場合には，それを軽視して，後出しジャンケンを認めることも不正義である。

　事業再生という危機時の経済活動における公正と公平は，事後の定点観測によるべきものではなく，破綻企業を取り巻く流動的な環境変化を動態的に観察することによって判断されるべきものである。また，民事再生手続におけるスポンサーとしての優劣は，提示された買収価格の多寡や支払条件だけで決すべき筋合いのものではない。もとより，この手続は，再生債務者のエゴの実現でも，債権者への弁済を最大化するためだけのものでもない。再生モデルの具体性，従業員の雇用条件，取引先との関係，信用補完能力，再生の担い手としての熱意，誠実性など，再生の実現可能性と社会経済的効果など諸要素を総合的に判断すべきものである（なお，スポンサー選定に関する問題点については，山本和彦＝事業再生研究機構編『事業再生におけるスポンサー選定のあり方』）。

　(3)　民事再生手続中のスポンサー契約は，監督命令において監督委員の同意事項とするのが，東京地裁破産再生部における運用である。さらに，事案によっては，監督委員の権限を更に一歩進め，スポンサーの選定に関与させた事例もある（マイカルなど）。また，スポンサーの選定に際しては，フィナンシャル・アドバイザー（FA）の活用が有効であるが，その費用は多額に上ることがある。そのため，FA契約についても，監督委員の同意を要するものとしている。

3　スポンサー型再生と事業再編

　スポンサー型再生の事業再編スキームとしては，合併もあるが，よく利用されるものは，減増資，事業譲渡及び会社分割である。東京地裁破産再生部の運用では，これら組織再編のための契約等は，全て監督委員の同意事項とされている。

　(1)　減　増　資

　再生債務者の株式を消却すると同時にスポンサーが第三者割当増資に応じて出資を行うスキームである。再生債務者の法人としての同一性を保ちながら資本の組替えを行うものなので，個別の権利承継の手間はかからず，また従前の株主の責任も明確にできるオーソドックスな手法である。

ちなみに，民事再生法は，従前からの経営者によって再生を図るDIP型手続を基本として制度設計されている。そのため，法人の組織法上の事項については，原則として制約を設けないのが建前である。株主の権利は，債務超過によって実質的に価値を失っているにもかかわらず，組織法上の行為の権限を留保されても，株主が再生債務者の経営に関心を失っているために株主総会の定足数を充足することが困難になり，あるいは一部株主の反対によって特別決議が成立しないなど，スポンサーに新株を発行できない事例が発生した。そこで，再生会社が債務超過の場合は，裁判所の許可による株式の強制取得と募集株式を内容とする再生計画案を提出することができるよう改正され，別に会社法上の手続を履践することを不要とした（民再154条3項，4項，166条及び166条の2，162条）。とはいえ，DIP型を基本とする制度理念には変更なく，債権者主導の資本構成の変更は認めない趣旨から，募集株式に関する条項を定めた再生計画案は，再生債務者だけが提出できるものとされている（民再166条の2第1項）。しかし，管理型民事再生手続における管財人にこの権限が認められないのは不都合である。この不備の実務的解決として，東京地裁破産再生部では，再生債務者と管財人が連名で募集株式に関する条項を定めた再生計画案を提出することを認めた例がある。

　減増資は，もとより会社法の規定に基づいて再生計画外で行うこともできる。この場合，減増資は債権者の利害に深く関係するものであるから，再生計画案における説明は詳細かつ具体的にすべきである。法定の記載事項でなくとも，再生計画案の策定に際し，債権者に対してそのような配慮をすることが，再生計画を信頼できるものにしよう。

(2) 事業譲渡

　再生債務者の事業の全部または重要な一部を事業譲渡し，事業をスポンサー等に承継させるスキームである。事業譲渡は，取引上の行為による特定承継であるため，事業譲渡の譲受人が譲渡人のいかなる資産・債務・契約上の地位を承継するかは，事業譲渡契約の内容で定まり，相手方がある場合には承継についてその同意を必要とする。

　事業譲渡は，再生計画においてもできるが，事業価値の毀損を阻止する必要がある場合には，裁判所の事業譲渡に関する許可（民再42条1項1号）と株主総会決議に代わる許可（民再43条1項。代替許可）を得て，再生計画外で行うことができる。中小企業の早期かつ迅速な再生には，大いに貢献できる仕組みである。その際，裁判所は「知れたる債権者等の意見を聴取しなければならない」（民再42条2項）が，実務では，許可に先立ち，債権者の意見聴取集会が

開催されることもある。再生債務者としても，個別の事情説明ないし任意の債権者説明会を開催するなど，情報開示の機会を持つことが相当であろうし，また後に提出する再生計画案においても，その必要性と経過について具体的かつ詳細に記述すべきである。

　事業譲渡契約の内容（代金額）は，債権者の弁済に直接関係する。事業譲渡に伴う再生計画案は，譲渡金額から必要な費用を控除した残額を弁済原資とし，再生債務者を事実上清算するものが一般的である。その場合，税務処理の関係から，弁済を一括で行うのか，追加弁済を予定するのか，債務免除の範囲と時期を明確にしておくことが肝要である。

　なお，事業譲渡に関連して，譲受会社が権利変更後の債務の引受けをしてその将来収益から弁済する再生計画案が見受けられるが，再生債務者に対する権利変更とその弁済を規律する再生手続の本来的な制度の枠組みを逸脱していると言わざるを得ない。債権者全員の同意，あるいは譲受会社による将来の履行を確実に担保するなどの特段の手当がない限り，このような再生計画は相当ではないと思料する。

　(3)　会社分割

　会社分割は，事業譲渡と同様に資産や債務の移転を伴うものであるが，取引行為である事業譲渡とは異なって，新設会社ないし既存会社に再生債務者の事業を包括承継させる組織法上の行為である。

　民事再生法は，会社分割に関する特別の規定を置いていない。会社分割を内容とする再生計画案を策定する場合は，別途会社法における会社分割の手続も履践しなければならない。会社分割は包括承継であることから，承継対象となる契約等の相手先から個別に承諾を得る必要がないため，事業承継を迅速かつ円滑に進めやすい。もとより，実務的には，承継について理解を得るための努力が必要であることは言うまでもない。契約上の地位や許認可を承継させる場合に利用されるが，契約条件や許認可によって当然には承継できないものもあるので事前に精査すべきであり，とりわけ経営権の変更を契約解除事由とするいわゆるチェンジオブコントロール条項には注意を要する。

　なお，雇用関係については，雇用契約承継法による従業員の異議申出によって，意図しない労働契約を承継せざるを得ないこともあるので，それが再生の障害となる場合には，従業員との間で一旦雇用関係を終了し，改めて個別に労働契約を合意する事業譲渡を選択すべきか検討することになろう。

　新設分割，吸収分割いずれの場合も，再生債務者である分割会社は，分割の対価を債権者の弁済原資とする清算的再生計画を立てるのが一般的である。会

社分割について，再生計画案にその内容を具体的に記述し説明すべきことは事業譲渡等の場合と変わらない。

　なお，東京地裁破産再生部の運用では，再生計画外の会社分割について，裁判所の許可を要するものとしている。また，吸収分割の分割契約，新設分割の分割計画は，監督委員の同意事項でもある。この運用により，いわゆる「濫用的会社分割」，すなわち再生会社の債務超過によって株式の価値を喪失した株主が，会社分割を悪用して債権者を害する行為を防止することができる。

第 4

特殊な再生計画案

1 ゴルフ場の再生計画案

(1) ゴルフ場の再生手続の特殊性

　ゴルフ場の再生手続においては，預託金会員制度が採られているゴルフ場がほとんどであることに伴い多数の会員債権者が存在し，再建の方針等について，債権者の意見の集約が容易でない上，ゴルフ場の維持に当たっても地権者（借地部分），担保権者（自己所有地部分）等，調整を図るべき利害関係人が多数に及ぶことがあり，再生手続の進行自体に様々な困難な点や留意すべき点がある。再生計画案の提出の段階に至っても，再生債務者の再生計画案に反対する債権者から再生計画案が提出されるなど，手続進行上，困難な問題が生ずることもある。

　他方で，再生計画案の内容に関しても，預託金返還請求権と施設利用権（プレー権）とが複合するという会員の権利の特殊性や，調整すべき利害関係が多岐にわたることから，通常の再生計画案とは異なる考慮を要する。

(2) 採用される再生スキーム

ア　東京地裁破産再生部における状況

　東京地裁破産再生部に平成26年ないし29年に係属した事件（合計18件）について，実際の再生計画で採用されたスキームを見ると，自主再建型と，スポンサー型（より具体的には，減増資型）とがほぼ半数ずつを占めている状況

にある。

　もっとも，自主再建型の再生計画が認可されたが，その後，再生の方針を見直して再生計画の変更をした事例もある。具体的には，①第1回弁済（再生計画認可決定確定の日から6か月が経過した日の属する月の末日）が未了の段階で，労働紛争等により通常業務に支障が生じ，資金繰りが悪化したため，スポンサーの増資を受ける方針に切り換え，増資を受けた資金をもって，全再生債権者に対し権利変更後の債権額を早期に一括弁済する旨に再生計画を変更した事例，②継続会員以外の再生債権者に対する一括弁済を終えた後，継続会員に対する計画弁済の据置期間中に，運営する複数のゴルフ場のうち1箇所の事業を第三者に譲渡する方針に切り換え，事業譲渡の上，再生債務者において継続会員に対する権利変更後の預託金返還請求権を早期に一括弁済する旨に再生計画を変更した事例（当初の再生計画案よりも預託金につき前倒しで弁済を受けることができる点で継続会員にとって有利であるが，事業譲渡に伴って再生債務者に対する施設利用権が消滅し，将来的には事業譲受人との間で入会契約の締結が必要であるなどの点では継続会員にとって不利であるため，「再生債権者に不利な影響を及ぼす」再生計画の変更の申立て（民再187条2項本文）として，当該ゴルフ場の継続会員である債権者の決議を経て，変更計画案を認可した。）などがある。

イ　ゴルフ場の再生計画案の特徴

　ゴルフ場の再生計画案において，自主再建型（収益弁済型）の再生計画案，スポンサー型の再生計画案を作成するに当たっての留意事項自体は，通常の再生計画案の場合と同様である（前記第2，第3参照）が，会員債権者，とりわけ，再生計画認可後に会員契約の継続を希望する債権者（継続会員）の権利について，会員契約の継続をしない債権者（退会会員）や他の再生債権者と権利変更の内容について異なる取扱いをすることがある点に特徴がある（後記(3)参照）。

　なお，事業譲渡型の場合で，事業譲渡に伴って会員契約に基づく権利義務関係が事業譲受人に承継されない事例（預託金会員制のゴルフ場では，預託金

返還債務の負担が大きいことから，そのような事例が多いと思われる。）では，ゴルフ場でプレーを継続したい会員が事業譲渡後にもプレーをすることができるのか，その場合に事業譲受人との間でどのような契約関係となるのかといった点は，再生債権者にとって事業譲渡型の再生計画に賛成するか否かの重要な判断要素であるから，この点についても，再生計画案に記載するのが相当である。もっとも，そのような記載は，法的には再生債権の権利変更の内容を定めるものではなく，事業譲受人と再生債権者を法的に拘束するものでもないから，この点について，再生債権者に誤解を与えないよう説明することが望まれる。

(3) 会員の権利に関する定め

ア　会員の地位の法的性質

　預託金会員制ゴルフ場の会員の地位は，①預託金返還請求権，②施設利用権（プレー権），③年会費支払義務といった権利義務を含む契約上の地位であり，とりわけ，②の施設利用権の法的性質について争いがあるが，東京地裁破産再生部では，基本的に，①，②とも，再生手続開始決定前の原因に基づく財産上の請求権として，再生債権と取り扱っている（破産再生の実務3版・再生編197頁参照）。

イ　施設利用権（プレー権）に関する定め

　ゴルフ場の再生手続においては，ゴルフ場としての事業を維持，再生するため，継続会員に対しては，従前と同様のプレー権を保障する（プレー権については，権利変更の条項を定めない。）ことが通常である。再生計画案においては，プレー権を除いた再生債権（預託金返還請求権）について権利変更の定めを設けるにとどまる例もあるが，会員債権者の理解に資するよう，継続会員のプレー権を保障する旨を記載し，継続会員の権利義務の概要を別項目，別紙等で説明する例も見られる。
　前記のようなプレー権の保障については，継続会員のプレー権についての

み100パーセント保障するものとして，退会会員及び一般の再生債権者との間で，平等原則に反しないか否かが問題になり得る。しかし，会員として，プレー権が保障されることにより，ビジター価格より低廉な価格でプレーをすることができる経済的便益を受けるとはいえるものの，その程度は，個々の会員がどれだけプレーをするかなど，会員ごとの事情により違いが生じることになる上，上記のような便益を受ける一方で，年会費の支払等の経済的負担も伴うことも考慮すると，プレー権を金銭評価するに当たり一律の基準を立てることは困難である。また，プレー権を有する債権者と他の債権者の間の実質的衡平を図るといっても，プレー権の内容について金銭的評価が困難であることからすれば，両者の間の実質的衡平を欠かないか否かの判断も容易でない上，プレー権を十全に保障してプレーヤーにとっての利便性を高めることが，他の再生債権の弁済原資の充実につながり，全債権者の利益になるという関係にあるから，この点でプレー権と金銭的な再生債権の間に差異を設ける合理性も否定できない。このようなことから，東京地裁破産再生部では，基本的に，債権調査手続においても，プレー権について金銭的評価をすることは求めておらず，また，プレー権の保障の点で他の再生債権者との平等を図るための条項を置くことも求めていない。

　なお，ゴルフ場においては，会員に対して優待券を交付したり，施設利用に応じてポイントを付与したりする場合がある。このようなポイント等が法的権利性を有するといえるか否かは具体的な事案によるが，営業政策上のサービスにすぎないと理解することができる程度のものにとどまらず，ポイント数が一定の金額に換算され，商品代金やプレー料に充てることができるものなど，換金性又はそれに準じる経済的価値が認められるものについては，再生債権として取り扱う例が多い（金澤秀樹「会員契約（役務提供型契約・ポイント契約）をめぐる現状と課題」「現代型契約と倒産法」実務研究会編『現代型契約と倒産法』63頁以下参照）。これを再生債権として取り扱う場合には，ポイント等の金銭による払戻請求権を観念し，これを権利変更の対象とした上で弁済をする方法もあるが，再生債務者の資金繰りによっては，民事再生法85条5項後段の少額債権として弁済（履行）することを前提に，再生

債権の届出を促すこともせず，再生計画案上も再生債権として取り扱わない事例もある。もっとも，多数の会員のポイント等については，再生計画認可決定の確定までの間に全部の履行がされるとは限らないため，再生計画の認可決定の確定により履行未了のポイントに関する再生債権が失権するおそれがあるが，そのような取扱いは債権者間の平等の観点から問題があるため，再生計画認可決定の確定後に行使されたポイント等について，再生債務者において同様の弁済義務を負担する旨を再生計画案に記載した事例もある。

ウ 預託金返還請求権についての定め

(ア) 預託金返還請求権については，継続会員と退会会員とで異なる弁済方法を定めることが多いが，逆に，スポンサー型で一括弁済を定める再生計画案において，継続会員も含めた権利変更後の再生債権を一括で弁済する旨の定めをすることも妨げられない。

継続会員に対する弁済方法については，資料5−4−1のように，「権利変更後の債権額の弁済を再生計画認可決定確定日から10年間据え置き，同期間の経過後，退会を条件として，再生計画認可決定確定日の10年後の日と退会届の提出日の1か月後の日のいずれか遅い日に一括して支払う。」などとして，権利変更後の額について相当程度長期の据置期間を設け，その後退会の意思表示がされてから一定期間後に弁済するものと定める例が少なくない。東京地裁破産再生部では，一定の据置期間を設けることには合理性があり，もともと相当長期の据置期間を定めることや，更に相当期間の延長をすること自体がゴルフ場では特異なことでないこと，会員は退会により預託金の早期返還を選択することも可能であることなどから，据置期間を含めた弁済期間が再生計画認可決定の確定時から10年を超える再生計画であっても，民事再生法155条3項の「特別の事情」があるものとして許容している。

(イ) 継続会員と退会会員で同率の免除率により預託金返還債権を変更し，前記(ア)記載のように異なる弁済方法を定めた場合，それぞれの受ける弁済額を現在価値に引き直して比較すると，弁済期間がより長い継続会員の預託金返還債権の実質的価値が低くなることとなるが，一方で，継続会員はその

間，プレー権の保障という利益を受けていることも考慮して，東京地裁破産再生部では，前記のとおり継続会員と退会会員に対する預託金返還債権の免除率を同率とする再生計画も許容しており，実際には，このような条項を定める事例が少なくない。

　これに対し，前記のような預託金返還債権の実質的価値に着目し，継続会員と退会会員の弁済率に差を設けることも可能である。また，再生計画は履行可能性を前提とするものであるが，相当長期の据置期間を定める場合には，再生債務者の二次破綻リスクが存在することも否定できないから，将来利息分の割戻し計算に加え，合理的な二次破綻リスクを考慮して弁済率を定めることも許容される。なお，この点について，一般再生債権者（退会会員を含む。）の再生債権について0.2パーセント相当額を最長10年間の分割払の方法で弁済し，継続会員の預託金返還債権について60パーセント相当額を10年の据置期間後の退会時に弁済する（ただし，退会者多数の場合に抽選方式を採る。）旨，弁済率において大きな差を設けた再生計画案につき，「再生計画における権利の変更内容は再生債権者間で平等でなければならないところ（法155条1項），会員プレー権は再生債権を構成する財産上の請求権であるから，会員プレー権の継続は一部の請求権の100パーセント弁済である実質をもつ上，継続会員債権者が資格保証金返還請求をする場合には一般再生債権者と異なるところはないから，弁済面において実質的に平等であることを再生計画で明らかにする必要がある。しかるに，本件再生計画は，継続会員債権者の資格保証金返還請求権の行使が10年間据え置かれ，一般再生債権者への弁済よりも遅くなるというだけであって，会員プレー権の継続保証と資格保証金の弁済率の点では一般再生債権者よりも著しく有利に扱うものであり，それでもなお実質的な平等が確保されていることの主張も立証もない。」などとして，再生裁判所の再生計画認可決定が抗告審で取り消され，不認可決定を受けた事例がある（東京高決平16．7．23金法1727号84頁）。一般再生債権者の弁済率と継続会員の預託金の弁済率に差異を設けるとしても，専ら当面の退会者を少なく抑えて事業の破綻を免れたいとか，専ら債権者集会で多数の賛成を得たいという目的で，継続会員を不当に優遇する内容の再生計画

案を定めたものとの疑いが生じないよう，その差異の程度は，前記のような弁済額の現在価値の平等や二次破綻リスクという観点から合理的に説明可能な範囲内である必要がある。

(ｳ) 継続会員の預託金返還債権について，据置期間経過後の弁済原資に限りがあることから，退会者が多数に上ったときは抽選により弁済を受ける者を定める（抽選方式）ものがある。前掲東京高決平16．7．23は，10年の据置期間後，毎年の決算における税引き後利益に減価償却費を加算した金額の50パーセント相当額と720万円のいずれか多い額を弁済原資とし，弁済原資額を超える退会申込みがあったときは抽選で当選した者に償還する旨を再生計画で定めた事案において，継続会員の数が300名程度と想定されるのに対し，資格保証金の額やその弁済率からすると年間の当選者は2，3名にとどまるとし，「再生債権者に対する弁済は平等でなければならないから（法155条1項本文），継続会員債権者のような事実的条件の等しい債権者間においては，単に弁済を受ける機会が平等であるだけでは足りず，弁済の結果においても実質的に平等であることを要するというべきである。もっとも，抽選方式のすべてが債権者平等に反すると解することもなく，弁済が遅れる者への弁済率を計算上均衡が失われないように高くするといった傾斜弁済という条件の付加された抽選方式などであれば合理的な理由が認められ，債権者平等原則に反しないとされる場合もあり得る。いずれにせよ，本件再生計画における抽選方式は，このような条件が一切付加されていないから，抽選方式により早く弁済を受ける者と遅く弁済を受ける者との間に弁済の結果の平等が著しく害されているというほかない」と判示している。このような疑義を生じないよう，一定期間ごとに確保した弁済原資を退会した会員債権者に按分弁済する旨の定めをすることも考えられるが，いずれの方法によっても，据置期間経過後に退会の申入れをした継続会員がどの程度の期間で権利変更後の預託金の返還を受けることができるのかは不確定であるため，継続会員と他の継続会員との間，当該継続会員と一般再生債権者及び退会会員との間で実質的衡平を欠かないといえるかどうかの説明は容易でないという問題点がある。東京地裁破産再生部の最近（平成26年以降）の事例で，このような抽選

方式又は按分弁済方式を採用した事例は見当たらない。

　(エ)　預託金返還債権の弁済方法として，権利変更後の金額を早期に弁済するものと定めた上で，継続会員については再度同額の預託を受け，従来の会員券と引換えに新たな預託金額を記載した会員券を発行することなどを定める再生計画（再預託方式）もある。継続を希望する会員にとっては，実際に早期弁済を受けることはなく，別途定める据置期間経過後，退会時に預託金（権利変更後の額）の返還を受けることとなるため，実態としては弁済の据置期間を定める再生計画案と同様の機能を果たすことになると考えられるが，継続会員に対する預託金返還を長期間据え置くことによる不安定な状況を避け，早期に再生債権の弁済及び再生手続の終結に至ることができるほか，再度，再生手続が申し立てられた場合に，前件の再生計画については履行が完了しているということになるので，再生債権が原状に復することはなく（民再190条１項），配当調整という複雑な問題を避けることができるという点に違いがある。もっとも，再預託方式については，継続会員が将来会員権を売却した場合に，弁済の据置期間を定めるにとどまる方式と比較して税務上の不利益が生じ得ること（民再の手引２版289頁以下，蓑毛良和「ゴルフ場の再建と裁判所および監督委員対応」富永浩明＝三森仁編『ゴルフ場の事業再生』78頁以下参照），再預託を受けること自体は継続会員との個別の合意に基づくものとも考えられ，再預託方式の再生計画を作成したのみで会員から再預託についての個別の同意を取得しなかった場合に，再預託の事実を主張して，預託金返還請求を拒めるかといった問題が生じることなどを考慮して採否を検討する必要がある。

　なお，退会会員についても一定の条件の下で会員資格を復活させるという条項を設ける例もあるが，退会会員に通常の新入会員と比べて特別の便益を与えるものである場合は，再生計画の一部として，民事再生法上の要請を満たすかどうかが問題になり，元の会員契約において預託金額や優先利用権の内容に差異があるという限度を超えた不平等が生じることがないかどうかを慎重に検討する必要がある（例えば，権利変更後の預託金返還債権の弁済に代えて会員資格を付与するなどの条項を設けた場合に，過去に退会の意思表示をし

て再生手続開始前に大部分の償還を受けていた再生債権者と，全く償還を受けていない再生債権者との間で衡平を欠くことがないのか，合理的な説明が求められる。)。

エ　複数の会員権を有する再生債権者についての定め

　複数の会員権を有する再生債権者がいる場合も，留意点は上記に述べたところと同様である。

　保全処分で少額債権につき弁済禁止の例外を定めたり，民事再生法85条5項前段の少額債権の弁済を行ったりした場合に，それらとの均衡を図るため，再生計画において少額債権部分の全額弁済を定めるのが相当であるが（本章第1参照)，それらの弁済の際に名寄せを行っている場合には，複数の会員権を有する再生債権者についても，預託金返還債権は通常の再生債権と同様の金銭債権であるから，会員権ごとに分けて前記の定めを適用する（会員権を2個有する者は，二重に少額部分の全額弁済を受ける。）のは相当でなく，名寄せを行って再生債権者ごとに定めるのが相当である（なお，少額債権部分及び分割弁済部分について，再生債権者が有する会員権ごとに按分で割り付ける方法が採られることもある。）。

　このことは，複数の会員権の一部につき退会，一部につき継続を選択した再生債権者についても，同様である。他方で，退会を選択した会員契約に係る預託金返還の時期を，継続を選択した会員契約の退会時（据置期間後）まで遅らせることは，他の退会会員や一般の再生債権者との関係で衡平を欠くので，相当ではない。

(4) ゴルフ場の再生計画案の記載例

　ゴルフ場の再生計画案の記載例としては，資料5-4-1のようなものが考えられる。なお，自主再建型，スポンサー型等の再生スキームの違いに応じた記載事項の留意点等については，本章第2，第3を参照されたい。

資料5-4-1　ゴルフ場の再生計画案の記載例

平成○○年(再)第○○号　再生手続開始申立事件

平成○○年○月○日

東京地方裁判所民事第20部　御中

債務者　株式会社○○
同代理人弁護士　○○　○○　㊞

再生計画案

第1　再生計画の基本方針
○　（略）
○　定義
　本再生計画案における用語の定義は，次のとおりである。
(1) 本件ゴルフ場
　　再生債務者が運営する「××ゴルフ倶楽部」のゴルフ場をいう。
(2) 会員
　　①再生債務者との間で，本件ゴルフ場に係る会員契約（以下「会員契約」という。）を締結し，再生計画認可決定確定日の時点でその会員契約が有効に存続している者，及び，②会員契約に基づく地位（以下「会員権」という。）を譲り受け，名義変更手続を経たことにより再生債務者に対してその地位を対抗し得る者であって，再生計画認可決定確定日までに再生債務者に対し退会の意思表示をして預託金の返還を請求していないものをいう。
(3) 基準日
　　再生計画認可決定の確定の日から1か月を経過した日の属する月の末日をいう。
(4) 退会会員
　　会員のうち，基準日までに再生債務者に対し退会の意思表示をした者をいう。
(5) 継続会員
　　会員のうち，基準日までに再生債務者に対し退会の意思表示をしなかった者をいう。
(6) 一般再生債権者
　　会員以外の再生債権を有する者をいう。なお，再生債務者との間で会員契約を締結し，又は会員契約に基づく地位を譲り受けてその地位を再生債務者に対抗し得ることとなった者のうち，再生計画認可決定確定日までに再生債務者に対し退会の意思表示をして預託金の返還を請求した者は，一般再生債権者に含まれる。

(7) (略)
○プレー権の保障
　継続会員については，会員の地位に基づく権利（預託金返還債権を除く。）の内容は，再生計画認可決定の確定によっても変更しない。その具体的内容は，別紙○「会員の権利の内容等」のとおりとする。
第2　再生債権に関する権利の変更及び弁済方法
　（略）
　2　権利変更の一般的基準
　　(1)　権利の変更
　　　ア　再生債権（第1の○［プレー権の保障］に定めるものを除く。）の元本並びに再生手続開始決定日の前日までの利息及び遅延損害金の合計額（以下「元本等」という。）のうち，○万円までは免除を受けず，○万円を超える部分は，再生計画認可決定確定時に○パーセントの免除を受ける。
　　　イ(ｱ)　会員である再生債権者のうち，①継続会員としての預託金返還債権と，②退会会員としての預託金返還債権又は一般再生債権者としての再生債権の双方を有する者の再生債権については，②の元本等についてアの定めを適用し，①の元本等について再生計画認可決定確定時に○パーセントの免除を受ける。
　　　　(ｲ)　(ｱ)の場合において，②の元本等が○万円に満たない場合には，②の元本等の全額，及び①の元本等のうち○万円から②の元本等を控除した額（以下「差額分」という。）については免除を受けず，①のその余の元本等について再生計画認可決定時に○パーセントの免除を受ける。
　　　ウ(ｱ)　会員である再生債権者のうち，複数口の会員権を有し，退会会員としての預託金返還債権及び一般再生債権者としての再生債権を有しない者の再生債権については，当該再生債権者が基準日までにいずれか1個の会員権を指定した場合はその会員権に係る預託金返還債権につき，指定がない場合は最も会員番号の若い会員権に係る預託金返還債権につきアの定めを適用し，その余の会員権に係る預託金返還債権の元本等について再生計画認可決定確定時に○パーセントの免除を受ける。
　　　　(ｲ)　イ(ｲ)に該当する再生債権者であって，複数口の会員権について継続会員としての預託金返還債権を有する者の再生債権については，(ｱ)に「預託金返還債権につきアの定めを適用し」とあるのを「預託金返還債権の元本等のうち差額分については免除を受けず，その余の額について再生計画認可決定確定時に○パーセントの免除を受け」と読み替えて，(ｱ)の定めを適用する。（※1）

(2) 弁済の方法
　ア　一般債権者及び退会会員について
　　　一般債権者又は退会会員として有する再生債権につき，(1)による権利変更後の債権額のうち○万円までの部分を再生計画認可決定確定日から３か月が経過した日の属する月の月末限り支払い，残額を平成○○年から平成○○年まで毎年○月末日限り，計９回に分割して支払う。
　イ　継続会員について
　　　継続会員として有する再生債権につき，(1)による権利変更後の債権額の弁済を再生計画認可決定確定日から10年間据え置き，同期間の経過後，退会を条件として，再生計画認可決定確定日の10年後の日と退会届の提出日の１か月後の日のいずれか遅い日に一括して支払う。
(※１)　権利変更後の預託金返還債権の額が，全額弁済の対象となる少額部分の額よりも高額になるケースを想定している。

2　再度の再生手続開始申立てにおける再生計画案

(1)　再度の再生手続の特殊性

ア　総　　論

　再生計画の履行完了前に再生債務者について新たな再生手続開始の決定がされた場合には，当該再生計画によって変更された再生債権は原状に復し（ただし，再生債権者が再生計画によって得た権利に影響を及ぼさない。民再190条１項），新たな再生手続においては，再生債権者は，当該再生債権について再生計画により弁済を受けた場合であっても，その弁済を受ける前の債権の全部をもって再生手続に参加することができる（同条６項）。他方で，当該再生債権者は，新たな再生手続においては，前の再生手続の再生計画により弁済を受けた債権の部分については議決権を行使することができず（同条８項），また，弁済の場面においては，他の再生債権者が自己の受けた弁済と同一の割合の弁済を受けるまでは，弁済を受けることができない（同条７

項)。

　このように，前の再生手続（以下「前件」という。）における再生計画の「履行完了前」に新たな再生手続開始の決定がされた事案であるかどうかによって，新たな再生手続に参加し得る再生債権者の範囲，再生債権額が大きく異なり，また，前件の再生債権者についての議決権や再生計画における弁済方法等に特別の規定が適用されることから，新たな再生手続においては，手続の初期から再生計画案の作成に至るまで，特別の配慮を要する（なお，東京地裁破産再生部における再度の再生手続の申立ての実例紹介として，民再の手引2版448頁以下参照）。

####　イ　再生手続開始の申立ての段階

　前記のとおり，過去に再生計画認可決定を受けた再生債務者が再生手続開始の申立てをする際には，前件の再生計画の履行が完了しているか否かによって手続の内容が大きく異なることとなるため，裁判所においても，初期段階から事情を適切に把握する必要がある。

　そこで，東京地裁破産再生部では，過去に再生計画認可を受けたことがある再生債務者が再生手続開始の申立てをするに当たっては，①前件の係属裁判所及び事件番号，②前件の再生手続から現在に至るまでの経緯（再生計画による再生債権に対する弁済の具体的状況），③前件の再生債権者数及び債権総額等の基本情報を提供するよう求めており，担当書記官においても事前連絡の際の事情聴取においてこれらの事項について確認を行っている。

####　ウ　再生手続開始後の段階

　(ア)　東京地裁破産再生部では，通常の事例では，再生手続開始通知と同時に債権届出書を再生債権者に送付することとしている。

　これに対し，前記のとおり，再度の再生手続の場合，新たな再生手続においては，再生計画によって変更された再生債権は原状に復し，再生債権者は，再生債権について前件の再生計画によって弁済を受けた場合であっても，その弁済を受ける前の債権の全部をもって再生手続に参加することがで

きることになる（なお，前件において債権届出をしなかったため失権した再生債権者も，新たな再生手続における関係では，再生債権者として手続に参加することが可能と考えられる。）。再生債権者にとって，このような規律の理解は容易でなく，適切な債権届出をすることも容易でないことから，東京地裁破産再生部では，前件の再生債権者に対して債権届出の方法につき説明文書（資料5－4－2）を送付するとともに，再生債務者があらかじめ計算した金額（前件の再生債権額と，再生債務者が把握している前件の再生手続開始決定後に発生した債権額を合計した金額）を印字した債権届出書（資料5－4－3）を送付する取扱いである（なお，前件の再生債権について再生手続開始後に発生した利息等の取扱いについては，後記(ｳ)参照）。また，債権届出書に併せて，再生債務者代理人作成の案内文（資料5－4－4）を送付することが多い。

　(ｲ)　前件の再生債権者は，前件の再生計画によって弁済を受けた場合であっても，その弁済を受ける前の債権の全部をもって再生手続に参加することができる（民再190条6項）ため，再生手続認可後に再生債務者から再生計画に基づいて弁済を受けた分や，再生債権者が再生計画に基づいて強制執行により回収した分があったとしても，その額を控除しないで債権届出をさせれば足りると考えられる。

　他方で，東京地裁破産再生部では，別除権協定，担保不動産競売，任意売却等によって別除権の行使として弁済を受けた金員は，「再生計画によって弁済を受けた」ものとはいえないとして，新たな再生手続において参加できる再生債権額から控除されるものと取り扱っている（なお，破産事件における取扱いとして，小島伸夫＝中川淳司「再生計画の履行完了前に再生債務者が破産手続開始決定を受けた場合の問題点」NBL1002号36頁以下を参照）。再生債権者は，保証人により弁済された金員については，開始時現存額主義により，原状に復した全額で債権届出ができるとする見解と，弁済を受けた再生債権者自身の債権届出との関係では，別除権の行使によって弁済を受けた場合と同様に「再生計画によって弁済を受けた」ものではないとして，再生債権額から控除されるとする見解の二つの見解が考えられるところである。

　(ｳ)　前記のような再生債権の届出をするに当たっては，前件の再生手続開

資料5-4-2　再度の再生手続の場合の説明文書

> 平成○○年（再）第○○○号　再生手続開始申立事件
> 　再生債務者　株式会社○○○○
> 　　　　　　　　　　　　　　　　　　　　　　　平成○○年○月○○日
> 平成△△年（再）第△△号
> 　再生手続開始申立事件の再生債権者　各位
> 　　　　　　　　　　　　　　　東京地方裁判所民事第20部合議○係
> 　　　　　　　　　　　　　　　　裁判所書記官　○○　○○
>
> 　　　　　　　　　　再生債権届出の注意事項
>
> 　再生債務者については，平成△△年△月，当庁へ再生手続開始の申立てがされ（事件番号：平成△△年（再）第△△号），同手続は，再生計画が認可された上，平成××年×月に終結となりましたが，再生債務者は，平成○○年○月○日，当庁へ再度の再生手続開始の申立てを行い，本日，新たな再生手続開始の決定がされました。
> 　民事再生法190条1項によれば，再生計画の履行完了前に新たな再生手続開始の決定がされた場合には，前件の再生計画によって変更された再生債権は，原状に復するとされ，同条6項により，再生債権について前件の再生計画により弁済を受けた場合であっても，その弁済を受ける前の債権の全部をもって新たな再生手続に参加することができるとされています。
> 　そこで，前件の再生手続の中で，再生債権者として扱われた方につきましては，現在の残額ではなく，再生計画による弁済を受ける前の債権額を再生債権とする届出を行ってください。
> 　なお，前件の再生手続開始後に発生した再生債権がある場合は，前件で届出をした再生債権とその後に発生した再生債権とを区別して届出を行ってください。
> 　おって，議決権額については，同条8項により，前件の再生により弁済を受けた債権の部分については，議決権を行使することができないので，弁済を受けた額を控除した残額を届け出てください。
> 　　　　　　　　　　　　　　　　　　　　　　　　　　　　　　　以上

始後の利息及び遅延損害金（以下「前件開始後利息等」という。）の債権の取扱いが問題になるが，前件開始後利息等の債権も前件の再生手続における再生債権に当たり（民再84条2項），前件の再生計画において免除を受けたとしても，新たな再生手続においてはその権利変更の効力が遡及的に失われるこ

資料5-4-3　再生債権届出書（再度の再生手続の場合）

〈債務者用〉　　　　　　　　　届出期限　平成　年　月　日
　　　　　　　　　　　　　　　調査期間　平成　年　月　日〜平成　年　月　日
事件番号　平成　年（再）第　　号
再生債務者　株式会社○○○○

再生債権届出書

平成　年　月　日（届出書作成日）

東京地方裁判所民事第20部合議係　御中

債権者の表示

【住所／本店所在地】
〒　　ー

【営業所等の所在地】（法人のみ記入）
□同上　□〒　　ー

【氏名／名称】
　　　　△△△△株式会社　　　　　　　印　　【電話】　　ー　　ー

【代表者名】（法人のみ記入）　【事務担当者名】　【FAX】　　ー　　ー

裁判所使用欄
東京地方裁判所
民事第20部
平成　年　月　日
受付

※代理人名義で届け出る場合は，下欄を記入してください（委任状添付）。

【代理人住所】　　　　　　　　　　　　　　　【代理人電話】

【代理人名】　　　　　　　　　　印　　　　　【代理人FAX】

債権届出額	○○○○万○○○○円＋進行番号2以下に記載した債権額
議決権の額	××××万××××円＋進行番号2以下に記載した債権額（↑届出債権額から弁済受領済みの金額を控除した額を印字する。）

進行番号	債権の種類（例）売掛金　貸付金　手形金	債権の金額　元金の残額をご記入ください。複数口は，別紙明細目録にご記入ください。　債権の内容及び原因（記入例参照）	約定利息金・遅延損害金　該当する□にチェックをつけてください。開始決定の前日までは確定金額，開始決定後は額未定分です。
1	売掛金	○○○○万○○○○円　前回民事再生申立時の債権　但し，△△△万△△△△円については弁済受領済み	□平成　年　月　日から　平成　年　月　日まで（利率年　％）　　　　円　□開始決定後の金員
2		円	□平成　年　月　日から　平成　年　月　日まで（利率年　％）　　　　円　□開始決定後の金員
3		円	□平成　年　月　日から　平成　年　月　日まで（利率年　％）　　　　円　□開始決定後の金員
4		円	□平成　年　月　日から　平成　年　月　日まで（利率年　％）　　　　円　□開始決定後の金員

第4　特殊な再生計画案

資料5-4-4　再生債務者代理人作成の案内文

> 平成△△年(再)第△△号事件の再生債権者　各位
>
> 　　　　　　　　　　　　〒
> 　　　　　　　　　　　　東京都千代田区
> 　　　　　　　　　　　　　○○法律事務所
> 　　　　　　　　　　　　　電話
> 　　　　　　　　　　　　　FAX
> 　　　　　　　　　　再生債務者○○○○株式会社代理人
> 　　　　　　　　　　　　　　　弁護士　○○　○○
>
> 　　　　　　再生債権届出書の記載事項について
>
> 　同封の「再生債権届出書」には，裁判所のご指導により，当職においてあらかじめ前件の再生手続に基づいた記載をさせていただいております。ご確認の上，訂正事項がございましたら，訂正印を用いてご訂正ください。
> 　なお，「議決権の額」は，「債権届出額」から前件の再生手続において弁済した額を控除した額となります。
> 　おって，前件の再生手続開始決定日（平成△△年△月△日）以降に発生した債権につきましては，空欄の進行番号欄に記載してお届けください。
> 　　　　　　　　　　　　　　　　　　　　　　　　　　　　　以上

とからすると，再生債権者としては，前件開始後利息等を加算した額で再生手続に参加することができると考えられる。

　他方で，再生債権者の再生債権を原状に復したものとし，その額を基礎として前件開始後利息等を加算するとしても，前記(イ)のとおり一定の弁済額が控除される場合にどのような充当計算を行うかという問題を始めとして，利息の計算方法が債権者によって異なり得ること，そもそも前件開始後利息等の債権について債権届出をしないという方針を採る債権者も存在することなどの問題もあるほか，再生債務者が利息及び遅延損害金の額を正確に計算することが実際上困難な場合もあり得る。

　そのため，東京地裁破産再生部では，再生債務者に対し，債権届出書（資料5-4-3）に前件開始後利息等の額をあらかじめ記入するよう一律に求めたり，前件開始後利息等を加算しない債権届出をした再生債権者に関し，前

件開始後利息等に相当する額の債権を自認するよう一律に求めたりすることまではしていないが，再生債権者間の衡平を図る上でどのように手続を進行するかについては，再生手続開始の時点及び債権認否の時点で，再生債務者において，監督委員及び裁判所と十分協議することが求められる。

(エ)　なお，前件において再生債権のうち一定額までは免除を受けず，当該部分の全額を弁済する旨の再生計画が認可された場合等においては，一部の再生債権者について，前件開始後利息等の免除を受けた残額の全部を支払済みということもある。このような再生債権者は，新たな再生手続において，弁済を受ける前の債権額をもって参加することができるとしても，前件の再生計画により弁済を受けた額が新たな再生手続における再生債権額の100パーセント（前件の確定再生債権額の限度で新たな再生手続における再生債権が確定された場合）又はそれに近い割合（前件開始後利息等が加算された額で再生債権が確定された場合）となるため，再生債務者の資産状況等及び民事再生法190条7項の規定を踏まえると，通常，新たな再生手続において実際に弁済を受けることは見込まれない。このような再生債権者を再生手続上どのように取り扱うかについても，再生債務者は，再生手続開始申立て後早期に監督委員及び裁判所と方針を協議する必要がある。

エ　債権認否の段階

(ア)　再生債務者としては，前記ウに記載した点を考慮して債権認否を行うことになるが，さらに，議決権額の認否（民再101条1項）について，前件の再生債権者は，前件の再生計画により弁済を受けた債権の部分について議決権を行使することができない（民再190条8項）旨の規定を踏まえた対応が必要となる。民事再生法190条8項については，議決権に対する認否を要することなく，法律上当然に議決権が認められない趣旨と解する余地もあるが，東京地裁破産再生部では，手続を明確にするため，前件の再生計画により弁済を受けた債権の部分については認めない旨の認否をするよう求めている。

具体的には，債権認否書の「認めない議決権額」欄に弁済を受けた債権額を記載した上，「その他」欄に「前回（○○地方裁判所平成△△年（再）第△

資料 5-4-5 　認否結果通知書

```
平成○○年（再）第○○号　再生手続開始申立事件
再生債務者　　○○○○株式会社
                                                平成○○年○○月○○日
再生債権者　　株式会社△△△△　御中
                        申立人（再生債務者）　○○○○株式会社
                        同代理人弁護士　　○○　○○　㊞

                    届出議決権額の認否結果通知書
　貴社届出に係る議決権額について，再生債務者の認否は下記のとおりです。
                                   記
　売掛金50万円について，うち5万円は，○○地方裁判所平成△△年（再）第
△△号における再生計画において支払済みのため，45万円について議決権を認
めます。
```

△号）の再生計画により弁済済み」などと記載し，再生債権者に対しては，資料5-4-5のような通知書を送付するよう再生債務者に求めることになる。

(イ) 再度の再生手続を円滑に進行するためには，債権届出書において，前件の再生計画に基づく弁済額に基づき，適切な議決権額の届出をしてもらうことが有益である。

そこで，東京地裁破産再生部では，資料5-4-3のとおり，通常の再生手続における債権届出書とは異なり，再生債務者において，その把握している前件の再生計画による弁済額及び議決権額をあらかじめ記載して送付する（再生債権者がこれと異なる主張である場合には，記載を訂正して債権届出をすることになる。）よう求めている。

(2) 再生計画案の特殊性

ア　弁済率の算出及び破産配当率との比較

(ア) 東京地裁破産再生部における通常の再生計画においては，再生計画に

資料5-4-6　設例

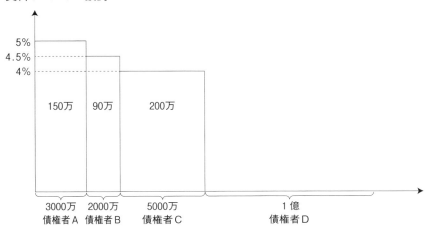

基づく権利変更の一般的基準における弁済率（免除率）を基にし，この弁済率が財産評定書（民再124条）における破産配当率を上回ることをもって，清算価値保障原則が満たされていることを示すことが一般的である。

　これに対し，再度の再生手続においては，前件の再生債権者が再生計画によって弁済を受ける前の債権全部をもって新たな再生手続に参加し，再生債権の弁済の場面において前件の再生計画による弁済額を考慮して調整することとされているため，実際の弁済による調整をシミュレーションした上で権利変更の一般的基準となる弁済率（免除率）を算定する必要があるし，当該弁済率と適切に比較を行えるようにするためには，破産配当率についても，あらかじめ前件の再生計画による弁済額を考慮して算定することが必要となってくる。

　(イ)　以下では，①前件の再生手続においては再生債権者Ａ（確定債権額3000万円），Ｂ（確定債権額2000万円）及びＣ（確定債権額5000万円）の再生債権につき権利変更を受けて弁済する再生計画の認可を受けたが，Ａにつき150万円（弁済率5％），Ｂにつき90万円（弁済率4.5％），Ｃにつき200万円（弁済率4％）の弁済を終えた時点で再度の再生手続開始決定がされた，②新たな再生手続においては，Ａ，Ｂ及びＣの再生債権額は前件の確定債権額と同

資料5-4-7　aの考え方による破産配当率

額と確定されたほか，前件の再生計画認可後に債権を取得した再生債権者Dの再生債権額が1億円と確定された，という事例を想定し（資料5-4-6参照。なお，前記(1)ウ(ウ)の前件開始後利息等の問題は捨象する。），破産に至った場合の配当原資を500万円，再生計画案における弁済原資を600万円と想定する。

　　a　破産手続の配当調整と同様の考え方による方法

①配当・弁済原資を，前件の再生計画に基づき弁済を受けていない再生債権者（D）に対し，前件の再生計画に基づき弁済を受けた割合（以下「前件弁済率」という。）が最も低い再生債権者（C）と同率（4％）になるまで配分し，②なお残余があれば，C及びDに対し，2番目に前件弁済率が低い再生債権者（B）と同率（4.5％）になるまで配分し，③なお残余があれば，B，C及びDに対し，3番目に前件弁済率が低い再生債権者（A）と同率（5％）になるまで配分し，④なお残余があれば，A，B，C，Dに対し按分して配分するという考え方で，再生計画の履行完了前に破産手続開始に至った場合の配当調整（破産管財の手引2版406頁以下参照）と同様の考え方である。

　このような考え方で段階的に配分を行うと，破産配当率は資料5-4-7の

資料5-4-8　aの考え方による再生計画における弁済率

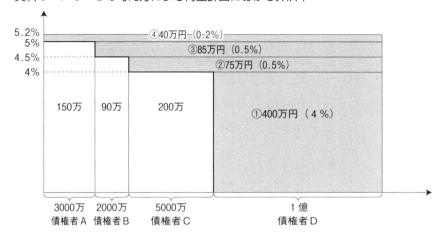

とおり約4.647%（①4％＋②0.5%＋③約0.147%），再生計画における弁済率は資料5-4-8のとおり5.2%（①4％＋②0.5%＋③0.5%＋④0.2%）と算定することができる。

　　b　より簡易な算定方法

　通常の再生事件では，再生債権のうち一定の少額部分につき免除を受けず全額弁済する旨の条項が設けられることも少なくなく，そのような再生計画における弁済率（前件弁済率）は，再生債権者ごとに異なってくることが通常であるから，前記aのような段階的な計算をする場合，破産配当率の計算が相当複雑になることも考えられる。東京地裁破産再生部においては，次のように，より簡易な計算方法を用いて再生計画を策定し，可決され認可された事例もある。

　(a)　前件の弁済額と今回の配当額・弁済額を加算した額を，確定再生債権額の合計額で除して，暫定弁済率を算出する。

　これを前記の例に基づいて計算すると，再生計画における弁済率との関係では，暫定弁済率は，次のとおり5.2%となり，aの考え方による計算結果（資料5-4-7参照）と一致する。

　　前件の弁済額：150万円＋90万円＋200万円＝440万円

資料5-4-9　ａの考え方による破産配当率を超過した部分（Ｘ）

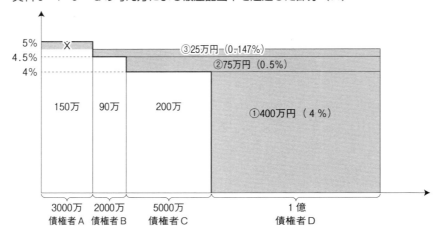

今回の弁済原資：600万円

確定債権額の合計：3000万円＋2000万円＋5000万円＋1億円＝2億円

暫定弁済率：（440万円＋600万円）÷2億円＝5.2％

　他方で，配当原資を500万円とする破産配当率との関係では，暫定配当率は次のとおり4.7％となり，ａの考え方による破産配当率（資料5-4-7）より高い数値となる。

暫定配当率：（440万円＋500万円）÷2億円＝4.7％

　これは，弁済・配当原資が全再生債権者に対する弁済・配当に至らない金額であるときには，ａの考えによって算定した弁済率（配当率）を超えて前件で弁済を受けた金額の部分（資料5-4-9におけるＸの部分）が暫定弁済（配当）率の計算基礎に含まれているためである。このような場合に当たるかどうかは，暫定弁済（配当）率と，各再生債権者に対する前件弁済率とを比較して，前件弁済率が暫定弁済率を上回る再生債権者が1名でもいるかどうかによって判断することができる。

　(b)　修正計算

　前記(a)のような場合には，暫定弁済率によった場合であっても，再生計画における弁済率が破産配当率を相当程度上回ることを示すことは可能である

から，暫定弁済率をそのまま利用して再生計画案を作成することも考えられる。

　他方で，資料5-4-8と異なり，前件弁済率が再生計画における暫定弁済率を上回る再生債権者（以下「弁済超過債権者」という。）がいる場合には，暫定弁済率によって算出される弁済総額が，暫定弁済率の計算の前提とした弁済原資の額を上回ることになる。そのような場合に，当該超過分を調整するための簡易な計算として，弁済超過債権者について前件弁済額が暫定弁済率を超える額の合計額を計算し，当該合計額を，弁済超過債権者を除く再生債権者に対する暫定的な弁済額（暫定弁済率により算出される弁済額から前件弁済額を控除したもの）から，①確定再生債権額に応じて，按分して控除し，実際の弁済額を算出するという方法による事例，②前記の暫定的な弁済額に応じて按分して控除し，実際の弁済額を算出するという方法による事例がある。この場合，修正計算の方法及び結果が債権者間の実質的公平を害することがないことについて，十分に説明をする必要がある。

イ　再生計画案の記載

　(ア)　**再生計画の基本方針**（モデル案第1）

　　再生計画案においては，本件が再度の再生手続開始の事案であること及びその経緯を，「再生手続開始に至る経緯」の項目で簡潔に説明した上で，弁済率の算定方法について，できるだけ理解しやすいように記載することが求められる。記載例は，資料5-4-10のとおりである。

　(イ)　**権利変更の一般的基準，弁済方法**（モデル案第2）

　　免除率（弁済率）の算定について，前記アの「弁済率の算出及び破産配当率との比較」のとおり留意する必要があるほか，民事再生法190条7項の規律に反することのないように，条項を定める必要がある。例えば，弁済方法が均等割合で複数回の分割払をするというものである場合，旧再生計画において弁済を受けた再生債権者は，確定債権額に弁済率を乗じ，旧再生計画における弁済額を控除した金額について均等の割合で分割払を受けるというのではなく，確定債権額に弁済率を乗じた金額につき均等割合の分割払の形式

資料5-4-10 再度の再生手続における再生計画の基本方針記載例
［前記ア(イ)aの考え方による場合の例　弁済原資が確定している事案］

★再生債権者に対する弁済方法
(1) 本再生手続は，前記★のとおり，○○地方裁判所平成△△年（再）第△△号事件の再生計画（以下「旧再生計画」という。）の履行完了前に開始された再生手続であり，旧再生計画における再生債権者は，旧再生計画によって弁済を受ける前の債権の全部をもって手続に参加することができるが，旧再生計画に基づいて弁済を受けた再生債権者については，他の再生債権者が自己の受けた弁済と同一割合の弁済を受けるまで，本再生計画による弁済を受けることができない（民事再生法190条6項，7項）。この規定を踏まえて，次の方法により，各再生債権者に対する弁済額を定める。
　ア　旧再生計画に基づき弁済を受けた割合（以下「前件弁済率」という。）が最も低い再生債権者（旧再生計画における再生債権者であったが旧再生計画に基づく弁済を全く受けていない者，及び，旧再生計画における再生債権者でなかった再生債権者）に対し，前件弁済率が2番目に低い再生債権者に対する弁済率と同率になるまで，前記★記載の弁済原資（以下「本件弁済原資」という。）を配分する。
　イ　本件弁済原資によって更に配分が可能である場合には，前記アの各再生債権者に対し，前件弁済率が3番目に低い再生債権者と弁済率が同率になるまで本件弁済原資を配分する。その後も，本件弁済原資がなくなるまで，同様の作業を繰り返す。
(2) 前記の方法により本再生計画の弁済率を計算すると，確定再生債権額の5.2パーセントとなり，前件弁済率が5.2パーセント以上の再生債権者は，弁済を受けることができないこととなる。また，旧再生計画に基づく弁済を受けた再生債権者は，前件弁済率が5.2パーセント未満である場合も，確定再生債権額の5.2パーセントに相当する金額から，旧再生計画に基づく弁済額を控除した金額の弁済を受けることとなる。弁済を受ける再生債権者及び弁済額の詳細は，別紙★「確定再生債権者一覧表」記載のとおりである。
(3) 本再生手続開始時点の再生債務者の資産及び負債の状況は平成○○年○月○日提出の財産評定書のとおりであり，前記(1)(2)と同様の方法により破産配当率を計算すると，4.647パーセントとなる。したがって，本再生計画における弁済方法（弁済率5.2パーセント）は，民事再生法174条2項4号の清算価値保障原則を満たしている。

資料5-4-11　再度の再生手続における権利変更の一般的基準記載例
［前記ア(イ) a の考え方による場合の条項本文の例　弁済原資が確定している事案］

> ★権利変更の一般的基準
> 　(1)　権利の変更
> 　　ア　再生債権の元本並びに再生手続開始決定日の前日までの利息及び遅延損害金の合計額（以下「元本等」という。）につき，再生計画認可決定確定時に94.8パーセントの免除を受ける。
> 　　イ　再生手続開始決定日後の利息及び遅延損害金は，再生計画認可決定確定時に全額免除を受ける。
> 　(2)　弁済方法
> 　　ア　(1)による権利変更後の金額を，……支払う。
> 　　イ　ただし，旧再生計画に基づき弁済を受けた再生債権者に対しては，アの定めによる弁済額が旧再生計画に基づき弁済を受けた額に達するまでは，弁済を行わない（※）。
> 　　　※一括払の条項であるときは，「アの定めによる弁済額から旧再生計画に基づき弁済を受けた額を控除した残額を，……支払う。」などと記載することも考えられる。
>
> ★個別条項
> 　　確定した再生債権の変更前の権利の内容は，別紙「確定再生債権一覧表」※の「確定債権額」欄記載のとおりであり，再生計画認可決定確定時に同表の「免除額」欄記載のとおり免除を受け，同表の「弁済額」欄記載のとおり弁済する。
> 　※確定再生債権一覧表の記載について，工夫する必要がある。

で弁済方法を定めつつ，その分割払の総額が旧再生計画において弁済を受けた額に達するまでは，実際の弁済を受けることができない（そのため，例えば，第1回目の実際の弁済額が0円になることもあり得る。）ことになる。

　再生計画案を作成する上では，本文の記載に留意するだけでなく，確定再生債権者一覧表を活用し，各再生債権者が再生計画に従った弁済額を一覧して理解することができるような工夫が求められる。前記ア(イ) a の考え方による場合であれば，確定再生債権者一覧表においては，①旧再生手続における弁済額，②前件弁済率，③確定債権額に弁済率を乗じた参考弁済額，④実際の弁済額（③－①）の各欄を設けるなどして，実際の弁済額が定まる過程を

理解しやすくすることなどが考えられるし，弁済が複数回にわたる場合には，更に各回における実際の弁済額を記載することなどが考えられる。権利変更の一般的基準の記載例は，資料5-4-11のとおりである。

3　純粋清算型の再生計画案

(1)　概　　要

　事業継続をすることなく，単に資産を換価処分した代金を弁済原資とする再生計画案である。事業の継続が困難となった場合において，改めて破産手続又は特別清算手続によって清算を行うと費用と時間を要するようなときに，再生手続において，資産の換価処分等をして清算を行おうとするものである。この場合，一定期間にわたり事業を継続しつつ，資産価値をできる限り維持したまま換価処分を行うことにより，直ちに破産手続等に移行するより弁済率を増加させることができることもあるが，事業継続のためのコストを考慮すると，清算価値を下回る可能性もあるため，慎重な検討を要する。

(2)　募集株式を引き受ける者の募集に関する事項

　純粋清算型や事業譲渡型又は会社分割型の再生計画において，既存株主の株式を取得し，消却した上で，解散決議などの清算手続を円滑かつ簡易に行うために，代表者など清算人候補者に対し，1株を発行することなどの方法が必要な場合がある。この場合に，上記の代表者等が再生計画に募集株式1株の募集を受ける旨の内容を定めた再生計画案を提出することについて，民事再生法166条の2第2項の許可をすることができるかどうかが問題となる。
　しかし，民事再生法166条の2第2項の許可は，明文で「再生債務者の事業の継続に欠くことのできないものであると認める場合」と規定されていること（民再166条の2第3項）から，再生計画案においては，再生債務者が既存の株式を取得，消却する旨の定めをすることにとどめ，募集株式を引き受ける者の募集に関しては，会社法による手続を履践することで対応している

資料5-4-12　純粋清算型のモデル計画案（抄）

　第7　再生債務者の株式の取得，資本金の額の減少及び募集株式を引き受ける者の募集に関する条項
　1　再生債務者の株式の取得に関する定め
　　(1)　取得する株式の数
　　　　全ての発行済株式である普通株式○○株
　　(2)　再生債務者が上記(1)記載の株式を取得する日
　　　　下記3(3)の募集株式と引き換えにする金銭の払込期間において募集株式の引受人が最初の出資をした日
　　　　なお，再生債務者が取得した株式は，取得後全て消却する。
　2　資本金の額の減少に関する定め
　　(1)　減少する資本金の額
　　　　資本金○○円全額
　　(2)　資本金の額の減少がその効力を生ずる日
　　　　下記3(3)の募集株式と引き換えにする金銭の払込期間において募集株式の引受人が最初の出資をした日
　3　上記1及び2の定めに関し，あらかじめ民事再生法166条1項の規定による裁判所の許可を得ている。なお，次に掲げる募集株式を引き受ける者の募集に関しては，会社法による手続を履践する予定である。
　　(1)　募集株式の数
　　　　普通株式○○株
　　(2)　募集株式の払込金額
　　　　募集株式1株につき金○○円
　　(3)　募集株式と引き換えにする金銭の払込期間
　　　　再生計画認可決定確定の日から1か月
　　(4)　増加する資本金及び資本準備金に関する事項
　　　　増加する資本金の額　　金○○円
　　　　増加する資本準備金の額　　金○○円
　　　　なお，募集株式を引き受ける者としては，再生債務者の代表取締役であり，清算人候補者である○○を予定している。

のが通例である。
　純粋清算型のモデル計画案（抄）は、資料5-4-12のとおりである。

第6章

再生計画案の決議

第 1

付議決定

1　監督委員の意見書

　再生計画案が提出されると，東京地裁破産再生部では，提出日に近接した第3回打合せ期日において，提出された再生計画案について協議・審査を行う。

　期日後，監督委員から，当該再生計画案を決議に付することについての意見書の提出を受ける。公認会計士が監督委員補助者となっている場合は，公認会計士の調査報告書も同時に提出される。意見書の提出期限は事案によって異なるが，1週間前後が一般的であり，第3回打合せ期日において監督委員の意向を踏まえて決めている。この意見書は債権者集会招集通知とともに再生債権者に送付する。

2　付議決定

　監督委員から意見書が提出されると，裁判所は，民事再生法169条1項各号（下記①～④）のいずれかに該当する場合を除き，当該再生計画案を決議に付する旨の決定（以下「付議決定」という。）をする。
　　①　一般調査期間が終了していないとき（民再169条1項1号）
　　②　財産状況報告集会における再生債務者等による報告又は民事再生法125条1項の報告書の提出がないとき（民再169条1項2号）
　　③　裁判所が再生計画案について民事再生法174条2項各号（3号を除く）に掲げる要件のいずれかに該当するものと認めるとき（民再169条

資料6-1-1　付議決定

```
平成○○年(再)第○○号　再生手続開始申立事件

                    決　　　定

            再生債務者　　○○○株式会社

1　本件につき，再生計画案を決議に付する。
2　議決権の行使は，次項記載の債権者集会の期日において行使する方法又は
  第4項記載の書面投票によって行使する方法のうち，議決権者が選択する方
  法により行う。
3　債権者集会を平成○○年○月○日午後○時○分当庁に招集する。
4　書面投票により議決権を行使する場合の投票期間を平成○○年○月○日ま
  でと定める。
5　議決権を不統一行使する場合の通知期限を平成○○年○月○日までと定め
  る。

    平成○○年○○月○○日
      東京地方裁判所民事第20部
        裁判長裁判官　　○○　○○
        裁判官　　　　　○○　○○
        裁判官　　　　　○○　○○
```

1項3号)
　④　民事再生法191条2号の規定により再生手続を廃止するとき（民再169条1項4号)

　東京地裁破産再生部ではあらかじめ上記①，②を考慮して標準スケジュールを策定しており，予定どおり進行していれば，①，②については問題が生じない。また，再生計画案については打合せ期日において審査・協議を済ませており，監督委員から付議相当の意見が提出されると，当日，又は翌日に付議決定を行うことが多い。

　付議決定の書式は，資料6-1-1のとおりである。

3 付議決定と同時に定める事項

　付議決定においては，議決権行使の方法及び議決権の不統一行使の通知期限も併せて定めなければならない（民再169条2項）。なお，東京地裁破産再生部では，民事再生法172条の2第1項に定められている「基準日制度（付議決定と同時に基準日を定め，基準日における再生債権者表に記録されている再生債権者を議決権者として定める制度）」については，原則として採用していない。

(1) 議決権行使の方法

　議決権行使の方法として，①債権者集会を開催する方法（民再169条2項1号。以下「集会型」という。），②書面等投票を実施する方法（同項2号。以下「書面型」という。），③これら両者を併用する方法（同項3号。以下「併用型」という。）の三つが定められている。

　東京地裁破産再生部では，原則として併用型を採用している。併用型を採用することにより，債権者が書面等投票を行うか，債権者集会において投票するかを選択することができ，また，再生計画案が否決されたときに，債権者集会を続行することにより再度の決議の機会を設けることができるというメリットがある。

(2) 不統一行使通知期限

　議決権者は，その有する議決権を統一しないで行使することができる（民再172条2項）。不統一行使をしようとする場合，通知期限までに裁判所に対してその旨を書面で通知しなければならない。

　東京地裁破産再生部では，債権者集会を開催する場合，原則として，債権者集会の14日前を通知期限として定めている。期限内に，議決権者から不統一行使の通知があった場合，裁判所は，議決権額に従って議決票を複数枚発行する。交付する議決票には「不統一行使1／2」等と記載し，不統一行使

資料6-1-2　議決権不統一行使通知書

```
　平成○○年(再)第○○号　再生手続開始申立事件
　　再生債務者　　　○○○株式会社

　　　　　　　　　　　議決権不統一行使の通知

　東京地方裁判所民事第20部合議係　御中
　　　　　　　　　　　　　　　　　　　　　平成○○年○○月○○日

　住　　所　　○○区○○町○○
　氏　名（商号）　　株式会社○○○
　（代表者）　　代表者代表取締役　○○　○○　印（事務担当者　○○　）
　　　　　　　　　　　　　　　　　電　話　03-0000-0000
　　　　　　　　　　　　　　　　　FAX　　03-0000-0000
```

不統一行使の対象となる議決権額	進行番号	別紙議決票記載のとおり
	議決権額	別紙議決票記載のとおり

　上記の議決権額を次のとおり分けて行使するので、民事再生法172条により、その旨を通知します。

○○　　　　　　　　円	○○　　　　　　　　円

　注意　1　区分けする議決権額を必ず記入してください。
　　　　2　送付済みの議決票（コピーは不可）を添付してください。

により投票されたことが分かるようにしている。

　議決権不統一行使通知書の書式は、資料6-1-2のとおりである。

(3)　債権者集会の期日及び書面投票期間

　債権者集会を開催する場合の債権者集会の期日は、第3回打合せ期日において監督委員、再生債務者と打ち合わせた上で決定する。

　招集通知及び議決票発送期間、議決権者の賛否の決定に必要な期間等を考慮して、通常、付議決定から約2か月後の日を定めることが多い。

　併用型の場合には、特別の事情がある場合を除き、付議決定から2週間以上3か月以下の範囲内で書面投票期間を定め（民再規90条4項2号（基準日を

定めない場合)），書面投票期間の末日が債権者集会期日より前の日となるよう，債権者集会期日を設定する（民再169条2項3号。なお，東京地裁破産再生部では書面投票期間の末日は債権者集会期日の8日前とする運用を行っている。）。

4　付議決定の官報公告

　裁判所は，債権者集会の期日及び会議の目的である事項を官報公告する（民再115条4項）。書面投票を併用する場合には，その旨も官報公告する（民再169条4項）。

5　債権者集会期日等の通知

　付議決定がされると，議決権を有する再生債権者に対して，債権者集会招集通知書（書面型の場合は書面投票期限通知書）及び議決票等の資料を後記(1)のとおり発送する。

　ただし，届出債権額の全額又は一部に争いがあり，再生債務者が届出債権を認めなかった再生債権者については，再生債権の査定や中断中の訴訟の受継の申立期間が経過するまで，当該届出債権者に対する債権者集会招集通知等の発送を留保している。期間内に再生債権の査定申立てや中断中の訴訟の受継申立てがなかったときは，再生債務者の認否のとおりに再生債権額が確定するので，その額を確定議決権額として，また，再生債権の査定申立てや受継申立てがあった場合は本章第3のとおり定めた額を議決権額として議決票を作成し，債権者集会招集通知書等を発送する。

　再生債権額が0円で確定した場合には，当該届出債権者は，議決権者でも再生債権者でもないことになるので，債権者集会招集通知書等の発送は行わない。

　議決権を有しない自認債権者等に対しては，再生債務者から再生計画案を送付している。東京地裁破産再生部の封筒を用いて債権者集会招集通知書等を発送することはしていない。

なお，本来，通知に関する事務は裁判所書記官がする（民再18条，民訴規4条6項）が，手続の円滑な進行を図るために，東京地裁破産再生部では発送事務を再生債務者代理人に依頼する運用としている。

(1) 議決権を有する再生債権者に対して発送する書面

ア　債権者集会招集通知書（書面型の場合は書面投票期限通知書）

　資料6-1-3を参照されたい。

イ　議　決　票

　議決権額の定め方は本章第3のとおりである（議決票については，資料6-1-4参照）。

ウ　監督委員の意見書

　意見書の写しを送付する。公認会計士の調査報告書は，公認会計士が監督委員の補助者であり，監督委員がその意見書を作成する上での参考資料であることから同封していない。

エ　再生計画案

　再生計画案の写しを送付する（再生計画案の別紙となる確定再生債権一覧表等も含めて送付する。）。

オ　事務連絡

　議決権額に争いがある等の理由により，裁判所が議決権額を定めた場合，再生債務者は自身が届け出た議決権額と異なる額が記載された議決票の送付を受けることとなる。そこで，議決票に記載された議決権額について説明する文書を同封している（資料6-1-5(1)〜(4)参照）。

資料6-1-3　債権者集会招集通知書

平成○○年(再)第○○号　再生手続開始申立事件
　再生債務者　　　○○○株式会社

平成○○年○月○日

債権者各位

東京地方裁判所民事第20部合議係
裁判所書記官　　○○　　○○

通　知　書

　上記再生手続開始申立事件について，再生債務者から提出された再生計画案を決議に付することが決定されましたので，通知します。
　については，同封の議決票により再生計画案について同意するかどうかの投票をしていただくことになりますが，投票は下記1又は2のいずれかの方法で行ってください。

記

1　書面投票による方法
　　期　　限　　平成○○年○月○日《必着》
　　投票方法　　所定の事項を記入のうえ，次の場所に議決票を送付してください。（同封の返信用封筒を利用してください。）

〒100-0005　東京都千代田区丸の内○丁目○番○号　○○ビル○階
○○○○法律事務所　再生債務者代理人　○○　○○気付
東京地方裁判所平成○○年（再）第○○号事件書類受領事務担当

2　債権者集会期日において投票する方法
　　期　　日　　平成○○年○月○日午後○時○分
　　場　　所　　東京都千代田区霞が関一丁目1番2号
　　　　　　　　東京地方裁判所民事第20部　債権者等集会場1（家簡地裁合同庁舎5階）
　　　なお，債権者集会において投票される方は，必ず議決票を持参してください。また，この議決票を持参された方が投票を行う場合には，代理人による投票であっても委任状は不要です。
　　　再生計画案の内容については，本件期日に先立ち，別途，再生債務者から債権者に対して詳細な説明がなされる予定であり，本件期日においては，説明及び質疑応答の予定はありません。
3　再生計画案　　　　　別紙のとおり
4　監督委員の意見書　　別紙のとおり

5 議決権を不統一行使する場合の通知期限　平成○○年○月○日

> 議決権額，その他議決票に関してご不明な点は
> 　東京都千代田区丸の内○丁目○番○号　　○○ビル○階
> 　○○○○法律事務所　再生債務者代理人　○○　○○
> 　　　　　　　電話　03-0000-0000　FAX　03-0000-0000
> にお問い合わせください。

債権認否	事務連絡の文言
債権の内容について争いがある場合（再生債権査定の申立てがあった場合）	資料6-1-5(1) 「債権者集会までに裁判所が債権額について決定したときは，行使できる議決権額は決定額に変更されます」
債権の内容について争いがある場合（再生債権に係る訴訟の受継申立てがあった場合）	資料6-1-5(2) 「債権者集会までに受訴裁判所において判決等があったときは，行使できる議決権額は判決等で認められた額に変更されることがあります」
認否において別除権予定不足額に差異がある場合	資料6-1-5(3) 「債権者集会までに不足額（別除権の行使によって弁済を受けることができない債権額）が確定したときは，行使できる議決権額は不足額に変更されます」
別除権付債権について届出議決権額を「額未定」と記載している，または議決権額の記載がない場合	資料6-1-5(4)　※議決票は発送しない 「あなたの議決権額の届出は額未定又は議決権額の記載がないので，当該議決権額を0（ゼロ）として届け出たものとして扱っています」

(2)　再生債務者が作成し，同封する文書について

　再生債務者が作成した文書を債権者集会招集通知に同封することは原則として認めていない。

　再生債務者が同封を希望する場合にはあらかじめ裁判所に書面を提示して

資料6-1-4 議決票

議　決　票

〒100-0000
東京都千代田区霞が関1－1－4

霞が関商事株式会社
　　　　　　　　　　　　殿

事件番号　平成○○年（再）第●●号
再生債務者　株式会社△△△△

裁判所記入欄・受領日
東京地方裁判所
　　　　　民事第20部
平成　　年　　月　　日
　　　　　　　　　受付

進行番号　12345
債権者　霞が関商事株式会社

再生計画案に対する賛否（どちらかを○で囲んでください）

賛　成　・　反　対

この議決票を記入された方の署名又は記名押印
氏　名　霞　　太　郎

議決権を行使できる債権額　￥1,000,000

【投票にあたっての注意点】
1　賛成，反対のいずれにも○がないもの（白票）は，<u>無効票</u>として扱います。
2　氏名欄には，本議決票を記入される方ご本人が，署名するか，記名押印してください。
　・法人の従業員の方が記入される場合は，法人名でなく当該従業員の方の氏名となります。
　・代理人による投票を行う場合，代理人の方が氏名欄に署名又は記名押印すれば足り，委任状の提出は不要です。
　氏名欄の記載がないものは，<u>無効票</u>として扱います。
3　議決票提出後の賛否の変更，撤回はできません。
4　バーコードの部分は折り曲げたり，汚したりしないでください。

バーコード

東京地方裁判所民事第20部

資料6-1-5⑴　集会招集通知書等に同封する事務連絡
　　　　　　　（再生債権査定の申立てがあった場合）

平成○○年(再)第○○号　再生手続開始申立事件
　　再生債務者　　　　○○○株式会社

事　務　連　絡

　　　　　　　　　　　　　　　　　　　　　平成○○年○月○日
　届出再生債権者　殿
　　　　　　　　　　　　　　東京地方裁判所民事第20部合議係
　　　　　　　　　　　　　　　　裁判所書記官　　○○　　○○

　本件について、議決票を送付します。投票方法については、別紙債権者集会招集通知書を参照してください。
　なお、あなたの議決権額に対しては、再生債務者から全部又は一部につき認めない旨の認否がされており、議決票に記載されている議決権額は債権者集会時に裁判所が定める予定の額（争いのある範囲の中間値）です。
　債権者集会までに裁判所が債権額について決定したときは，行使できる議決権額は決定額に変更されます。

資料6-1-5⑵　集会招集通知書等に同封する事務連絡
　　　　　　　（再生債権に係る訴訟の受継申立てがあった場合）

平成○○年(再)第○○号　再生手続開始申立事件
　　再生債務者　　　　○○○株式会社

事　務　連　絡

　　　　　　　　　　　　　　　　　　　　　平成○○年○月○日
　届出再生債権者　殿
　　　　　　　　　　　　　　東京地方裁判所民事第20部合議係
　　　　　　　　　　　　　　　　裁判所書記官　　○○　　○○

　本件について、議決票を送付します。投票方法については、別紙債権者集会招集通知書を参照してください。
　なお、あなたの議決権額に対しては、再生債務者から全部又は一部につき認めない旨の認否がされており、議決票に記載されている議決権額は債権者集会時に裁判所が定める予定の額（争いのある範囲の中間値）です。
　債権者集会までに受訴裁判所において判決等があったときは，行使できる議決権額は判決等で認められた額に変更されることがあります。

資料6-1-5(3)　集会招集通知書等に同封する事務連絡
　　　　　　　（認否において別除権予定不足額に差異がある場合）

平成○○年(再)第○○号　再生手続開始申立事件
　再生債務者　　　　○○○株式会社

事 務 連 絡

　　　　　　　　　　　　　　　　　　　　平成○○年○月○日
届出再生債権者　殿
　　　　　　　　　　　　　　　東京地方裁判所民事第20部合議係
　　　　　　　　　　　　　　　　　裁判所書記官　○○　○○

　本件について、議決票を送付します。投票方法については、別紙債権者集会招集通知書を参照してください。
　なお、あなたの議決権額に対しては、再生債務者から全部又は一部につき認めない旨の認否がされており、議決票に記載されている議決権額は債権者集会時に裁判所が定める予定の額（争いのある範囲の中間値）です。
　債権者集会までに不足額が確定したときは，行使できる議決権額は不足額に変更されます。

資料6-1-5(4)　議決権額が0となる別除権者に対する事務連絡
　　　　　　　（別除権付債権について届出議決権額を「額未定」と記載している，または議決権額の記載がない場合）

平成○○年(再)第○○号　再生手続開始申立事件
　再生債務者　　　　○○○株式会社

事 務 連 絡

　　　　　　　　　　　　　　　　　　　　平成○○年○月○日
届出再生債権者　殿
　　　　　　　　　　　　　　　東京地方裁判所民事第20部合議係
　　　　　　　　　　　　　　　　　裁判所書記官　○○　○○

　本件について、債権者集会の期日が下記のとおり指定されましたので通知します。
　なお、あなたの議決権額の届出は額未定又は議決権額の記載がないので、当該議決権額を0（ゼロ）として届け出たものとして扱っています。
　債権者集会までに不足額が確定したときは，行使できる議決権額は不足額に

変更されます。
                        記
1　日　時　平成〇〇年〇〇月〇〇日午後〇〇時
2　場　所　東京地方裁判所民事第20部債権者等集会場1（家簡地裁合同庁舎
　　　　　　5階）
3　目　的　再生計画案の決議をするため

資料6-1-6　再生債務者作成文書記載例

　　　　　　　　　　　　　　　　　　　　　　平成〇〇年〇〇月〇〇日
　再生債権者　各位
　　　　　　　　　　　　　　　　　再生債務者　　株式会社〇〇〇〇
　　　　　　　　　　　　　　　代表取締役　　　〇〇　〇〇

　　　　　　　　　　　ご　連　絡

拝啓　時下ますますご清栄のこととお慶び申し上げます。
　弊社が平成〇〇年〇〇月〇〇日に東京地方裁判所より民事再生手続開始決定
を受けて以後，皆様方から多大なご支援を賜りましたことにつき，厚く御礼申
し上げます。
　この書面及びこの書面の別紙は，東京地方裁判所作成のものではありません
が，予めご承諾を得て，株式会社〇〇〇〇にて作成の上，裁判所の封筒に同封
させていただいたものです。弊社が作成した書面は以下のとおりです。
　①ご連絡（この書面）　　②議決票の取り扱いについて　　③返信用封筒
　ご不明の点がありましたら，以下の連絡先までご照会ください。
　　　　再生債務者　株式会社〇〇〇〇代理人弁護士　　〇〇　〇〇
　　　　　TEL　　　　　　　　　　　　　　FAX
議決票について
　裁判所から届けられる封筒には，議決権を行使していただくための「議決
票」が封入されていますが，その議決権の行使方法については，次の二つの方
法がございます。
　①　郵便で投票して行使する方法
　　　議決票に賛否をご記入いただき，投票期間内に同封の返信用封筒でご提
　　　出ください。
　②　債権者集会期日において行使する方法
　　　議決票を債権者集会の当日，裁判所に持参して投票してください。
　ところで，投票期間内に郵便による投票（上記①）をなさらなかった債権者
の方が債権者集会にもご欠席されますと，議決権額では再生計画案に反対した
ものと取り扱われてしまいます。債権者集会は平成〇〇年〇〇月〇〇日（〇曜

日）午前○○時から開催されますが，当日のご都合によってはご出席できないこともあり得ると思われます。そのような場合には，議決票に予め賛否をご記入していただき，お手数ですが，同封の返信用封筒で弊社代理人宛にご返信いただきたいと存じます。また，ご返信いただくかわりに，弊社従業員に直接お渡しいただいても結構です。この場合，当日債権者集会にご出席していただく必要はありませんが，出席していただくことは可能です。

議決票の記載方法については，同封いたしました「議決票の取り扱いについて」をご覧いただきますようお願い申し上げます。

以上，御礼かたがたご連絡いたします。

敬 具

議決票の取り扱いについて

裁判所の封筒に同封されている議決票については，以下のお取り扱いをお願いいたします。

1 記入方法
   (1) 再生計画案に対する賛否
       賛成・反対のいずれかを○で囲んでください。
   (2) この議決票に直接ご記入された方ご本人のお名前をご記入ください。
2 提出方法
   ご記入いただいた議決票（原本）は，同封されている返信用封筒を利用してご返送ください。
   なお，宛先は以下のとおりです。

〒○○○－○○○○　東京都○○区○○丁目○番○○号　○○○法律事務所
　　　　　再生債務者　株式会社○○○○代理人弁護士　○○　○○　気付
　　　　　　　東京地方裁判所平成○○年（再）第○○○号事件書類受領事務担当
   お送りいただくのは議決票のみです。弊社従業員に直接お渡しいただいても結構です。
3 提出期限
   下記期日までにお送りいただきますようお願い申し上げます。

平成○○年○○月○○日（○曜日）まで

了承を得る必要がある（裁判所への提示に先立ち，その内容につき監督委員から確認・了承を得ておく必要がある）。この場合，資料6－1－6の参考例の内容の書面を同封することは一般的に認めている。参考例とは異なった文書の同封を認めるか否かは個別に判断しているが，これまでに，再生計画案の内容を一般の債権者に分かりやすく説明した文書，決議後の手続の内容を説明した文書，あいさつ程度の内容といった書面に限り，同封を認めた例がある。

再生計画案への賛成を積極的に求める内容のものや，可決を前提とする振込先口座通知書などは同封を認めていない。ただし，①債権者が多数であり，②特に同封を必要とする事情があった場合で，③決議をめぐって争いがあるなどの同封を不相当とする事情がない場合には，例外的に振込先口座通知書の同封を認めた例がある。

6　債権者集会までの諸手続

(1) 再生計画案に関する債権者説明会

決議のための債権者集会は，再生債務者等が作成した再生計画案の賛否を問うことを目的とした集会であり，再生計画案の内容の説明や，債権者からの質問は予定されていない。

しかし，再生債権者が再生計画案の内容を理解し適切に議決権を行使するためには，十分な情報の提供を受ける機会を設ける必要がある。そこで，東京地裁破産再生部では，債権者集会に先立ち，再生債務者による債権者説明会を開催することを求めている。債権者が少ない場合には，個別説明を行うなどして事前に再生債権者の質疑応答の機会を設ける場合もある。

債権者説明会の通知については，債権者が多数であるものの，資金繰りが厳しいなどの特別な事情がない限り，債権者集会招集通知との同封を認めていない。

(2) 議決権の不統一行使

期限内に，議決権者から議決権不統一行使の通知があった場合，上記3(2)のとおり，裁判所は，議決権額に従って議決票を複数枚発行する。

7 投票された議決票の取扱い

(1) 書面投票の送付先

再生債権者が書面投票をする場合，再生計画案について一部の債権者において反対案を投じるよう呼びかけがされているなど議決票を再生債務者に返送することが相当でない場合を除き，議決票を再生債務者代理人気付で返送してもらっている（再生債権者が多数の場合には，再生債務者会社気付とする場合もある。）。

これは，再生債務者は，主要な債権者において個別に説明に赴き議決票を受け取ることが多いこと，再生債務者において投票状況を把握して投票を促したいとの要望があること等の理由によるものである。

(2) 書面投票期限までに投票された議決票

再生債務者代理人気付で投票された議決票は，再生債務者が，議決票の所定の欄に受領日を記入した上で進行番号順に賛成，反対票に分け，債権者集会期日通知発送時に裁判所書記官から連絡した提出期限（書面投票期限の1～2日後頃）にまとめて裁判所に提出する。

(3) 書面投票期限後に送付された議決票

書面投票期限後に再生債務者代理人気付に送付された議決票は，再生債務者が債権者集会当日に持参して投票することにより，代理人による議決権行使として認めている。

(4) 議決票を紛失した場合

　再生債権者が，議決票を紛失した場合，再生債権者本人から書面で再交付の申請を受け，裁判所は議決票を再度発行する。再交付した議決票は再生債務者を通じて再生債権者に送付している。

(5) 投票後の投票意思の変更・撤回

　東京地裁破産再生部では，議決票が裁判所（再生債務者代理人気付で送付を受ける場合は再生債務者代理人の事務所等）に到達することによって，投票行為が完了するとの考え方により，議決票到達後の投票意思の変更・撤回は，一切認めていない。

　議決票の不備についても同様であり，再生債務者は，気付で送付を受けた議決票について原則として補正を要さず，そのまま提出する。

第2 再生計画案の修正・変更

1 意　義

　再生計画案の提出者は，付議決定がされるまで，裁判所の許可を得て，再生計画案を修正することができる（民再167条）。

　再生計画案提出後，再生計画案に，誤記や違算等の不備が発見されたり，追加で利害関係人の意見を反映させて弁済方法等の調整をする必要が発生したりする場合がある。このような場合に再生計画案の修正を認めないと，再生債権者に正確な情報が提供されないことになる上，不備等のある再生計画案を基に手続を進めることになり，その結果，再生手続廃止，再生計画の不認可といった事態を招くおそれがある。かかる事態を防止するため，再生計画案の提出者は，裁判所の許可を得て，再生計画案を修正することができることとされている。

2 再生計画案修正の時期的限界

　再生計画案の修正が許されるのは，再生計画案提出後，付議決定がされるまでである（民再167条ただし書）。東京地裁破産再生部の標準スケジュールにおいては，再生計画案提出後，1週間程度で監督委員の意見書が提出され，その後，速やかに付議決定がされることとなっていることから，実務上，再生計画案の修正の許可を求め得るのは，再生計画案提出後約1週間の間に限られる。

3 再生計画案の修正範囲

　再生計画案の修正の範囲については，不備のある点を補う修正のほか，弁済方法や弁済時期，弁済率の変更といった内容の修正を行うことも可能である。また，付議決定後の債権者集会における再生計画案の変更については，再生債権者に不利な影響を与えないことが要件とされているが（民再172条の4），再生計画案の修正については，このような制限は定められていないので，再生債権者に不利な影響を与える場合も修正が可能と解される。もっとも，当然のことながら不認可事由を含む内容への修正は許されない。

　また，例えば，弁済原資の調達方法について，事業収益による長期間の分割弁済の条項を，事業譲渡代金や資産の処分代金による一括弁済に変更するというように，当初の再生計画案と本質的部分が異なる修正が認められるか否かについては議論があるところである。確かに，条文上，この点に関する制限はないことから，このような修正を認めてもよいとの考えもあり得る。しかし，当初の再生計画案と比べて本質的に異なる再生計画案へ修正を行うことは，新たな再生計画案の提出を認めることと実質的に同じであり，これを許容すると，民事再生法が再生計画案の提出期間（民再163条1項，2項）を定め，その伸長にも制約（民再163条3項，民再規84条3項）を設けた趣旨が没却されることになるから，再生計画案の提出期間経過後に本質的部分が異なる修正を行うことは認められないと解すべきである（Q&A民再406頁〔小林信明〕）。

　東京地裁破産再生部では，再生債務者が，当初，計画外事業譲渡による事業譲渡代金を弁済原資とする内容の再生計画案を提出したところ，想定していなかった多額の一般優先債権（厚生年金基金脱退特別掛金）の存在が判明し，当該一般優先債権への弁済を考慮すると，当初の再生計画案のとおりの弁済を行うことが不可能となることから，事業譲渡契約を解約した上で10年間の収益弁済をする内容に修正した再生計画案が提出された事案について，当初の再生計画案と本質的部分が異なるとして修正を認めなかった。

4　再生計画案修正の手続

(1)　修正版の提出

　再生計画案の提出者において再生計画案の修正の必要が生じた場合には，監督委員と協議した上で，修正した再生計画案を提出する。
　東京地裁破産再生部では，再生計画案の提出者が修正の許可の申立てをする場合，修正した再生計画案（以下「修正版」という。）を提出すれば足り，許可申立書の提出までは求めていない。修正版には，当初提出した再生計画案の作成日に加えて併記する形で，「平成○年○月○日（平成○年○月△日修正）」と記載し，修正日を明らかにする（当初の再生計画案を差し替えることは認めていない。）。修正版の例は，資料6-2-1のとおりである。
　なお，東京地裁破産再生部では，修正版が提出された場合，監督委員の意見を踏まえた上で，基本的には修正を許可している。なお，修正を許可する場合でも，別途，許可決定書は作成していない（修正版について付議決定をすることにより，修正を許可したことは記録上明らかとなる。）。

(2)　修正命令

　裁判所は，再生計画案の提出者に対して再生計画案を修正すべきことを命ずることができる（民再規89条）。再生計画案に不認可事由があることが発見された場合は，適宜，再生計画案の提出者が裁判所の許可を得て再生計画案を修正するのが通常であるが，このような自発的な修正が行われない場合に，修正の余地がある再生計画案につき，即時に決議に付するに足りないとして再生手続廃止の決定（民再191条2号）をすることは穏当を欠くとして，修正命令が設けられたものである。
　東京地裁破産再生部では，再生債務者作成の再生計画案については，草案段階から裁判所，監督委員との打合せを踏まえた上で作成されており，修正命令を発した事例はない。

資料6-2-1　平成29年2月1日付け再生計画案を同月3日に修正した例

```
平成29年(再)第○○○○号　再生手続開始申立事件
　再生債務者　　　○○○○株式会社
                                            平成29年2月1日
                                          (平成29年2月3日修正)
　東京地方裁判所民事第20部　御中
                        再生計画案
                              再生債務者　○○○○株式会社
                              同代理人弁護士　○○　○○　㊞
(以下略)
```

5　再生計画案の変更

(1)　意　　義

　再生計画案を決議に付する旨の決定がされた後は再生計画案を修正することができなくなる（民再167条）。もっとも，再生計画案に不備があるような場合までそのまま議決を行うことは適当とはいえず，また，再生債権者に不利な影響を与えない変更の場合は，事前に送付された再生計画案と異なる内容の再生計画案の提示を受けても再生債権者に与える混乱の度合いが少ない。
　そこで，再生計画案の提出者は，議決権行使の方法として集会型（民再169条2項1号）又は併用型（同項3号）のいずれかが定められた場合，再生債権者に不利な影響を与えないときに限り，債権者集会において，裁判所の許可を得て，当該再生計画案を変更することができる（民再172条の4）。

(2)　要件（再生債権者に不利な影響を与えないとき）

　再生計画案の変更は，「再生債権者に不利な影響を与えないときに限り」

することができる（民再172条の4）。変更が許されるかは，再生債権者が受けられる実質的利益から判断されることになる。例えば，①スポンサーからの援助が増額されることで弁済原資が増額され，当初の案よりも弁済率が上がる場合や，②予想以上の収益が上げられる見込みになったため，当初の弁済時期より繰り上げて弁済する場合などに，再生計画案の変更が許される。当然のことながら，変更後の再生計画案が履行可能性を有していることが必要である。

再生債権者に不利な影響を与えないが，再生計画案の本質的な部分に変更が加わるような場合には，変更は許されないと解される。これは，再生計画案の修正における修正の限界の議論と同様の考え方によるほか，再生計画案の付議決定後，書面投票が開始されてから再生計画案の本質的部分に変更が加えられてしまうと，既に行われた投票について，その後に提出された変更後の再生計画案に対しても賛否の投票をしたものであると見ることには疑義があると言わざるを得ず，手続上，重大な混乱が生じるからである。

なお，数値・名称等の単なる違算・誤記訂正等に係るものは，再生計画案の変更手続を執るまでもなく，裁判所に報告の上，再生計画案提出者から再生債権者に対し，訂正箇所を明らかにした書面を送付することで足りる。

(3) 手　　続

ア　変更再生計画案の提出

再生計画案の提出者は，付議決定後に再生計画案の変更の必要が生じた場合には，監督委員と協議した上で，変更再生計画案を裁判所に提出する。提出の際には，事前にドラフトの提出を受けることが多い。

この点，再生計画案の提出者は，債権者集会において，裁判所の許可を得て，再生計画案を変更することができるとされており（民再172条の4），条文上は，債権者集会に先立って変更許可の申立てがされることは予定されていないようにも読める。しかしながら，債権者集会において初めて変更許可の申立てを受けたのでは，変更の相当性の判断が困難であるため，債権者集

会前に変更再生計画案の内容を精査し，変更が相当か否かを検討しておく必要がある。そこで，東京地裁破産再生部では，再生計画案の修正の場合と同様，再生計画案の変更の許可を求める場合には，変更再生計画案を提出すれば足り，変更許可申立書の提出は求めていないが，変更の理由や変更箇所が変更再生計画案から直ちに明らかとはいえないような場合には，変更再生計画案とともに，変更の理由や変更箇所を記載した報告書の提出を求めている。事案によっては，再生計画案の変更部分を明らかにするため，変更箇所を対照できる一覧表の作成を求めることもある。

また，再生債権者も，変更再生計画案の内容について，あらかじめ情報提供を受けていないと，変更再生計画案に対する賛否を判断し，投票することができない。そこで，変更再生計画案の提出があった場合，これをあらかじめ再生債権者に送付し，再生債権者が債権者集会までに変更再生計画案に賛成するか否かを検討した上で投票し，裁判所が変更を許可した場合には変更再生計画案について賛否の投票をしたこととする運用としている。

そのため，再生債権者が変更再生計画案について検討し，投票する時間を考慮して，債権者集会の1か月程度前には変更再生計画案を提出する必要がある。

イ　変更再生計画案の発送

裁判所と監督委員であらかじめ検討した結果，再生債権者に不利な影響を与えない変更であると判断した場合には，①変更再生計画案，②債権者集会の期日において変更の許否が判断される旨の事務連絡（資料6-2-2）を送付する。発送事務は，再生債務者に依頼する運用としている。

議決票については，変更再生計画案を送付する時点で，書面投票が開始されている場合は，投票の混乱を避けるため，新たな議決票を発行せず，当初の議決票によって決議を行う運用である。再生債権者に送付する事務連絡（資料6-2-2）には，「裁判所の許可を経たものではないが，変更再生計画案についての再生債権者の検討の参考のため変更再生計画案を送付する。」旨及び「既に送付した議決票について，当裁判所が変更の許可をした場合に

資料6-2-2　変更再生計画案に同封する事務連絡

```
平成○○年(再)第○○号　再生手続開始申立事件
　再生債務者　　　株式会社○○○○
　　　　　　　　　　　　　　　　　　　　平成○○年○○月○○日
債権者各位
　　　　　　　　　　　　　　　東京地方裁判所民事第20部合議係
　　　　　　　　　　　　　　　　裁判所書記官　　○○　　○○

　　　　　　　　　　　事　務　連　絡

　上記事件について、再生債務者から、平成○○年○○月○○日付けの変更再生計画案が提出されました。
　民事再生法172条の4の規定上、再生債務者は、再生債権者に不利な影響を与えないときに限り、債権者集会において、裁判所の許可を得て再生計画案を変更することができるとされており、当裁判所は、平成○○年○○月○○日午前○○時開催の債権者集会において、監督委員の意見を踏まえた上で上記変更再生計画案への変更の許否の判断をすることになります。
　したがって、上記変更再生計画案は裁判所の許可を経たものではありませんが、変更再生計画案についての検討の参考としていただくため、変更再生計画案を送付いたします。
　なお、既に送付しました議決権行使書面による書面投票については、当裁判所が変更の許可をした場合において上記変更再生計画案について賛否の投票をしたものと取り扱います。
　同封の変更再生計画案の内容等については、
　　　再生債務者代理人　　○○　　○○
　　　　　電話番号　03-0000-0000　　FAX　03-0000-0000
にお問い合わせください。
```

おいて上記変更再生計画案について賛否の投票をしたものと取り扱う。」旨が記載されており、当初の議決票で投票することによって、当該変更再生計画案について投票したものと取り扱うことを告知している。

　これに対し、書面投票が開始されておらず、改めて投票を行うことが可能な場合には、変更再生計画案と変更再生計画案について決議するための新たな議決票を送付することがある。この場合、議決権を行使するためには新たに送付した議決票で投票する必要があることを記載した事務連絡を同封して

いる。

ウ　裁判所の変更許可

　裁判所は，債権者集会において，監督委員の意見を聴いて変更再生計画案への変更の許可をした上で，変更再生計画案について再生債権者に決議を求めることとなる。

　再生計画案について賛成が得られて可決し，認可決定がされると，裁判所書記官は再生計画の条項を再生債権者表へ記載しなければならないところ（民再180条），東京地裁破産再生部では，再生計画案が変更された場合は，再生債権者表には変更後の再生計画の条項を再生債権者表に引用している（変更前の再生計画の条項は引用していない。）。

第 3

議決権の取扱い

1　議決権額の定め方

　再生債権者は，その有する再生債権をもって，再生手続に参加することができるところ（民再86条），再生債権を有する再生債権者の議決権の額は，以下のとおり定められている。

　まず，再生手続に参加しようとする再生債権者は，再生手続が開始された後，再生債権の届出をすべき期間内に，再生債権とともに，あらかじめ議決権額も算定し，届け出なければならない（民再94条1項）。

　届けられた議決権額は，再生債務者等が認否を行い，再生債権の調査において，再生債務者等が認め，かつ，債権調査期間内に届出再生債権者からの異議がなかったときは，再生債権の内容と同様に確定する（民再104条1項）。

　債権調査において確定しなかった議決権については，後記2(2)のとおり，債権者集会の開催の有無によって異なるが，届出債権額又は裁判所が定める額となる。

　再生計画案の決議において，再生債権者は自身が有する議決権を行使し，再生計画案に対する賛否の意思表示を行う。

　裁判所が定める議決権の額は，再生計画案の決議において行使できる議決権の額を定めるものにとどまり，実体法上の債権の存否や額を定めるものではない。また，その判断も裁判所の合理的な裁量に委ねられており，裁判所が定めた議決権の額について不服申立てはできない。

2 議決権額

(1) 議決権額の算定方法

　再生債権者が有する議決権の額は、民事再生法87条により、資料6-3-1のとおり定められている。債権届出において、届出再生債権者は同条により

資料6-3-1　議決権額（民事再生法87条）

(1)	再生手続開始後に期限が到来すべき確定期限付債権で無利息のもの	再生手続開始時から期限に至るまでの期間の年数（1年未満は切捨て）に応じた債権に対する法定利息を債権額から控除した額（1号）
(2)	金額及び存続期間が確定している定期金債権	(1)の計算式で算定した額を累計した合計額（2号） ただし、その額が、法定利率で計算すると当該定期金額に相当する利息を生じることになる元本額を超えるときは、その元本額（2号括弧書）
(3)	再生手続開始後に期限が到来すべき不確定期限付債権で無利息のもの（3号イ）	再生手続開始時における評価額（3号）
	金額又は存続期間が不確定である定期金債権（同号ロ）	再生手続開始時における評価額（3号）
	金銭の支払を目的としない債権（同号ハ）	再生手続開始時における評価額（3号）
	金銭債権で、その額が不確定のもの又はその額を外国の通貨をもって定めたもの（同号ニ）	再生手続開始時における評価額（3号）
	条件付債権（同号ホ）	再生手続開始時における評価額（3号）
	再生債務者に対して行うことがある将来の請求権（同号ヘ）	再生手続開始時における評価額（3号）
(4)	(1)ないし(3)以外の債権（通常の債権）	その債権額（4号）

有する議決権額を算出し，届け出ることになる。

議決権の額は，開始決定時を基準として決定されるのが原則である（民再87条1項1号参照）。

なお，以下の債権には議決権がない。

① 開始決定後の利息請求権等（民再87条2項，84条2項）
② 開始決定前の罰金等請求権（民再87条，97条1号），共助対象外国租税の請求権（民再87条）
③ 弁済順位から見て弁済不能である約定劣後再生債権（民再87条3項）

(2) 債権者が行使する議決権額の定め方

議決権者が行使する議決権額は，債権者集会が開催されるか否かによって異なり，その議決権額は，以下のとおり定められる。

ア 債権者集会が開催される場合

債権者集会が開催される場合の議決権額は，債権調査の結果により，資料6-3-2のとおり定められる（民再170条2項）。

資料6-3-2 債権者集会が開催される場合に行使する議決権額
（民事再生法170条2項）

債権調査の結果	議決権額
債権調査の結果が確定している場合	債権調査において確定した額（1号） （議決権を持たない債権は0円）
債権調査の結果その額が確定していないが，債権者集会期日で再生債務者等又は届出再生債権者から異議が出なかった場合	債権届出において届け出た額（2号）
債権調査の結果その額が確定しておらず，債権者集会期日で再生債務者等又は届出再生債権者から異議が出された場合	債権者集会において裁判所が定める額（3号） ただし，裁判所が議決権を行使させない旨を定めた場合には，議決権を行使することはできない。

資料6-3-3　書面投票の場合に行使する議決権額（民事再生法171条1項）

債権調査の結果	議決権の額
債権調査の結果が確定している場合	債権調査において確定した額（1号） （議決権を持たない債権は0円）
債権調査の結果が確定していない場合	裁判所が定める額（2号） ただし，裁判所が議決権を行使させない旨を定めた場合には，議決権を行使することはできない。

　債権調査によっても確定しなかった再生債権については，再生債務者等又は届出再生債権者は，債権者集会の期日において，議決権について異議を述べることができる。
　異議があった場合には，裁判所はその場で議決権額を決定する。
　なお，裁判所が定めた額については，不服申立てをすることができないが，この決定は裁判所の裁量によるものなので，決定変更の申立てをすることはできる（民再170条3項）。この申立ては，口頭でもできる（民再規90条の3）。

イ　書面投票のみの場合

　書面投票のみを実施する場合，債権者集会の場で議決権につき異議を述べる機会がなく，議決権行使額は，資料6-3-3のとおり定められる（民再171条1項）。
　書面投票のみの場合も，裁判所が定めた議決権額について，決定変更の申立てをすることができる（民再171条2項）。

3　裁判所が定める額について

(1)　定め方

　債権者集会が開催される場合，議決権額が確定していない再生債権者は，

債権届出の際に届け出た議決権額によって議決権を行使できることになるが，再生債権に争いがある場合には，再生債務者等又は届出再生債権者が，債権者集会において，届出再生債権者の議決権について異議を述べることがある。

　この場合，議決権額は裁判所が定める額となるが，東京地裁破産再生部では，原則として，議決権額を争いのある範囲の中間値と定めている。

　また，東京地裁破産再生部では，債権者集会期日に再生債務者等から議決権につき異議があった場合にはその場で議決権行使額を定めるとする手続を前提としつつも，債権者集会における決議をより円滑に行えるよう，議決権額が確定していない議決権者に対しては，裁判所が債権者集会期日で定める予定の議決権額（原則として争いのある範囲の中間値）で，議決票をあらかじめ作成し，議決票記載の議決権額は，債権者集会において裁判所が定める予定の額である旨の説明を記載した事務連絡とともに，再生計画案に同封して送付している（資料6-1-5(1)～(4)参照）。

　書面投票を行う場合にも，議決権額が記載された議決票を発送するため，あらかじめ議決権額を一旦定める必要があり，議決権が確定していない議決権者の議決権額を，原則として争いのある範囲の中間値としている。

　事案ごとの議決権額の定め方は次のとおりである。

(2) 債権額に争いがあるときの議決権の行使額

　再生債権の調査において，届出債権の内容を再生債務者等が認めず，又は他の届出再生債権者から異議を述べられるなどして再生債権の存否及び額に争いがある場合，債権調査期間の末日から1か月の不変期間内に，再生債権査定の申立て又は再生債権に係る訴訟の受継申立てをすることができる。

　再生債権査定申立て又は受継申立てがあった場合，再生債権は確定せず，議決権額も未確定であるため，原則として争いのある範囲の中間値を議決権額と定める。債権査定決定等の再生債権の存否及び額を判断する裁判がされたときは，議決権額をその裁判で定められた額に変更する。

　再生債権査定申立期間に再生債権査定の申立て又は受継申立てがなかった

場合，認否において認められた限度で再生債権が確定し，その確定した額を議決権と定める。再生債権の全額について認めない認否だった場合は，届出再生債権者が届出をしなかったのと同様の状態になるため，当然に議決権もないことになる。

(3) 別除権者の議決権の行使額

別除権者は，その別除権の行使によって弁済を受けることができない債権の部分（以下「不足額」という。）についてのみ，再生債権者としての権利を行使することができる（民再88条）。よって，別除権者は，債権届出をする際には予定不足額を再生債権額として届け出なければならない（民再94条2項）。

別除権者が届け出た予定不足額につき，再生債務者等が再生債権額及び議決権額を全額認めた場合は再生債権額とともに議決権も全額が確定する（民再104条1項）。別除権協定の成立，別除権の行使などで不足額が確定した場合は，議決権額は，その確定した額に修正されることになる。

別除権の目的物の評価が，別除権者と再生債務者等との間で異なるため，不足額に争いがあり，届出議決権額と再生債務者が認める議決権額との間に差異が生じている場合は，原則として争いのある（差異が生じている）範囲の中間値を議決権額として定める。不足額が確定したときは，議決権額を確定不足額に変更する。

また，別除権者による別除権の目的物の評価が，再生債務者等の評価よりも高額であるために，別除権者の届け出た予定不足額が再生債務者等の評価に基づく不足額よりも低い額になる場合，別除権者は予定不足額を議決権額として届け出ることがある。この場合，東京地裁破産再生部では，再生債務者等が認めることのできる議決権額は，届出議決権額を限度とする運用であるので，この場合に別除権者が行使できる議決権額は，全額認められた場合にはその届出債権額となる。

なお，東京地裁破産再生部所定の債権届出書には「予定不足額又は確定不足額がその額を超える場合には当該確定不足額」として届け出る旨の不動文

字が記載されている。この文言がある場合，別除権不足額が確定した場合には，確定不足額が認否において確定した金額を上回る額であっても，議決権額を確定不足額に変更することになる（第4章第1参照）。

(4) 債権届出の際，予定不足額の記載がない又は額未定と届け出ている場合

別除権者が，別除権の目的の評価が未確定などの理由により，債権届出書の届出議決権欄に予定不足額の記載をせず，または額未定として届出を行う場合がある。この場合，東京地裁破産再生部では，原則として，議決権を0円と届け出たものとして取り扱う運用である。ただし，別除権が確定した場合には，議決権額をその確定した額に変更する。

4 議決権行使の方法

(1) 債権者集会を開催する場合

債権者集会における議決権行使の方法は，民事再生法では具体的に定められていないが，東京地裁破産再生部では，付議決定時に，債権者集会招集通知，再生計画案，監督委員意見書などとともに，あらかじめ行使できる議決権額を記載した議決票を再生債権者に送付し，再生債権者が賛否を記入した上で書面投票又は債権者集会期日において提出する方法が採られている。

(2) 書面投票のみの場合

債権者集会を開催する場合の書面投票と同様であり，議決権額が記載された議決票を再生債権者に送付し，再生債権者が賛否を記入して書面投票を行う方法が採られている。

5　議決票の作成

(1)　議決権データの作成と提出

　決議に利用する議決票を裁判所が作成するに当たり，再生債務者等が債権者名，住所，議決権額等の電子データ（以下「議決権データ」という。）を作成し，記録媒体（CD-R又はフラッシュメモリ）によって提出する運用としている。

　議決権データの提出時期は債権者の人数にもよるが，通常は付議決定前の監督委員の意見書提出予定日の2日前程度としている。

　特別調査の対象となる再生債権がある場合は，上記議決権データの末尾に加える形で議決権データを提出する。

ア　データの形式

　指定する表計算ソフトを使用して作成する。

イ　必要なデータ項目

　　① 　進行番号
　　② 　届出議決権者名
　　③ 　郵便番号
　　④ 　住所
　　⑤ 　議決権行使額

ウ　データ見本

　資料6-3-4のとおりである。

(2)　議決票の作成

　東京地裁破産再生部では提出された議決権データを確認した上で議決票を

資料6－3－4　議決権データ見本

進行番号	届出議決権者	郵便番号	住所	議決権行使額
1	株式会社○○銀行	153-0044	千代田区丸の内１－２－３	32540897
2	○○信用金庫	150-0051	渋谷区恵比寿５－７－４	10000000
3	○○リース株式会社	150-0001	港区虎ノ門６－11－２	1500000
4	有限会社○○倉庫	153-0042	中央区晴海８－４－22	6797190
5	霞ヶ関　太郎	153-0043	目黒区中目黒７－１－３－901	507500

印刷し，債権者集会招集通知とともに発送している。

　なお，届出債権額の全額又は一部に争いがある再生債権者については，再生債権査定申立てや再生債権に係る訴訟の受継の申立期間が経過するまで，当該届出再生債権者に対する議決票の発送を留保している（本章第１参照）。

　特別調査の対象となる議決権者についても，上記議決票と同時に予定議決権額を記載した議決票を作成している。

6　議決票発送後の議決権の変更

(1)　議決権が消滅した場合
　　（届出再生債権の全額・一部取下げ）

　少額債権の弁済や相殺に伴い，届出再生債権の取下げがなされると，当該届出再生債権者は再生債権者の地位を失い，議決権も失うこととなる。裁判所は取下書を受領してから，議決権データを削除又は減額する。届出再生債権の全額が取り下げられた場合，既に発行済みの議決票は再生債権者において廃棄する。届出再生債権の一部が取り下げられた場合は，既に発行済みの議決票を減額後の議決票として利用し投票する。

(2) 議決権額が移転した場合
（届出再生債権の全額・一部移転）

　代位弁済等により，議決権額が新債権者へ移転した場合は，旧債権者の投票が未了の場合は新債権者が移転を受けた範囲の議決権額を行使する。

　全額移転した場合には，旧議決権者が保有する議決票を新債権者に引き継ぎ，新債権者は，議決票の債権者名を訂正の上，投票する。

　一部移転した場合には，旧債権者は既に発行済みの議決票を減額後の議決票として利用し投票する。新債権者に対しては，新規に議決票を発行する。なお，新議決権者が既に別の再生債権に係る議決票を所持している場合は，新たに取得した議決権額についても別の議決権の賛否と同一の行使をする予定であることが確認できれば，新たに移転した分の議決票を発行せず，再生債務者等に議決権データ変更の上申書を求め，議決権データのみを変更する。

　これに対して，新議決権者が新たに取得した分の議決権額につき，不統一行使を行いたい意向を示した場合は，その旨の上申書の提出を新議決権者に求め，上申書の提出日が不統一行使通知期限前であれば，新たに取得した議決権部分の議決票を発行する。

　なお，旧債権者の投票完了後に議決権が移転した場合には，移転した議決権につき，投票の撤回・変更は一切認めない扱いである。新債権者は既に議決権が行使されている再生債権の譲渡を受けたのであるから，新債権者が議決権を行使できないのは当然といえよう。

第 4

複数の再生計画案が付議された場合の対応

1　複数の再生計画案が提出される事例

　再生計画案は，再生債務者のみならず，再生債権を届け出た再生債権者もこれを提出することができる（民再163条2項）。

　過去に複数の再生計画案が提出された事例は，ゴルフ場運営会社の再生手続に係るものがほとんどである。それらの案件では，再生債務者が立案する再生計画案について，会員債権者のグループが，選定されたスポンサーの経営理念等に不満を持ち，異なるスポンサーが関与する再生債権者案を提出するなどの事例が見られる。

　また，近時の例として，航空運送事業といった我が国経済の基幹となる事業分野の民事再生手続において，再生債務者と再生債権者からそれぞれ再生計画案が提出された事例もある。この事例では，スポンサー（出資者）の構成については，様々な考え方があって差があるものの，再生計画案の内容（権利変更の内容）については，ほぼ差がないという特殊性があった（その意味で再生計画案の摺り合わせは困難な事案であった。）。

2　再生計画案に関する付議要件の審査の在り方

(1)　両案を統合する可能性の有無の検討

　複数の再生計画案が提出された場合，実務的には，まず，両案を摺り合わせて再生計画案を一本化する可能性がないか否かを検討することが通常であ

る。ゴルフ場運営会社の案件では，会員債権者側の要望について，再生債務者側がスポンサーと交渉して一定の譲歩を行い，付議決定までの間に再生計画案を修正するとともに，会員債権者側が自ら提出した再生計画案を取り下げるといった調整ができた事案もある。

しかし，再生債権者が再生計画案を提出するに至った経緯等に照らして，両案を摺り合わせる可能性がないと見込まれる場合もある。先に指摘した航空運送事業会社の案件などは，その例である。

(2) 両案の付議要件の検討

ア 問題の所在

両案の摺り合わせの可能性がない場合は，次に，両案について付議要件があるか否かを検討することになる。

付議要件で実務上議論が生ずるのは，「再生計画が遂行される見込みがないとき」（民再169条1項3号，174条2項2号）に該当するか否かという点である。

再生債務者案については，再生債務者が自ら計画を立て，その実現を望んでいるので，再生計画案の遂行の見込みを判断する上で固有の問題が生ずることは少ない。他方，再生債権者案については，①その内容が再生債務者において締結した先行するスポンサー契約の内容と抵触することをどのように考えるのか，②再生債権者案においてスポンサーとされた会社が現実にスポンサーとなる可能性やその資力の程度をどのように把握するのか，さらには，③再生債務者が再生債権者案を遂行する意思がない旨表明している場合は，どのように考えるのか，といった問題があり，検討が必要となる。

イ 先行するスポンサー契約との抵触について

事業譲渡による再建スキームや減増資型の再建スキームの場合が典型であるが，再生債務者は，自らの再生計画案を立案する過程でスポンサー（事業譲受先又は出資者）との間でスポンサー契約を締結している場合がある。

ところが，再生債権者案では，再生債務者案とは事業譲渡先を異にし，あるいは出資者を異にする場合もあり，先行するスポンサー契約がある中で，果たして，再生債務者は，再生債権者案が提示するスポンサーとの間で新たにスポンサー契約を締結することができるのかといった問題が生じ得る。

再生債務者が先行して締結したスポンサー契約において，再生債務者案が否決されたときは，当事者はスポンサー契約を解除することができる旨の条項が存在している場合には，再生債務者が従前のスポンサー契約の拘束から離脱し，新たなスポンサー契約を締結する余地が認められることから，再生債権者案についても，「再生計画が遂行される見込みがないとき」には当たらないとの説明は比較的容易である。

多くの場合，上記のような離脱条項を定めることで実務的な対処は可能なものと思われるが，そのような離脱条項がない場合にどのように考えるべきかは問題として残るところである。飽くまで一般論となるが，再生債務者において，先行するスポンサー契約が存続している中で，この内容と異なる契約を特定のスポンサーと締結することは債務不履行に該当する場合があり，その場合には再生債務者に損害賠償責任を生じさせる。その損害の内容（契約締結のための費用やブレイクアップ・フィー等が想定される。）については議論があり得るものの，その損害賠償請求権は，再生債務者財産に関し，再生債務者が再生手続開始後にした行為によって生じた請求権（民再119条5号）として共益債権となるとも考えられる（もちろん，再生債権という解釈もあり得る。）。そこで，再生債権者案について遂行の見込みがないときに当たるか否かを検討するに際しては，再生債務者の財務状況やスポンサーの出資額等との関係で，再生債務者がこの損害賠償債務を負担してもなお，再生計画案に基づく弁済が可能か否かという視点からの検討が不可欠となる場面も想定させる。

ウ　再生債権者案においてスポンサーとされた会社の対応方針と資力について

次に，再生債権者案においてスポンサーとして指摘された会社が，現実に

スポンサーとして名乗りを挙げるか，挙げるとしてその資力は十分かといった問題がある。これらの点は，再生債務者が選定したスポンサーの資力等の検討と同様，実務上，いずれも監督委員による調査や報告を経る中で検討されていくものである。一般的には，再生債務者と当該スポンサー会社との従前の関係，当該スポンサー会社が再生計画の遂行に対して有する利害関係の有無及び程度，当該スポンサーの意向，当該スポンサーが再生計画案の履行に支障のない資金提供等を表明する契約の申込みとして効力のある書面を提出しているか否か等を踏まえ，スポンサーになる可能性の有無及び程度を把握することになろう。また，出資等に必要な資力については，当該会社の財務状況や過去の実績等も踏まえながら判断することになるものと思われる。

エ　再生債務者の意向

　飽くまで一般論であるが，例えば，再生債務者が再生債権者案で提示されたスポンサーとは事業譲渡契約を締結する意思はないと表明するなど，再生債権者案の遂行について否定的な意思を明確にしている場合は，「再生計画が遂行される見込みがないとき」に当たるか否かをどのように考えるかといった問題がある。

　スポンサーの意向や資力等の面で再生債権者案が遂行される見込みがないとはいえない状況下において，再生債務者が主観的に再生債権者案を遂行する意思がないと主張しているだけで，再生債権者案について「再生計画が遂行される見込みがないとき」に当たるとするのは相当ではないと考えられる。再生債務者は，可決認可された再生計画を公平誠実に遂行する義務を負っており（民再38条2項），また，再生債務者は破産に至るリスクを踏まえながら経済合理性のある行動を取ることが期待されていることを踏まえれば，付議要件の有無を検討する時点では，再生債務者が消極的な意思を示していたとしても，翻意の可能性があるものとして，当該意思を斟酌する必要は原則としてないと考えるべきであろう。

資料6-4-1　再生債務者案と再生債権者案の両案を付議する場合の付議決定例

> 平成○○年(再)第○号　再生手続開始申立事件
>
> 　　　　　　　　　決　　　定
>
> 　　　　　　再生債務者　○○○○株式会社
>
> 1　本件につき、再生債務者提出の平成○○年○月○日付け再生計画案及び再生債権者株式会社△△△△提出の平成○○年○月○○日付け再生計画案をいずれも決議に付する。
> 2　議決権の行使は、次項記載の債権者集会の期日において行使する方法又は第4項記載の書面投票によって行使する方法のうち、議決権者が選択する方法により行う。
> 3　債権者集会を平成××年×月×日午後×時××分当庁に招集する。
> 4　書面投票により議決権を行使する場合の投票期間を平成△△年△月△△日までと定める。
> 5　議決権を不統一行使する場合の通知期限を平成●●年●月●●日までと定める。
>
> 　　　平成○○年○月○○日
> 　　　　東京地方裁判所民事第20部
> 　　　　　　裁判長裁判官
> 　　　　　　裁判官
> 　　　　　　裁判官

(3)　付議決定

　再生債務者案と再生債権者案の両案を付議する場合の付議決定例は、資料6-4-1のとおりである。

　再生債権者案を決議に付さない場合には、決議対象となる再生計画案を明らかにして手続の混乱を避けることが相当であるから、再生債権者案について排除決定をすることが相当である。その場合の排除決定例は、資料6-4-2のとおりである。

資料6-4-2　再生債権者案を付議しない場合の排除決定例

> 平成○○年(再)第○号　再生手続開始申立事件
>
> 決　　定
>
> 再生債務者　○○○○株式会社
>
> 　頭書事件につき，当裁判所は，監督委員の意見を聴取した上で，次のとおり決定する。
>
> 主　　文
>
> 　再生債権者株式会社△△△△から提出された平成○○年○月○○日付け再生計画案を決議に付さない。
>
> 　　　平成○○年○月○○日
> 　　　　東京地方裁判所民事第20部
> 　　　　　　裁判長裁判官
> 　　　　　　裁判官
> 　　　　　　裁判官

3　両案を付議した場合の議決票の在り方等の手続的な課題

　付議要件を検討し，再生債務者案と再生債権者案との両案を付議する場合は，決議に向けて検討すべき課題がいくつか生ずる。

(1) 再生債務者案と再生債権者案が付議された場合の議決票の在り方について

ア　考えられる方法

　再生債務者案（以下「A案」という。）と再生債権者案（以下「B案」という。）の両案が付議された場合，議決票の在り方について，実務上，次の二つの方法があるとされる（髙木裕康「再生計画案提出に関する問題」事業再生

研究機構編『民事再生の実務と理論』201頁以下参照)。

　　a　選択方式

　一つの議決票にA案に賛成，B案に賛成，両案に反対の3択を設け，いずれかに○を付してもらう。いずれの選択肢にも○がないもの（白票）や，重複して○のあるものは無効票として扱う。

　この手法を採用した場合は，bの個別方式に比べ，両案が否決されて共倒れになる可能性が相対的に高いとされる。

　　b　個別方式

　A案とB案について，それぞれ議決票を発行し，それぞれについて，賛成，反対の2択を設け，いずれかに○をしてもらう。いずれの選択肢にも○がないもの（白票）や，重複して○があるものは無効票として扱う。

　この手法を採用した場合，論理的には両案が成立する可能性を否定することができないとされる。

イ　東京地裁破産再生部における運用

　東京地裁破産再生部では従前から前記aの選択方式を採用している。裁判所が複数の再生計画を認可することはあり得ないが，民事再生法上の認可は，可決された再生計画案に認可事由があるか否かを審査するものであり，可決された複数の再生計画案のうち，より適切なものを選択することを予定するものではない。このことからすると，複数の再生計画案が可決される余地を残す手法は避けた方がよいと思われる。また，民事再生法172条の3は，その文言からして個別の再生計画案について決議を求めるようにも読めるが，それは再生計画案が一つの場合を想定しており，複数の再生計画案が付議された場合は，一つの議決票により選択して賛否を問うことも否定していないものと思われる。加えて，選択方式の方が，再生債権者の判断を直截に反映できること，選択方式で指摘される共倒れの危険は続行集会で対応できること，個別方式より取り扱う議決票の数が少なく，事務処理の負担が相対的に軽減され得ることなどのメリットもあるといえよう（事務処理の負担が軽減されるとの点を除き，伊藤・破産民再3版1005頁注60参照）。

(2) 議決権の不統一行使の場合の取扱い

ア 議決権の不統一行使の制度

民事再生法は，議決権者がその有する議決権を統一しないで行使することを認めており，その場合は，裁判所が定める期限までに，裁判所に書面でその旨を通知しなければならないと定める（民再172条2項）。実務上も，この不統一行使の制度が利用されることがあり，前記の航空運送事業会社の事案でも実際に利用された。

イ 問題の所在

議決権の不統一行使を検討するに当たり，複数計画案が付議された場合に民事再生法172条の3第7項（議決権の不統一行使の場合における頭数要件の数え方の規定）をどのように解するのが相当かという問題がある。

民事再生法172条の3第7項は，議決権の一部のみを再生計画案に同意するものとして行使した議決権者（その余の議決権を行使しなかった者を除く。）があるときは，頭数の過半数要件の母数となる総議決権者の数に1を，再生計画案に同意する旨の議決権を行使した議決権者の数に2分の1をそれぞれ加算する旨を規定する。

単独の再生計画案が提出され，議決権を二つに分割して賛成と反対とにそれぞれ分けて行使する場合は，総議決権者の数に1を，同意する議決権者の数に2分の1を加算することになり，条文のとおりで問題は生じない。

しかし，二つの再生計画案が付議された場合において，議決票の在り方について選択方式を採用し，議決権を三つに分割して，A案に賛成，B案に賛成，両案に反対のそれぞれに議決権を付与した場合に，民事再生法172条の3第7項を形式的に適用すると，総議決権者の数に1を，A案に賛成に2分の1を，B案に賛成に2分の1をそれぞれ加算することになる。しかし，これでは，反対の選択肢を含めると，議決権の不統一行使を選択した者は，合計1.5の頭数を有するのと同じことになり，不統一行使を選択しない議決権

者との間で不均衡が生ずる。3案が出されて、選択肢が四つになり、4分割して行使する場合を想定すると、不均衡は更に拡大する。

ウ　合理的な解釈の必要性

　民事再生法172条の3第7項の趣旨は、①議決権の不統一行使をしない議決権者との均衡上、複数の議決権を行使したのと同様の結果となるのは適当でないこと、及び、②議決権の不統一行使の制度は、再生計画案の可決の難易については中立的であるべきであると考えられることにある（一問一答破産395頁参照）。この立法趣旨を踏まえると、不均衡が生ずるような形式的な解釈は相当ではない。

　民事再生法172条の3第7項は、一つ再生計画案が提出され、議決権を分割して行使した場合の例示であると解すべきであって、両案が付議された場合は、実際に議決権を分割して行使した選択肢（両案に反対の選択肢も含む。）の数の逆数を頭数に加算するのが相当であると解される。例えば、A案に賛成、B案に賛成、両案に反対の三つの選択肢について分割行使した場合は、A案に賛成の頭数に3分の1、B案に賛成の頭数に3分の1をそれぞれ加算するのが相当である。前記の航空運送事業会社の事案では、このような考え方の下に議決権者の数を算定した。

　具体的な算定例は、資料6-4-3を参照されたい。

資料6-4-3　両案付議の事案において不統一行使の申出があった場合の可決要件の頭数計算例

	パターン	A案賛成	B案賛成	両案反対	放棄枚数
3枚発行	①	投票（1／3）	投票（1／3）	投票（1／3）	なし
	②	投票（1／2）	投票（1／2）	—	1枚放棄
	③	投票（1／2）	—	投票（1／2）	1枚放棄
	④	投票（1）	—	—	2枚放棄

4　両案の一方又は双方が否決された場合の集会の運営について

(1)　想定される決議のパターンと問題の所在

　再生債務者案（A案）と再生債権者案（B案）の両案が付議される場合，1回目の決議集会においては，例えば，次のような決議パターンが想定される。
　(i)A案又はB案の一方が可決成立するパターン，(ii)A案又はB案の一方は，頭数要件を満たすものの議決権額要件を満たさず，他方の再生計画案は，議決権額要件を満たすものの頭数要件を満たさずに，両案とも否決され，双方から決議集会を続行する旨の意思表示（民再172条の5第1項1号）がされるというパターン，(iii)A案又はB案の一方について頭数要件又は議決権額要件の一方を満たすものの他方の要件は満たさずに否決され，他方の再生計画案については，頭数要件も議決権額要件も満たさずに否決されるといったパターンである。
　(i)のパターンの場合は公正な投票をいかに確保するかという通常の課題を超えて特に検討されるべき問題はない。しかし，(ii)のパターンの場合においては，両案について民事再生法172条の5第1項1号によりそれぞれ決議集会を続行したとして，続行集会において再度両案とも否決された場合に，再度の続行集会を開くことが可能なのかといった問題（以下「再度の続行集会の可否」という。）がある。
　また，(iii)の場合には，いずれかの決議要件を満たした再生債務者又は再生債権者は民事再生法172条の5第1項1号により決議集会の続行を求める申立て（以下「1号要件による集会の続行」という。）をし，いずれの決議要件も満たさなかった他方当事者は，同項2号の要件取得を前提に続行集会を求める申立て（以下「2号要件による集会の続行」という。）をすることが想定される。この場面では，一方の再生計画案について1号要件による集会の続行が

成立する場合に，他方の再生計画案について2号要件による集会の続行が許容されるのか（以下「1号要件による集会の続行と2号要件による集会の続行の併存可能性」という。），また，仮に許容されるとして，「債権者集会の期日に出席した議決権者の過半数であり，かつ，出席した議決権者の議決権の総額の2分の1を超える議決権を有する者の同意があった場合」に当たるか否かを決議集会の場においていかに円滑に確認するのかといった課題（以下「2号要件の充足を確認する手法」という。）が存在する。

(2) 再度の続行集会の可否について

　民事再生法172条の5第2項，第3項により，続行集会は最初の決議集会から原則2か月以内に，必要があると認めるときは例外的に3か月以内に開催されることが要請されている。しかし，続行集会を更に続行することの可否について民事再生法は触れていない。続行要件を満たす限り，再生計画案の可決可能性を探る機会を付与するのが相当であると解されるから，上記の期間内であれば，続行集会を更に続行することも可能であると解される。ただ，書面投票併用型を採用している場合は，投票の準備期間等を考慮すると，再度の続行は事実上1回程度に限定されるであろう（本章第5参照）。

(3) 1号要件による集会の続行と2号要件による集会の続行の併存可能性

　頭数要件か議決権額要件かのいずれかを満たした再生計画案の方が，いずれの要件も満たさない再生計画案より相対的に優位に立っているとの評価が可能であれば，1号要件による集会の続行が成立するときは，2号要件による集会の続行は認められないとの見解もあり得る。しかし，民事再生法は，否決された再生計画案について，その優劣については規定しておらず，二つの続行要件を並列的に定めるのみである。2号要件を満たす再生計画案がある場合は，1号要件を満たす再生計画案の存否にかかわらず，再度の決議が可能だとの考え方も十分成り立つ。後者の考え方が実務的には手堅いものと思われる。

(4) 2号要件の充足を確認する手法について

 2号要件の充足の有無を円滑に確認する手法については，いくつかの実務的な工夫を行うことが考えられる。決議集会に参加できる者について議決権を有する債権者に限った上（決議集会の会場の広さという物理的制約も考慮せざるを得ない。），当日出席した議決権者に「確認カード」（資料6-4-4）を配布し，2号要件の有無の確認が必要となった場合は，確認カードの右にある空欄に，続行に賛成の場合は○を，反対の場合は×を記載してもらって回収し，記入なし又は不提出の場合は反対と扱うことや，事前に議決権者番号，整理番号，議決権者名，議決権行使額，出欠席の状況，意見集計欄などを入力したエクセルファイルを作り，2号要件に係る集計を速やかに行える態勢を構築することなどがその工夫の一例であり，東京地裁破産再生部においても，そのような態勢を構築しているところである。

 なお，事前に書面投票を済ませている議決権者であっても債権者集会への出席は可能であるから，この者が出席した場合には，確認カードに賛否を記入して期日の続行について意見を表明することができる。

資料6-4-4　確認カード

※このカードは，最後に裁判所が回収しますので，捨てないでください。

平成○○年(再)第○○号　　　　　　　　　　　　　　　　　　　　　　[　　] 　　　　　　　　　　確　認　カ　ー　ド 整理番号　　○○ 債権者名　　○○○○ 　　代理人弁護士　　○○○○

第5

再生計画案が否決された場合の対応

1　再生計画案が否決される場合

(1)　再生計画の決議の方法

　再生計画案の決議の方法には，①債権者集会の期日で議決権を行使する方法（「集会型」。民再169条2項1号），②書面等投票（書面その他の最高裁判所規則で定める方法のうち裁判所が定めるものによる投票。なお，民再規90条2項2号は電磁的方法で書面投票ができる旨規定している。）による方法（「書面型」。民再169条2項2号），③集会型と書面型を併用する方法（「併用型」。同項3号）があり，いずれの方法によるかは裁判所の裁量による（同項本文）。

　集会型には，再生債権者が集会に出席することで再生手続に直接参加することができ，決議の過程をつぶさに確認することができるといった長所があり，他方，書面型には，遠隔地の再生債権者も容易に決議へ参加することができるなどの長所があるものの，決議が可決されない場合には続行が許されないこと（民再172条の5），書面による付議決定後は再生計画の変更が許されないこと（民再172条の4）などの短所があるため，東京地裁破産再生部では，集会型と書面型の双方の長所を享受することができるよう，原則として併用型を採用している（本章第1参照）。

(2)　再生計画の決議の要件

　再生計画案は，議決権を行使した議決権者の過半数の同意（頭数要件）があり，かつ，議決権者の議決権の総額の2分の1以上の議決権を有する者の

同意（議決権額要件）があると可決される（民再172条の3第1項）。

　決議の結果，頭数要件及び議決権額要件を全て充足する場合でなければ，再生計画案は否決されることとなり，裁判所は，債権者集会の期日を続行する場合を除き，職権で再生手続を廃止しなければならない（民再191条3号）。

2　集会期日の続行

(1)　続行の可否

ア　民事再生法172条の5第1項1号による続行

　前記1(1)のとおり，東京地裁破産再生部では，決議の方法として，決議が可決されなかった場合にも続行が可能であり（民再172条の5），付議決定後も再生計画の変更が可能である（民再172条の4）集会型と，遠隔地の再生債権者も容易に決議に参加することができる書面型を併用する方式（併用型）を採用している。

　このように，集会型と書面型の併用型によって決議を実施した場合は，債権者集会を実施していることから，再生計画案が否決された場合であっても，可決要件のうち，頭数要件又は議決権額要件のいずれかを充足するときは，裁判所は，再生計画案の提出者の申立てにより又は職権で，続行期日を定めて言い渡さなければならない（民再172条の5第1項1号）。

　ただし，続行期日において当該再生計画案が可決される見込みがないことが明らかである場合は，この限りではない（民再172条の5第1項ただし書）。議決権額の過半数を占める再生債権者が期日を続行しても反対の意見に変更がないことを表明し，手続進行の経過から，そのような意見に相当な理由があると認められる場合等がこれに該当する。

　東京地裁破産再生部では，この点を確認するため，可決に至らなかった債権者集会において，出席した再生債権者に対して意見を聴取したところ，大口債権者から，続行の希望が表明されたという事例がある。この事例では，

大口の債権者数名が再生計画案に反対したため，頭数要件は充足したものの，議決権額要件を充足せず，可決に至らなかったが，大口債権者らとの交渉を継続するため，当初の再生計画案の基本弁済の弁済額を増額し，追加弁済の弁済額をその分減少させる（効果としては弁済の一部について弁済期を前倒しすることとなる。）再生計画案の変更を続行期日に行うことを前提に，債権者集会の期日を続行することとした。

イ　民事再生法172条の5第1項2号による続行

　頭数要件及び議決権額要件をいずれも充足しない場合であっても，期日の続行について，債権者集会の期日に出席した議決権者の過半数であって，出席した議決権者の議決権の総額の2分の1を超える議決権を有する者の同意があれば，裁判所は，再生計画案の提出者の申立て又は職権で続行期日を定めて言い渡さなければならない（民再172条の5第1項2号）。

　もっとも，東京地裁破産再生部では，これまで個人の再生債務者の事例で，債権者集会の期日において，期日の続行の当否について改めて決議を実施し，期日を続行した例が数例みられるものの，これを除いては，決議により期日を続行した例はほとんどみられない。

(2)　続行期日の指定

　期日を続行する場合において，再生計画案の可決は，当該再生計画案が決議に付された最初の債権者集会の期日から2か月以内にされなければならない（民再172条の5第2項）。また，裁判所は，必要があると認めるときは，再生計画案の提出者の申立て又は職権で，期間を伸長することができるが，伸長期間は，1か月を超えることができない（同条3項）。

　東京地裁破産再生部では，債権者集会の期日において再生計画案が否決された場合，続行の要件があるときには，再生債務者に対し，期日続行の申立てをするか否かを確認し，当該申立てがある場合には，当該債権者集会において，2か月以内の日を続行期日として指定して言い渡すこととしている。この続行期日については，書面投票の状況から可決要件の一方のみしか充足

しない見込みの場合は，集会期日の前に続行の申立ての有無，続行期日の候補日について再生債務者及び監督委員と協議して確認している。この場合，続行期日の回数を制限する規定はないが，改めて債権者に書面投票を求めることとしているため，その期間を考慮すると，通常は，期日の続行は1回に限られる。

3　続行期日までの手続

　東京地裁破産再生部では，続行期日も併用型で実施している。したがって，当初の債権者集会において，続行期日とともに，書面投票期間（同期間の末日は原則として続行期日の8日前）を定めて告知している。

(1)　再生計画の変更の検討

　再生計画案が否決された場合，同一の再生計画案を決議することもできるが，可決要件を充足する再生債権者の同意を得るために，再生債権者に不利な影響を与えない限り，続行期日において，裁判所の許可を得て再生計画案の変更をすることも可能である（民再172条の4）。
　再生債務者は，再生債権者の同意が得られなかった原因を分析し，当初の計画案を維持したまま，再度，再生計画案に同意するよう説得を尽くして続行期日に臨むのか，弁済額の増加や弁済期間の繰上げなど，再生計画案の変更をして続行期日に臨むのか，早期に見込みを立てることが必要となる。

(2)　再生計画案の変更をしない場合

　最初の債権者集会の後，速やかに議決権者に対して，改めて債権者集会の続行の通知書や議決票等を発送することになる。発送する書面は，「債権者集会続行の通知書」「議決票」，議決票を投票するための「返信用封筒」である。
　東京地裁破産再生部では，前記書面等及び発送用の封筒を再生債務者代理人に交付し，その後発送までの事務作業を再生債務者代理人に依頼する扱い

である（本章第1参照）。

(3) 再生計画案の変更をする場合

ア　変更計画案の提出

　再生債務者は，再生計画を変更する場合には，裁判所に対して，変更を求める再生計画案（変更計画案）を提出することになる。この場合，再生債務者は，事前に監督委員に変更の内容を説明し，変更の許否について協議を済ませてから裁判所に変更計画案を提出することが求められる。続行期日は2か月以内に指定されるのが通例であるから，続行期日までの事務作業を考慮すると，最初の債権者集会終了後2週間程度，遅くとも続行期日の1か月前までには，裁判所に変更計画案を提出することが必要である（なお，変更の理由や変更箇所の詳細を記載した報告書の提出を求めることがあることにつき本章第2参照）。

　裁判所は，監督委員の意見を聴いた上，変更計画案の内容を精査し，変更の内容が再生債権者に不利な影響を与えないものかどうか，履行可能性があるかどうか等について検討する。その際，特に補充すべき事項がない限り，原則として監督委員から追加の意見書は求めない扱いである。

イ　変更計画案等の発送

　裁判所は，再生債務者が提出した変更計画案が再生債権者に不利な影響を与えないものであると判断された場合，変更の許否の判断それ自体は飽くまで続行期日において行うものの，再生債権者が変更後の再生計画案についての同意・不同意の判断をするための参考として，変更計画案を再生債権者に発送している。

　最初の債権者集会終了後，早期に変更計画案が提出された場合は，「債権者集会続行の通知書」，「議決票」，議決票を投票するための「返信用封筒」，「変更計画案」，「事務連絡（資料6-2-2）」を併せて発送している。

　これに対し，早期に変更計画案を提出することができない場合には，議決

権者に対し，続行期日を案内する必要があることから，最初の債権者集会の後，速やかに，議決権者に対して「債権者集会続行の通知書」のみを発送し，その後，再生変更計画案が提出された段階で「議決票」，議決票を投票するための「返信用封筒」，「変更計画案」，「事務連絡（資料6－2－2）」を併せて発送することになる。

東京地裁破産再生部では，具体的な発送事務作業を，再生債務者代理人に依頼している（本章第1参照）。

(4) 再生債務者による変更計画案の事前説明

再生債務者は，続行期日の前に再度再生債務者主催の説明会を開催したり，初回の債権者集会において反対した主要な再生債権者に個別に説明したりする等の適宜の方法で，変更計画案の内容を再生債権者に説明をすることが求められる。

4 続行期日の実施

再生計画案の変更をしない場合は，前回と同一の再生計画案につき決議を行う。

再生債務者が，再生計画案を変更する場合には，裁判所は，続行期日において，変更の適法性・相当性について，監督委員の意見を口頭で聞いた上で再生計画案の変更の許否を判断する（民再172条の4）。裁判所が再生計画案の変更を許可した場合には，変更後の再生計画案につき議決権者による決議を行う。

決議の結果，再生計画案が可決された場合には，裁判所はあらかじめ不認可事由の有無につき審理を済ませていることから，そのまま期日において認可決定を告知するのが通例である。

これに対し，続行期日においても再生計画案が否決された場合には，裁判所は，職権で，再生手続廃止の決定をしなければならない（民再191条3号）。

第7章

再生計画認可後の手続

第 1

再生計画の遂行とその監督

1 再生計画認可決定の効力

(1) 認可の決定

ア　認可又は不認可の決定

　再生計画案が可決された場合には，裁判所は，民事再生法174条2項各号のいずれかに該当する場合を除き，再生計画認可の決定をする（民再174条1項）。他方，これらのいずれかに該当する場合には，再生計画不認可の決定をする。

　このように，再生計画案が可決された場合において，更に裁判所が認可・不認可の決定をすることとした趣旨は，再生計画が，再生債務者とその債権者との間の民事上の権利関係を適切に調整し，もって当該債務者の事業又は経済生活の再生を図るという法の目的（民再1条）を達成するに適しているかどうかを，裁判所に改めて審査させ，その際，後見的な見地から少数債権者の保護を図り，ひいては再生債権者の一般の利益を保護しようとするものであるとされる（最決平20．3．13民集62巻3号860頁参照）。

　不認可事由は次のとおりである（民再174条2項）。

　　① 　再生手続又は再生計画が法律の規定に違反し（再生手続の法律違反の場合には，違反の程度が軽微であるときを除く。），かつ，その不備を補正することができないものであるとき

　　　再生手続が法律に違反するものとして，再生計画案の決議の時期が

460　第7章　再生計画認可後の手続

法律の定めに従っていない場合（民再169条1項参照）などが挙げられる。また，再生計画が法律に違反するものとして，権利の変更の内容が平等原則に反する場合（民再155条1項本文）などが挙げられる。
② 再生計画が遂行される見込みがないとき
再生計画上の再生債権の弁済の原資を調達する見込みがない場合などが挙げられる。
③ 再生計画の決議が不正の方法によって成立するに至ったとき
「再生計画の決議が不正の方法によって成立するに至ったとき」には，議決権を行使した再生債権者が詐欺，強迫又は不正な利益の供与等を受けたことにより再生計画案が可決された場合はもとより，再生計画案の可決が信義則に反する行為に基づいてされた場合も含まれる。前掲最決平20．3．13は，再生手続による方が破産手続によるよりも債権の回収に不利な債権者がいて，再生計画案が可決されないことが見込まれていた状況の下で，再生債務者が，再生手続開始の申立て直前に，回収可能性のない再生債権の一部を関係者らに譲渡し，これにより議決権の過半数を占めることによって再生計画案が可決されたという事案において，再生計画の決議は，民事再生法172条の3第1項1号の少額債権者保護の趣旨を潜脱し信義則に反する行為によって成立したものというべきであり，不正の方法によって成立したものというべきであると判示した。
④ 再生計画の決議が再生債権者の一般の利益に反するとき
再生計画による権利の変更に基づく弁済率が破産を想定した場合の配当率（清算配当率）を下回る場合が典型的である。

イ 認可の決定及びその手続

再生計画は，認可の決定の確定により，効力を生ずる（民再176条）。
東京地裁破産再生部では，通常，再生計画の不認可事由の有無について事前に検討を済ませて決議のための債権者集会に臨んでおり，不認可事由がないと判断した場合，再生計画案が可決されて再生計画が成立したときは，原

則として集会の場で再生計画認可の決定の告知をしている。

　民事再生法115条1項本文に規定する者（再生債務者，管財人及び届出再生債権者等）及び労働組合等は，再生計画を認可すべきか否かについて，意見を陳述することができる（民再174条3項）。このような意見は再生債務者による債権者説明会や監督委員を通じて事前に明らかになることもあり，その意見が重要なものである場合には，集会前に当該意見への対応につき検討されることになろう。また，届出再生債権者等が集会の場で意見を述べた場合（なお，再生計画案についての質疑応答は，債務者による債権者説明会で行われる。）には，その内容によっては，再生債務者の反論や監督委員の意見を踏まえ，再生計画の認可に関する判断を行うことも考えられる。

　認可又は不認可の決定があった場合は，再生債務者，管財人，届出再生債権者及び再生のために債務を負担し又は担保を提供した者（民再115条1項本文）に対し，その主文及び理由の要旨を記載した書面を送達しなければならない（民再174条4項）が，公告をもって送達に代えることができる（民再10条3項）ことから，東京地裁破産再生部では，例外なく公告の方法によっている。官報に掲載されるまでに約2週間を要し，また，認可決定に対し，利害関係人は，即時抗告をすることができ，この場合の即時抗告期間は2週間である（民再175条1項，9条）ため，通常，認可決定の確定は集会期日から約4週間後となる。

　関係者への通知等については，東京地裁破産再生部では，認可決定が確定すると，再生債務者に対し，確定した旨を通知するため，申請書なしで確定証明書1通を交付する運用をしている（確定証明書が数通必要な場合は，交付申請を要する（民再16条2項）。）。監督委員に対しては，事務連絡のファクシミリ送信をしている。再生債権者等に対しては，再生債務者から適宜の方法で適切に対応するよう求めている。なお，再生計画の認可又は不認可の決定があった旨は，労働組合等に通知することを要する（民再174条5項）が，この通知は，再生債務者代理人を介して行っている。

　再生債務者が法人の場合，再生計画の認可又は不認可の決定が確定したときは，裁判所書記官が職権でその旨の登記を嘱託する（民再11条5項1号）。

(2) 再生計画の効力

ア　再生計画の効力範囲

　再生計画は，再生債務者，全ての再生債権者及び再生のために債務を負担し，又は担保を提供する者のために，かつ，それらの者に対して効力を有する（民再177条1項）。

　他方，別除権者が有する担保権（民再53条1項），再生債権者が再生債務者の保証人その他再生債務者とともに債務を負担する者に対して有する権利及び再生債務者以外の者が再生債権者のために提供した担保に影響を及ぼさない（民再177条2項）。

イ　再生債権の権利の変更と免責

(ア)　権利の変更と行使

　決定が確定したときは，届出再生債権及び認否書に記載された自認債権（民再101条3項）を有する再生債権者の権利は，再生計画の一般的基準に従い，変更される（民再179条1項）。これにより変更を受けた再生債権者は，その有する再生債権が確定している場合に限り，再生計画の定めによって認められた権利を行使することができる（同条2項）。

　また，別除権付再生債権者は，不足額が確定した場合に限り，その不足額の部分について，認可された再生計画の定めによって認められた権利又は民事再生法181条1項の規定により変更された後の権利を行使することができる（民再182条本文）。ただし，別除権が根抵当権である場合において，再生計画に仮払及び精算に関する定め（民再160条2項）があるときは，不足額が確定する前であっても，その定めにより権利を行使することができる（民再182条ただし書）。

(イ)　免責とその例外

　再生計画認可の決定が確定したときは，再生計画の定め又はこの法律の規定によって認められた権利を除き，再生債務者は，全ての再生債権につい

て，その責任を免れる（民再178条１項本文）。

　もっとも，再生手続開始前の罰金等（罰金，科料，刑事訴訟費用，追徴金，過料（共益債権又は一般優先債権であるものを除く。）。民再97条１号）については，責任を免れない（民再178条１項ただし書）。

　また，①再生債権者がその責めに帰することができない事由により債権届出期間内に届出をすることができなかった再生債権で，その事由が再生計画案の付議決定前に消滅しなかったもの（民再181条１項１号），②この付議決定後に生じた再生債権（同項２号），③届出がされていない再生債権で，民事再生法101条３項の規定により再生債務者に自認義務のあるもの（同項３号）は，免責されず，再生計画上の権利変更の一般的基準に従い権利変更される（同項柱書）。上記③の債権は，権利変更後の金額について劣後的取扱いがされ，再生計画で定められた弁済期間が満了する時（その期間の満了前に，再生計画に基づく弁済が完了した場合又は再生計画が取り消された場合にあっては弁済が完了した時又は再生計画が取り消された時）までの間は，弁済をし，弁済を受けるなどの当該債権を消滅させる行為（免除を除く。）をすることができない（同条２項）。再生手続開始前の罰金等については，再生計画に記載がなくても失権しないが，これについても劣後的取扱いがされる（同条３項）。

　なお，最判平23．3．1（金法1937号119頁）は，貸金業者を再生債務者とする再生計画で，届出のない再生債権である過払金返還請求権について請求があれば再生債権の確定を行った上で，届出があった再生債権と同じ条件で弁済する旨の条項が定められた事案において，「過払金返還請求権については，届出のない再生債権についても一律に民事再生法181条１項１号所定の再生債権として扱う趣旨であると解され，上記過払金返還請求権は，本件再生計画による権利の変更の一般的基準に従い変更され，その再生債権者は，訴訟等において過払金返還請求権を有していたこと及びその額が確定されることを条件に，上記のとおり変更されたところに従って，その支払を受けられる。」と判示した。

ウ　再生債権者表の記載の効力

　再生計画認可の決定が確定したときは，裁判所書記官は，再生計画の条項を再生債権者表に記載しなければならない（民再180条1項）。東京地裁破産再生部では，認可された再生計画案を引用する方法で再生債権者表に記載している。再生債権に基づき再生計画の定めによって認められた権利については，その再生債権者表の記載は，再生債務者，再生債権者及び再生のために債務を負担し，又は担保を提供する者に対して，確定判決と同一の効力を有し，金銭の支払その他の給付の請求を内容とするものを有する者は，再生計画に記載された履行期が到来すれば，再生債務者及び再生のために債務を負担した者に対して，その再生債権者表の記載により強制執行をすることができる（同条2項，3項本文）。

　なお，再生計画不認可の決定が確定したときも，確定した再生債権については，再生債権者表の記載は，再生債務者に対し，確定判決と同一の効力を生じ，その記載により強制執行をすることができる（民再185条1項本文，2項）。ただし，管財人が選任されている場合において再生債務者が異議を述べた場合には，この限りではない（同条1項ただし書）。

エ　減増資型の再生計画

　再生計画において株式の取得，株式の併合，資本金の額の減少に関する条項を定めたときは，認可された再生計画の定めによって，株主総会の特別決議（株式の併合につき会180条2項，309条2項4号）等の会社法の手続を経ることなく，株式の取得，株式の併合，資本金の額の減少をすることができる（民再183条1項，2項，4項）。再生債務者は，株式の取得をした後，これを会社法178条により消却することができる。

　発行可能株式総数についての定款の変更に関する条項を定めたときは，株主総会の特別決議（会180条2項4号，309条2項4号）を経ることなく，定款は，認可決定確定時に，再生計画の定めによって変更される（民再183条6項）。

募集株式を引き受ける者の募集に関する条項を定めたときは，株主総会の特別決議（会199条2項，309条2項5号）を経ることなく，取締役の決定（取締役会設置会社の場合は，取締役会の決議）によって，会社法199条2項の募集事項を定めることができる（民再183条の2第1項）。

株式の取得以外の事項についての登記の申請書には，再生計画認可決定の謄本又は抄本を添付しなければならない（民再183条7項，183条の2第3項）。

オ　中止していた手続等の失効

再生計画認可の決定が確定したときは，再生手続の開始により民事再生法39条1項によって中止した強制執行手続等は，同条2項により続行されたものを除き，その効力を失う（民再184条）。

2　再生計画の遂行

(1)　再生債務者等による再生計画の遂行

再生計画認可の決定が確定したときは，再生債務者等（管財人が選任されている場合は管財人。民再2条2号）は，速やかに，再生計画を遂行しなければならない（民再186条1項）。再生手続において，認可された再生計画を遂行することは，再生債務者の事業の再生のための根幹ということができるのであって，これを確実に実行することが求められる。

再生計画の遂行の範囲については，一般的には，再生債権の弁済だけでなく，共益債権や一般優先債権の弁済，未確定の再生債権に関する条項及び別除権不足額に対する適確な措置に関する条項の履行，事業譲渡，会社分割，減増資の履行などが含まれよう。認可決定の確定後に再生計画が遂行される見込みがないことが明らかになったときは，再生手続廃止の決定をしなければならない（民再194条。本章第4参照）ことから，再生計画を遂行すべき範囲については，再生計画案の作成の段階で十分に検討を加えておく必要がある。

東京地裁破産再生部では，原則として全件について監督委員を選任しているため，再生計画認可の決定が確定しても終結決定をすることはなく，最長3年間は監督委員の監督の下で，再生計画が遂行されることとなる。

(2) 再生債権の弁済等

　東京地裁破産再生部では，再生債権の弁済については，原則として，振込手数料を再生債務者の負担とし，再生債権者の指定する口座へ振り込む方法により行う運用としており，第1回の弁済に当たっては，再生債権者の振込先口座を速やかに確認する必要がある。所在不明の債権者については，弁済金の供託を行うことになる（民494条）が，再生債務者の本店所在地の供託所に供託することができるようにするため，「再生計画認可決定の確定した日から1か月以内（または，「別途指定する期日まで」）に，再生債権者が振込口座の指定を行わない場合には，弁済は，再生債務者の本店において行う。」などと定めるのが通例である（第5章第2参照）。

　なお，未確定の再生債権や不足額未確定の別除権付債権，否認訴訟，残余財産の処分などで弁済原資の変動要素となるものについては，できる限り早期に確定させ，追加弁済の規定による対応等をするよう努めるべきである。

(3) スポンサー型の再生計画の遂行

　減増資型の再生計画では，再生計画により自己株式を取得した場合は，会社法178条により消却することになる。また，募集株式を引き受ける者の募集については，取締役の決定（取締役会設置会社の場合は，取締役会決議）により，募集事項を定めることになる。

　計画内事業譲渡型の再生計画については，東京地裁破産再生部では，債権者集会終了後速やかに株主総会の決議による承認に代わる許可の決定（民再43条1項）をするため，再生計画認可の確定により事業譲渡の実行が可能となる。

　計画内会社分割型の再生計画では，吸収分割契約の締結・新設分割計画の作成，株主総会の決議による承認等の会社法上の手続に従って実行すること

になる。

　事業譲渡型や会社分割型の場合，通常は，手続が完了してスポンサーから資金の拠出がされ，これを再生債権者等に対する弁済原資とすることが多いが，特に，会社分割型では，会社法上の手続を経ることを要し，再生計画で定めた弁済期限までにこれらの手続が完了しないと再生計画上の弁済ができないことになるため，手続の進行には特に注意を要する（東京弁護士会倒産法部編『民事再生申立ての実務』514頁〔神村大輔〕）。

(4) 再生債務者代理人の役割

　DIP型手続である再生手続を適正かつ公正に進行させるためには，再生債務者代理人の役割が極めて重要であり（第1章第3参照），この点は，再生計画の遂行の場面でも同様である。再生債務者代理人は，再生債務者をして再生計画を確実に遂行させるため，再生計画認可決定後も，再生債務者の業務及び財産に関する状況を的確に把握し，これを監督委員に定期的に報告する（民再125条2項）ことなどが求められる（第1章第3参照）。

　再生債務者が再生計画の履行を怠った場合，債権者は，再生債権者表の記載により強制執行をすることができ（民再180条3項），また，再生計画の取消しの申立てをすることができる（民再189条1項2号）。このため，例えば，収益弁済型の再生計画において，想定していた収益を上げることができず，再生計画上の弁済期に弁済をすることが困難になった場合には，再生債務者は，できる限り速やかに，その原因等について調査，検討をして，監督委員に報告し，対応策を協議する必要があろう。

　再生計画上の弁済が困難となった原因が一時的な要因にすぎない場合には，再生債権者と個別に弁済の猶予等の合意をすることが考えられるが，これが困難な場合には，再生計画の変更（民再187条1項）や，再生手続の廃止（民再194条）を検討することになる。

　これらの手続については，再生債務者の経営状況や資産状態等を十分に把握した上で，法的な観点から，前記のような措置を採ることの可否，要否を慎重に見極める必要がある。特に，再生手続の廃止の場合には，その後の再

生債務者の資産の散逸の防止や，損害の拡大を防止するため，再生債務者は，再生債務者代理人と相談をし，早急に保全管理命令等（民再251条1項）の対応策を協議する必要があろう。したがって，再生計画の遂行の場面においても，再生債務者代理人の果たす役割は極めて重要なものということができる。

　東京地裁破産再生部においては，通常再生事件全件につき再生債務者代理人として弁護士が選任されているところであり，再生計画の遂行の場面においても，積極的かつ重要な役割を果たしている。まれに，再生計画認可決定後に，申立て時から選任されていた再生債務者代理人が辞任する例があるが，その場合には，新たな再生債務者代理人の選任をしてもらい，従前の再生債務者代理人から十分な引継ぎをしてもらうよう求めている。

3　再生計画遂行の監督

(1)　監督委員による監督

ア　監督の方法等

　再生計画認可の決定が確定した場合に監督委員が選任されているときは，監督委員は，再生計画の遂行を監督する（民再186条2項）。監督委員は，再生債務者に対して業務及び財産の状況につき報告を求め，再生債務者の帳簿，書類その他の物件を検査することができる（民再59条1項）ことから，こうした方法によって再生計画の遂行について監督をすることになる。この監督は，監督命令が取り消されたとき（民再54条5項），再生計画が遂行され又は再生計画認可の決定が確定した後3年を経過して再生手続終結の決定がされたとき（民再188条2項，4項）まで継続される。監督委員による監督の範囲は，再生計画の遂行の範囲と同じである。なお，監督委員は，再生手続の廃止の申立て（民再194条），再生計画変更の申立て（民再187条1項）をすることができる。

東京地裁破産再生部では，全件について監督委員を選任しており，再生計画認可の決定の確定後，再生債務者は，監督委員の監督の下で再生計画を遂行することになる（第1章第3参照）。

　なお，東京地裁破産再生部では，再生手続開始の申立て直後に発する監督命令において，監督委員の同意を得なければならない行為を指定しているが，この期間は，再生計画認可決定時までとしているため，特段の事情がない場合には，認可決定後は，再生債務者は，監督委員の同意を要せず財産の処分等を行うことができることになる。他方，再生計画の遂行に当たり，再生債務者に，適正に履践することを求める必要がある場合には，監督命令を変更し（民再54条5項），監督委員の同意を要する行為を具体的に指定することや，報告義務を伸長することもある（民事再生実務合同研究会編『民事再生手続と監督委員』239頁〔三森仁〕は，監督委員として，状況に応じ，別除権協定の締結について再生計画認可決定後も監督委員の同意事項とすることを要請すべきことを指摘する。）。近時の事例としては，認可決定直後に監督命令の変更をして，従来の監督命令を，認可決定時に係属していた異議訴訟等に関する和解（争いのある再生債権に係る異議訴訟等の結果によって再生計画に基づく弁済率全体が影響を受けることとなる再生計画が策定されていた。）について監督委員の同意を得なければならないものとした事例がある。

イ　再生債務者の報告と遂行の監督

　東京地裁破産再生部では，監督委員に対し，再生計画の遂行の監督の過程で問題があれば，再生債務者に事実関係を確認し，対応を協議するとともに，裁判所に随時報告することを求めており，再生計画による弁済が困難となった場合や再生計画の遂行の見込みがないような場合には，裁判所との三者打合せを設けて，再生計画の変更や再生手続の廃止も含めて対応を協議することとしている。このような場合に対処するためにも，収益弁済型の再生計画において，定期的な業務報告を求めるときは，弁済期前の財務状況等を確認することができるよう，各弁済期の前に業務報告書の提出時期が来るように提出時期を設定することが考えられる。

東京地裁破産再生部では，再生計画案が認可された場合，決議のための債権者集会の直後に，再生債務者代理人及び監督委員を交えた打合せの機会を設け，再生計画の遂行に関する協議をすることとしている。この打合せでは，再生債務者に，次のとおり，報告書を監督委員及び裁判所の双方に提出するよう求めることとしている。また，同席した代表者（又は再生債務者本人）に対し，監督委員の監督の下で確実に計画の遂行をすることの重要性等について確認をするなどしている。

① 弁済報告
　　再生計画に基づく弁済を終えた都度，弁済報告書を提出する。
② 業務の状況の報告
　　収益弁済型の再生計画については，上記①に加え，定期的に業務の状況について記載した報告書を提出する。提出時期については，監督委員の意見を踏まえ，決算期に合わせて，四半期又は半期に一度の割合とする例が多い。報告書には，報告期間分の資金繰り実績表と6か月先までの月次の資金繰り予定表を添付することが一般的である。
③ 財産処分状況の報告
　　清算型の再生計画については，上記①に加え，定期的に財産の処分状況を記載した財産目録及び収支計算書を提出する。提出時期については，処分する財産の時期や状況等によることになるが，打合せにおいて，監督委員の意見を踏まえて決めている。
　　また，再生債務者が法人の場合，履行監督中に登記事項に変更が生じたときは，その都度，履歴事項全部証明書を添付して報告を求めている。

(2) 担保提供命令

　裁判所は，再生計画の遂行を確実にするため必要があると認めるときは，再生債務者等又は再生のために債務を負担し，若しくは担保を提供する者に対し，①確定再生債権者，共益債権者，一般優先債権者（民再186条3項1号），②未確定再生債権者（同項2号），③不足額未確定の別除権付再生債権

者(同項3号)のために,相当な担保を立てるべきことを命ずることができる(同項柱書)。この命令には申立権はなく,裁判所が職権により発付する。担保の提供は,金銭又は裁判所が相当と認める有価証券を供託する方法(民再186条4項,民訴76条,民訴規29条1項)等による。担保提供命令に違反した場合には,過料の制裁がある(民再266条1項)。

> **コメント**
>
> 弁護士 岡 正晶
>
> ### 1 はじめに
>
> 　再生計画の遂行(履行)を確保する措置の新設は,倒産法(和議法)改正の目玉の一つであった。法は,再生債務者等が遂行の義務を負うことを明記した上で,裁判所は,必要があると認めるときは,監督委員による(遂行の)監督を命ずる処分をすることができる(認可決定確定から3年間に限る)と定めた。そして東京地裁破産再生部は,法施行後約18年経過した平成29年末現在も,必要があるとして,原則として全件について,この監督委員による遂行監督を命じており,また近時,遂行監督方法をむしろ強化している。再生債務者主導・債権者自治という理念とやや異なるが,これが(必要に迫られた)現実である。なお近時は早期一括弁済型の計画も多く,この場合は弁済が終了し次第,監督委員による遂行監督も早期に終了する。
>
> 　事件及びそれに伴うトラブルは千差万別である。多くの場合は,監督委員は申立代理人に緊張感を与えつつ見守るだけで十分であろうし,それが上記理念にも沿う(注1)。しかしそうでない事件も現にある。その場合,監督委員は,当該事件に即した千差万別の対応策を創意工夫しなければならない。
>
> 　　(注1) 第1章第2の園尾弁護士コメントは,申立代理人と監督委員との共同運行システムと表現し,この仕組みが「申立代理人の努力を最大限引き出すもの」という。
>
> ### 2 再生計画認可後の通常の遂行監督
>
> 　東京地裁破産再生部は,従前,履行報告のみの運用であったが(注2),近時は,本文記載のとおり,業務状況・財産処分状況等の報告を導入している。これは再生債務者に対する規律付け・責任感醸成の機能も大いに果たしてお

り，上記理念とも整合している。報告書の提出時期（頻度）については監督委員の意見を聴くことになっているので，監督委員は，当該事件の内容，代理人の力量等を見極めて，当該事件に最適な頻度を上申されたい。なお認可後に，弁護士費用節約の観点から申立代理人が解任された事件があるやに聞く。少なくとも監督委員による遂行監督中は，申立代理人の存在は不可欠と思われるので，報酬問題でトラブルが発生していないかにも，事件によっては配慮が必要である。

　(注２)　平成21年当時の八つの高裁所在地裁判所の実務運用状況につき，全国倒産処理弁護士ネットワーク編『通常再生の実務Q&A120問』327頁以下参照。

(1)　**報告書の未提出**

　不祥事の兆候の最たるものである。成年後見事件でも，法テラス事件でも，問題になっている。迅速かつ厳しい督促が不可欠である。合理的な理由が示されない場合，迅速に積極的な調査を開始すべきである。初動が最も重要である。

(2)　**報告書の内容追加**

　別除権者への弁済・租税債権等への弁済が大きな金額になっている事件では，それらの内訳を明記した資金繰り表が重要である。

(3)　**報告書の裏付け資料**

　事件によっては，税務申告書（収益弁済型），不動産売買契約書（清算型），預金通帳など，裏付け資料を求めると良い場合がある。

(4)　**収益弁済型における収益不振**

　包み隠さず相談してもらうことが重要である。再生債務者及び代理人に対応策を検討してもらい，それが真摯なものと認められれば，裁判所・債権者に適切に情報提供することが監督委員の職務と考える。再生債務者及び代理人が真摯に対応している限り，監督委員は主役ではない。変更申立権も廃止申立権も伝家の宝刀であるべきと考える。

3　再生計画認可後の特別の遂行監督

(1)　**再生計画認可後の別除権協定締結（収益弁済型）**

　別除権協定は，本来，再生計画案策定時までに締結すべきである。その内容（分割弁済の額・期間）が，再生債権への配当額及び履行可能性に直結することが多いからである。しかし時に，スピード重視等の観点から，認可後に締結されることがあり，債権者もこれを容認することがある。

　いくつかの裁判所は，別除権協定締結を，認可後も定型的に，監督委員の同

意事項としているが（前掲（注２）参照），東京地裁破産再生部は本文記載のとおりケースバイケースとしている。しかし，別除権協定は，別除権者の優越的地位の利用により，再生債務者（ひいては再生債権者）に不利な内容となるおそれが類型的にある。その適正性を担保するために（及び再生債務者の交渉を支援するために），原則として同意事項とすべきと考える。監督委員は，特段の事情なき限り，裁判所に同意事項とするよう要請すべきである。

　(2)　**再生計画認可後の財産処分（清算型）**

　事業に供さない財産の処分も，本来，再生計画案策定時までに終わらせ，最終的な配当額を計画案で明らかにすべきである。しかし，「再生計画認可後に適正価格で換価し，必要経費を控除した残額を追加配当する」程度の簡単な計画案が作成され，これを再生債権者が容認することも多い。

　しかし，処分見込価格・費用が高額に上るときなどは，再生債務者任せ（事後報告のみ）にすることは相当でないと考える（第１章第３の多比羅弁護士コメント３参照）。再生債務者主導の理念も理解できるが，手続の信用性確保の観点から，一定規模以上の財産処分については，認可後であっても同意事項とすることが相当と考える。監督委員は，一定規模以上の財産処分については，当該事件の再生債権者の意向に反しない限り，裁判所に同意事項とするよう要請すべきと考える（重要な財産の処分を認可後も定型的に同意事項としている裁判所もある（前掲（注２）参照））。

　筆者は，開発途中の不動産13件を専門家たる従業員を雇用しつつ（当初10名程度）２年をめどに適正価格で売却するというかなり特殊な清算型の計画遂行につき，「収入・支出の状況，今後の支出見込等」を２か月に１度の割合で監督委員に報告の上，ホームページにアップする（債権者に直接開示する）という計画案を策定してもらったことがある。処分費用（特に人件費）を「見える化」し，債権者に監視機会を与えるとともに，再生債務者に自律意識を高めてもらうためである。監督委員の同意事項とすることにはなじまないと考え，私なりに創意工夫をしたつもりである。

第2

再生計画の変更・取消し

1　再生計画の変更

(1)　意　義

　再生計画認可の決定があった後，やむを得ない事由で再生計画に定める事項を変更する必要が生じたときは，裁判所は，再生手続終了前に限り，再生債務者，管財人，監督委員又は届出再生債権者の申立てにより，再生計画を変更することができる（民再187条1項）。

　再生手続において，認可された再生計画を遂行することは，再生債務者の事業の再生のための根幹ということができるのであって，これを確実に実行することが求められるが，例えば，再生計画認可の決定後の経済事情や再生債務者の収益状況の変動等により，再生計画の遂行が困難になった場合などに，常に廃止決定（民再194条）や再生計画取消決定（民再189条1項）をしなければならないとすれば，再生債務者は，直ちに再生を断念しなければならず，再生債権者にも重大な影響を及ぼす。このため，民事再生法は，再生計画認可の決定後，再生手続終了前までに，やむを得ない事由で再生計画に定める事項を変更する必要が生じたときには再生計画の変更をすることができるものとしている。なお，認可決定前の再生計画案の変更（民再172条の4）の場合は，再生計画案の提出者が裁判所の許可を得て変更するのに対し，認可後の再生計画の変更の場合は，申立てにより裁判所が再生計画の変更をすることとなる。

　申立書には，変更を必要とする事由を具体的に記載しなければならない

（民再規94条2項）。なお，申立手数料は不要である。

(2) 要　件

ア　やむを得ない事由

　再生計画の変更には，やむを得ない事由があることを要する（民再187条1項）。例えば，再生計画認可の決定後，自然災害，経済情勢の変化，再生債務者の動産や事業用設備の焼失など，再生計画認可の決定当時に予測し得なかった事由が生じたことにより，再生計画を遂行することが困難になった場合などが典型的な例として挙げられよう。

　他方，収益状況や財産の処分価格が認可決定時の想定を上回って予定以上の弁済原資を確保することができた場合や，未確定再生債権又は不足額未確定の別除権付再生債権が確定したときのために留保していた弁済資金に余剰が生じた場合，認可決定後にスポンサーが現れた場合などには，再生計画を前倒しして弁済をすることが考えられるところ，このように再生債権者に不利な影響を及ぼさない場合についても，「やむを得ない事由」に当たるものとして，再生計画の変更を認めている。

イ　再生手続終了前

　再生計画の変更は，認可決定後，再生手続の終了までの間に限られる（民再187条1項）。再生計画廃止の決定や取消しの決定が確定するまでに申立てをする必要があることは当然であるが，このほか，監督委員や管財人が選任されている場合は，認可決定確定後3年の経過等により終結決定がされるまでに申立てをしなければならず，いずれも選任されていない場合は，民事再生法188条1項により認可決定が確定したときに終結決定をしなければならないため，申立ては，認可決定後，同決定の確定までの間に限られることになる。

ウ　民事再生法174条 2 項各号に該当する事由がないこと

　再生計画案の場合と同じく，民事再生法174条 2 項各号に該当する事由，すなわち，平等原則違反などの法律違反（ 1 号），遂行される見込みがないとき（ 2 号），清算価値保障原則違反（ 4 号）などの事由がないことも変更の要件となる（第 5 章第 1 参照）。

　清算価値の基準時については，再生計画案と同様に議論があるが，変更計画案についても同一の再生手続でされるものである以上，原則として，再生計画案と同様に再生手続開始時と解されるが，やむを得ない事由その他の事情を総合考慮して，個別に判断するという見解もあり得る。

　なお，一度変更した再生計画を再度変更することについては，これを制限する規定がないため，計画変更の要件を満たせば認められると解し，東京地裁破産再生部でも過去にこれを認めた事例がある。

(3)　変更対象事項

　絶対的必要的記載事項である全部又は一部の再生債権者の権利の変更に関する条項は，再生債権者の利害に直接関わる部分であるので，変更手続を経て変更する必要がある（もっとも，例えば，収益弁済型の再生計画の事案で，分割弁済金のうち，最終弁済分を除いて期限どおり弁済した後，再生債務者の収益力が向上し，最終弁済分の弁済金について期限の利益を放棄して早期に弁済をする場合などは，単に再生債務者が期限の利益を変更するものにすぎず，また，最終弁済分の弁済金を返済するのであるから，後の履行可能性の問題もないため，再生計画の変更まで要しないこともあると考えられる。）。

　共益債権及び一般優先債権の弁済に関する条項については，再生計画上「随時弁済する」とのみ定めることが多いため，そもそも再生計画の変更をする必要がない場合が多いものと考えられるが，仮に，再生計画に具体的な弁済期及び弁済方法が記載されていたとしても，本来随時弁済すべきもの（民再121条，122条 2 項）であることからすれば，これを変更することは再生計画の変更に当たらないと解されよう（条解民再 3 版982頁〔須藤英章〕）。

相対的必要的記載事項である債務の負担及び担保の提供に関する条項，未確定の再生債権に関する条項，別除権者の権利に関する条項についても，変更手続を経て変更する必要がある。

任意的記載事項である資本金の額の減少，株式の併合，募集株式を引き受ける者の募集等に関する条項の変更については，再生計画の変更手続によって変更できるか自体見解が分かれるが，変更手続について裁判所の判断が関与することや，再生債権者に不利な影響を及ぼすときはその保護のための手続も定められていることなどから，変更手続によって変更し得ると解されている（新注釈民再 2 版㊦174頁〔伊藤尚〕）。また，民事再生法には，会社更生法45条のように計画の定めるところによらなければ一定の行為をすることができない旨の規定はないことから，会社法所定の手続を経ることによっても，再生計画に記載された内容を変更することができることになろう（条解民再 3 版983頁〔須藤英章〕）。なお，再生計画に「会社法の手続により履践する予定である」などと記載されている場合には，その内容を変更することについて変更手続までは要しないと解される。

説明的記載事項である再生計画に記載した資金調達の方法や調達先を変更する場合は，認可決定後の資金調達方法を再生計画に記載したものに限定する趣旨を含むものでない限り，変更手続を執る必要はないであろう（新注釈民再 2 版㊦176頁〔伊藤尚〕）。

(4) 変更の手続

ア 申立て

再生債務者，管財人，監督委員又は届出再生債権者は，再生計画の変更の申立てをすることができる（民再187条 1 項）。

申立書には，再生計画の変更を求める旨及びその理由として変更を必要とする事由を具体的に記載し（民再規94条 2 項），同時に変更計画案を添付しなければならない（同条 3 項）。変更計画案は，本文だけでなく，再生債権弁済一覧表等を別紙として添付している場合は変更した部分に対応した別紙部

分も添付することを要する。東京地裁破産再生部では，これらに加え，再生計画の変更部分を明らかにするため，変更前後の一覧表の提出を求めることが多い。

申立手数料は不要である。

なお，東京地裁破産再生部では，再生債務者による申立ての場合，再生計画上の弁済が困難になっていることが多いため，再生債務者から監督委員に対して状況説明と事前相談をした上で（本章第1参照），申立て前に三者打合せの機会を設けて，再生債務者の現況と計画変更の手続についてのスケジュールを確認している。

変更申立書の記載例及び変更計画案の記載例は，資料7-2-1，資料7-2-2のとおりである。

資料7-2-1　再生計画変更申立書

```
平成○○年(再)第○○号　再生手続開始申立事件
　　再生債務者　　　　○○○○株式会社
　　　　　　　　　　　　　　　　　　　　平成○○年○○月○○日
　　東京地方裁判所民事第20部　御中
　　　　　　　　　　　　　　　再生債務者　○○○○株式会社
　　　　　　　　　　　　　　　同代理人弁護士　○○　○○　㊞

　　　　　　　　　　　　　再生計画変更申立書

第1　申立ての趣旨
　　　平成○年○月○日付けで貴庁より認可決定を受けた再生計画を，再生債
　　務者作成の平成○年○月○日付け変更計画案のとおり変更する
　　　との決定を求める。
第2　申立ての理由
　1　認可決定時には予想し得なかった○○の理由により，再生債務者の資金
　　繰りは急速に悪化し，平成○年○月○日以降の再生計画の履行が困難な状
　　態となったため，再生計画を変更するにつきやむを得ない事由がある。
　2　よって，本件変更計画案のとおりに再生計画を変更されたく，本申立て
　　をする。
　　　　　　　　　　　　　　　　　　　　　　　　　　　　　　　　以上
```

資料7-2-2　変更計画案

平成○○年(再)第○○号　再生手続開始申立事件
　再生債務者　　　　○○○○株式会社

　　　　　　　　　　　　　　　　　　　　平成○○年○○月○○日
東京地方裁判所民事第20部　御中

　　　　　　　　　　　　　　再生債務者　　○○○○株式会社
　　　　　　　　　　　　　　同代理人弁護士　○○　○○　㊞

　　　　　　　　　変　更　計　画　案

第1　再生計画本文の変更
　　平成○年○月○日に認可確定した本件再生計画本文を，次のとおり変更する。なお，下線部分が挿入箇所，抹消線部分が削除箇所である。
　1　第2の2(2)
　　「(2)　弁済方法
　　　　(1)による権利変更後の債権額のうち，○万円までの部分は，再生計画認可決定の確定した日から1か月経過した日の属する月の末日までに支払う。○万円を超える部分は，5̶ 6回に分割し，平成30年から平成35年まで各年○月末日限り支払う。
　　　　ただし，各回の弁済額が○円未満となるものについては，○円を弁済するものとし，総弁済額と各弁済額の総額の差額が○円未満となった場合は当該金額を弁済する。」
第2　再生計画別紙の変更
　　本件再生計画別紙1ないし3を，それぞれ別紙1「確定再生債権一覧表」，別紙2「未確定再生債権一覧表」，別紙3「別除権付再生債権一覧表」のとおり変更する。
　（別紙添付省略）

イ　再生債権者に不利な影響を及ぼす変更の場合

(ア)　意　義

　再生債権者に不利な影響を及ぼすものと認められる再生計画変更の申立てがあった場合は，再生計画案の提出があった場合の手続に関する規定が準用される（民再187条2項本文）。
　したがって，再生計画を変更するに当たり，届出再生債権者の決議を経る

など，再生計画案の場合と同様の手続を執る必要があるが，再生計画案の場合と異なり，再生計画の変更によって不利な影響を受けない再生債権者は，その手続に参加させることを要せず，また，変更計画案について議決権を行使しない再生債権者（変更計画案について決議をするための債権者集会に出席した者を除く。）であって従前の再生計画に同意したものは，変更計画案に同意したものとみなされる（民再187条2項ただし書）。

　「不利な影響を及ぼすもの」（民再187条2項）に該当するかどうかについては，現計画と比較して，変更の法的効果が再生債務者の権利や地位を質的ないし量的に減少させ，あるいは減少させるおそれがあるかどうかを基準に判断されるとする見解（伊藤・破産民再3版1037頁），再生債権者の実体的な地位に直接あるいは重大な影響を及ぼすか否かにより判断されるとする見解（伊藤眞ほか編『民事再生法逐条研究（ジュリスト増刊）』218頁〔松下淳一〕）等があるが，その判断には困難を伴うものも少なくない。弁済率の減少や弁済期の延長といった再生債権者の権利内容自体を減少あるいは後退させるような変更をする場合は，「不利な影響を及ぼすもの」に該当し得るであろうが，例えば，変更計画の内容によっては，再生債権者に有利となり得る面と不利となり得る面の双方がある場合などには，「不利な影響を及ぼすもの」に該当するかどうかの判断も困難となろう。実務上は，民事再生法187条2項本文の趣旨である手続保障の観点から，できる限り再生債権者の議決に委ねるべきであると考えていく方が良いと思われる。

　東京地裁破産再生部においては，変更の内容が不利な影響を及ぼすか一義的に明らかでない場合において，不利な影響を及ぼすものではないと一応判断した上で，再生債務者を通じて再生債権者に対してその旨を説明し，再生債権者の意見を聴いた事例がある。また，近時の変更の事例としては，ゴルフ場を経営する再生債務者において，いわゆる自主再建型の再生計画の認可決定後，スポンサーに対する事業譲渡が可能となり，預託金債権については繰上弁済することとなったが，優先的施設利用権（プレー権）については消滅することから，債権者に不利な影響を及ぼすものとして決議に付した事例などがある。

(イ)　手　続
　　a　決　議
　　　(a)　決議の方法
　変更計画案の決議の方法は，再生計画案の決議と同じく，①債権者集会を開催する方法，②書面等投票を実施する方法，③これらを併用して議決権者が選択する方法によるものとする方法のいずれかを裁判所で定めるものとされている（民再187条2項本文，169条2項）が，東京地裁破産再生部では，再生計画案の決議と異なり，変更計画案の決議については，仮に変更計画案が否決されたとしても債権者集会期日を続行する実益がなく（前記(2)ウのとおり，再度の計画変更も認められている。），しかも，未投票者の再生計画案決議時の賛否を即時に確認するのが困難である等の問題があるため，②の方法を採用することが多い。
　　　(b)　議決権額
　変更計画案の決議における議決権額の定め方については，民事再生法に明確な規定はないが，東京地裁破産再生部では，再生計画案決議のための債権者集会の決議時の議決権額を基準とした上で，全額弁済を受けた再生債権者を除き，認可決定後に再生債権者の名義変更があった場合や，届出債権の取下げ，未確定再生債権の確定及び別除権付き再生債権の不足額の確定があった場合は，これらを反映させた後の債権額を基準として議決権額を定めている。
　　　(c)　監督委員の意見
　東京地裁破産再生部では，監督委員に変更要件の有無及び変更計画案の付議相当性について検討を求めている。
　　　(d)　付議決定
　変更計画案の付議決定の要件は，民事再生法187条2項本文が準用する民事再生法169条1項各号の事由に該当しないことであるが，そのうち同項3号に該当するか否かを検討すれば足りる（同項1号，2号及び4号については，再生計画案の付議決定時に検討済みである。）。
　決定主文は，決議に付する対象が「平成○年○月○日付け変更計画案」と

なる点を除き，再生計画案の場合と同じである（資料7-2-3参照）。

　(e)　債権者集会の招集

　再生計画案の提出があった場合の手続に関する規定が準用されることから，債権者集会招集（書面等投票のみの場合は決議に付する決定）の官報公告も再生計画案の場合と同様に行う（民再187条2項本文，169条3項）。

　また，届出再生債権者に対し，債権者集会招集通知書（書面等投票のみの場合は投票期限についての通知書（資料7-2-4参照）），変更計画案及び議決票を送付する（民再187条2項本文，169条3項，4項）。これらに加え，再生債権者の便宜のため，変更を求める理由等に関する説明文や，再生計画の変更箇所を一覧にした表（いずれも変更計画案提出者作成のもの）を通知に同封することがある。

　なお，再生計画案の場合と同様に，事前に再生債務者による債権者説明会を開催することを求めている。

　変更計画案についても労働組合等の意見聴取を要するため（民再187条2項本文，168条），再生計画案の決議時と同様に通知している。

　(f)　議決権の集計

　集計の方法及び変更計画案が可決されるための要件は，再生計画案の決議時と同様である（民再187条2項本文，172条の3第1項）。もっとも，変更計画案につき議決権を行使しない再生債権者（変更計画案について決議をするための債権者集会に出席した者を除く。）であって従前の再生計画に同意したものは，変更計画案に同意したものとみなされる（民再187条2項ただし書）。

　b　変更決定

　変更計画案が可決された場合，債権者集会を招集したときはその集会において，書面等投票のみのときは投票期間経過後速やかに変更決定をする運用としている（資料7-2-5参照）。変更決定に対しては即時抗告をすることができる（民再187条3項，175条1項）。

　変更計画案が否決された場合は，その事実を手続上明らかにするため，変更をしない旨の決定をする運用としている（資料7-2-6参照）。この決定に対し即時抗告を認める規定はないことから（民再187条3項，175条，9条），

資料7-2-3　付議決定（書面等投票による決議のみの場合）

> 平成○○年（再）第○○号　再生手続開始申立事件
>
> 決　　　定
>
> 再生債務者　○○○○株式会社
>
> 主　　　文
>
> 1　本件につき，平成○年○月○日付け変更計画案を書面投票による決議に付する。
> 2　投票期間を平成○年○月○日までとする。
> 3　議決権を不統一行使する場合の通知期限を平成○年○月○日までと定める。
>
> 　　　平成○○年○○月○○日
> 　　　　東京地方裁判所民事第20部
> 　　　　　　裁判長裁判官　　○○　○○
> 　　　　　　裁判官　　　　　○○　○○
> 　　　　　　裁判官　　　　　○○　○○

不服申立てはできないと解される。

　なお，投票結果及びそれに基づく裁判所の決定の内容は，債権者集会を招集した場合はその集会において発表するが，書面等投票のみの場合は，後日再生債務者から議決権者に対し通知する運用としている。

　変更計画案に係る付議決定の記載例等については，資料7-2-3～資料7-2-6のとおりである。

ウ　再生債権者に不利な影響を及ぼさない変更の場合

(ア)　意　　義

　再生債権者に不利な影響を及ぼすものと認められる場合以外（すなわち，変更後の再生計画の内容が再生債権者全員に対して不利な影響を及ぼさない場合）は，届出再生債権者による決議の手続を要せず，裁判所の決定によって変更することができる（民再187条1項）。

資料7-2-4　投票期限についての通知書（書面等投票による決議のみの場合）

平成○○年(再)第○○号　再生手続開始申立事件
　　再生債務者　　　○○○○株式会社
　　　　　　　　　　　　　　　　　　　　　　　　平成○年○月○日
債権者各位
　　　　　　　　　　　　　東京地方裁判所民事第20部合議係
　　　　　　　　　　　　　　　　裁判所書記官　　○○　　○○

　　　　　　　　　　　通　　知　　書

　上記再生手続開始申立事件について，再生債務者から再生計画変更の申立てがされました。これに伴い変更計画案を書面による決議に付することが決定されましたので，通知します。
　ついては，下記の要領に従って，期限までに同封の議決票により投票してください。議決票上「再生計画案に対する賛否」とあるのは，「変更計画案に対する賛否」と読み替えるものとします。
　　　　　　　　　　　　　　　記
1　投票の期限及び要領
　　期　　限　　<u>平成○年○月○日《必着》</u>
　　投票方法　　所定の事項を記入のうえ，次の場所に議決票を送付してください。（同封の返信用封筒をご使用ください。）

　〒000－0000　東京都○○区○○1－2－3　　○○ビル4階
　○○法律事務所　再生債務者代理人○○　　○○　　気付
　東京地方裁判所平成○○年（再）第○○号事件書類受領事務担当

2　議決票の記入要領
　　議決票のワク囲い部分に必要事項を記載してください。
　　賛成・反対のいずれにも○印の記載がない場合には，無効票として扱われますから，ご注意ください。
　　委任状や法人の資格証明書を添付する必要はありません。
3　変更計画案は，別紙のとおりです。
4　議決権を不統一行使する場合の通知期限　平成○年○月○日
5　投票結果に基づく裁判所の決定は，官報に掲載されます。
　　なお，投票結果及び裁判所の決定の内容は，後日，再生債務者から届出債権者宛て通知される予定となっています。

　変更計画案，議決権，その他議決票に関してのご不明の点は，

```
        東京都○○区○○１－２－３　○○ビル４階
        ○○法律事務所　再生債務者代理人○○○○
            電話　03-0000-0000／FAX　03-0000-0001
にお問い合わせください。
```

資料7-2-5　再生計画変更決定（決議を実施した場合）

```
    平成○○年(再)第○○号　再生手続開始申立事件
                    決　　　定
        東京都○○区○○△丁目△番△号
        再生債務者　　　○○○○株式会社

    再生債務者から平成○年○月○日付けで再生計画変更の申立てがあったの
   で，次のとおり決定する。
                    主　　　文
    本件変更計画案のとおりに再生計画を変更する。
                    理　　　由
    決議に付され可決された本件変更計画案には，民事再生法174条２項各号に
   該当する事由はない。

        平成○○年○○月○○日
            東京地方裁判所民事第20部
                裁判長裁判官　　　○○　○○
                    裁判官　　　○○　○○
                    裁判官　　　○○　○○
```

　典型的な例として，弁済率の引上げや，数回分の弁済期のみの繰上げのほか，基本弁済の後，残余財産の換価代金等により追加弁済を行う再生計画の場合において，一定の弁済資金が確保されたが換価終了にはなお時間を要するときに，追加弁済の前に，追加弁済分の一部を前倒しして中間弁済として弁済をするものなどがある。

資料7-2-6　変更をしない決定

```
平成○○年(再)第○○号　再生手続開始申立事件

                    決　　　定
               東京都○○区○○△丁目△番△号
               再生債務者　　　　○○○○株式会社

　平成○年○月○日付け変更計画案は，債権者集会で否決されたので，次のとおり決定する。

                    主　　　文
　本件変更計画案による再生計画の変更はしない。

      平成○○年○○月○○日
           東京地方裁判所民事第20部
             裁判長裁判官　　　○○　　○○
             裁判官　　　　　　○○　　○○
             裁判官　　　　　　○○　　○○
```

(イ)　変更手続

　変更後の再生計画の内容が再生債権者全員に対して不利な影響を及ぼさない場合は，監督委員の意見を聴いて，問題がなければ直ちに変更決定をする運用としている。この場合の変更決定例は，資料7-2-7のとおりである。

(5)　変更決定後の手続

ア　変更の効力発生時期

　再生計画の変更決定が確定したときに，変更の効力が生じる（民再187条3項，176条）。

イ　変更決定の送達

　民事再生法は，認可決定があった場合，再生債権者に対してその主文及び

第2　再生計画の変更・取消し　487

資料7-2-7　再生計画変更決定（決議を実施しない場合）

```
平成○○年（再）第○○号　再生手続開始申立事件
                  決　　　定
          東京都○○区○○△丁目△番△号
            再生債務者　　　　○○○○株式会社

  再生債務者から平成○年○月○日付けで再生計画変更の申立てがあったの
で，次のとおり決定する。
                  主　　　文
  本件変更計画案のとおりに再生計画を変更する。

       平成○○年○○月○○日
         東京地方裁判所民事第20部
           裁判長裁判官　　○○　○○
           裁判官　　　　　○○　○○
           裁判官　　　　　○○　○○
```

理由の要旨を記載した書面を送達しなければならない旨規定する（民再174条4項）が，変更決定があった場合については明文の規定がない。東京地裁破産再生部では，変更計画案が再生債権者に不利な影響を及ぼす場合があること及び変更決定に対する即時抗告期間の始期を確定する必要があることから，変更決定も送達することとしているが，この送達は代用公告（民再10条3項本文）によることができると解し，変更決定後速やかに変更決定の主文と理由の要旨を官報に公告している。

ウ　再生債権者表への記載

　民事再生法は，認可決定が確定した場合，裁判所書記官は再生計画の条項を再生債権者表へ記載しなければならず，再生債権者表の記載が確定判決と同一の効力を有する旨を規定する（民再180条）が，変更計画についてはこの規定を準用する旨の規定はない。東京地裁破産再生部では，変更決定があった場合も，民事再生法180条に準じて変更後の再生計画の条項を再生債権者

表に記載することとしている（再生計画案と同じく，変更計画案を再生債権者表に引用している。）。

2　再生計画の取消し

(1)　意　　義

　再生計画認可の決定が確定した後，衡平の観点から見て，再生計画を維持するのが相当でない場合には，再生計画を取り消して，原状に復した債権によって権利行使をすることを認める必要がある。そこで，民事再生法は，認可決定が確定した場合において，①再生計画が不正の方法により成立したこと，②再生債務者等（管財人が選任されているときは管財人）が再生計画の履行を怠ったこと，③再生債務者に一定の違反行為（民再41条1項，42条1項，54条2項参照）のいずれかがあるときは，裁判所は，再生債権者の申立てにより，再生計画取消しの決定することができるものとしている（民再189条1項）。

(2)　手続及び要件

ア　申立て

　再生計画の取消しをするには，再生債権者の申立てを要する（民再189条1項柱書）。

　再生計画取消しの決定は，再生手続終結後であっても申立てをすることができるが，取消しの事由によっては一定の制限がある（後記イ参照）。

　申立手数料は不要である。

　申立書が提出されると，申立人は，再生債務者に対して申立書副本を直送し，裁判所は，申立要件の有無を審査し，要件を満たす場合には，再生債務者に対して反論の有無を確認し，再生債務者は，反論があれば反論書面を提出することになる。

イ　取消しの事由

　再生計画取消しの事由は以下のとおりである。なお，裁判所は，取消しの事由がある場合でも，諸般の事情を考慮して，再生計画取消しの申立てを棄却することができる（民再189条1項。条解民再3版991頁〔須藤英章〕）。

　(ｱ)　不正の方法による再生計画の成立（民再189条1項1号）

　「不正の方法により成立したこと」は，民事再生法174条2項3号の「再生計画の決議が不正の方法によって成立するに至ったとき」と同義と解される。したがって，議決権を行使した再生債権者が詐欺，強迫又は不正な利益の供与等を受けたことにより再生計画案が可決された場合はもとより，再生計画案の可決が信義則に反する行為に基づいてされた場合も含まれる（第7章第1参照）。

　また，再生計画が不正の方法によって成立したこと，すなわち，不正行為と再生計画の決議との間に因果関係が必要である。

　なお，この事由を理由とする申立てについては，①再生債権者が再生計画認可の決定に対する即時抗告により当該事由を主張したとき若しくはこれを知りながら主張しなかったとき，②再生債権者が当該事由があることを知った時から1か月を経過したとき，又は③再生計画認可の決定が確定した時から2年を経過したときはすることができない（民再189条2項）。

　(ｲ)　再生計画の不履行（民再189条1項2号）

　「再生計画の履行」とは，再生計画の遂行とは異なり，再生債権の弁済をいうものと解される。

　再生計画の取消しは，全ての再生債権者に影響を及ぼすものであり，再生計画における弁済義務を怠った場合に直ちに再生計画が取り消されるものとすると，再生債権者の一般的利益を害することにもなりかねない。そこで，再生計画の不履行を理由とする申立てをすることができるのは，既に履行された部分を除いた再生計画の定めにより認められた権利の全部について裁判所が評価した額の10分の1以上に当たる権利を有する再生債権者であって，履行期限が到来した権利の全部又は一部について履行を受けていないものに

限られる（民再189条3項）。複数の再生債権者の権利を合算した場合にこれらの要件を満たすときは、当該再生債権者らの共同により申立てをすることができる（一問一答民再251頁）。

　申立書には、再生計画の取消しを求める旨及びその理由として、取消しを求める事由を具体的に記載するのに加え、申立人の有する再生計画の定めによって認められた権利のうち履行期限が到来したもので履行を受けていない部分を記載しなければならず（民再規95条）、それが既に履行された部分を除いた再生計画の定めにより認められた権利の全部について裁判所が評価した額の10分の1以上に当たることについての疎明資料を添付する必要がある。

(ｳ)　再生債務者による違反行為（民再189条1項3号）

　この場合の違反行為とは、再生債務者が裁判所の許可事項とされる行為（民再41条1項、42条1項）を、許可を得ずに当該行為をすることや、監督委員の同意事項とされる行為（民再54条2項）を、同意を得ずに当該行為をすることをいう。なお、この事由による申立てについては、上記(ｲ)のような再生債権者の範囲の制限（民再189条3項）はない。

(3)　取消決定

　裁判所は、取消決定をしたときは、申立再生債権者及び再生債務者等に決定を送達し、かつ、その主文及び理由の要旨を官報公告しなければならない（民再189条4項）。取消決定に対しては、即時抗告をすることができる（同条5項）。取消決定は、確定しなければその効力を生じない（同条6項）。再生債務者が法人の場合、再生手続終了前に取消決定が確定したときは、裁判所書記官が職権で登記嘱託をすることで、その旨の登記がされる（民再11条5項2号、1項）。

　取消決定が確定すると、再生計画によって変更された再生債権が原状に復する（民再189条7項）。「原状に復する」とは、再生計画による変更前の債権調査により確定した状態に復することをいい、再生計画による減免及び期限の猶予は失効し、債権調査により確定した再生債権につき再生債権者表のとおり執行力を有することになる（同条8項、185条）。また、再生計画認可の

決定の確定によって失権することとなる未届の再生債権も，免責の効果が消滅して復活する。ただし，再生債権者が再生計画によって得た権利に影響を及ぼさない（民再189条7項ただし書）から，取消決定確定時までに再生計画に基づいてされた弁済は有効であり，再生計画によって設定された保証や担保等再生計画によって得た権利にも影響を及ぼさない。
　再生手続終了前に再生計画取消しの決定が確定した場合，再生手続は当然に終了する。

第3 再生手続の終結

1 意　義

　民事再生法は，再生手続の終了として再生手続終結の決定の規定を設けている。裁判所は，①監督委員又は管財人が選任されていない場合は，再生計画認可の決定が確定したとき，②監督委員が選任されている場合は，再生計画が遂行されたとき，又は認可決定が確定した後3年を経過したとき，③管財人が選任されている場合は，再生計画が遂行されたとき，又は再生計画が遂行されることが確実であると認めるに至ったときに，それぞれ終結決定することになる（民再188条1項～3項）。②及び③の場合，再生手続終結の決定があったときは，監督命令・管理命令はその効力を失う（同条4項）。

　東京地裁破産再生部では，全件について監督委員を選任する運用としているため，終結決定は，ほとんどの場合，再生計画が遂行されたとき又は認可決定確定後3年が経過したときにすることになる。再生計画が遂行された場合には申立てにより，認可決定が確定した後3年を経過した場合には職権で行うのが通例である。以下，監督委員が選任されている場合を中心に説明する。

2 監督委員が選任されている場合

(1) 申立て

　終結決定は，再生債務者若しくは監督委員（なお，管財人が選任されるとき

は管財人）の申立てにより又は職権ですることができる（民再188条2項，3項）。東京地裁破産再生部では，再生債務者等が，再生計画に基づく弁済が完了したときに，再生債務者等が最終弁済時の弁済報告書とともに再生手続終結申立書を提出するのが通例である。なお，法人の再生債務者については，再生債務者の名称（商号），本店所在地，代表者及び管轄法務局が認可決定以降変更されていないかどうかを確認するため，終結の申立て時点の履歴事項全部証明書を申立書に添付することを求めており，また，申立書副本は，再生債務者において，監督委員に直送する扱いである。再生手続終結申立書の記載例は，資料7-3-1のとおりである。

(2) 要件及び決定の手続

ア 再生計画の遂行

(ｱ) 要　件

裁判所は，再生計画が遂行されたときは，再生手続終結の決定をしなければならない（民再188条2項）。

再生計画の「遂行」とは，再生計画の「履行」（民再189条1項2号）と異なり，再生計画で定められた事項全般が履行されたことをいう（本章第1参照）。この「遂行」の範囲については，再生計画に定められた再生債権の履行を中心に，民事再生法の目的である事業の再生（民再1条）の観点から，再生計画における記載の内容，再生計画における位置付け等に応じて，事件ごとに個々具体的に判断すべきものとされる（新注釈民再2版(下)181頁〔小原一人〕）。

例えば，再生計画中に，株式の併合，資本金の額の減少，定款変更に関する条項（民再154条3項），譲渡制限自己株式の処分に関する条項（同条4項）等が記載されている場合，これらが実現されなければ，再生計画が「遂行」されたことにはならない。未確定再生債権又は不足額未確定の別除権付再生債権についても，これらが確定するとともに，弁済が完了している必要がある。

資料7-3-1　再生手続終結申立書

平成○○年(再)第○○号　再生手続開始申立事件
　　再生債務者　　　○○○○株式会社
　　　　　　　　　　　　　　　　　　　　平成○○年○○月○○日
東京地方裁判所民事第20部　御中
　　　　　　　　　　　　　　　再生債務者　○○○○株式会社
　　　　　　　　　　　　　　　同代理人弁護士　○○　○○　㊞

　　　　　　　　　　　再生手続終結申立書

第1　申立ての趣旨
　　本件再生手続を終結する
　　との決定を求める。
第2　申立ての理由
　　再生債務者は，平成○○年○○月○○日に貴庁に対して再生手続開始の申立てを行い，同月○○日に再生手続開始決定を受けた。
　　その後，再生債務者が貴庁に提出した再生計画案は，平成○○年○○月○○日に開催された債権者集会において可決され，同日貴庁より認可決定を受け，同年○○月○○日に同認可決定が確定した。
　　再生計画認可決定が確定した後，再生債務者は，平成○○年○○月○○日付け弁済報告書記載のとおり再生債権に対する弁済等を完了し，もって再生計画のすべてが遂行された。
　　よって，民事再生法188条2項に基づき再生手続終結の決定をされたく，本申立てをする。
　　　　　　　　　　　　　　　　　　　　　　　　　　　　　　　以上

　問題となるのは，共益債権及び一般優先債権について，再生計画で随時弁済する旨が定められた場合において，再生債権は全て弁済されているが，共益債権又は一般優先債権が弁済されていないときに，再生計画の「遂行」に当たるかどうかである。
　共益債権及び一般優先債権は，再生手続によらずに随時弁済できるものであるが，再生計画は，共益債権及び一般優先債権を随時弁済することができることを前提として作成されるものであり，これらの弁済方法に関する条項も再生計画の内容の一部を成すものと考えられる。したがって，共益債権や一般優先債権の残高と再生債務者の資産状態から将来これらの債権に対する

弁済ができないことが明らかであれば，再生債権に対する弁済が完了していたとしても，直ちに「再生計画が遂行された」として終結決定をすることは困難であろうと思われる。もっとも，共益債権や一般優先債権の未払があったとしても，再生債務者の資金に余裕があり，将来における弁済が確実といえる場合などは，「再生計画が遂行された」として終結決定をすることができると考えられよう。

　(イ)　決　　定

　東京地裁破産再生部では，弁済報告書により，弁済漏れがないかを確認した上で，監督委員に終結決定の可否について意見を聴き，終結相当の意見であれば直ちに終結決定をする運用としている。この場合の決定の理由は，「本件再生計画は遂行されたので，主文のとおり決定する。」となる。

　なお，監督委員から問題点を指摘されたときは，必要に応じて再生債務者及び監督委員との三者打合せを設けるなどして，対応を協議している。

　(ウ)　特殊な事例

　再生計画遂行による再生手続終結の事例で，特殊なものとして，東京地裁破産再生部では，追加弁済後に清算する再生計画が認可されたが，不足額未確定の別除権付再生債権者が多数おり，不足額の確定に相当期間を要し，追加弁済の時期が大幅に遅れることが見込まれたことから，認可決定の約１年後に，支払原資となる金銭を信託の目的物として，再生債務者を委託者，再生債務者代理人を受託者，各不足額未確定の別除権付再生債権者を受益者とする金銭信託を設定し，信託設定と同時に，再生計画に基づく弁済を受けることを内容とする信託受益権を各不足額未確定の別除権付再生債権者に付与し，再生債務者との関係では，当該受益権の交付をもって各不足額未確定の別除権付再生債権者に対する弁済が第三者である受託者により代物弁済されたものとみなすという内容に再生計画を変更し，当該受益権を交付したことで再生計画が遂行されたとして終結決定をした事例がある。

イ　認可決定確定後3年の経過

　(ｱ)　要　　件
　裁判所は，監督委員が選任されている場合において，認可決定が確定した後3年を経過したときは，再生手続終結の決定をしなければならない。再生計画の変更（民再187条）をした場合であっても，終結の要件となる3年経過の起算日は認可決定の確定日となる。
　否認に係る訴訟や担保権消滅請求の手続が進行している間に認可決定確定から3年が経過する場合に終結決定をしないことができるかについては争いがあるが，民事再生法188条2項が「再生手続終結の決定をしなければならない」と規定されていることから，この場合であっても終結決定をしなければならないと解される。

　(ｲ)　決　　定
　東京地裁破産再生部では，認可決定が確定した後3年が経過した場合には，職権で終結決定をする運用としており，終結決定予定日の1か月前に，再生債務者及び監督委員に対し，「民事再生事件の終結決定について」と題する求意見書（資料7-3-2）を送付し，再生債務者及び監督委員において同求意見書の回答欄に意見を記入したものの返送を受ける扱いである。
　また，法人である再生債務者の登記事項（商号，本店所在地，代表者）及び管轄法務局が認可決定時から変更されていないかを確認するため，再生債務者に意見書提出時の履歴事項全部証明書の添付を求めている。
　再生債務者及び監督委員の双方から終結相当の意見が提出された場合には，3年が経過した時点で速やかに終結決定をしている。この場合の決定の理由は，「本件再生計画認可の決定が確定した後3年が経過したので，主文のとおり決定する。」となる。
　なお，問題点が指摘された場合に，必要に応じて三者打合せを設けることは上記アと同様である。また，監督委員の補助者である公認会計士による調査を行うこともある（この場合，調査費用については，再生債務者に追納を求めている。）。

資料7-3-2　民事再生事件の終結決定について（求意見）

平成○○年(再)第○○号
　再生債務者　　　○○○○株式会社
　　　　　　　　　　　　　　　　　　　　平成○○年○○月○○日
□　申立代理人　　○○　○○　殿（FAX 03-0000-0000）
□　監督委員　　　○○　○○　殿（FAX 03-0000-0000）

　　　　　　　　　　　東京地方裁判所民事第20部合議係
　　　　　　　　　　　　裁判所書記官　　○○　　○○
　　　　　　　　　　　　ダイヤルイン番号　03-0000-0000
　　　　　　　　　　　　FAX　　　　　　　03-0000-0000

　　　　　民事再生事件の終結決定について（求意見）

　標記の民事再生事件については，平成○○年○○月○○日に，再生計画認可決定が確定し，その後3年が経過するため，民事再生法188条2項に基づき平成○○年○○月○○日に職権で終結決定をさせていただく予定ですが，これにつき御意見を，当職宛て，電話またはファクシミリ（本書面を御利用ください。）により御連絡ください。

　　　　　　　　　　　回答書（電話聴取書）
□　申立代理人　　　　　　　　　　□　監督委員
　1　予定どおり終結決定してよい。　1　予定どおり終結決定してよい。
　2　次のとおり意見を述べます。　　2　次のとおり意見を述べます。
　　（意見欄）　　　　　　　　　　　　（意見欄）

＊　申立代理人の方へ
　　商業登記簿の記載事項に変更がないかどうかを確認する必要があるので，最新の履歴事項全部証明書を裁判所に提出（FAX送信可）してください。

3　その他の場合

　監督の必要がない程度に再生計画の履行が確実になった場合等，認可決定

確定後3年が経過する前に監督委員による履行等の監督が実質的に不要となる事情が生じることがある。この場合，裁判所は，再生債務者からの上申を受けて，監督委員の意見を聴いた上で，監督命令を取り消し（民再54条5項），監督委員が選任されていない状態にした上で，再生計画認可の決定が確定しているとして，民事再生法188条1項により終結決定をすることがある。

近時の東京地裁破産再生部の例では，以下のような事例がある。

① 海上運送事業者である再生債務者から，確定再生債権の弁済が完了しており，再生計画の大部分について履行が完了していること，再生債務者の事業及び財産の状況に照らして，未履行部分についての履行が確実といえること，再生手続中であることを理由に停止していた利益率の高い輸送契約の締結が可能になるなど，業績の安定化に大きな好影響を与えることを理由に再生手続終結の申立てがされ，監督委員の意見を踏まえて，監督命令を取り消して，再生手続終結の決定をした事例。

② ゴルフ場を経営する再生債務者について，継続会員の預託金（権利変更後のもの）については10年間据置期間の後，希望者に対し順次弁済することが再生計画で定められたところ，継続会員の預託金を除く再生計画に基づく再生債権の弁済が完了しており，今後，一度に多数の継続会員から退会手続がされることは想定し難く，日々の営業の中で支払原資を十分に確保することができるものと見込まれ，仮に一度に多数の継続会員から退会手続がされたとしても，再生債務者は親会社等から融資を受けることが可能であり，資金調達に何ら問題はないとして再生手続終結の申立てがされ，監督委員の意見を踏まえて，監督命令を取り消して，再生手続終結の決定をした事例。

③ 再生債務者が，再生計画で予定された再生債権に対する分割弁済を全て繰り上げて一括弁済し，再生債務者の代表者が有する再生債権（再生計画において，他の再生債権を弁済した後に弁済される旨が定められていた。）への弁済のみが残った事案で，当該代表者の有する再生債

権への弁済額も僅少であることから、再生手続終結の申立てがされ、監督委員の意見を踏まえて、監督命令を取り消して、再生手続終結の決定をした事例。

なお、管財人が選任されている場合、「再生計画が遂行されることが確実であると認めるに至ったとき」にも、再生手続終結の決定をすることになるところ、どのような場合がこれに当たるかについては、裁判所の監督をもはや必要とせず、再生債務者のみに任せてもよいと認められる場合をいうと解されている（条解民再3版987頁〔須藤英章〕）が、上記のような監督委員の監督の要否の判断が参考となろう。

4　終結決定後の手続

終結決定後の手続は、次の①～⑤のとおりである。
① 裁判所は、終結決定をしたときは、終結決定の主文及び理由の要旨を公告する（民再188条5項）。
② 再生債務者が法人の場合、終結決定をしたときに、裁判所書記官は、再生手続終結の登記を登記所に対して嘱託をする（民再11条5項3号、1項）。

なお、清算型の再生計画において、弁済が完了した後に解散・清算手続を執る場合、清算結了の登記をする必要があるが（会929条1号）、清算結了の登記がされると登記記録が閉鎖され（商業登記規則80条2項、1項5号）、再生手続終結の登記ができなくなることから、再生債務者は、再生手続終結の登記がされる前に清算結了の登記をしないよう注意する必要がある（東京弁護士会倒産法部編『民事再生申立ての実務』519頁〔神村大輔〕参照）。
③ 終結決定をした旨を告知するために、東京地裁破産再生部では、再生債務者及び監督委員に対し、終結決定正本を交付しているが、再生債権者については、再生債務者において適切に対応するよう求めており、裁判所から再生債権者に対する個別の通知は行っていない。

④　裁判所は，監督委員に対して，履行監督期間分の監督委員報酬を支給し，再生債務者に保管を依頼していた裁判所用の再生債権届出書の引継ぎを受ける。
⑤　裁判所は，再生債務者に対して，郵便切手の残額を返還し，予納金の残額を還付する。

5　終結決定の効果

　再生手続終結の決定がされると再生手続は終了する。終結決定に対する即時抗告は認められないため，決定がされると同時に確定する。
　再生手続終結の決定により，次の①～⑤の効果が生ずる。
①　監督命令及び管理命令は効力を失う（民再188条4項）。
　　これにより，監督委員及び管財人はその資格を失う。
②　否認の請求の手続は当然終了する（民再136条5項）。
③　否認の請求を認容する決定に対する異議の訴えが係属している場合，その訴訟手続は終了する（民再137条6項，7項）。
④　監督委員が提起した否認の訴えは，原告適格を失うことから，却下されることになる（民訴140条）。
⑤　役員に対する損害賠償請求の査定手続は当然終了する（民再143条6項）。
　　査定の裁判に対する異議の訴えに係る訴訟手続について，債権者が当事者の場合は，中断する（民再146条6項）ため，再生債務者が承継することになる（民再68条3項）。再生債務者が当事者の場合はそのまま係属する。
⑥　係属中の担保権消滅請求の申立て及び価額決定の請求は，請求権の消滅により却下される。価額決定が確定し，裁判所が金銭納付期限を定めた後に終結決定があった場合は，確定した手続の執行が残るだけであるから，納付期限内に金銭を納付すれば，当該担保権は消滅すると解される。

⑦　係属中の再生債権査定の申立てに係る査定手続は引き続き係属する（民再112条の2第1項）。査定申立てについての裁判があったときは，異議の訴えを提起することができる（同条3項）。係属中の異議の訴えに係る訴訟手続であって，再生債務者が当事者でないものは引き続き係属する（同条4項）が，再生債務者が当事者でないものであって，民事再生法107条1項又は109条2項により受継した訴訟手続は中断しない（同条5項）（詳細については，伊藤・破産民再3版1147頁以下参照）。

第 4

再生手続の廃止とその後の手続

1 再生手続の廃止

(1) 再生手続廃止の意義

　再生手続の廃止とは，再生手続の開始決定後，終結に至るまでの間に，民事再生法が定める事由があるときに，裁判所の決定により，再生手続がその目的を達することなく，将来に向けて終了することをいう。

　再生手続の廃止事由は，時期及び内容により，再生計画認可前の手続廃止（民再191条，192条），再生計画認可後の手続廃止（民再194条）及び再生債務者の義務違反による手続廃止（民再193条）に分類される。このうち，再生債務者の義務違反による手続廃止（同条）は，認可の前後にかかわらず，することができる。

(2) 民事再生法191条による廃止

ア　民事再生法191条の趣旨

　民事再生法191条は，各号所定の廃止事由がある場合には，裁判所が職権により，再生手続廃止の決定しなければならない旨を規定している。

　民事再生法191条各号所定の廃止事由がある場合には，再生手続を進行させたとしても，再生計画の認可決定の確定に至らず，再生手続の目的（民再1条）を達成することができないことは明らかである。このような場合に，いたずらに再生手続を進行させることは，裁判所及び再生債権者その他の利

害関係人に無駄を強いることとなるばかりか，かえって，再生手続の目的が達成することができるかのような外観を作出することで，再生債権者の権利行使を不当に制限し（民再39条1項，85条1項等），他方で債務者の責任財産の流失を招くおそれがあるなど，関係者に損害を与える可能性もある。そこで，民事再生法191条は，所定の廃止事由が認められる場合には，裁判所が職権による再生手続廃止決定をしなければならないとして，手続を早期の段階で打ち切るべきことを定めている。

イ　廃止事由

(ｱ)　決議に付するに足りる再生計画案の作成の見込みがないことが明らかになったとき（民再191条1号）

「決議に付するに足りる」再生計画案といえるためには，民事再生法174条2項各号（3号を除く。）に該当する事由のない再生計画案で，かつ，可決される可能性がないとはいえないこと（可決される見込みがないとして再生手続が廃止される場合には（民再191条2号参照），民再174条2項4号が適用され，付議決定がされないこととなる。）が必要とされている。民事再生法174条2項各号（3号を除く。）に該当する事由とは，再生手続又は再生計画が法律に違反し，その不備を補正することができない場合（民再174条2項1号），再生計画が遂行される見込みがない場合（同項2号）及び再生計画の決議が再生債権者の一般の利益に反する場合（同項4号）である。1号違反の例として，権利変更の内容に平等原則違反があり不利益を受ける債権者の同意を得られる見込みがない場合（民再155条），2号違反の例として，計画案に記載された弁済資金の調達の実現可能性が全くない場合，4号違反の例として，計画案による弁済が破産手続による配当率を下回ることが確実で是正の見込みが全くない場合などが挙げられよう。

　実務的には，租税債権や労働債権等の一般優先債権（民再122条）の未払が多額に上り，これらを弁済した上で再生債権者への弁済を行うだけの弁済資金を調達することができないときや，事業継続に不可欠な物件が別除権目的物となっている場合に，その価額等を巡り別除権者との目線が合わないなど

の理由で別除権協定（第4章第5参照）を締結する見込みがなく，また担保権消滅許可の申立て（民再148条）もできないため，担保権の実行を阻止することができないときなどに，「決議に付するに足りる」再生計画案の作成見込みがないと判断される場合が多い。

　なお，再生債務者が，再生手続開始決定後，一部の再生債権者に弁済禁止に反して偏頗的な弁済をしていた場合，民事再生法191条1号の廃止事由に該当するかという問題がある。偏頗的な弁済自体は当然には廃止事由にならないが，偏頗的行為がされる場合は事実上財産を回復することができないことも多く，再生債務者に対する制裁の必要性があることにも鑑み，その程度や再生計画案の内容いかんによっては，再生計画案の内容が客観的に再生債権者の一般の利益に反する（民再174条2項4号），あるいは再生手続に公平誠実義務違反（民再38条2項）の法令違反がある（民再174条2項1号）として，民事再生法191条1号の廃止事由に該当する場合があると解される。また，東京地裁破産再生部では，再生計画案作成前に偏頗弁済が判明した場合，裁判所が監督委員に否認権を付与し，再生債務者が「否認権の行使によって財産が回復した場合には追加弁済する」旨の再生計画案を作成する例が多い。

　再生計画案の作成の「見込みがないことが明らか」とは，再生計画案が作成されない高度の蓋然性がある場合をいうと解されている。

(ｲ)　**裁判所の定めた期間若しくはその伸長した期間内に再生計画案の提出がないとき，又はその期間内に提出された全ての再生計画案が決議に付するに足りないものであるとき（民再191条2号）**

　裁判所の定めた期間又はその伸長した期間内に再生計画案の提出がない場合（提出された全ての再生計画案が決議に付するに足りないときも同様）には再生手続を進めることができないため，これを廃止事由としたものである（民再191条2号）。

　実務的には，裁判所の定めた期間内に再生計画案は提出されたものの，監督委員による調査の結果，履行可能性がないこと，あるいは清算価値保障原則違反が認められ，再生計画案の修正（民再167条）もできない場合などがあ

る。

(ウ) 再生計画案が否決されたとき，又は決議のための最初の債権者集会から2か月以内若しくはその伸長した期間内に再生計画案が可決されないとき（民再191条3号）

東京地裁破産再生部では，決議の方法として，債権者集会方式と書面投票方式との併用型を採用していることから（第6章第1参照），最初の債権者集会で再生計画案が否決されても，民事再生法172条の5により期日が続行され，同期日において可決される例も少なくない。このような手続を経ても再生計画案が可決されない場合は民事再生法191条3号により再生手続が廃止される。

なお，再生計画案が否決された場合の対応については，第6章第5を参照されたい。

ウ 廃止の手続

民事再生法191条所定の廃止事由がある場合，法は裁判所が職権で廃止決定をすべきものと規定しているが，実務的には，廃止事由があると判断された場合には，再生債務者代理人から具体的な廃止事由を記載した再生手続廃止の上申書の提出を受けた上で，裁判所が職権で廃止決定をしている。

なお，認可確定前の廃止決定をする場合，再生債務者の意見を聴くことは，法律上の要件でない（これに対し，認可後の廃止決定をする場合，裁判所は再生債務者その他の関係者の意見を聴くものとされる。民再規98条）。しかし，東京地裁破産再生部では，民事再生法191条に基づく廃止決定をする際は，再生債務者の代表者（個人の再生債務者の場合には本人），再生債務者代理人弁護士，監督委員が一堂に会し，上記のとおり，再生債務者代理人から再生手続廃止の上申書の提出を受けるとともに再生債務者その他の関係者の意見を聴いた上で，その場で廃止決定を告知することとしている。もっとも，即日廃止決定をすることが関係者等の混乱を招くおそれがある場合などは，数日後に廃止決定をする例もある。

(3) 民事再生法192条による廃止

　裁判所は，債権届出期間経過後，民事再生法21条１項に規定する再生手続開始の申立ての事由がないことが明らかになったとき（すなわち，債務者に破産手続開始の原因となる事実の生ずるおそれがないことが明らかであり，かつ，事業の継続に著しい支障を来すことなく弁済期にある債務を弁済することができることが明らかになったとき）は，再生債務者，管財人，届出再生債権者の申立てにより，再生手続廃止の決定をしなければならない（民再192条１項）。この場合，申立人は廃止の原因事実を疎明することを要する（同条２項）。

　再生手続開始の申立ての事由がないことが明らかになったときとは，開始決定後に開始事由がなくなった場合のほか，そもそも開始決定時点において開始事由がなかったことが開始決定後に判明した場合を含む。

(4) 民事再生法193条による廃止

ア　民事再生法193条の趣旨

　再生債務者が裁判所の命令や法が定める重大な義務に違反した場合，仮に再生が可能な状態にあったとしても，再生債務者に再生手続を利用させるのは適当ではないし，また，そのまま手続を進めることは再生手続に対する社会的信頼を害することとなる。そこで，民事再生法193条は，再生債務者に対する制裁として，また再生手続に対する社会的信頼の保持という観点から，再生債務者に義務違反がある場合に裁判所が再生手続の廃止決定ができる旨を定めている。

　なお，民事再生法193条に基づく廃止は，認可決定の前後を問わない。

イ　廃止事由

(ア)　保全処分違反

　再生債務者が民事再生法30条１項の規定による裁判所の命令（仮差押え，仮処分その他の必要な保全処分）に違反することは，当該再生事件の公正迅速

な手続を害する上，そのまま再生手続を進行することは再生手続に対する社会的信用を害するものであるから，これを廃止事由としている（民再193条1項1号）。

(イ) 許可・同意が必要な行為についてそれを得ないでした場合

再生債務者が裁判所の許可（民再41条1項，42条1項）又は監督委員の同意（民再54条2項）を得なければならない行為を許可又は同意を得ないでした場合も，再生手続の廃止事由とされている（民再193条1項2号）。

このような違法行為を放置することは，当該事件における再生債務者の業務遂行や財産管理の適正が確保されないばかりか，再生手続に対する社会的信頼を害するものであるから，これを廃止事由としている。

この点に関連して，再生債務者が再生開始手続後にした弁済禁止に反する偏頗的な弁済が民事再生法193条1項2号に該当するかという問題がある。このような偏頗的な弁済が民事再生法193条1項2号違反であると認定し，再生手続を廃止した決定（大阪地決平13.6.20判時1777号92頁）もある。しかし，偏頗的な弁済は再生債務者の義務違反（民再85条1項）ではあるが，弁済自体に裁判所の許可や監督委員の同意が必要なわけではないから，民事再生法193条1項2号が定める再生債務者の義務違反には該当しない。したがって，偏頗的な弁済のみを理由として民事再生法193条1項2号による手続廃止をすることはできないものと解される。

なお，偏頗的な弁済が民事再生法191条1項の廃止事由に該当するかについては，前記(2)イ(ア)を参照されたい。

(ウ) 認否書提出義務違反

認否書提出義務に違反があった場合も，再生手続の廃止事由とされている（民再193条1項3号）。再生債務者は，再生債権の一般調査期日前又は特別調査期日前の裁判所が定める期限までに認否書を提出しなければならないところ（民再101条5項，103条3項），認否書の提出がないと再生手続を進行することが困難になるため，民事再生法193条1項3号は認否書の不提出をもって廃止事由としている。

形式的には認否書が提出されたものの自認義務のある未届出再生債権（民

再101条3項）を不当に記載しない場合や，何の理由もなく全ての債権に異議を述べるなどの不誠実な対応をした場合に，民事再生法193条1項3号の要件に該当するという見解もあるが，文言上「認否書を提出しなかった場合」と規定されていること，形式的にでも認否書が提出されていれば，債権調査等の手続を進めることは可能であることなどに鑑みると，その程度にはよるが，不誠実な認否書であっても形式的に提出されれば，民事再生法193条1項3号違反には当たらないと解される。

ウ　廃止の手続

　裁判所は，再生債務者に義務違反があると認められる場合には，監督委員若しくは管財人の申立て又は職権で，再生手続の廃止ができる（民再193条1項）。再生債権者には申立権はないが，裁判所に職権発動を促すことは可能である。

　義務違反の程度は様々であることから，裁判所には，廃止決定をするか否かについての裁量が認められている（民再193条1項）。

　廃止決定をする場合は，手続保障の観点から，再生債務者を審尋しなければならないものとされている（民再193条2項）。ここでは，再生債務者に対して，手続関与の機会さえ与えれば足りるから，再生債務者が審尋を欠席した場合には，そのまま廃止決定をすることができる。また，廃止決定をするに際して再生債権者の意見を聴くことは法律上の要件ではないが，実務的には，監督委員を通じるなどして再生債権者の意見を広く聴取し，その意向を尊重して判断するという手続進行も考えられるところである。

(5)　民事再生法194条による廃止

ア　民事再生法194条の趣旨

　再生計画の遂行の見込みがないときは，そもそも再生計画は認可されないが，再生計画の認可決定後，事情の変更等により再生計画の遂行の見込みがなくなる場合もあり得る。このような場合は再生計画の変更（民再187条）を

することができるが（本章第2参照），再生計画の変更では対応できない場合には，早期に再生手続を廃止して，利害関係人等の損害の発生や拡大を防止する必要がある。そこで，民事再生法は，再生計画の遂行の見込みがないことが明らかになった場合には，裁判所が再生手続廃止決定をすることで，将来に向けて再生手続を終了させる旨を定めている（民再194条）。

イ　廃止事由

　廃止事由は，再生計画が遂行される見込みがないことが明らかになったことである。
　ここで，「再生計画が遂行される見込みがない」の「遂行」とは，再生債権の弁済を意味する「履行」よりも広い概念であり，再生計画に定められた再生債権に対する弁済の履行ができない場合はもとより，事業等の再生を目的とした法律の趣旨（民再1条）からして，例えば，事業の再生に必要として再生計画において募集株式を引き受ける者の募集を定める条項を定めたところ，募集株式の引受けがされる見込みがなくなった場合も含まれると解される。
　「明らかになった」とは，再生債務者の財務状況・事業内容等から，再生計画の定めた弁済が今後履行される見込みがないことが客観的に明確な場合をいう。

ウ　廃止の手続

　民事再生法194条に基づく再生手続の廃止は，再生債務者等若しくは監督委員の申立て又は職権によってされることとなっている。再生債権者に申立権はないが，裁判所に対して職権発動を促すことや，監督委員に対して申立てを促すことは可能である。
　裁判所は，民事再生法194条に基づく廃止決定をするためには，当該決定をすべきことが明らかである場合を除き，あらかじめ，再生債務者，監督委員，管財人及び民事再生法179条（届出再生債権者等の権利の変更）2項に規定する権利を行使することができる者のうち知れているものの意見を聴くも

のとされている（民再規98条）。意見聴取対象者には未確定債権者は含まれない。意見聴取の方法は裁判所の裁量に委ねられており，事案に応じて意見の聴取を行っている。

　東京地裁破産再生部では，履行監督期間中に再生債権に対する弁済の履行が困難な状況が判明した場合には，再生債務者代理人及び監督委員を交えた打合せ期日を指定して，計画の変更等を含めた対応を講じ，それができない場合は直ちに再生手続の廃止を検討するなど，迅速な対応をしている（本章第1参照）。

(6)　廃止の効果

ア　廃止の効果一般

　裁判所は，廃止決定をしたときは，直ちに主文及び理由の要旨を官報に掲載して公告しなければならない（民再195条1項，10条1項）。法律上，再生債権者に対する廃止決定の送達，通知は要求されていないが，東京地裁破産再生部では，再生債務者代理人が再生債権者に対し，廃止決定の写しとともに廃止決定に至った経緯・事情等を簡潔に記載した書面を送付して，情報提供と保全管理業務への協力要請を行うことを促している。再生手続廃止決定に対しては即時抗告ができ（民再195条2項），この決定は確定しなければ効力を生じない（同条5項）。再生債務者が法人の場合，再生手続廃止決定が確定したときは，裁判所書記官が職権でその旨の登記嘱託をすることで，商業登記簿に再生手続廃止の登記がされる（民再11条5項1号）。

　前記(1)のとおり，再生手続の廃止は，再生手続を将来に向かって終了させるものであり，再生手続中に発生した効果は，廃止決定が確定しても消滅しない。したがって，例えば，再生手続廃止決定の確定時までに再生債務者がした財産管理行為はもとより，再生手続中にされた担保権消滅許可制度による担保権消滅の効果，役員の損害賠償請求権の査定の結果などにも影響はない。

　再生手続廃止決定の確定により，管理命令及び監督命令は失効し（民再

195条7項,188条4項),否認の請求や役員に対する損害賠償請求権の査定が係属しているときは,廃止決定の確定により手続が終了する(民再136条5項,143条6項)。担保権消滅許可の申立て,価額決定の請求の手続も,再生手続廃止決定の確定により終了すると解される(もっとも,担保目的物の価額相当の金銭が裁判所に納付されると,その時点で担保権は消滅するので(民再152条2項),その後に再生手続が廃止された場合には,金銭納付後の配当等の手続は残ると解される。)。

否認の請求を認容した決定に対する異議の訴え(民再137条1項)が係属しているときは,再生手続廃止決定の確定により訴訟手続は一旦中断し(民再68条2項,137条6項),その後中断した日から1か月以内に破産手続が開始された場合には,破産管財人が受継することができる(民再254条1項)が,再生債務者が受継することはできない(民再68条3項括弧書)。否認の訴えについては,再生手続廃止決定の確定により中断し(同条2項),再生債務者が受継しなければならないが(同条3項),牽連破産の開始決定があった場合には再び中断し(破44条1項),破産管財人が受継することができる(同条2項)(詳細については,伊藤・破産民再3版1146頁以下参照)。

再生手続廃止決定の確定時に係属している再生債権査定の裁判に対する異議の訴えは,再生債務者等が当事者でないものは,再生手続の終了が再生計画認可決定の確定前の場合は中断し(民再112条の2第4項前段),確定後の場合は引き続き係属し(同項後段),牽連破産になった場合に中断する(破44条1項)。再生債務者等が当事者であれば,引き続き係属する。再生手続中に受継された異議ある再生債権に関する訴訟(民再107条1項,109条2項)のうち,再生債務者等が当事者でないものは,再生計画認可決定の確定前の再生手続終了の場合は中断して再生債務者が受継し(民再112条の2第5項前段,6項,68条3項),確定後の場合は引き続き係属する(民再112条の2第5項後段)(大阪実務404頁以下参照)。

イ 認可確定前の廃止の効果

再生計画認可決定の確定前の廃止の場合,そもそも再生計画による権利変

更の効果が生じていないから，再生計画の影響を論ずる余地はない。

　認可確定前の廃止決定が確定すると，再生債権者は，再生債務者に対して再生債権者表の記載に基づき強制執行をすることができる（民再195条7項，185条2項）。

ウ　認可確定後の廃止の効果

　再生計画認可決定の確定後の廃止は，既に再生計画による権利変更が効力を生じているため，再生計画の遂行及び民事再生法の規定によって生じた効力（民再179条）には影響はない（民再195条6項）。もっとも，再生手続廃止決定の確定後に新たに再生手続の開始決定又は破産手続の開始決定がされた場合には，再生計画によって変更された再生債権は原状に復する（民再190条1項本文）。

　認可決定の確定により，再生債権表の記載は，再生債権に基づき再生計画の定めによって認められた権利について確定判決と同一の効力を有し（民再180条2項，3項），認可確定後に廃止決定がされてもその効力が維持されるから，民事再生法185条（不認可決定が確定した場合の再生債権者表の記載の効力）の準用はない（民再195条7項）。

2　再生手続廃止後の手続

(1)　破産手続への移行

　再生手続廃止の決定が確定した場合に，当該再生債務者に破産手続開始の原因となる事実があると認めるときは，裁判所は，職権で破産手続開始の決定をすることができる（民再250条1項）。

　東京地裁破産再生部では，再生手続が廃止された場合，再生債務者が法人の場合には，全件につき破産手続に移行する運用であり，廃止決定と同時に保全管理命令を発付している（民再251条1項1号，破91条2項）。これに対し，再生債務者が自然人の場合には，法人の場合と同様に全件につき破産手

続に移行することとすると，破産手続を恐れて再生手続開始の申立てを萎縮することへの配慮などから，当然には破産手続には移行せず，再生債務者の意向や予想される管財業務，速やかな破産手続への移行の必要性，引継可能な予納金等を総合考慮して判断されている（島岡大雄「東京地裁破産再生部（民事第20部）における牽連破産事件の処理の実情等について(上)」判タ1362号5頁参照）。

再生手続廃止決定及び保全管理命令の決定例は，資料7－4－1のとおりである。

(2) 再生手続終了に伴う保全処分

再生手続廃止の決定がされても，この決定が確定するまでは，職権による破産手続開始決定をすることはできない。廃止決定は，その主文及び理由の要旨が公告され（民再195条1項），官報掲載の翌日から効力を生じ（民再10条1項，2項），即時抗告期間は公告が効力を生じた日から2週間である（民再9条）。東京地裁破産再生部の例では，通常，廃止決定から確定までに1か月程度を要する。

このように，確定までに相当の期間を要するので，確定までの間，再生債務者の財産を適正に保全・管理し，財産の散逸を防止する必要がある。そこで民事再生法は，職権により，破産手続開始決定までの間に，以下のような保全処分等をすることができる旨定めている（民再251条）。

① 中止命令（破24条1項）
② 包括的禁止命令（破25条1項）
③ 財産処分禁止等仮処分（破28条1項）
④ 保全管理命令（破91条2項）
⑤ 否認権のための保全処分（破171条1項）

なお，東京地裁破産再生部において，自己破産申立事件で包括的禁止命令を発付した例は極めて少ないが，その理由は，破産手続開始の申立てがあると直ちに破産手続開始決定を行うという運用をしているため，破産手続の開始決定までの間に滞納処分等がされる可能性が低い点にある。これに対し

資料7-4-1　再生手続廃止決定及び保全管理命令
　　　　　（民事再生法191条1号による廃止の場合）

平成○○年（再）第○○号　再生手続開始申立事件

決　　定

　　　　　東京都○○区○○△丁目△番△△号
　　　　　再生債務者　　　　　○○○○株式会社
　　　　　代表者代表取締役　　○○　○○

　本件再生手続には民事再生法191条1号に定める事由があるので，次のとおり決定する。

主　　文

　1　本件再生手続を廃止する。
　2　○○○○株式会社について保全管理人による管理を命ずる。
　3　保全管理人として，次の者を選任する。
　　　東京都○○区○○△丁目△番△△号　□□ビル△階
　　　○○法律事務所
　　　弁護士　○○　○○

　平成○○年○○月○○日
　　　東京地方裁判所民事第20部
　　　　　裁判長裁判官　　○○　○○
　　　　　裁判官　　　　　○○　○○
　　　　　裁判官　　　　　○○　○○

て，再生手続廃止の場合は，前記のとおり，廃止決定が確定するまでは，職権による破産手続の開始決定を行うことはできず，再生手続廃止の決定からその確定までに約1か月の期間を要するから，再生債務者が公租公課を滞納しているときには，この間に滞納処分等がされる可能性がある。再生手続廃止等による保全管理は，いわば破産手続の前倒しの段階であるから，この段階での滞納処分を許容すると租税債権の優先回収を是認することになり，財団債権者間の平等の観点から好ましくなく，以後の破産手続の円滑な追行に支障を来すおそれもある。そこで，東京地裁破産再生部では，再生債務者が

法人か自然人かを問わず，再生債務者に売掛金等のめぼしい資産があり，公租公課の滞納処分が予想される事案等の場合は，保全管理命令と同時に包括的禁止命令を発付することとしている。

(3) 保全管理命令

ア　保全管理命令の発付

前記(1)のとおり，東京地裁破産再生部では，再生手続廃止決定がされた場合，再生債務者が法人の場合には，全件につき破産手続に移行する運用であり，再生手続廃止決定と同時に保全管理命令（民再251条1項1号，破91条2項）を発付することとしている。保全管理人には監督委員である弁護士を選任している（なお，管理命令が発付されている場合，管財人が再生債務者の財産の管理処分権及び業務遂行権を有するため，管理命令を取り消してまで保全管理命令を発付する事例は極めてまれである。）。これに対して，再生債務者が自然人の場合は法文上保全管理人を選任することができないため，財産を保全する必要があるときは，財産処分禁止等仮処分（民再251条1項1号，破28条1項）を発付することで対応せざるを得ないが，その実効性について疑問も提起されている。

保全管理命令は再生債務者に送達し（破92条2項），また，公告をする必要がある（同条1項）。保全管理命令に対しては即時抗告をすることができるが（破91条5項），この即時抗告は，執行停止の効力を有しない（同条6項）。

イ　保全管理人の権限

保全管理命令によって選任された保全管理人は，再生債務者の財産の管理処分権を有する（破93条1項本文）。保全管理人が再生債務者の「常務」に属しない行為をするには裁判所の許可が必要であり（同項ただし書），また，保全管理命令は，いわば破産手続開始の前倒しというべきものであることから，破産管財人の権限を定めた破産法78条2項〜6項が準用される（破93条3項）。保全管理人の行為が再生債務者の「常務」に属するか否かは，再生

債務者の事業の実態に応じて判断される。

ウ　保全管理期間中の事業譲渡

実務上，保全管理人が再生手続廃止後の保全管理期間中に，裁判所の許可（破93条3項，78条2項3号）を得て再生債務者の事業の全部又は一部の譲渡を行うことがある。事業を第三者に譲渡することにより事業の再生，雇用の確保が図られるだけでなく，後の破産手続において，破産管財人が裁判所の許可を得て事業を継続しながら事業譲渡をする（破36条，78条2項3号）よりも高価に売却できる場合が多く，事業を継続したり清算したりすることにより生じる財団債権の発生を防止できる等のメリットがあるからである。

破産法上の保全管理期間中の事業譲渡について，再生債務者が株式会社の場合には，株主総会の特別決議による承認（会467条1項1号，2号，309条2項11号）が必要である（一問一答破産142頁）。この点については，民事再生法上の代替許可（民再43条1項）で対応する可能性について言及する見解もあるが，東京地裁破産再生部において，保全管理期間中の事業譲渡について代替許可の手続によった事例は，これまでのところない。そのほかにも，破産手続開始後に破産管財人が事業譲渡を追認すれば，手続上の瑕疵は治癒されるとする見解（島岡大雄「東京地裁破産再生部（民事第20部）における牽連破産事件の処理の実情等について（上）」判タ1362号18頁参照）など，様々な考え方が示されている。

(4)　破産手続開始決定

前記(1)のとおり，東京地裁破産再生部では，再生手続の廃止決定が確定すると，再生債務者が法人の事件であれば全件につき職権により破産手続開始の決定をする。

破産手続開始決定の際，破産管財人は，保全管理人（再生手続における監督委員）をそのまま選任することとしている。また，債権者集会の期日は，通常の破産事件では，法人の自己破産の場合は3か月後を指定しているが，再生手続から移行した職権破産事件では，破産管財人が再生手続における監

督委員としての職務を通じて事件を熟知しており，比較的短期間に債権者集会の準備ができる場合もあること，破産手続開始決定から債権者集会まで3か月の期間を取ると，再生手続廃止の決定からの期間が長くなりすぎること等に鑑みて，破産管財人（保全管理人）や破産者代理人等と協議の上，3か月よりも短い期間で債権者集会の期日の指定をしている事件もある。

　職権破産事件の債権調査は，公租公課の未納が多額にある事件など配当の見込みがない事案では，債権届出を留保することが通例である（破31条3項）。

第8章

その他

第 1

民事再生と国際倒産

1 国際倒産の意義

　近時，日本国内の法人等の事業活動のグローバル化が進展し，法的倒産処理手続の局面においても国際的な問題に直面する場合が珍しくない。そして，海外で事業活動を展開する債務者が経済的に破綻すると，その債務者の国籍国や，債務者が資産等を有する国の主権の下で制定された倒産法制に基づいて，それぞれ法的倒産手続が執られるのが原則である。

　このように，複数の国に財産を所有し，又は事業活動を行っている自然人又は法人について，その複数の国の一つ以上の国で法的倒産処理手続に入った状態を，いわゆる国際倒産と呼んでいる。例えば，日本と外国とで事業活動を行う債務者が破綻すると，日本と外国のそれぞれで法的倒産処理手続が開始される可能性が生ずる。このような場合，まず，①国際倒産事件の裁判管轄をどのように定めるか（どのような債務者が日本の裁判所に倒産処理手続開始の申立てができるか。）といった問題が生じ，その上で，②仮に日本において倒産処理手続が開始された場合，その倒産処理手続の効力はその債務者の在外資産にも及ぶのか（国内倒産処理手続の対外的効力），③仮に外国において倒産処理手続が開始された場合，その倒産処理手続の効力はその債務者の国内資産にも及ぶのか（外国倒産処理手続の対内的効力），④日本と外国とでそれぞれ倒産処理手続が開始された場合，どのように処理すべきか（並行倒産の処理方法）といった問題が生ずる（破産再生の実務3版・再生編352頁）。

2　国際倒産管轄

　債務者が自然人である場合には，日本国内に営業所，住所，居所又は財産を有するときに限り，債務者が法人その他の社団又は財団である場合には，日本国内に営業所，事務所又は財産を有するときに限り，再生手続開始の申立てをすることができる（民再4条1項）。ここでいう「営業所」は主たる営業所に限らない。なお，民事訴訟法の規定により裁判上の請求をすることができる債権は，日本国内にあるものとみなされる（同条2項）。

　そして，民事再生法は，再生手続に関して，「外国人又は外国法人」については「日本人又は日本法人」と「同一の地位を有する」と規定して，いわゆる相互主義ではなく内外人平等主義を採用している（民再3条）。

　東京地裁破産再生部では，日本企業の100パーセント子会社である外国法人が，管轄原因として，日本国内に保有する邦銀の預金口座が唯一の資産であるなどと主張して，再生手続開始の申立てをし，開始に至った事例がある。

3　再生手続と外国倒産処理手続との関係

(1)　国内の再生手続の対外的効力

ア　普及主義と承認援助手続

　民事再生法38条1項は，日本国内で再生手続が開始された場合，再生債務者の業務遂行権及び財産の管理処分権（裁判所が管財人及び保全管理人を選任した場合の同人らの権限も同じ。）は，国内の財産に限定されず，在外資産にも及ぶものと規定しており，国内で開始された再生手続の対外的効力について属地主義ではなく普及主義を採用している。

　しかし，日本法で普及主義を採用したからといっても，国内の再生手続に

基づく法的な効力が当然に在外資産に及ぶものではなく，外国において日本の再生手続の承認援助手続を執らなければ，日本で開始された再生手続開始の効力や管理命令・保全管理命令の効力等が在外資産に及ばない可能性が高い。外国倒産処理手続の承認援助手続とは，当該国から見て，国外で開始された倒産手続の効力を国内に及ぼすための制度である。当該国において外国倒産処理手続の承認援助手続が存しない場合には，当該国における倒産処理手続の申立て等が必要となる。当該国において外国倒産処理手続の承認援助手続が存する場合であっても，当該国の承認援助手続に要する時間を予測することは難しい。

　外国倒産処理手続の承認援助手続の要件，効果は各国により異なるが，日本と経済的な結びつきが強い米国の場合には，日本の倒産処理手続が外国主手続（債務者がその主たる利益の中心を有する国において行われる倒産手続）として承認されると，次のような効果が自動的に生じるとされる（福岡真之介『アメリカ連邦倒産法概説』345頁）。

① 債務者及び米国内における債務者の財産に関してオートマティック・ステイ（債権回収の一時的停止）の効果が発生する。また，適切な保護の条項の適用が生じる。

② 債務者の財産の使用・売却・賃貸，申立て後の行為の否認，担保権の申立て後の効力の規定が，米国内における債務者の財産の移転に関して適用されるようになる。

③ 外国管財人は，債務者の事業を運営し，管財人の権限を行使することができる。

　東京地裁破産再生部では，再生債務者が，米国，英国，カナダ，オーストラリア，南アフリカ，韓国の6か国において，日本の民事再生手続の承認を求める申立てをした事例があるが，米国では，日本の民事再生手続の申立て・保全命令発付の時点で承認の申立てをすることができた一方で，カナダやオーストラリアでは，日本の民事再生手続が開始した後でないと承認の申立てをすることができなかったほか，米国，英国，カナダ，オーストラリアでは，日本の民事再生手続が承認された効果として，担保権実行の禁止まで

認められるなど，各国によって制度・運用が相当異なっていたことから，あらかじめそれぞれの制度や運用を検討した上で手続を進めたというものがある。

イ　在外資産から弁済を受けた場合の処理

　再生債務者が在外資産を有するものの，当該外国に日本の再生手続を承認する制度がなかったり，あっても承認がされなかったりした場合，日本の再生手続の効力が在外資産に及ばないため，再生債権者は一定の費用をかけて再生債務者の在外資産について個別に権利行使をして債権の回収を図ることができる。しかし，このようにして再生債務者の在外資産から他の再生債権者に先んじて弁済を受けた再生債権者が日本の再生手続で他の再生債権者と同様の弁済を受けると，債権者平等の原則に反した事態を招くことになる。

　そこで，民事再生法は，上記のような事態に備えた調整規定を設けている（民再89条）。すなわち，再生債権者は，再生手続開始の決定があった後に再生債務者の在外資産に権利を行使したことにより，再生債権について弁済を受けた場合であっても，その弁済を受ける前の債権の全部をもって再生手続に参加することができる（同条1項）。他方で，当該再生債権者は，他の再生債権者が自己の受けた弁済と同一の割合の弁済を受けるまでは，再生手続により弁済を受けることができず（同条2項。これは，ホッチポット・ルールと呼ばれるものである。），外国で弁済を受けた債権の部分については，議決権を行使することができない（同条3項）。

　東京地裁破産再生部では，再生債務者の在外資産に対する差押え等が懸念される事案の再生計画において，①再生債権者が本件再生計画に基づく弁済を受ける前に，再生債務者の在外資産に対して権利を行使して再生債権について弁済を受けた場合は，本件再生計画に基づく弁済額から在外資産による弁済額を控除した金額のみを弁済すること，②再生債権者が本件再生計画に基づく弁済を受けた後，再生債務者の在外資産に対して権利を行使して再生債権について弁済を受けた場合は，本件再生計画に基づく弁済額のうち在外資産による弁済額に相当する金員の支払を無効なものとし，再生債務者は，

当該再生債権者に対し当該金員の返還を求めることができることを定めた事例がある。このうち，①の規定は，ホッチポット・ルール（民再89条2項）を確認的に定めたものである一方で，②の規定は，国際私法の観点等から，このような不当利得返還請求権の成立につき否定的な見解もある中，少なくとも日本法の観点からは海外における債権回収に法律上の原因がないとの評価ができることを前提にして，在外資産による弁済額に相当する金員につき不当利得返還請求ができる旨を定めたものである。②の規定については，再生債権者に対して不当利得返還請求を辞さない旨の意思を表明することにより，海外における債権回収を事実上牽制する効果を期待することができたとされている（福岡真之介ほか「第一中央汽船の民事再生について―海運会社の国際的倒産事件の事例」事業再生と債権管理156号129頁）。もっとも，再生債権者が在外資産に対する差押え等の権利行使に及ぶことを防ぐためには，上記アのとおり日本の民事再生手続の承認を求める申立てを行うなど，事前に様々な方策を講ずる必要がある。

ウ　在外子会社の処理

　日本の親会社について民事再生手続が開始された場合には，在外子会社の海外事業を一体として再生するか，切り離して売却・清算するのか等を検討することになる。その検討に際しては，海外事業のある国における外国倒産処理手続の承認援助手続の有無や，その他の法制度，実務慣行等を前提として，海外事業が再生債務者の本業に占める位置付け（本業との一体性），海外事業の収益性，想定されるスポンサー候補から見た価値，分離して処分（売却・清算）することの容易さ，親子間での保証等による債権者の重複の有無，一体再生の方針で資金繰りを維持することができるか否か，当該行為を行った場合の国内及び海外の関係者の反応等を考慮することになる（事業再生迅速化研究会第5PT「倒産実務の国際的側面に関する諸問題(上)」NBL994号79頁）。在外子会社の海外事業を切り離して処分することを選択した場合，親会社である再生債務者は，在外子会社の資産内容を確認・調査をした上，在外子会社に対する貸付けや未収金又は出資金の回収，在外子会社の株式の売却等を

検討することになる。在外子会社の株式を売却するためには，在外子会社の業績を明らかにする資料を収集し調査を加えて，その資産価値を算定する必要があるが，現地の会社法制による必要があるから，現地の法制に通じた専門家の支援が必要になろう（破産再生の実務3版・破産編557頁）。

東京地裁破産再生部では，在外子会社の事業規模が大きかったことなどから，外国でも倒産処理手続を選択して並行倒産として処理した事例や，日本の親会社の事業だけでなく在外子会社の事業も一括して譲渡するため，在外子会社の株式代金額についても定めてスポンサーに対し再生計画外で譲渡するなどして，その譲渡代金等を弁済原資とした事例がある。

(2) 外国倒産処理手続の対内的効力

外国倒産処理手続の承認援助手続とは，外国倒産処理手続の承認援助に関する法律（以下「承認援助法」という。）に基づく手続を意味し，日本の裁判所が外国における倒産処理手続を承認し，それを援助するための一定の手続を経ると，その効力が日本国内でも生ずるというものである。ここでいう「承認」は，外国判決の承認などとは相当に性質を異にしており，飽くまでも裁判所による援助処分の基礎を構成するものにすぎず，それ自体としては実質的効力を有するものではない。その意味で「承認」の法的性質としては，援助処分付与適格の確認の裁判にすぎないと解されている（山本和彦『国際倒産法制』31頁）。

外国管財人は，外国倒産処理手続が係属している国に債務者の住所，居所，営業所又は事務所がある場合には，日本の裁判所に対し，当該外国倒産処理手続について，その承認の申立てをすることができる（承認援助法17条1項）。もっとも，当該国に生活の本拠や事業活動等の拠点がなく，専ら財産が所在することを理由に係属した外国倒産処理手続については，日本の裁判所に対し承認の申立てをすることはできない。また，国内手続優先の原則が採用されているため，国内倒産処理手続との競合が生じた場合には，原則として，承認の申立てが棄却される（承認援助法57条1項）。

日本の承認援助手続の下では，管理命令が発付されて初めて国内財産の管

理処分権が債務者から剥奪され，裁判所の選任した承認管財人にこれが専属するものとしている（承認援助法32条1項）。すなわち，外国倒産処理手続において外国管財人が選任されている場合でも，債務者は国内財産の管理処分権を当然には失わず，承認の決定がされても管理処分権の所在に変動が生じないことから，外国管財人が，債務者の国内財産の管理処分権を取得するためには，管理命令の申立てをし，かつ，外国管財人自身が承認管財人に選任される必要がある（深山卓也『新しい国際倒産法制』215頁）。

(3) 並行倒産

国内での倒産処理手続とは別に外国での倒産処理手続が申し立てられる場合があり得るが，同一の債務者について複数の法域で倒産処理手続が係属することを「並行倒産」という。民事再生法は，倒産処理手続が日本と外国とで同時に係属する場合の処理について一定の規定を置いている。

ア 外国管財人との協力

再生債務者等は，再生債務者についての外国倒産処理手続がある場合には，外国管財人に対し，再生債務者の再生のために必要な協力及び情報の提供を求めることができる（民再207条1項）一方で，外国管財人に対し，再生債務者の再生のために必要な協力及び情報の提供をするよう努めるものとされている（同条2項）。再生債務者等が外国管財人との間で国境を越えた協力関係を構築することができる権限を付与されることにより，並行状態にある倒産処理手続が円滑に進められることを目指したものである。

イ 再生手続の開始原因の推定

再生債務者についての外国倒産処理手続がある場合には，当該再生債務者に再生手続開始の原因となる事実があるものと推定される（民再208条）。再生債務者について外国倒産処理手続の存在が証明されれば，再生手続開始の原因となる事実が存在する蓋然性が高いことを考慮したものである。

ウ　外国管財人の権限等

　民事再生法は，外国管財人に対し，次のような権限を与えている。

　外国管財人は，①民事再生法21条1項前段に規定する場合（債務者に破産手続開始の原因となる事実）には，再生債務者について再生手続開始の申立てをすることができ（民再209条1項），②再生債務者の再生手続において，債権者集会に出席し，意見を述べることができ（同条2項），③再生計画案の提出期間内（民再163条1項，3項）に，再生計画案を作成して裁判所に提出することができ（民再209条3項），④前記①のとおり再生手続開始の申立てをした場合には，包括的禁止命令，再生手続開始決定，債権届出期間の変更命令等があったときは，所定の内容につき通知を受けることができる（同条4項）。

エ　相互の手続参加

　外国管財人は，届出をしていない再生債権者であって，再生債務者についての外国倒産処理手続に参加しているものを代理して，再生債務者の再生手続に参加することができる（民再210条1項）。なお，この参加は，当該外国の法令によって外国管財人が債権者を代理して他国の倒産処理手続に参加する権限を有する場合に限られる（同項ただし書）。

　他方で，再生債務者等は，届出再生債権者（民再101条3項の規定により認否書に記載された再生債権者を含む。）であって，再生債務者についての外国倒産処理手続に参加していないものを代理して，当該外国倒産処理手続に参加することができる（民再210条2項）。この代理権は法定代理権であり，個別的な授権がなくとも参加をした外国倒産処理手続に属する一切の行為に及ぶ（同条3項本文）が，債権届出の取下げ，和解その他の届出再生債権者の権利を害するおそれがある行為をするには個別的な授権が必要である（同項ただし書）。

第2 外国債権者の債権届出

1 外国債権者の地位

　民事再生法は，いわゆる相互主義ではなく内外人平等主義を採用しており，外国人又は外国法人は，日本の再生手続に関し，日本人又は日本法人と同一の地位を有している（民再3条）。したがって，外国人又は外国法人が再生債権を有する場合には，日本人又は日本法人と同様に日本の再生手続において再生債権者として扱われる。

2 債権届出の方式

　外国債権者も日本人又は日本法人と同様に再生債権者として扱われる以上，基本的には債権届出の方式についても日本の債権者と変わるところはない（民再94条以下）。債権届出書は日本語で記載することを要し（裁判所法74条），添付書類には日本語の訳文を添付することを要する（民再規11条，民訴規138条）。

　また，再生債権の届出期間については，知れている再生債権者で日本国内に住所，居所，営業所又は事務所がないものがある場合には，4週間以上4か月以下とされており（民再規18条1項1号），外国債権者の手続保障に配慮している。

3　外国通貨建金銭債権

(1)　債権額の評価

　破産手続では，外国通貨建金銭債権を有する破産債権者は，破産手続開始時における評価額を債権額として届出をするものとされ（破103条2項1号ロ，111条1項1号），議決権の額は，届出のあった評価額のうち確定した部分とされている（破140条1項1号，141条1項1号）。

　これに対し，再生手続では，外国通貨建金銭債権を有する再生債権者は，外貨のままで議決権の額とともに届出をするものとされている（民再94条1項）。この場合の議決権の額は，再生手続開始時における評価額であるが（民再87条1項3号ニ），東京地裁破産再生部では，東京外国為替市場の為替レートで日本円に換算する扱いが通例である。

(2)　債権届出に対する異議

　再生債務者等は，届出があった再生債権について，その内容及び議決権に係る認否書を裁判所が定めた期限までに作成・提出する（民再101条）。東京地裁破産再生部では，認否書において認めなかった再生債権について，認否書提出後速やかに再生債務者等から当該再生債権者に異議通知書を送付する運用としている。外国通貨建金銭債権の届出をした外国債権者についても，再生債務者等が認否書で認めない場合には，日本の債権者と同様に異議通知書を送付することになる。

(3)　外国判決がある場合の手続

　異議等のある再生債権のうち，執行力ある債務名義又は終局判決のあるものは，異議者等は再生債務者がすることのできる訴訟手続によってのみ異議を主張することができ（民再109条1項），具体的には，終局判決が確定している場合の再審の訴え（民訴338条）などが考えられる。

そこで，外国判決で認められた債権が有名義債権といえるか否かが問題となるが，執行判決（民執24条）を得た外国判決は「執行力ある債務名義」（民執22条6号）である一方で，執行判決を得ていない外国判決は「執行力ある債務名義」にはならず，それが「終局判決」といえるか否かについて争いがある（岡伸浩＝小畑英一ほか編著『破産管財人の債権調査・配当』541頁）。承認の要件（民訴118条）を満たす外国判決は，執行判決を要することなく終局判決に該当するとする見解が有力であるが，実務上承認の要件を満たすか否かは，債権届出からは明らかでないことが多いと考えられる。したがって，執行判決を得ていない外国判決で認められた債権を有名義債権，無名義債権のいずれとして扱って手続を進めるべきかについては，外国判決が承認要件を満たすか否かに左右されるものであるから，再生債務者等はその判断に悩むものと思われる。再生債務者等は，基本的には，執行判決を得ていない外国判決が終局判決に当たらないものとして対応しつつも（無名義債権として扱うことから，通常の再生債権に対するのと同様の異議の方法によることになるが，外国判決が確定していることは，査定手続の中で債権の存否に係る有力な資料として考慮され得る。），承認要件を満たすことがあり得るような場合には，上記外国判決が終局判決に該当することを念頭に置いて対応することになろう。また，再生債務者等は，承認要件の存否につき裁判所の判断を得るための手続として，民事再生法109条1項の準用により異議者から判決不承認の訴えを提起することも可能であると解されている（伊藤・破産民再3版628頁，東京地判昭51.12.21判タ352号246頁）。

(4)　国外に係属する訴訟等がある場合の手続

　再生債権に該当する債権を対象とする訴訟等が国外に係属する場合，日本の再生手続における中断の規定（民再40条）が適用されないため，外国裁判所の訴訟と日本の再生手続における債権確定手続が併存することになる。
　承認の要件（民訴118条）を満たす外国判決は自動承認（民執24条2項）されることからすると，再生債務者等は，外国裁判所に係属する再生債権に係る訴訟を進行させるか否かを検討する必要があろう。もっとも，再生債務者

が在外資産を有しない場合については，外国裁判所の訴訟を進める必要性に乏しいといえる。日本の再生手続が開始されれば，外国裁判所に訴訟係属する再生債権であっても，これに基づき個別に権利行使をすることはできず（民再39条1項，85条1項），執行判決を取得することもできなくなると考えられ，再生債務者の国内資産に執行されるおそれはなく，また，外国裁判所に係属する訴訟が進んで判決に至っても，在外資産がなければ，在外資産に執行を受けるおそれもないからである。他方で，再生債務者が在外資産を有する場合には，日本の再生手続の承認援助手続を申し立てることにより日本の再生手続の法的な効力を在外資産に及ぼし，外国裁判所の訴訟進行を停止することを検討する必要がある。

　外国裁判所に訴訟係属する再生債権を有する債権者は，当該債権の届出に対して異議を述べられて，これに不服がある場合，前記のとおり，外国裁判所に係属する訴訟については再生手続開始による中断はなく，したがって，これを前提とする係属訴訟の受継という手続は考えられないから，日本の再生手続において，再生債権査定の申立てをする必要がある。そして，再生債権者が査定の申立てをした場合には，そのまま査定の手続を進めるのか，外国裁判所の訴訟を進行させるのかが問題となる。東京地裁破産再生部では，外国裁判所の上級審に訴訟係属する再生債権について，債権者からの届出，再生債務者の否認，債権者の査定申立てまで手続が進んだ段階において，査定の当事者双方から，外国裁判所での上級審の結果が確定するまで査定手続の停止を求める上申がされ，同査定手続を停止した事例がある。この事例では，外国裁判所の上級審の判断を求めた方が迅速に債権を確定することができる見通しがあったことなどから，日本の再生手続における査定の判断に進むことなく，外国裁判所の訴訟を進行させる措置が採られたものである。再生債権の確定の観点からは，外国裁判所の訴訟を進行させる場合には，当該訴訟の結果が出たにもかかわらず，日本の再生手続における債権確定手続において紛争の蒸し返しがされることを防止するため，日本の再生手続においても外国判決の内容に沿って進行をする旨の合意をしておくことが重要となる（この点に言及したものとして，岡伸浩＝小畑英一ほか編著『破産管財人の債

権調査・配当』539頁,612頁がある。)。

第3 個人の通常再生

1 はじめに

　民事再生法は，再生債務者を法人のみに限っておらず，自然人（以下「個人」という。）も再生債務者となることができるところ（民再2条1号参照），個人については，小規模個人再生及び給与所得者等再生に関する特則が定められている（民再221条以下。以下，小規模個人再生手続及び給与所得者等再生手続を併せて，「個人再生手続」という。）。もっとも，個人再生手続を利用するためには，再生債権の総額（住宅資金貸付債権の額，別除権の行使によって弁済を受けることができると見込まれる再生債権の額及び再生手続開始前の罰金等の額を除く。）が5000万円以下である必要があり（民再221条1項，239条1項），再生債権の総額が5000万円を超える個人は個人再生手続を利用することはできない。

　そこで，再生債権の総額が5000万円を超える個人（主として会社代表者や小規模でない自営業者等（開業医等が多い）が想定される。）が，通常の再生手続で経済生活の再生を図るという事例があり，東京地裁破産再生部においても，近年では年間数件程度ではあるが，こうした個人の通常再生の申立てがある。

　以下では，個人の通常再生手続について，法人の再生手続との相違点，個人再生手続との相違点を中心に，留意点を概説する。なお，基本的な手続の進行（標準スケジュールでの手続の進行等）は，個人の通常再生手続の場合も，法人の再生手続の場合と同様である。

2　申立て段階

(1)　書記官による事情聴取

　東京地裁破産再生部では，再生債務者代理人から，個人の通常再生手続申立てに係る「再生事件連絡メモ」（同メモは法人・個人兼用である。）を受信した場合には，担当書記官が事件進行の参考となる事項を聴取している。
　主として問題になるのは，以下の点である。

ア　事業者性

　個人の通常再生手続において，手続の進行を検討する上で最も重要な点は，再生債務者が事業者であるか否かという点である。再生債務者が事業者である場合には，事業に係る資金繰りの問題や少額債権の弁済の問題が生じるし，財産評定においても監督委員が公認会計士を補助者として検討を行う必要が生じる。また，再生計画案の策定の段階においても，事業の継続可能性等を検討して，履行可能性等を検討する必要がある。さらに，必要に応じて，保全処分の要否も検討しなければならない。このように，再生債務者が事業者である場合には，法人の再生手続とほぼ同様の問題が生じることとなる。
　他方，再生債務者が非事業者である場合には，その資産の構成も比較的単純であろうし，また，再生債権の弁済の原資の調達方法も比較的単純となるであろうから，再生債務者が事業者である場合と比較すれば，複雑な問題は生じにくいといえよう。
　再生債務者が事業者であるか否かによって，以上のような差異があり，手続進行の複雑さが全く変わってくるため，再生債務者が事業者であるか否かは，今後の手続進行を検討する上で，極めて重要な情報である。

イ 住宅資金特別条項の利用

　個人の破産手続と比較した場合に、個人再生手続を申し立てるメリットとしては、住宅資金特別条項を利用して、自宅を維持することができるという点が挙げられる。そして、住宅資金特別条項は個人再生手続の場合だけではなく、個人の通常再生手続の場合にも利用することが可能である。

　住宅資金特別条項を利用する場合には、民事再生法198条の要件を満たす必要があり、これは法人の再生手続では問題にならない点であるので、住宅資金特別条項を定める場合には、注意が必要である。住宅資金特別条項を定める場合の留意点については、後記(3)を参照されたい。

ウ 再生スキーム（方針）

　個人の通常再生手続の場合も、法人の再生手続の場合と同様に、予定している再生スキーム（方針）を聴取している。再生スキームとしては、不動産等の保有資産を売却して得た原資に今後の個人の収入を加えて弁済原資とするものや、親族からの借入れ（借入れは共益債権になるが、これを親族に放棄してもらうことが多い。）によるものが考えられる。

(2) 保全処分の要否

　再生債務者が事業者である場合には、法人の再生手続の場合と同様、保全処分の要否を検討することとなる。なお、再生債務者が事業者である場合には、法人の再生手続の場合と同様の資金繰り表の提出を求めている（資金繰り表の書式等については、第2章第1参照。）。

　再生債務者が非事業者である場合には、保全処分を発令しないことが通例である。

(3) 住宅資金特別条項の利用

ア 住宅資金特別条項を定める場合の留意点

住宅資金特別条項を定める場合の留意点や東京地裁破産再生部での運用は，個再の手引2版の第9章に詳細な記載がされている。主な問題点としては，以下のようなものが挙げられる。

① 「住宅」該当性（民再196条1号。個再の手引2版Q92）
② 「住宅資金貸付債権」該当性（民再196条3号。個再の手引2版Q91）
③ いわゆる「巻き戻し」の問題（民再198条2項，204条1項。個再の手引2版Q89）
④ 後順位抵当権者がいる場合の問題（民再198条1項ただし書。個再の手引2版Q93）
⑤ いわゆる「ペアローン」の問題（民再198条1項ただし書。個再の手引2版Q90）

再生債務者代理人において，申立段階でこれらの問題点について，検討し，監督委員においても，これらの問題点を踏まえて，開始意見を提出することとなる。

イ 申立て時の必要書類

住宅資金特別条項を定める場合には，個人再生手続の場合と同様，①ローン契約書，②保証委託契約書，③ローン償還表，④住宅及び敷地の登記事項証明書（共同担保目録付き），⑤住宅資金貸付債権の一部弁済許可申立書（正本・副本各1通）の提出を求めている。これらの必要書類については，再生債務者代理人から監督委員に，再生手続開始決定の申立書一式とともに直送する扱いである。

ウ 抵当権の実行手続の中止命令

住宅資金特別条項を定めた再生計画の認可の見込みがあると認めるとき

は，再生債務者の申立てにより，相当の期間を定めて，住宅又は再生債務者が有する住宅の敷地に設定されている住宅資金貸付債権に係る抵当権の実行手続の中止を命ずることができる（民再197条1項）。住宅に関して抵当権の実行が予想される場合には，この抵当権の実行手続の中止命令の申立てを検討することになる。なお，再生債務者は，不動産競売事件の開札期日までに中止命令正本を執行停止文書（民執183条1項6号）として添付の上，担保不動産競売手続停止上申書を執行裁判所に提出しなければ，抵当権の実行手続は中止しないので，執行裁判所への中止命令正本の提出ができるよう，時間的余裕をもって申立てを行う必要がある。

個人再生手続において抵当権の実行手続の中止命令の申立てがある場合には，東京地裁破産再生部では，個人再生委員が競売申立人に対して意見聴取（民再197条2項，31条2項）を行い，その意見の報告とともに，これを前提として，抵当権の実行手続の中止の当否についての意見を裁判所に連絡する（この連絡は電話で行うのが通常である。）運用としている。個人の通常再生手続においても同様に，監督委員が競売申立人の意見を確認した上で，抵当権の実行手続の中止の当否についての意見を裁判所に連絡することが通例である。

抵当権の実行手続の中止命令については，個再の手引2版Q25も参照されたい。

エ　住宅資金貸付債権の一部弁済許可

裁判所は，住宅資金特別条項を定めた再生計画の認可の見込みがあると認めるときは，再生計画認可の決定が確定する前でも，再生債務者の申立てにより，住宅資金貸付債権の弁済をすることを許可することができる（民再197条3項。住宅資金貸付債権の一部弁済許可）。東京地裁破産再生部では，一部弁済許可の申立てがあった場合には，監督委員から，再生手続開始に関する意見とともに，一部弁済許可をすることが相当であるか否かの意見を聴取し，相当であるとの意見があった場合には，開始決定とともに一部弁済の許可をする運用である。

資料8-3-1　非事業者の通常再生手続における監督命令

```
平成○○年(再)第○○号

                    決　　　定

              東京都○○区○○△丁目△番△△号
              再生債務者　　　　○○○○

                    主　　　文
1　○○○○について監督委員による監督を命ずる。
2　監督委員として，次の者を選任する。
      東京都○○区○○△丁目△番△△号
      ○○○○法律事務所
      弁護士　　○○　○○
3　再生債務者が次に掲げる行為をするには，監督委員の同意を得なければな
 らない。ただし，再生計画認可決定があった後は，この限りではない。
 (1)　再生債務者が所有する財産（不動産及び時価20万円以上のその他の財
    産）に係る権利の譲渡，担保権の設定，賃貸その他一切の処分
 (2)　再生債務者の有する債権について譲渡，担保権の設定その他一切の処分
    （再生債務者による取立てを除く。）
 (3)　貸付け
 (4)　金銭の借入れ及び保証
 (5)　債務免除，無償の債務負担行為及び権利の放棄
 (6)　別除権の目的である財産の受戻し

      平成○○年○○月○○日
        東京地方裁判所民事第20部
            裁判長裁判官　　　○○　○○
            裁判官　　　○○　○○
            裁判官　　　○○　○○
```

　住宅資金貸付債権の一部弁済許可については，個再の手引2版Q24も参照されたい。

(4)　債権者一覧表

　申立書に添付する債権者一覧表については，個人の通常再生手続の場合に

は，個人再生手続とは異なり，みなし届出（民再225条，244条）の制度はないため，個人再生手続における債権者一覧表のような異議留保文言（民再226条1項ただし書，221条4項，244条）は不要である。

(5) 監督命令

個人の通常再生手続において，再生債務者が非事業者である場合には，法人の再生手続の場合とは異なり，スポンサー契約及びフィナンシャル・アドバイザリー契約（FA契約）を締結することが考えられないため，これらの締結を監督委員の同意事項とはしていない。非事業者の場合には，月次の事業報告の提出は考えられないが，再生計画の履行可能性の判断のために，家計表の提出を受け，その内容を確認することが多い。

他方，再生債務者が事業者である場合には，当該事業につきスポンサーの支援を受けるということも考えられるため，法人の再生手続の場合と同様，スポンサー契約及びＦＡ契約の締結を監督委員の同意事項としている。また，月次の事業報告の提出も求めている。

個人の通常再生手続において再生債務者が非事業者である場合の監督命令は，資料8－3－1のとおりである。

3 再生手続開始段階（第1回打合せ）

(1) 債権者説明会

債権者数にもよるところであるが，再生債務者が事業者である場合には，再生債務者主催の債権者説明会が開催されることが通例である。他方，再生債務者が非事業者であり，債権者数も多くない場合には，再生債務者による債権者への個別の説明及び監督委員による債権者への個別の意見聴取によって，再生手続開始に関する債権者の意見を収集することで足りる場合もあろう。

(2) 開始決定

　個人の通常再生手続における再生手続開始決定の決定例は，資料3-1-3を参照されたい。

　なお，個人の通常再生手続の場合には，法人の再生手続とは異なり，管理命令（民再64条1項）の発付はできない。

4　財産評定，認否書等提出段階（第2回打合せ）

(1) 再生債権の確定

　個人再生手続では，民事再生法238条及び245条において，民事再生法第4章第3節の規定の適用が原則除外されており，再生債権の実体的確定は行われない。これに対し，個人の通常再生手続においては，民事再生法104条及び111条に基づき，再生債権の実体的な確定が行われることになる。したがって，異議なく確定した再生債権については，再生債権者表の記載は，再生債権者の全員に対して確定判決と同一の効力を有し（民再104条3項），再生債権査定決定に対して異議の訴えがされなかった場合等には，当該決定は，再生債権者の全員に対して確定判決と同一の効力を有し（民再111条2項），異議の訴えがされた場合には，その判決は，再生債権者の全員に対して，その効力を有する（同条1項）。

(2) 住宅資金特別条項を定める予定のある住宅資金貸付債権に係る認否書

　再生債務者が提出する認否書においては，住宅資金貸付債権の議決権は0円と認否し，備考欄に住宅資金貸付債権である旨を記載する。住宅資金特別条項によって権利の変更を受けることとされている者及び保証会社は，住宅資金貸付債権又は住宅資金貸付債権に係る債務の保証に基づく求償権については，議決権を有しないためである（民再201条1項）。

東京地裁破産再生部では，個人再生手続の場合に提出する債権認否一覧表（民再規120条1項）に，住宅資金特別条項を定める予定のある住宅資金貸付債権者を記載しない運用であるため，これと同様に考えて認否書に住宅資金貸付債権等を書き漏らさないよう，注意する必要がある。

5　再生計画案提出，付議段階（第3回打合せ）

(1)　再生計画案の内容

再生計画案の内容についての留意点は，個人の通常再生手続の場合でも，法人の再生手続の場合と同様である。以下，個人再生手続と異なる点等について概説する。

ア　弁済率

個人再生手続においては，最低弁済額が法定されているが（再生債権額が3000万円を超え5000万円以下の場合には10パーセントである。民再231条2項3号等），個人の通常再生手続においては，このような最低弁済額の定めはない。したがって，清算価値保障原則を満たしている場合には，履行可能性が認められる限り，どのような弁済率を定めてもよいことになる。

もっとも，個人再生手続の最低弁済額を下回るような弁済率を設定した場合，例えば，負債額が1億円であるにもかかわらず，弁済額を400万円と設定して弁済率を算出した場合（負債額5000万円で個人再生手続を執った場合の最低弁済額は500万円であり，弁済額400万円はこれを下回ることとなる。）には，再生債権者からの理解が得られない可能性も否定できず，再生計画案の否決につながるおそれがあることも考慮して，再生債権者の積極的賛成を得られるよう説明を尽くす必要があろう。個人の通常再生手続については，法人の通常再生手続の申立てと併せて，その代表者が申立てをすることが多いが，代表者は，役員報酬を切り下げるなど手続開始後の収入を基に弁済原資を捻出することが個人再生手続の再生債務者よりも困難な場合もあることから，

そのような代表者の経済的状況を踏まえた弁済率であることにつき，再生債権者の理解を得ることが肝要である。

また，個人再生手続では，形式的平等主義が採用され（民再229条1項，244条），民事再生法155条1項ないし3項の適用が排除されている（民再238条，245条）のに対し，個人の通常再生手続では，実質的平等主義が採用され，一定金額以下の少額債権を全額弁済しつつ，その一定額を超える部分の債権の弁済率を低くするというような累積段階方式（民再の手引2版278頁）を用いることができる。

イ 弁済期

個人再生手続の場合には，計画弁済の弁済期は，原則として，3か月に1回以上到来する必要があり，弁済期間は，最終弁済日を再生計画認可決定の確定の日から3年後の日が属する月中の日（特別の事情がある場合には，5年以内の日）と設定する必要がある（民再229条2項，244条）。これに対し，個人の通常再生手続においては，法人の再生手続と同様，個人再生手続のような弁済期や弁済期間の制限はないので，再生計画認可決定の確定から10年を超えない範囲で弁済期を定めることができる。

ウ 履行可能性

再生計画の履行可能性の判断については，東京地裁破産再生部では，個人再生手続の場合には，再生計画案で予定されている分割弁済金と同額の分割予納金を月々納付することを求め，その分割予納金の納付状況から履行可能性を判断している（いわゆる「履行テスト」といわれる運用）。一方，個人の通常再生手続においては，このような履行テストは行われていないため，別途，家計の状況等から，履行可能性について判断する必要がある。

(2) 住宅資金特別条項を定める場合

住宅資金特別条項を定める場合には，民事再生法199条所定の各事項を定め，さらに，民事再生規則99条に従って住宅資金貸付債権者等を明示しなけ

ればならない。住宅資金特別条項を定める場合の再生計画案の記載例については，個再の手引2版Q88を参照されたい。

　民事再生法199条4項に定める類型（合意型）の住宅資金特別条項を定める場合には，住宅資金貸付債権者の同意書の原本を再生計画案提出の際に提出する（民再規100条）。

　住宅資金貸付債権者には議決権が認められておらず（民再201条1項），裁判所は，同債権者から意見を聴取することとされており（同条2項），東京地裁破産再生部では，裁判所から同債権者に意見聴取書を送付することで意見を聴取することとしている。

　また，前記のとおり，住宅資金貸付債権者には議決権がないため，再生債務者が議決権データを裁判所に提出する際には，同データに住宅資金貸付債権者を含めないよう注意する必要がある（議決権データについては，第6章第3を参照されたい。）。

6　再生計画案の決議及び再生計画認可決定

(1)　再生計画案の決議

　再生計画案の決議及び債権者集会に係る運用については，法人の再生手続におけるものと同様である。個人再生手続の場合，小規模個人再生では，再生計画案に同意しない旨を回答した議決権者が議決権者総数の半数に満たず，かつ，その議決権の額が議決権者の議決権の総額の2分の1を超えないときには再生計画案は可決されたものとみなされ（民再230条6項），給与所得者等再生では，債権者からの意見聴取が行われるにすぎないが（民再240条1項），個人の通常再生手続の場合には，再生債権者から積極的な賛成票を得る必要があるので，注意が必要である。

　東京地裁破産再生部では，個人の通常再生手続において再生計画案が否決され，再生手続が廃止となった場合には，法人の再生手続の場合と異なり，当然に牽連破産を開始するという運用はしていない（第7章第4参照）。な

お，牽連破産を開始する場合には，法人の再生手続では破産法91条1項に規定する保全管理命令を発付しているが，個人について保全管理命令を発付することはできないので（破91条1項括弧書），注意が必要である。財産の散逸，費消のおそれがある場合には，必要に応じて，個々の財産に対する処分禁止の仮処分その他の必要な保全処分（民再251条1項，破28条1項）によって対応するほかない（島岡大雄「東京地裁破産再生部（民事第20部）における牽連破産事件の処理の実情等について(上)」判タ1362号4頁（特に12頁以下）も参照されたい。）。

(2) 再生計画認可決定

再生計画認可決定の効力やこれに係る運用についても，法人の再生手続におけるものと同様である。

個人再生手続の場合には，債権調査手続は再生債権の評価という簡易な手続しか用意されていないため，届出のない再生債権について失権をさせるという制度は採用されておらず，再生計画認可決定が確定すると，全ての再生債権は一般的基準に従って変更され，一定の場合に劣後化がされるという制度を採用している（民再232条，244条）。これに対し，個人の通常再生手続においては，再生計画認可の決定が確定したときは，再生計画の定め又は民事再生法の規定によって認められた権利を除き，再生債務者は，全ての再生債権について，その責任を免れる（民再178条1項本文）。もっとも，認否書に記載がなく，かつ，届出のない再生債権（付議決定前に発生していたもの）については，届出をしなかったことに帰責事由がなく，付議決定時までその状態が継続していた場合には免責されず，再生計画に記載された再生債権と同様に一般的基準に従って権利の変更を受け，弁済計画に従って弁済される（民再181条1項。第5章第2参照）。また，届出をしなかったことに帰責事由がないとはいえない場合でも，再生債務者に自認義務がある債権は免責されないが，上記同様に一般的基準に従って権利の変更を受け，その弁済については再生計画上の弁済に劣後することになる一方（同条2項），自認義務がない債権は免責されることになる。

また，個人再生手続においては，民事再生法229条3項，244条に定める再生債権については非減免債権とされているが，個人の通常再生手続の場合には，これらの非減免債権についての制度的な手当ては定められていないため，これらの債権も，前記の内容にしたがって，権利変更又は失権という効果が生じることとなる。これらの債権を有する再生債権者に対しては，権利変更の効果が生じることを誤解がないように説明する必要があろう。

7　再生計画認可決定後の履行監督等

(1)　履行監督

　個人再生手続の場合には，再生計画認可決定の確定によって手続は当然に終結するが（民再233条，244条），個人の通常再生手続の場合には，監督委員が選任されることから，法人の通常再生手続同様に，再生計画認可決定の確定後も履行監督が継続することとなる（民再188条2項）。再生債務者が事業者である場合には，一定の期間を定めて事業報告を提出させることが通例である。他方，再生債務者が非事業者である場合も，一定の期間を定めて，家計表などの提出を求めることが多い。

(2)　再生計画の履行が困難となった場合の措置

　再生計画の履行が困難になった場合についても，基本的には，法人の再生手続の場合と同様の対応を行うことになる。
　個人再生手続の場合には，①再生計画の変更（民再234条，244条。ただし，弁済額の減少を内容とする変更は認められておらず，弁済期限の延長のみが認められている。）や，②いわゆるハードシップ免責の制度（民再235条，244条）が定められている。これに対し，個人の通常再生手続の場合には，弁済率を下げたり，弁済期を繰り延べたりするためには，民事再生法187条に基づき，再生計画の変更の手続を執ることとなる。
　再生計画の履行が困難となり，再生手続を廃止する場合にも，個人の通常

再生手続の場合には,当然には牽連破産の決定を行うことなく,事案に応じて牽連破産の決定を行うこととしている(詳細については,前記6(1)を参照されたい。)。

事項索引

◆数字・英字
125条報告書 ………………………… 230
DIP …………………………… 4, 28, 148, 153
DIPファイナンス …… 76, 127, 135, 137
FA ……………………………………… 150
FA契約 ………………………… 293, 539

◆あ行
頭数要件 ……………………… 449, 452
アドバイザリー契約 …………… 150
異議通知 ……………………………… 203
意見書 ………… 20, 23, 143, 319, 406
意見聴取期日 ……………… 21, 43, 297
移送 …………………………………… 56
一部弁済 ……………………………… 187
一般調査期間 ……………………… 213
一般優先債権 ……… 159, 162, 208, 348
受戻代金額 ………………………… 265
受戻代金請求権の法的性質 ……… 265
役務提供義務 ………………… 85, 199
役務提供請求権 …………………… 187
閲覧等 ………………………………… 45
　　―制限決定の取消し ……… 51
　　―の時期 ………………………… 46
　　―の請求権者 ………………… 45
　　―の制限 …………………… 47, 51
　　―の対象となる文書等 ……… 45
お台場アプローチ ………………… 129

◆か行
外国通貨建金銭債権 ………… 344, 529
外国通貨での債権届出 …………… 208
開始後債権 ………………………… 152
開始時現存額主義 ………………… 345
会社更生手続 ………………………… 2
会社分割 ………………… 21, 43, 300

会社分割型の再生計画案 ………… 366
価額決定請求 ……………………… 278
確定期限付債権 …………………… 431
確定再生債権一覧表 ……………… 336
確認カード ………………………… 451
額未定の届出 ………………… 200, 205
株式の取得 ………………………… 465
　　―に関する定め …………… 355
株式の併合 ………………………… 465
　　―に関する定め …………… 356
株主総会決議による承認に代わ
　る許可（代替許可）…………… 308
簡易再生 ……………………… 126, 164
管財人 ………………………… 34, 134
　　―の義務 ……………………… 37
　　―の権限 ……………………… 36
監督委員 …………………………… 31
　　―に対する否認権限の付与 …… 235
　　―による承認 ………………… 94
　　―の意見 ……………… 22, 299, 307
　　―の意見書 …… 20, 23, 94, 100, 319
　　―の職務 ………………… 31, 92
　　―の同意 ……………… 98, 152, 470
　　―の否認権限 ……………… 100
　　―の役割 ……………………… 31
監督委員候補者 ……………… 18, 92
監督命令 ……………… 18, 31, 81, 91
　　―の取消し ……………… 99, 101
　　―の変更 ………… 99, 101, 470
管理命令 ………… 34, 134, 135, 151
議決権額 …………………………… 431
　　―について説明する文書（事務
　　連絡）………………………… 411
　　―の定め方 …………………… 432
　　―要件 …………………… 449, 453
議決権行使の方法 ……………… 408

議決権データ ……………………… 437
議決権の不統一行使 ………… 420,447
議決票 …………………………… 411,437
　　―発送後の議決権の変更 ……… 438
吸収分割 ……………………………… 300
共益債権 …… 94,159,161,199,348,442
共益債権化の承認 …………………… 95
強制執行 …………………………… 160,465
強制執行等の中止命令 ……………… 103
強制執行等の手続の取消し ……… 108
業務の状況の報告 ………………… 471
計画外事業譲渡型の再生計画案 … 365
計画内事業譲渡型の再生計画案 … 361
継続企業価値 ……………………… 224
月次報告書 ………………………… 151
減増資型の再生計画案 ……… 327,354
権利の変更 …………………… 463,477
　　―の一般的基準 ………………… 335
公認会計士の補助 …………………… 32
公平誠実義務 ………………… 28,144
国際倒産管轄 ………………… 54,521
個別条項 …………………………… 341
ゴルフ会員権 ……………………… 199
ゴルフ場の再生計画案 …………… 376

◆さ行
サービサーによる届出 …………… 207
債権者集会 ………………… 24,436,452
債権者説明会
　　…… 19,41,43,44,142,298,307,419
債権者平等原則 …………………… 158
債権調査 …………………………… 201
債権認否書 ………………………… 201
財産処分禁止等仮処分 ……… 514,516
財産処分状況の報告 ……………… 471
財産評定 …………………………… 220
　　―の基準時 ……………………… 223
　　―の対象 ………………………… 223
　　―の評価基準 …………………… 223

　　―の方法 ………………………… 222
財産評定書 ………………………… 228
財産目録 ……………………… 228,471
再生計画
　　―の効力 ………………………… 463
　　―の遂行 …………………… 466,494
　　―の取消し ……………………… 489
　　―の変更 ………………………… 475
再生計画案 …………………… 23,312
　　―の決議 ………………………… 452
　　―の修正 ………………………… 422
　　―の審査 ………………………… 318
　　―の草案 …………………… 21,316
　　―の提出 ………………………… 315
　　―の変更 …………………… 425,455
　　―を決議に付する旨の決定 …… 406
再生計画認可(の)決定 ……… 24,460
再生計画認可後の廃止 …………… 503
再生計画認可前の廃止 …………… 503
再生債権
　　―の権利の変更 ………………… 463
　　―の査定の裁判及び異議の訴
　　　え ……………………………… 215
　　―の届出 ………………………… 192
　　―の届出事項 …………………… 198
　　―の届出の期間 ………………… 193
　　―の届出の方法 ………………… 193
　　―の免責 ………………………… 463
　　少額の― ………………………… 177
再生債権者に相続が発生した場
　　合 ………………………………… 209
再生債権者表 ……… 202,465,488,513
再生債権者平等原則 ……………… 323
再生債権届出書 …………………… 193
再生債務者 ………………………… 28
　　―による情報提供 ……………… 41
　　―の義務違反による手続廃止 … 503
　　―の第三者性 …………………… 153
再生債務者代理人 …………… 29,246

━の役割 ……………………… 468
再生事件連絡メモ ………… 17,42,57
再生手続開始決定 ………… 123,143
再生手続開始の原因となる事実
　………………………………… 34,132
再生手続開始の申立て … 54,131,134
再生手続における会社分割 ……… 300
再生手続の終結 …………………… 493
再生手続の廃止 …………………… 503
　━の効果 …………………… 511
最低弁済額 ……………………… 541
再度の再生手続 …………………… 387
債務免除益課税 …………… 326,338
詐害行為否認 ……………………… 233
敷金（保証金）返還請求権 …… 207,346
事業継続費用 ……………………… 226
事業譲渡 ……………… 21,42,290
　━に関する株主総会の決議に
　　よる承認に代わる許可 ……… 362
　━の許可 …………………… 290
　━の時期 …………………… 291
　━の条件の相当性 ……………… 292
事業譲渡許可の効力 ……………… 299
事業譲渡許可の申立て …………… 294
事業譲渡契約 …………… 294,361
資金繰り表（実績，予定） ……… 72,81
支障部分の閲覧等の制限 ………… 47
執行力ある債務名義又は終局判
　決のある債権 ……………… 218
私的整理手続 ……………………… 121
自認債権 …………………………… 215
資本金の額の減少に関する定め … 356
収益弁済 ……………………… 327,468
収益弁済型の再生計画案 ………… 331
集会型 ……………………………… 452
集会期日の続行 …………………… 453
終結 ………………………………… 25
終結決定 …………………………… 25,493
　━の効果 …………………… 501

━の要件 ……………………… 494,497
集合債権譲渡担保 ……… 116,118,257
集合動産譲渡担保 ………………… 256
収支計算書 ……………………… 471
住宅資金特別条項 ………………… 536
受継 ………………… 163,165,218,242
純粋清算型の再生計画案 ………… 402
少額債権 ……………………… 82,159
　━の弁済 …………………… 171
条件付債権 ………………… 200,431
証拠書類 ………………………… 193
譲渡担保 ………………… 116,256
商取引債権 ……………… 89,130,136
承認援助手続 ……………………… 522
常務 ………………………………… 516
将来の取引分の対価の前払 ……… 167
書記官による事情聴取 …………… 58
処分価格 ………………………… 224
書面型 ……………………………… 452
書面等投票 ……………………… 452
書面投票期間 ……………… 409,455
所有権留保 ……………………… 258
新設分割 ………………………… 300
スポンサー ………… 21,100,128,354
　━型再生計画案 ……………… 327
　━選定 ……………………… 129
清算価値の基準時 ……… 322,477
清算価値保障原則 ………… 149,321
清算配当率 ……………… 226,321
清算費用 ………………………… 226
絶対的必要的記載事項 ………… 314
説明的記載事項 ……………… 315
相殺処理 ……………………… 344
相対的必要的記載事項 ………… 314
即時抗告
　……… 91,101,278,281,299,310,462
続行期日 ……………………… 454
損害賠償請求権の届出 ………… 199

◆た行
対抗的再生手続開始の申立て 133
貸借対照表 228
代替許可 308
　―の要件 309
短縮スケジュール 16, 122
単純段階方式 325
担保権消滅許可 268
担保権の実行手続の中止命令 112
担保提供命令 471
担保物件の評価額 206
中止命令 103, 514
中小企業者の（再生）債権に対す
　る弁済 159, 167
中断 161, 165, 241
調査委員 33
調査命令 33, 81
追加弁済 329, 340, 360, 363, 486
通常の民事再生事件申立要領 60
定期金債権 199, 431
停止条件付債権 208
提出期間（期限）の伸長 23, 316
手形金の届出 208
適確な措置（適確条項） 262, 348
同意再生 164
同意事項の変更・取消し 98
登記の嘱託 283
特別調査期間 213
土地管轄 54
届出 192
　―の期間 193
　―の追完等 201
　―の方法 193
届出再生債権の取下げ 438
届出事項 198
　―の変更 200

◆な行
内外人平等主義 521

任意的記載事項 314
認否書 204
認否の変更 212

◆は行
廃止事由 503
配当調整 396
破産管財人報酬見込額 227
破産手続 2
　―から再生手続への移行 131
　―の中止命令 134
　―への移行 513
破産手続開始の原因となる事実
　.. 68, 513
端数処理 342
発行可能株式総数に関する定款
　の変更 357
非金銭債権（債務） 85, 198
日繰り表 72, 81
非典型担保 115
否認権 100, 233
　―の行使 234
　―のための保全処分 243
否認権限 100, 165
　―付与の手続 236
　―を付与すべき場合 235
否認の訴え 241
否認の請求 240
　―と否認の訴えの選択 238
評価人 280
評価命令 280
標準スケジュール 16
ファイナンス・リース 259, 274
ファイナンス・リース契約 ... 260, 274
フィナンシャル・アドバイザー ... 150
不確定期限付債権 431
付議決定 23, 406
普及主義 521
複数の再生計画案 440

不足額 ……………………… 435
　—責任主義 ……………… 261
不統一行使通知期限 …………… 408
不認可事由 …………………… 460
振込手数料の負担 …………… 342
ブレイクアップ・フィー …… 128,442
プレー権 ……………………… 378
プレパッケージ型民事再生 ……… 293
並行倒産 ……………………… 526
併用型 ………………………… 452
別除権 ………………………… 255
　—の目的である財産の受戻し … 266
別除権協定 …………………… 263
別除権者の権利に関する条項 …… 348
別除権の行使で不足する見込額 … 200
変更(再生)計画案 ………… 426,456
変更決定 …………………… 483,487
弁済期間 ……………………… 340
弁済許可 …………………… 166,167
弁済禁止 ……………………… 148
　—の原則 ……………… 158,166
　—の保全処分 …………………… 19
　—の例外 ……………… 159,166
弁済等が禁止される債権 ………… 159
弁済報告書 ……………… 24,189,471
弁済率の極大化 ………………… 147
偏頗行為否認 ………………… 234
包括的禁止命令 ……………… 108,514
募集株式の効力発生日 ………… 358
募集株式を引き受ける者の募集 … 467
　—に関する定め ……………… 357
保証債務履行請求権 ………… 209,345
保全管理人 …………………… 516
保全管理命令 ……………… 469,516
保全処分 ……………………… 18,80

定型的な— ………………… 82
定型と異なる— …………… 84
　—の一部取消し ……………… 89
ホッチポット・ルール ………… 523

◆ま行
未確定再生債権一覧表 ………… 336
未確定な事象 ………………… 224
未確定の再生債権に関する条項 … 347
みなし届出 …………………… 132
名義変更 ……………………… 205
免責 …………………………… 463
申立棄却事由 ………… 34,133,142
申立権者 ……………………… 57
申立て時の聴取事項一覧表 ……… 65
申立書の記載事項 ……………… 67

◆や行
役員責任査定 ………………… 246
役員の責任財産に対する保全処
　分 ………………………… 252
預託金返還請求権 …………… 380
予納金 ………………………… 18,76
予備的届出 ……………… 163,199

◆ら行
濫用的会社分割 ……………… 308
リース債権 …………………… 206
履行テスト …………………… 542
離脱条項 ……………………… 442
累積段階方式 ………………… 325
労働組合等 ………… 142,298,462

◆わ行
和解による弁済の可否 ………… 167

事項索引　551

民事再生の運用指針

2018年6月12日　第1刷発行
2021年7月1日　第2刷発行

編　者　舘内比佐志・永谷　典雄
　　　　堀田　次郎・上拂　大作
発行者　加藤　一浩
印刷所　図書印刷株式会社

〒160-8520　東京都新宿区南元町19
発　行　所　一般社団法人 金融財政事情研究会
企画・制作・販売　株式会社きんざい
　　出版部　TEL 03(3355)2251　FAX 03(3357)7416
　　販売受付　TEL 03(3358)2891　FAX 03(3358)0037
　　URL https://www.kinzai.jp/

・本書の内容の一部あるいは全部を無断で複写・複製・転訳載すること、および磁気または光記録媒体、コンピュータネットワーク上等へ入力することは、法律で認められた場合を除き、著作者および出版社の権利の侵害となります。
・落丁・乱丁本はお取替えいたします。定価はカバーに表示してあります。

ISBN978-4-322-13257-1